KB238148

민중의 복음서

민중의 바이블

정통과 진리란 미명아래 서구신학이 기독교를 지배하던
시대는 이미 끝났다. 그런데 오늘의 기독교는 왜 아직도
그 낡은 서구신학에만 매달리고 있는가?

기독교는 〈개혁〉을 포기했는가? 지금은 바로 모든
교회가 전면적인 신앙개혁과 교회개혁에 나설 때이거늘,
기독교는 어찌하여 그 개혁을 거부하고 있는가?

기독교는 민중의 곁을 떠났는가? 지금은 바로 모든
교회가 〈민중의 교회〉로 거듭날 때이거늘 기독교는
지금 무엇을 하고 있으며, 또 어디로 가고 있는가?

✟ 기독교의 존재이유는 바로 고통받는 민중과 사회를 해방하고
이 땅에 하나님의 나라와 민중의 나라를 건설하는 데 있다.
그렇다면 오늘의 기독교는 과연 민중해방과 세계해방을 위해
투쟁하는 민중의 종교가 되었는가?

✟ 지금은 바로 낡고 부패한 자본주의와 공산주의가 역사의 무
대에서 모두 퇴장해야 할 대변혁의 시대다. 그러면 새 시대를
열망하는 우리는 무엇으로 그 낡은 자본주의와 공산주의를
역사의 무대에서 추방할 것인가?

✟ 인간과 사회를 끊임없이 타락시키고 오염시키는 자본주의!
그 자본주의가 세계를 지배한 한, 기독교가 추구하는 하나님
의 나라와 평등한 사회는 결코 도래할 수 없다. 그런데 오늘
의 기독교는 어찌하여 그 사악한 자본주의의 세계지배를 그
대로 바라보고만 있는가?

✟ 인간착취의 도구로 전락한 자본주의가 지배하는 사회는 언제
나 무자비한 정글의 법칙(양육강식의 법칙)이 지배하고, 또
언제나 개인주의·이기주의·물질주의·향락주의가 판을 치는
추악한 범죄사회로 변질되고 만다. 그러면 오늘의 기독교는
무엇으로 그 낡고 부패한 자본주의의 세계지배를 막고, 이 땅
에 하나님의 나라와 평등한 사회를 건설할 것인가?

민중의 복음서

민중의 바이블

제2권 **민중신학** 편

張 吉 星

기독교의 존재이유는 바로 고통받는 민중과 사회를 해방하고 이 땅에 하나님의 나라와 민중의 나라, 그리고 다시는 지배계급의 착취와 억압이 없는 새로운 민중의 낙원을 건설하는 데 있다.

고통받는 민중과 사회를 해방하기 위해 투쟁하지 않는 종교는 참 종교가 될 수 없으며, 그런 종교는 차라리 문을 닫아야 한다. 교회도 마찬가지다. 고통받는 민중과 사회를 외면하고 입으로만 구원을 외치는 교회는 참 교회가 아니며, 그런 교회는 모두가 문을 닫아야 마땅할 것이다.

✝ 기독교는 인간의 사회적 구원을 포기했는가? 인간에게는 영적인 구원과 사회적 구원이 모두 필요하거늘, 오늘의 기독교는 어찌하여 그 사회적 구원을 외면하고 사후세계를 위한 영적인 구원에만 매달리고 있는가?

✝ 가난한 민중의 아들로 태어나신 예수님은 바로 고통받는 민중과 사회를 해방하시기 위해 오신 〈민중의 메시아〉였다. 그러기에 예수님이 먼저 찾아가 복음을 전하신 자들은 바로 사회적 약자인 가난한 〈민중〉이었다. 이처럼 예수님은 어디까지나 민중해방을 위한 민중의 메시아로 오셨거늘, 그가 세우신 기독교는 왜 아직도 민중의 종교로 거듭나기를 거부하고 있는가?

✝ 고난받는 민중의 해방자로 오신 예수님의 첫 설교는 바로 〈민중해방〉에 관한 것이었다(눅4:16~19). 이처럼 예수님은 민중의 해방자로 오셨기에 그 주님은 처음부터 민중해방의 길을 가셨다. 그렇다면 오늘의 기독교는 과연 그 주님을 따라 민중해방의 길을 가고 있는가?

✝ 사도바울의 말씀대로 하나님은 세상의 약한 자들을 택하사 강한 자들을 심판하시는 〈민중의 하나님〉이시다(고전 1:27~28). 그러므로 우리 민중의 〈해방투쟁〉은 그 어떠한 고난과 박해 속에서도 반드시 승리할 것이다.

머리말

가자 새로운 민중의 시대로!!

새 시대의 기독교신학으로 등장한 〈민중신학〉은 바로 민중을 사랑하는 신학이며 또 고통받는 민중과 사회를 해방하고 이 땅에 하나님의 나라와 민중의 나라를 건설하기 위한 신학이다.

오늘날 기독교는 명실공히 세계적인 종교가 되었다. 그러나 기독교의 분열은 도리어 세계적인 문제거리가 되고 있다. 현대의 모든 종교가 다 그러하듯, 오늘의 기독교도 역시 〈분열의 늪〉에 깊이 빠짐으로써, 이제는 남을 구원하기에 앞서 그 자신을 먼저 구원해야 할 안타까운 실정에 처해 있는 것이다.

사분오열된 종교계의 분열상이 스스로 말해 주듯, 오늘의 모든 종교는 갈수록 분열과 파쟁만을 일삼는 무능하고 무력한 종교로 전락되어, 이제는 그 신앙의 가치성도 찾기 어려운 유명무실한 종교가 되기에 이르렀다. 이에 현대인들은 종래의 구태의연한 옛 신앙에 모두 지치고 싫증이 났다. 그들은 한결같이 보다 진보적이고 개혁적인 새 신앙을 요구하며 모든 종교의 통일을 호소하고 있거니와, 이러한 그들의 소리 높은 외침을 오늘의 종교계는 듣고 있는가?

그러므로 오늘의 인류 앞에 모든 종교의 통일은 반드시 실현되어야 한다. 특히 한 하나님과 한 주님과 한 성경을 믿는 기독교의 통일은 가장 우선적으로 해결되어야 한다. 왜냐하면 기독교는 바로 모든 종교를 하나님 앞으로 인도함으로써, 이 지상에 하나님의 나라를 건설해야 할 중심종교이기 때문이다.

분열에는 두 가지의 귀결이 있다. 그 하나는 파멸의 길이요, 다른 하나는 새로운 통일의 길이다. 그러면 오늘날 종교계의 분열, 특히 기독교의 분열은 그중 어디를 향해 치닫고 있는가? 갈수록 거듭하는 분열의 양상으로 보아, 그것은 바로 파멸의 길이 될 수도 있다. 그러나 오늘의 기독교가 바로 하나님의 섭리 가운데서 자라 온 종교라고 할진대, 그로 인한 파멸이 올 수는 없다. 그것은 어디까지나 새로운 통일과 혁신을 위한 과도적 현상으로 보아야 할 것이다.

그러나 분열된 기독교의 통일과 혁신은 결코 우연히 자동적으로 이루어지는 것이 아니다. 그것은 반드시 하나님이 주시는 새로운 진리말씀에 의해서만 비로소 가능할 것이다.

필자는 새 시대가 요구하는 민중해방과 세계해방 그리고 기독교의 통일과 혁신을 위해, 하나님의 새 진리말씀에 기초한 새로운 기독교 신학을 제시하는 바 〈민중신학〉이 바로 그것이다.

그러면 민중신학이란 무엇인가? 그것은 바로 하나님과 메시아를 〈창조의 주체〉와 〈구원의 주체〉로 보는 신학이며, 또 민중을 〈나라의 주인〉과 〈역사의 주체〉 및 세계를 변혁·해방하고 이 땅에 하나님의 나라와 민중의 나라를 건설해야 할 〈변혁의 주체〉와 〈해방의 주체〉로 보는 새로운 기독교신학을 말한다.

그뿐 아니라 민중신학은 지배계급을 반대하고 기독교를 민중의 종교로 보고 있으며, 이러한 민중신학이 추구하는 근본목표는 바로 고통받는 민중과 사회를 해방하고, 이 땅에 하나님의 나라와 민중의 나라, 그리고 다시는 지배계급의 착취와 억압이 없는 새로운 민중의 낙원을 건설하는 데 있다.

영원한 〈지상천국〉의 건설! 그것은 바로 하나님과 주님의 뜻이며, 또한 우리 민중의 간절한 소망이다. 그러면 우리는 그 지상천국을 어떻게 이룰 수 있는가? 그것은 오직 고통받는 민중과 사회를 모두 해방할 때만 그 실현이 가능할 것이다. 이에 필자는 오늘의 모든 성도들이 민중해방과 세계해방을 위해, 또 주께서 명하신 지상천국 건설과 세계복음화를 위해, 모두가 힘차게 떨쳐 나서기를 간절히 호소하는 바이다.

차 례

제5장 타 락 론

제6장 구 원 론

제7장 천 국 론

제8장 말 세 론

✝ 저희를 진리로 거룩하게 하옵소서. 아버지의 말씀은
   진리니이다(요 17:17)

✝ 진리를 알지니 진리가 너희를 자유케 하리라
   (요 8:32)

✝ 하나님은 모든 사람이 구원을 받으며 진리를 아는 데
   이르기를 원하시느니라(딤전 2:4)

✝ 새 시대가 요구하는 새 진리는 바로 민중을 사랑하는 진리이며,
   또 고통받는 민중과 사회를 해방하고, 이 땅에 하나님의
   나라와 민중의 나라를 건설하기 위한 진리다.

✝ 진리라는 미명아래 서구신학이 기독교를 지배하던 시대는
   이미 끝났다. 그러므로 이제는 모든 성도들이 새 진리로 다시
   무장해야 하며 그러기 위해서는 먼저 그 낡은 서구신학의
   굴레에서 속히 벗어나야 할 것이다.

우리는 지금 자본주의가 세계를 지배하는 추악한 범죄사회에서 살아가고 있다. 이 사실은 자본주의가 세계를 지배하는 한 우리는 결코 인간답게 살아갈 수 없으며, 또 우리가 고대하는 하나님의 나라와 평등한 사회도 결코 도래할 수 없다는 것을 의미한다. 왜냐하면 자본주의가 지배하는 곳에서는 언제나 지배와 피지배의 계급적 모순과, 또 부익부·빈익빈의 경제적 모순이 발생하기 때문이다.

인간과 사회를 끊임없이 타락시키고 오염시키는 자본주의는 어이없게도 기독교가 발달한 영국에서 처음 발단되었다. 그런데 당시 기독교는 그러한 자본주의의 모순성과 해악성을 깨닫지 못하고 도리어 그의 앞잡이 역할을 함으로써, 그 자본주의는 기독교와 함께 전 세계로 급속히 퍼져 나갔다. 그 결과 오늘날 우리 사회는 낡고 부패한 자본주의가 지배하는 추악한 범죄사회가 되고 말았으니, 이 얼마나 안타까운 일인가?

소련이 붕괴한 후 자본주의는 지금 제 세상을 만난 듯 세계 전역에서 판을 치고 있지만, 기독교는 결코 그 자본주의를 옹호하거나 그의 앞잡이 노릇을 해서는 안된다. 사도 바울의 말씀에서도 알 수 있듯이, 자본주의는 인간을 끊임없이 돈과 탐욕의 노예로 만들고, 또 온갖 사회악을 일으키는 〈만악의 뿌리〉가 되기 때문이다(딤전 6:10, 약 1:15). 생각해보라. 자본주의가 발달하면 할수록 그 사회는 더욱 개인주의·이기주의·물질주의·향락주의가 판을 치는 추악한 범죄사회가 되고 마는데, 기독교가 그러한 자본주의를 옹호해서야 되겠는가?

요컨대 기독교는 그 본질상 자본주의와 공존할 수 없으며, 또 공존해서도 안된다. 오늘의 기독교는 이 사실을 속히 깨달아야 할 것이다.

제1절 민중신학의 기본입장

서구신학을 넘어 민중신학으로!!

정통과 진리란 미명아래 기독교를 지배하며 그 기독교를 끊임없이 변질시키고 타락시키는 서구신학!! 그 낡은 서구신학의 대안으로 떠오른 〈민중신학〉은 바로 민중을 사랑하는 신학이며, 또 고통받는 민중과 사회를 해방하고 이 땅에 하나님의 나라와 민중의 나라를 건설하기 위한 가장 진보적이고 개혁적인 신학이다. 그리고 이러한 민중신학이 주장하는 3대 기본입장은 다음과 같다.

① 민중의 하나님

민중신학은 하나님을 〈민중의 하나님〉으로 보는 기본입장에서 출발한다. 그 이유는 하나님은 바로 민중해방과 세계해방을 위해 섭리하시는 분이기 때문이다.

창세기에 보면 믿음의 조상 아브라함을 히브리인이라 하였고(창14:13), 또 고린도서에 보면 사도바울도 자신을 히브리인이라고 하였다(고후11:22). 그러면 이러한 〈히브리〉라는 말은 어디서 유래한 것일까?

학자들에 의하면 히브리라는 말의 어원은 〈하비루〉라고 하는데, 이것은 당시 지배계급으로부터 온갖 멸시와 천대를 받으며 사회적 약자로 살아가던 가난하고 소외된 〈천민〉을 가리키던 말이라고 한다. 이러한 사회적 약자를 가리키던 하비루라는 말은 중동의 고대문서에도 많이 나온다고 한다.

이처럼 히브리(하비루)라는 말은 구약시대에 지배계급이 가난한 민중들을 천시하여 부르던 천민의 대명사였다. 다시 말해 히브리인들은 그 당시에 지배계급으로부터 온갖 착취와 억압, 그리고 온갖 멸시와 천대를 받으며 살아가던 가난한 민중들을 지칭한 말이었다.

그런데 출애굽기에 보면 하나님은 모세에게 자신을 〈히브리인의 하나님〉이라고 분명히 말씀하였다(출3:18, 출9:1). 이 말씀에 따라 민중신학은 하나님을 어디까지나 〈민중의 하나님〉으로 보고 있으며, 또 그 하나님이 보내신 예수님도 역시 〈민중의 메시아〉로 본다.

과거 이스라엘 민중은 애굽에서 바로왕의 온갖 착취와 억압을 받으며 살았다. 그런데 하나님은 그 이스라엘 민중을 애굽의 종살이에서 해방하시고, 그들을 약속의 땅(가나안)으로 인도해 주셨다(출20:2). 이처럼 우리의 하나님은 어디까지나 민중해방을 위해 섭리하시는 민중의 하나님이시다. 그러므로 우리 민중의 해방투쟁은 그 어떠한 고난과 박해 속에서도 반드시 승리할 것이며, 또 이 땅에 하나님의 나라와 민중의 나라도 반드시 건설될 것이다.

② 민중의 메시아

민중신학은 예수님을 〈민중의 메시아〉로 보는 기본입장에서 출발한다. 그 이유는 예수님은 바로 고통받는 민중과 사회를 해방하시기 위해 오신 분이시기 때문이다.

이처럼 민중의 해방자로 오신 예수님은 먼저 〈갈릴리〉에서 복음을 선포하셨다(막1:14-15). 당시 갈릴리는 로마제국의 식민지였고, 또 지배계급의 온갖 착취와 억압이 판을 치던 고난의 땅이었다. 그 고난의 땅 갈릴리에서 예수님이 먼저 찾아가 복음을 전하신 자들은 바로 사회적 약자인 가난하고 소외된〈민중〉이었다. 예수님은 바로 이러한 민중의 메시아로 오셨기에, 그 주님은 처음부터 고난 받는 민중에게로 달려가 그들에게 복음을 전하셨던 것이다.

누가복음 4장에 보면, 예수님은 어느 날 고향(나사렛)을 방문해 설교를

하셨다. 그런데 그 설교는 도덕적인 설교가 아니라, 〈민중해방〉을 주제로
한 정치적인 설교였다(눅4:16-19). 이 밖에도 예수님은 제자들에게 정치적
인 말씀을 많이 하셨다(마6:33, 마16:28, 마19:28). 그렇다면 우리는 마땅히
그 주님을 정치적인 메시아로도 보아야 할 것이다(눅1:31-33, 마27:11, 요
18:37).

한편 누가복음 6장에 보면, 예수님이 세우신 12제자의 명단이 나온다. 그
런데 그 중에는 당시 갈릴리에서 로마제국에 맞서 무장투쟁(해방투쟁)을 하
던 〈젤롯당원〉도 있었다(눅6:15, 행1:13). 이 놀라운 사실만을 보더라도 우
리는 그 주님을 어디까지나 민중의 해방자로 오신 〈민중의 메시아〉로 보아
야 할 것이다.

다음은 〈오클로스〉에 대해 알아보자. 그리스어로 기록된 복음서에선 예수
님을 따르던 많은 무리들을 오클로스라고 하였다. 그러면 그 오클로스는 누
구인가? 그리스어로 오클로스는 당시 지배계급으로부터 온갖 차취와 억압
을 받으며 사회적 약자로 살아가던 가난하고 소외된 민중을 가리킨다. 그런
데 초기 예수님의 제자들은 모두가 그 가난하고 소외된 오클로스였다.

그러므로 민중신학은 그 가난한 오클로스(민중)의 지도자였던 예수님을 어
디까지나 민중의 해방자로 오신 〈민중의 메시아〉로 본다. 만일 예수님이 민
중의 메시아가 아니라면, 우리는 그 주님을 하나님이 보내신 참 메시아로
볼 수 없으며, 또 그가 세우신 기독교도 역시 참종교로 볼 수 없다. 민중신
학이 하나님과 예수님을 모두 〈민중의 하나님〉과 〈민중의 메시아〉로 보는
이유는 바로 여기에 있다.

③ 민중의 기독교

민중신학은 기독교를 〈민중의 종교〉로 보는 기본입장에서 출발한다. 그
이유는 기독교는 바로 지배계급을 반대하고 민중을 나라의 주인과 역사의

주체로 보는 종교이며, 또 고통받는 민중과 사회를 해방하고, 이 땅에 하나님의 나라와 민중의 나라를 건설하기 위해 부름받은 종교이기 때문이다.

그러므로 기독교는 그 본질상 언제나 민중해방과 세계해방을 위해 투쟁하는 〈민중의 종교〉가 되어야 하며, 결코 지배계급의 종교가 되어서는 안 된다. 만일 기독교가 민중의 적대세력인 지배계급의 종교라면, 그 기독교는 결코 고통 받는 민중과 사회를 해방할 수 없으며, 또 이 땅에 하나님의 나라와 민중의 나라를 건설할 수도 없다.

그런데 오늘의 기독교는 도리어 그 지배계급이 옹호하는 자본주의에 깊이 오염됨으로써, 이제는 모두 민중의 종교가 아닌 지배계급의 종교로 변질되고 있으니, 이 얼마나 안타까운 일인가?

예나 지금이나 인간과 사회를 끊임없이 타락시키고 오염시키는 주범은 바로 자본주의다(딤전 6:10). 때문에 그 자본주의가 지배하는 사회는 언제나 무자비한 정글의 법칙(약육강식의 법칙)이 지배하고, 또 언제나 개인주의·이기주의·물질주의·향락주의가 판을 치는 추악한 범죄사회로 변질되고 만다.

그러므로 오늘의 기독교는 모름지기 그 사악한 자본주의로부터 먼저 자신을 해방시킴으로써, 이제는 고통받는 민중과 사회를 해방하기 위해 언제나 앞장서 투쟁하는 〈민중의 종교〉로 속히 거듭나야 할 것이다.

기독교가 추구하는 하나님의 나라와 민중의 나라!
그 나라는 반드시 기독교가 앞장서 건설해야 하며, 그러기 위해서는 모든 성도들이 서구신학의 굴레에서 벗어나 새로운 〈민중사상〉과 〈민중신학〉으로 다시 무장해야 할 것이다. 이것만이 오늘의 기독교가 고통 받는 민중과 사회를 속히 해방하고, 이 땅에 하나님의 나라와 민중의 나라를 더욱 앞당기는 지름길이 될 것이다.

새 시대를 열망하는 모든 성도들이여! 이제는 모두 새로운 민중사상과 민중신학으로 다시 무장하라. 그리고 이제는 고통받는 민중과 사회를 해방하기 위해, 그리고 이 땅에 하나님의 나라와 민중의 나라를 건설하기 위해 모두가 앞장서 투쟁하라. 이것이 바로 하나님과 주님의 뜻이며, 또 우리 성도들의 시대적 사명이 아니겠는가?

◉ 민중의 십자가

고난의 십자가!! 그것은 오직 기독교만의 상징인가? 아니다. 그 십자가는 바로 고통받는 〈민중〉의 상징이기도 하다. 그 이유는 예수님이 십자가의 길을 가셨듯이, 우리 민중도 로마제국의 식민지에서 그들의 온갖 착취와 억압을 받으며 수없이 그 십자가에 달려 죽어갔기 때문이다. 한 예로 당시 갈릴리의 중심지였던 세포리스에선 로마군의 만행으로 그 도시가 모두 불타고 2000명이 넘는 유대민중이 십자가에 달려 죽어갔다고 한다. 그렇다면 우리는 마땅히 그 십자가를 기독교만의 상징이 아닌 민중의 상징으로도 보아야 할 것이다. 그리고 오늘의 기독교는 그 고통받는 민중과 사회를 해방하기 위해 언제나 앞장서 투쟁해야 할 것이다.

제2절 새 진리의 필요성

*** 또 보니 다른 천사가 공중에 날아가는데 땅에 거하는 자들 곧 모든 나라와 백성에게 전할 영원한 복음(새 복음)을 가졌더라(계 14:6).**

앞에서 논한 바와 같이, 기독교는 지배계급의 종교가 아닌 민중의 종교다. 그리고 기독교의 존재이유는 바로 고통받는 민중과 사회를 해방하고, 이 지상에 하나님의 나라를 건설하는 데 있다(마 6:33, 계 11:15). 따라서 오늘의 모든 성도들은 누구나 민중해방의 기치를 높이 들고, 세계 전역에서 하나님의 나라를 건설하기 위해 한결같이 떨쳐나서야 할 것이다.

그러면 우리는 어떻게 하여 이 지상에 하나님의 나라를 건설할 수 있는가? 그 나라를 건설하려면, 우리는 모세가 이스라엘 민중을 해방시키듯 세계인류를 해방함으로써, 오늘의 인류를 하나로 통일해야만 한다(마 12:25, 엡 1:10). 생각해 보라. 인류가 하나로 통일되지 않고서야 어떻게 이 지상에 하나님의 나라가 건설될 것인가? 그런데 인류의 통일은 오직 사상의 통일에 의해서만 가능하므로, 사상통일은 반드시 인류통일에 앞서 실현되어야 한다(고전 1:10, 빌 2:2~3).

인간은 본래 자기사상에 따라 사고하고 행동하는 사상적 존재이다. 그러므로 인간의 사상이 통일되지 않는 한 세계인류는 하나가 될 수 없다. 오늘날 세계 도처에서 벌어지고 있는 수많은 분쟁의 원인을 보라. 그 모두가 사상의 분열에서 비롯되고 있지 않은가? 따라서 인간의 사상이 하나로 통일되어야 함은, 너무도 당연하고 시급한 일이 아닐 수 없다.

그러면 이러한 사상의 통일은 어떻게 이룰 수 있는가? 그것은 반드시 종교의 통일에 의해서만 가능할 것이다. 왜냐 하면 모든 종교는 한결같이 인간의 사상을 그 대상으로 다루고 있기 때문이다. 문화권의 발전사를 보더라도 그 원동력은 항상 종교였으니, 현존하는 4대 문화권(유럽문화권, 아랍문화권, 인도문화권, 동양문화권)의 핵심은 바로 이러한 종교이념으로서 이루어진 것이다. 이처럼 모든 종교는 인간의 사상과 불가분의 관계를 맺고 있기 때문에, 종교의 통일은 반드시 사상이 통일에 앞서 실현되어야 하며, 특히 기독교의 통일은 우선적인 과제로 해결되어야 한다(롬 8:28, 엡 4:5~6).

오늘날 기독교는 명실공히 세계적인 종교가 되었다. 그러므로 기독교의 통일이 없는 한 종교의 통일은 기할 수 없으며, 또 종교의 통일이 없는 한 사상의 통일과 인류의 통일도 역시 기할 수 없는 것이다.

그럼에도 불구하고, 예로부터 대부분의 사람들은 항상 종교를 외면하고 멸시해 왔다. 지금까지 기독교도에 대해서는 예수쟁이, 불교도에 대해서는 중놈, 유교도에 대해서는 갓쟁이라는 모욕적인 언사를 하기 일쑤였다. 그러나 우리 모두가 고대하는 사상통일과 인류통일을 실현하기 위해서는 우리는 어차피 종교를 통일해야 하며, 특히 분열된 기독교의 통일을 위해서는 누구나 한결같이 떨쳐나서야 할 것이다.

이와 같이 종교계의 통일은 우리에게 가장 시급히 요구되는 선결문제임에도 불구하고, 기독교를 비롯한 오늘의 모든 종교는 도리어 극도의 분열 속에서 온갖 대립과 분쟁을 일삼고 있으니, 우리는 무엇으로 이러한 종교계의 분열을 해결할 것인가?

그 문제를 해결하기 위해서는 우리에게 가장 먼저 요구되는 것이 있으니, 〈새 진리〉가 바로 그것이다. 다시 말해 인간의 사상분열과 종교분열을 근본적으로 해결하기 위해서는 반드시 오늘의 인류 앞에 하나님이 주시는 새로운 진리말씀이 나와야 된다는 말이다. 그래야만 사분오열된 기독교의 통일은 물론 모든 종교와 사상의 통일도 가능할 것이며, 또 우리 성도들이 한결같이 고대하는 하나님의 나라도 마침내 이 지상에 건설될 것이다.

위에서 우리는 인간의 사상통일과 종교통일의 필요성을 고찰함으로써, 오늘의 인류 앞에는 반드시 새 진리가 나와야 한다는 엄숙한 결론을 얻었다. 이러한 결론은 하나님의 구원섭리의 시대성을 분석할 때 더욱 명백해진다. 그러면 이제 구원섭리의 시대성을 더듬어 위의 사실을 거듭 입증해 보자.

인간의 타락을 지적인 면에서 보면, 그것은 바로 인간이 무지(비진리)에 떨어진 것을 의미한다. 그리고 하나님의 구원섭리란 이렇듯 진리를 잃어버린 인간을 다시금 진리에로 이끄는 그 수단과 방법을 말한다. 「진리를 알지니 진리가 너희를 자유케 하리라(요 8:32)고 하신 예수님의 말씀과 같이, 우리를 사탄의 구속에서 해방시켜 주는 섭리는 오직 하나님의 진리를 알게 하는 데 있는 것이다(요 17:3, 딤전 2:4).

그런데 하나님의 구원섭리의 대상인 인간은 항상 역사와 더불어 변천하고 있다. 시대의 흐름에 따라 과학의 발달이 있고, 과학의 발달에 따라 생활환경의 변천이 있으며, 이에 따라 인간의 지적인 욕구도 갈수록 높아지게 된다(고전 13:11).

그러므로 진리는 유일이요, 불변이요, 또 영원해야 할 것이지만, 진리에로 인도하기 위한 하나님의 구원섭리는 시대를 따라 언제나 그 섭리 형태를 달리 하지 않을 수 없다. 하나님의 구원섭리역사를 보면 모두가 예외 없이 이러한 시대성을 반영하고 있다. 그러면 이제 그 예를 들어보자.

아담으로부터 출발된 하나님의 구원섭리는 먼저 헌제중심의 섭리로 시작되었다. 아담 이후 노아와 아브리함 때에 있었던 하나님의 주된 섭리는 바로 이러한 헌제중심의 섭리였다. 당시 사람들은 모두 지적 수준이 낮아 우상 숭배를 일삼았고, 또 그들은 헌제를 통해서만 하나님 앞으로 나아갈 수 있다고 믿었기 때문에, 하나님은 부득이 헌제를 통한 섭리로 그들을 인도하셨던 것이다. 이러한 헌제중심의 섭리는 모세 때에 이르러 다시금 율법중심의 섭리로 바뀌었으니, 이는 그만큼 인간의 지적수준이 시대와 더불어 높아졌기 때문이다.

그 후 예수님 때에 이르러는 또 다시 하나님의 구원섭리가 율법중심의 섭리에서 복음중심의 섭리로 옮겨졌으니, 이도 역시 시대에 따라 변천되어 온 섭리의 시대성에 의한 결과였다. 즉 예수님 당시의 지적 수준은 시대와 더불어 모세 때의 지적 수준보다 높아졌기 때문에, 하나님의 구원섭리도 낮은 것으로부터 보다 높은 것으로 그 형태를 바꾸었던 것이다.

이와 같이 하나님의 구원섭리는 시대와 더불어 변천하고 있는 인간에 대해 언제나 그 섭리형태를 달리해 왔다. 그러면 새로운 섭리시대를 맞이한 오늘 이 시대의 구원섭리는 무엇을 중심으로 한 섭리인가?

예수님이 십자가에 돌아가신 후, 인류역사는 2천년이란 아득한 세월의 흐름을 겪었다. 이러한 역사의 굽이침을 따라 물질세계는 물론 정신 세계에도 급격한 발달을 가져왔으니, 고도로 발달된 현대의 과학문명은 오히려 이 이상의 발달에 의문을 낳게 할 정도가 되었으며, 또 인간의 지적인 발달도 이제는 한계점에 다다른 느낌을 주고 있다.

이렇듯 현대인류는 2천년이란 오랜 역사의 기간을 두고 발전에 발전을 거듭해 왔으니, 이러한 현대인류에 대하여 하늘은 어떠한 섭리를 하실 것인가? 두 말할 나위도 없이 하나님은 반드시 새 시대가 요구하는 〈새 진리〉를 중심으로 보다 높은 차원의 섭리를 하실 것이다.

참으로 현대인은 논증과 실증을 필요로 하는 과학적인 지성을 모든 분야에서 요구하고 있다. 아무리 좋은 주의 주장이라도 그것이 지적인 것이 아니면 애써 믿으려 하지 않는 것이 무릇 현대인의 생리다.

그러므로 이러한 현대인류 앞에는 능히 그들을 인도할 수 있는 새 진리가 반드시 나와야 한다. 하나님의 구원섭리가 시대에 따라 변천하는 인간을 대상으로 한 섭리라면, 그 시대성에 비추어 오늘날 또다시 새 진리가 나와야 한다는 것은 지극히 당연한 결론이 아닐 수 없다.

한편 성서에도 장차 도래할 주님의 재림시대에는 반드시 새 말씀(진리)이 출현할 것을 밝히 기록하고 있으니, 이러한 면에서도 우리는 새 진리의 필요성을 재확인할 수 있다. 그러면 이에 관한 주님의 말씀과 사도들의 증언을 간단히 살펴보기로 하자.

(1) 그리스도의 말씀

○ 내가 아직도 너희에게 이를 것이 많으나 지금은 너희가 감당치 못하리라. 그러나 진리의 성령(보혜사)이 오시면 그가 너희를 모든 진리 가운데로 인도하시리라(요 16:12~13).

○ 이것을 비사로 너희에게 일렀거니와 때가 이르면 다시 비사로 너희에게 이르지 않고 아버지에 대한 것을 밝히 이르리라(요 16:25).

(2) 사도들의 말씀

○ 우리가 지금은 부분적으로 알고 부분적으로 예언하나 온전한 것이 올 때에는 부분적으로 하던 것이 폐하리라(고전 13:9~10).

○ 그러므로 우리가 그리스도의 도(말씀)의 초보를 버리고… 완전한데 나아갈지니라(히 6:1~2).

○ 내가 보매 보좌에 앉으신 이의 오른손에 책이 있으니 안팎으로 썼고 일곱 인으로 봉하였더라(계 5:1).

○ 그가 내게 말하기를 네가 많은 백성과 나라와 방언과 임금에게 다시

예언하여야 하리라 하더라(계 10:11).

○ 또 보니 다른 천사가 공중에 날아가는데 땅에 거하는 자들 곧 모든 나라와 족속과 방언과 백성에게 전할 영원한 복음(새 복음)을 가졌더라(계 14:6).

위에서 필자는 하나님의 구원섭리의 시대성을 더듬어 오늘의 인류 앞에는 반드시 〈새 진리〉가 나와야 한다는 사실을 거듭 입증해 보았거니와, 이러한 결론은 새 종교의 필요성을 역설한 여러 학자들의 주장에서도 재확인할 수 있다. 그러면 이제 그들의 주장을 들어보기로 하자.

영국의 대사학자 토인비는 새 종교의 탄생을 다음과 같이 예언한 바 있다. 즉 그는 현대를 불안과 공포의 시대로 보고 오늘의 인류가 인간의 정신적, 육체적인 고통을 아울러 제거할 수 있는 새로운 종교를 탄생시키지 못하는 참다운 생존을 계속해 나아갈 수 없을 것이라고 경고했으며, 또 인류를 파멸의 위기로부터 구원해 낼 수 있는 이러한 새 종교는 일견해서 이단적인 형식을 갖추고 뜻하지 않은 곳에서 그 모습을 드러낼지도 모른다고 예언하였다. 또 그는 이렇듯 이단적인 것처럼 생각될는지도 모르는 그 종교가 생겨날 그 때부터 이 지구상에는 새로운 제2의 문명이 발동하게 될 것이라고도 하였다.

이밖에도 신학자 엘톤 트루부러드는 오늘의 기독교가 마치 침몰해가는 한 척의 배와 같다고 했으며, 또 사무엘 밀러도 오늘의 기독교는 이미 죽음의 문에 이르렀다고 지적하면서 기독교의 격조 높은 혁명을 강조하였다.

이어 신학자 불트만은 신화적 요소로 기록된 성서의 비신화적(과학적)인 해석을 역설하였고, 또 사학자이며 생물학자인 죠오지 웰스도 현대과학과 정면으로 대립되어 있는 오늘의 기독교는 머지않아 자멸의 길을 면치 못할 것인바, 이에 대치될 새로운 종교의 출현을 고대한다고 말함으로써 새 진리의 탄생이 우리에게 얼마나 절실한 문제인가를 보여주고 있다.

제3절 새 진리의 사명

* 진리를 알지니 진리가 너희를 자유케 하리라(요 8:32).
* 사람이 떡으로만 살 것이 아니요, 하나님의 입으로 나오는 모든 말씀으로 살 것이라 하였느니라(마 4:4).

위에서 기독교는 지배계급의 종교가 아닌 민중의 종교라는 것과, 또 오늘의 현대인류 앞에는 반드시 새 시대가 요구하는 〈새 진리〉가 나와야 한다는 사실을 논하였다. 그러면 이러한 새 진리는 오늘의 우리에게 어떠한 문제들을 해결해 주어야 하는가를 간단히 알아보기로 하자.

① 새 진리는 하나님의 나라를 건설하기 위한 말씀이어야 한다

일찍이 예수님은 제자들에게 「너희는 먼저 하나님의 나라와 그의 의를 구하라」(마 6:33)고 말씀하셨고, 또 「너희는 온 천하에 다니며 만민에게 복음을 전파하라」(막 16:15)고 명령하셨다. 이러한 주님의 말씀으로 보아 하나님의 구원섭리의 최종목표는 바로 이 지상에 하나님의 나라를 건설하는 데 있음을 분명히 알 수 있다(마 6:10, 눅 4:43~44). 따라서 새 진리는 주께서 명하신 세계 복음화를 통하여 이 지상에 하나님의 나라를 반드시 건설해야 할 것이다.

종래의 신학은 이 지상에 하나님의 나라를 건설하는 것을 애당초 불가능한 것으로 생각해 왔다. 그러나 이것은 매우 부당하고 불합리한 사고방식이 아닐 수 없다. 왜냐 하면 하나님의 나라는 천상에서 뿐만 아니라 이 지상에서도 반드시 이루어져야 하기 때문이다(계 5: 10, 계 11:15). 만일 이 지상에 하나님의 나라를 건설하는 것이 불가능하다면, 주님은 어찌하여 제자들에게 세계복음화를 명령하시고, 또 하나님의 나라가 이 땅에 이루어지도록 기도하라고 가르치셨단 말인가?

② 새 진리는 민중의 나라를 건설하기 위한 말씀이어야 한다

하나님이 이 땅에 메시아를 보내신 이유가 무엇인가? 그것은 바로 고통받는 민중과 사회를 해방하고, 이 지상에 하나님의 나라와 민중의 나라를 건설하시기 위함이었다(마 6:33, 눅 4:16~19). 예수님이 먼저 가난한 자, 억눌린 자, 소외된 자들을 찾아다니시며 복음을 전파하신 것은, 그가 바로 고통받는 민중과 사회를 해방하기 위해 오신 민중의 메시아였기 때문이다(본장 제1절 참조).

이처럼 예수님이 바로 민중의 메시아라면, 그를 신봉하는 기독교도 역시 민중의 종교가 되어야 할 것이다. 그러나 오늘의 기독교는 도리어 지배계급이 옹호하는 자본주의에 깊이 오염됨으로써, 이제는 민중의 종교가 아닌 지배계급의 종교로 변질되고 말았으니, 이 얼마나 안타까운 일인가? 그러므로 새 진리는 오늘의 기독교를 전면적으로 개혁함으로써, 그 기독교를 민중의 종교로 다시 회복시켜야 하며, 또 고통받는 민중과 사회를 해방함으로써, 이 지상에 하나님의 나라와 민중의 나라를 반드시 건설해야 할 것이다.

③ 새 진리는 평등한 사회를 건설하기 위한 말씀이어야 한다

인간은 홀로 살아갈 수 없는 사회적 존재다. 그러면 인간이 본래 이루고 살아가야 할 사회는 어떤 사회인가? 그 사회는 바로 지배와 피지배 및 착취와 피착취의 계급적 모순이 없는 사회이다. 다시 말해 그 사회는 착취와 억압이 없고 빈부와 귀천의 차별이 없으며, 또 우리 모두가 하나는 전체를 위하고 전체는 하나를 위해 살아가는 〈평등한 사회〉가 아닐 수 없다. 왜냐하면 인간은 그 본질상 그러한 평등한 사회에서만 인간답게 살아갈 수 있기 때문이다.

그러므로 인간은 지금까지 그 평등한 사회를 이루기 위해 부단히 애써 왔다. 그 평등한 사회를 정치인은 정치를 통하여, 학자는 학문을 통하여, 종교인은 신앙을 통하여 찾아 이루고자 하였다. 그러나 우리가 살아가고 있는 이 지상에는 아직도 온갖 사회악이 판을 치는 불평등한 범죄 사회만이 그대로 계속되고 있는 안타까운 실정에 이다. 따라서 새 진리는 이러한 불평등한 범죄사회를 속히 청산하고, 우리 모두가 인간답게 살아가는 평등한 사회(공동체사회)를 반드시 건설해야 할 것이다.

④ 새 진리는 성서의 근본문제를 밝혀주는 말씀이어야 한다

오늘날 기독교는 명실공히 세계적인 종교임을 자랑하고 있다. 그러나 기독교는 아직도 분열의 위기에서 벗어나지 못하고 있으니, 그 이유는 무엇인가? 그것은 바로 기독교의 경전인 성서 자체가 비유와 상징으로 기록되어 있기 때문이다(호 12:10, 마 13:34).

그러면 예수님은 어찌하여 제자들에게 비유와 상징으로 말씀하셨던가? 이는 당시 제자들의 지적 수준이 너무 낮아 그 말씀을 제대로 감당치 못하였기 때문이다(요 3:12, 요 16:12). 그리하여 예수님은 할 수 없이 그들에게 하느의 깊은 진리를 비유와 상징으로 말씀하시지 않을 수 없었던 것이다. 따라서 성서의 참 뜻은 그 문자에 있는 것이 아니라. 그 문자의 이면에 있음을 알아야 한다.

어느 누가 성서를 떠난 신앙생활을 원하랴마는 날이 갈수록 교파가 분열되는 그 원인은 이렇듯 비유와 상징으로 되어 있는 성서 한 권을 놓고 저마다 자기 나름대로 해석을 하기 때문이다. 이는 마치 장님이 코끼를 앞에 놓고 제각기 다른 판단을 내리며 서로 다투는 것과 흡사한 일로서 매우 부끄러운 일이 아닐 수 없다.

그러므로 새 진리는 비유와 상징으로 기록된 성서의 내용을 일관된 논리로 해명함으로써 우리에게 성서의 실상을 체계적으로 밝혀 주어야 한다. 그래야만 분열된 기독교의 통일은 물론 주께서 명하신 지상천국 건설과 세계 복음화도 가능할 것이다.

⑤ 새 진리는 자본주의와 공산주의를 모두 극복할 수 있는 말씀이어야 한다

기독교가 추구하는 하나님의 나라와 평등한 사회는, 자본주의와 공산주의가 세계를 지배하는 한 결코 도래할 수 없다. 왜냐 하면, 자본주의가 지배하는 사회는 언제나 개인주의 · 이기주의 · 물질주의 · 향락주의가 판을 치는 추악한 범죄사회로 변질되고, 또 공산주의가 지배하는 사회는 언제나 개인숭배와 부패한 관료계급이 판을 치는 무서운 독재사회로 변질되기 때문이다. 그렇다면 우리는 반드시 그 낡고 부패한 자본주의와 공산주의의 세계지배를 막아야 하며, 그러기 위해서는 민중의 종교인 기독교가 세계 전역에서 반자본주의 운동과 반공산주의운동을 강력히 전개해야 할 것이다.

지금까지 수많은 사람들이 자본주의의 모순성과 공산주의의 허구성을 들어 비판하였다. 특히 유신론에 근거를 두고 있는 종교계는 무신론에 근거한 공산주의를 항상 못마땅하게 여겨 더욱 그를 날카롭게 비판하였다.

그러나 자본주의와 공산주의는 아직도 망하지 않았으며, 도리어 세계적인 판도를 형성하고 이으니, 그 이유는 무엇인가? 이는 다만 자본주의와 공산주의를 비판하는 데 그쳤을 뿐, 그들의 이론을 능히 극복할 수 있는 강력한 대안이 없었기 때문이다. 그러므로 새 진리는 우리에게 그들의 모순성과 비 진리성을 모두 드러내는 한편, 그들의 이론을 완전히 극복할 수 있는 대안까지도 마련해 주어야 할 것이다.

이상으로 우리는 새 진리가 해결해 주어야 할 문제들에 대하여 간단히 알아보았다. 그러면 이러한 새 진리를 우리는 어떠한 입장에서 받아들여야 하겠는가? 새 진리는 바로 모든 분야에서 과학적인 지성을 요구하고 있는 현대인류를 인도하기 위한 새 시대의 새 말씀이므로, 이 진리는 어디까지나 구시대의 낡은 사상과 옛 신앙을 벗어난 새로운 입장에서 받아들여야 할 것이다(눅 5:38, 고전 13:11, 히 6:1).

그런데 오늘의 모든 기성종교는 아직도 구태의연한 옛 신앙의 탈을 벗지 못하고 있는 안타까운 실정에 있다. 기독교만을 예로 들어보더라도 대부분의 성도들은 문자에 사로잡혀 성서의 내용을 문자 그대로 믿으려고 한다. 그리하여 그들의 종래의 문자적인 해석과 다른 주장을 하게 되면, 모두 이단으로 정죄하려고 한다.

그러나 현대의 지성은 이러한 낡은 신앙태도를 결코 용납하지 않는다. 현대의 지성은 보다 올바르고 보다 합리적인 신앙을 요구한다. 신화적인 설교나 강의만으로는 도저히 만족하지 않는다. 신화의 베일을 벗기고 과학적인 설교를 해서 하나님의 실존과 종교의 본질을 파헤치지 않는 한 외면하기 일쑤이다. 그들은 한결같이 논리적이요, 실증적이요, 체계적인 이른바 〈과학적인 신앙〉을 원하고 있다. 따라서 현대의 종교가 이러한 그들의 요구를 모두 해결해 주어야 함은 두말할 나위도 없다.

그러나 현대의 모든 종교는 도리어 비과학적인 교리를 내세움으로써 무능한 종교임을 스스로 드러내고 있으며, 또한 저마다 다른 주의, 주장으로 분열과 파쟁을 일삼고 있어 현대인의 신랄한 비난을 사고 있다. 특히 기독교의 분열은 갈수록 더욱 거듭됨으로써 종교계에 심각한 위기를 조성하고 있다.

오늘날 기독교를 비롯한 모든 종교의 이러한 분열상은 그들이 구시대의 낡은 사상과 옛 신앙에서 벗어나 새 시대가 요구하는 새 진리로 다시 무장해야만 그 해결이 가능할 것이다.

제4절 새 진리의 발상지

진리는 동방으로부터!!

* 내가 동방에서 독수리(사명자)를 부르며, 먼 나라에서 나의 모략을 이룰 사람을 부를 것이라. 내가 말하였은 즉 정녕 이룰 것이요. 경영하였은 즉 정녕 행하리라(사 46:11).
* 또 보매 전사가 살아계신 하나님의 인(진리)을 가지고 해 돋는 곳(동방)으로부터 올라와서… 큰 소리로 외쳐 가로되(계7:2~4).

위에서 필자는 새 진리의 필요성과 또 그가 해야 할 사명(역할)에 대해 논했거니와, 오늘 이 시대는 바로 이러한 새 진리가 시급히 요청되는 때라고 하겠다. 그러면 다음으로 우리는 이러한 새 진리가 어느 곳에서 출현되어야 하는가를 성서에 기초해서 간단히 알아보기로 하자.

일찍이 시편 기자는 하나님을 태양으로 비유하였다(시 84:11). 왜냐 하면, 태양은 바로 인간과 만물을 소생시키며, 또 어둠의 세계를 밝히는 빛의 근원이 되기 때문이다.

그런데 이 태양은 지구의 자전에 따라 항상 동쪽에서 솟아오르며, 그 찬란한 생명의 빛을 발한다. 그러므로 예로부터 해 돋는 동방은 하나님이 먼저 운행하시는 가장 신성한 곳을 생각해 왔다.

이와 같이 태양이 동쪽에서 솟아오르듯, 인류의 찬란한 정신문화는 한결같이 동방에서 비롯되어다. 예컨대 현존하는 4대 종교문화- 기독교문화 · 회교문화 · 불교문화 · 유교문화의 발상지는 모두 동방이었다. 하나님의 인간 창조도 동방에서 시작되었거니와 성서는 하나님의 구원섭리도 역시 동방에서 완결될 것으로 보여주고 있다.

일찍이 하나님은 인간조상인 아담과 하와를 동방의 에덴에서 부르셨고(창 2:8), 또 믿음의 조상인 아브라함을 동방의 갈대아 우르에서 부르셨으며(창 15:7), 또 믿음의 백성인 이스라엘민족을 애굽에서 동방의 가나안으로 인도하셨다(출 3:8).

그 뿐만 아니라, 하나님은 동방의 예루살렘을 진리의 성읍과 구원의 처소로 삼으시고(슥 8:3, 슥 8:7~8), 그 예루살렘이 있는 동방의 유대나라로 메시아를 보내셨다(마 2:1).

그러나 당시 유대인들은 그 메시아를 도리어 이단자로 몰아 십자가에 처형함으로써 그들은 불행히도 그 고귀한 선민의 자리를 영원히 잃고 말았다. 이 사실은 다음과 같은 주님의 말씀과 사도들의 증언에서 분명히 알 수 있다. - 제6장 〈구원론〉 참조.

(1) 그리스도의 말씀

○ 외식하는 서기관들과 바리새인들이여 너희는 천국문을 사람들 앞에서 닫고 너희도 들어가지 않고 들어가려 하는 자도 들어가지 못하게 하는 도다(마 23:13).

○ 그러므로 내가 너희에게 이르노니 너희는 하나님의 나라를 빼앗기고 그 나라의 열매 맺는 다른 백성이 받으리라(마 21:43).

○ 또 너희에게 이르노니 동서로부터 많은 사람이 이르러 아브라함과 이삭과 야곱과 함께 천국에 앉으려니와 나라의 본 자손들은 바깥 어두운 데로 쫓겨나 거기서 울며 이를 갊이 있으리라(마 8:11~12).

(2) 사도들의 말씀

○ 하나님의 말씀을 마땅히 먼저 너희에게 전할 것이로되 너희가 버리고 영생을 얻음에 합당치 않은 자로 자처하기로 우리가 이방인에게로 향하노라(행 13:46).

○ 저희(유대인)인 넘어짐으로 구원이 이방인에게 이르러 이스라엘로 시기나게 함이니라(롬 11:11).

○ 유대인은 주 예수와 선지자들을 죽이고 우리를 쫓아내고 하나님을 기쁘시게 아니하고 모든 사람에게 대적이 되어 우리가 이방인에게 말하여 구원을 얻게 함을 저희가 금하여 자기 죄를 항상 채우매 노하심이 끝까지 저희에게 임하였느니라(살전 2:15~16).

이와 같이 초림시대의 유대인들이 불신으로 그 선민의 자격을 잃었다면, 새로운 재림시대를 맞이한 오늘 이 시대에 있어서 하나님은 이미 실족한 그들을 대신할 새로운 선민을 어디서 부르실 것인가? 하나님의 구원섭리가 바로 동방중심의 섭리일진대, 하나님은 그 새로운 선민을 또다시 동방에서 부르실 것이 분명하다.

이사야서 46장 11절에 보면, 하나님은 이르시되 「내가 동방에서 독수리

(사명자)를 부르며 먼 나라에서 나의 모략을 이룰 사람을 부를 것이라 내가 말하였은즉 정녕 이룰 것이요 경영하였은즉 정녕 행하리라」고 말씀하심으로써, 하나님은 장차 동방에서 한 사명자와 한 민족을 부르시어 자신의 뜻을 이루실 것을 보여주었다(사41:1~4, 사 41:8~9).

다음으로 계시록 1장 4절에 보면, 주님은 아시아에 있는 일곱 교회를 통해 장차 이루어질 일들을 계시해 주심으로써, 주님은 재림시대에도 역시 동방의 아시아 교회를 중심으로 섭리하실 것을 보여주었다.

한편 계시록 7장 2절에 보면, 한 천사가 해 돋는 곳(동방)으로부터 올라와 택하신 종들에게 인을 쳤는데, 그 인 맞은 자의 수가 14만 4천 이라고 하였다(계 7:3). 그런데 계시록 14장 1절에 보면, 그 인 맞은 성도들과 함께 어린 양(예수님)이 시온산에 섰다고 기록함으로써 하나님은 장차 해 돋는 동방에서 새로운 선민을 부르실 것을 밝히 보여주셨다.

예로부터 동방나라는 한국·일본·중국 등 동양 삼국을 가리킨다. 그러면 이러한 세 나라 중에서 어느 나라가 과연 새로운 선민으로 부름 받을 수 있겠는가? 그 나라는 일찍이 인도의 시성 타골이 〈동방의 등불〉이라고 예찬했던 한국이 분명하다. 따라서 새 시대가 요구하는 새 진리는 오늘날 동방의 새 이스라엘로 불리우는 〈한국〉에서 출현해야 할 것이다.

◉ 새로운 민중사상과 민중신학의 출현!!

하나님의 구원섭리는 구약과 신약과 성약의 3시대를 통해서 전개된다. 구약시대는 율법시대요, 신약시대는 복음시대요, 성약시대는 계시록에 예언된 새 복음(민중복음)의 시대다(계 14:6). 그런데 우리는 지금 그 마지막 단계인 새로운 〈성약시대〉를 맞이하고 있다. 오늘의 모든 성도들은 이 사실을 속히 깨달아야 할 것이다.

그러면 성약시대는 어떤 시대인가? 성약시대는 바로 하나님의 구원섭리를 최종적으로 계승·완성하기 위한 시대다. 다시 말해 성약시대는 고통받는 민중과 사회를 해방하기 위한 시대이며, 또 이 땅에 하나님의 나라와 민중의 나라를 건설하기 위한 시대다. 그뿐 아니라 성약시대는 모든 분단의 장벽을 헐어버리는 통일의 시대다.

필자는 새 시대(성약시대)가 요구하는 민중해방과 세계해방을 위해, 그리고 하나님의 나라와 민중의 나라를 건설하기 위해, 하나님의 새 진리 말씀으로 체계화된 새 사상과 새 신학을 제시하는 바 〈민중사상〉과 〈민중신학〉이 바로 그것이다. 이처럼 새 시대의 새 진리로 등장한 민중사상과 민중신학은 변질된 서구신학을 반대하고 새로운 사상체계와 신학체계를 확립함으로써, 그 낡은 서구신학이 지배하는 기독교를 근본적으로 개혁할 수 있게 하였다.

새 시대를 맞이한 오늘의 모든 성도들이여! 이제는 모두 그 낡은 서구신학의 굴레에서 벗어나 새로운 민중사상과 민중신학으로 다시 무장하라. 그리고 이제는 고통받는 민중과 사회를 해방하기 위해 모두가 앞장서 투쟁함으로써, 이 땅에 하나님의 나라와 민중의 나라를 속히 건설하라. 이것이 바로 하나님과 주님의 간절하신 뜻과 소망이 아니겠는가?

새 시대의 혁명사상과 혁명신학으로 등장한 민중사상과 민중신학!! 그 새로운 민중사상과 민중신학에 의해 세계는 반드시 변혁되고 해방될 것이며, 또 이 땅에 하나님의 나라와 민중의 나라도 반드시 건설될 것이다.

- 민중의 십자군 -

하나님의 군대인 십자군이여!
사탄이 지배하는 죄악세계를 해방하라.
그리고 이땅에 하나님의 나라를 건설하라.

민중의 군대인 십자군이여!
고통받는 민중과 사회를 해방하라.
그리고 이 땅에 민중의 나라를 건설하라.

민중의 수호자인 십자군이여!
하나님과 민중의 적들을 모두 추방하라.
그리고 새로운 민중사회를 건설하라.

새 시대의 사명자인 십자군이여!
모든 착취와 억압의 쇠사슬을 끊어버려라.
그리고 새로운 평등사회를 건설하라.

새 시대의 개척자인 십자군이여!
모든 분열과 분단의 장벽을 헐어버려라.
그리고 새로운 통일사회를 건설하라.

새 시대의 의병인 십자군이여!
모든 불의와 끝가지 맞서 투쟁하라.
그리고 새로운 정의사회를 건설하라.

- 민중의 십자군 -

제 2 장

성 서 론

✝ 너희는 여호와의 책(성서)을 자세히 읽어 보라.
이것들이 하나도 빠진 것이 없고 하나도 그 짝이 없는 것이
없으리니, 이는 여호와의 입이 이를 명하셨고 그의 신이
이것들을 모으셨음이라(사 34:16).

✝ 성경의 모든 예언은 사사로이 풀 것이 아니니, 예언은 언제
든지 사람의 뜻으로 낸 것이 아니오, 오직 성령의 감동하심
을 입은 사람들이 하나님께 받아서 말한 것임이니라(벧후
1:20~21).

✝ 모든 성경은 하나님의 감동으로 된 것으로서, 교훈과 책망
과 바르게 함과 의로 교육하기에 유익하니(딤후 3:16)

인간은 누구이며 왜 성서를 필요로 하는가? 인간은 바로 타락한 존재로서 오늘도 끝없는 인생의 미로에서 방황하는 고달픈 나그네이다. 이러한 인간에게 하나님은 특별히 인생의 영원한 길잡이를 주셨으니, 〈성서〉가 바로 그것이다. 따라서 인간은 누구나 그 성서의 가르침을 받아야만 그가 가야 할 인생의 종착역에 무사히 도달할 수 있다.

이 지구상에는 종교도 많고 경전도 많이 있지만, 기독교의 성서처럼 하나님과 주님의 진리말씀이 직접 기록된 경전은 하나도 없다. 따라서 성서는 그 성격상 기독교뿐만 아니라, 모든 종교가 반드시 그 가치성을 인정하고 그 교훈을 받아들여야 할 것이다.

우리는 성서를 통해서만이 하나님과 주님의 진리말씀을 읽고 배울 수 있다. 그런데 성서는 우리에게 두 가지 길을 제시한다. 그 하나는 생명의 길이요, 다른 하나는 죽음의 길이다. 생명의 길은 성서의 가르침을 믿고 따르는 자들이 가게 되며, 죽음의 길은 그 가르침을 불신하고 반대하는 자들이 가게 된다. 그렇다면 우리는 이 중에서 어느 길을 가야 하겠는가?

오늘날 세계 도처에서는 자칭 재림주요, 선지자요 하는 이단자들이 무수히 나타나고 있거니와, 그들은 한결같이 성서를 사사로이 풀이하고 있으며, 또 마치 점쟁이가 점을 치듯 장래 일을 제멋대로 예언하기도 한다. 그러나 우리 성도들은 그들이 바로 양의 가죽을 쓴 이리 떼요(마 7:15), 불법을 행하는 자들이요 (마 7:23), 또 세상을 마구 미혹하는 적 그리스도와 거짓 선지자들임을 지혜롭게 깨달아야 할 것이다 (마 24:24, 렘 23:25~28).

제1절 성서의 가치성

성서는 구약성서와 신약성서의 두 부분으로 구성되어 있다. 그 중 구약성서 39권은 AD 100년 얌니아 종교회의에서 정경으로 채택되었고, 신약성서 27권은 AD 397년 카르타고 종교회의에서 정경으로 채택되었다.

일찍이 선지자 이사야는 성서를 〈여호와의 책〉이라고 말했거니와(사 34:16), 성서는 바로 하나님의 계시와 영감으로 기록된 유일한 경전이다(딤후 3:16, 벧후 1:20~21). 그리고 기독교는 이러한 성서에 그 신앙의 기초를 두고 있는 유일한 종교이다. 이러한 견지에서 기독교는 바로 모든 종교의 중심종교라고 말할 수 이다.

그러면 기독교는 어찌하여 그 신앙의 기초를 성서에 두고 있는가? 그것은 바로 그 성서가 다음과 같은 위대한 가치성들을 지니고 있기 때문이다.

① 성서에는 〈생명〉의 가치성이 있다

* 사람이 만일 온 천하를 얻고도 제 목숨을 잃으면 무엇이 유익하며, 또 무엇을 주고 제 목숨을 바꾸겠느냐(마 16:26).
* 너희가 성경에서 영생을 얻을 줄 생각하고 성경을 상고하거니와, 이 성경이 곧 내게 대하여 증거 하는 것이로다. 그러나 너희가 영생을 얻기 위하여 내게 오기를 원치 아니하는 도다(요 5:39~40).

일찍이 예수님은 이르시되, 「사람이 온 천하를 얻고도 제 목숨을 잃으면 아무 유익이 없으며, 또 사람의 목숨은 그 무엇을 주고도 바꿀 수 없다」 (마 16:26)고 말씀하셨다. 이 말씀대로 인간에게 있어 그 생명의 가치는 이 우주보다도 더욱 고귀하다. 모든 생명체가 그러하듯, 인간도 역시 그 생명이 있어야만 비로소 생존할 수 있기 때문이다. 따라서 누구든지 이러한 새명을 잃는다면, 그가 비록 온 천하를 얻는다 해도 그 무슨 소용이 있겠는가?

이 세상에는 수많은 종류의 책들이 있다. 그러나 이러한 책들은 아무리 위대한 명작이라 해도 인간의 생명문제를 해결해 주지 못한다. 왜냐하면 그것들은 다만 인간의 지혜와 지식을 담은 세속적인 책에 불과하기 때문이다(고전 1:19~20).

그런데 성서만은 이러한 생명문제를 모두 해결해 주고 있으니, 그 이유는 무엇인가? 그것은 바로 그 성서가 우리를 항상 하나님과 주님 앞으로 인도해 주는 생명의 말씀(진리)으로 기록되어 있기 때문이다. 만일 이러한 생명의 말씀이 없다면, 그 성서는 다만 세속적인 신앙 작품에 불과할 것이다.

② 성서에는 〈구원〉의 가치성이 있다

* 내가 죄악 중에 출생하였음이여 모친이 죄 중에 나를 잉태하였나이다 (시 51:5).
* 죄의 삯은 사망이요, 하나님의 은사는 영생이니라(롬 6:23).
* 네가 어려서부터 성경을 알았나니, 성경은 능히 너로 하여금 그리스도 예수 안에 있는 믿음으로 말미암아 구원에 이르는 지혜가 있게 하느니라(딤후 3:15).

일찍이 다윗은 「내가 죄악 중에 출생하였다」 (시 51:5)고 말하였고, 또 사도 바울은 「죄의 삯은 사망이라」 (롬 6:23)고 말하였다. 이 말씀대로 타락한 인간은 누구나 죄악 중에 태어남으로써, 생명의 존재에서 죽음의 존재로 전락하게 되었다(계 3:1).

그러면 이러한 타락인간에게 있어 가장 큰 소망은 무엇일까? 그것은 바로 〈구원〉이 아닐 수 없다. 타락한 인간은 그 본질상 구원을 받아야만 비로소 생명의 존재로 거듭날 수 있기 때문이다. 따라서 누구든지 이러한 구원에 실패한다면, 그가 아무리 부귀영화를 누린다 해도 그는 가장 불행한 자가 아닐 수 없다(약 4:14, 벧전 1:24).

이 세상에는 수많은 종교의 경전들이 있다. 그러나 이러한 경전들은 그 내용이 아무리 심오해도 인간의 구원문제를 해결해 주지 못한다. 그것들은 다만 성현들의 지혜와 교훈을 담은 도덕적인 책에 불과하기 때문이다(고전 3:19~21).

그런데 성서만은 이러한 구원문제를 모두 해결해 주고 있으니, 그 이유는 무엇인가? 그것은 바로 그 성서가 우리를 항상 하나님과 주님 앞으로 인도해 주는 구원의 말씀(진리)으로 기록되어 있기 때문이다. 만일 이러한 구원의 말씀이 없다면, 그 성서는 다만 도덕적인 교훈서에 불과할 것이다.

③ 성서에는 〈교훈〉의 가치성이 있다.

* 모든 성경은 하나님의 감동으로 된 것으로서 교훈과 책망과 바르게 함과 의로 교육하기에 유익하니(딤후 3:16).
* 그리스도의 교훈 안에 거하지 아니하는 자마다 하나님을 모시지 못하되, 교훈 안에 거하는 이 사람이 아버지와 아들을 모시느니라(요이 1:9).

일찍이 사도 요한은 「그리스도의 교훈 안에 거하는 자만이 하나님과 주님을 모실 수 있다.」 (요이 1:9)고 증거 하였다. 그런데 우리가 그리스도의 교훈 안에 거하려면, 반드시 그가 주신 교훈의 말씀들을 충실히 믿고 따라야만 한다(요 15:10, 요일 3:24). 기록된 바 「행함이 없는 믿음은 그 자체가 죽은 것이라」 (약 2:17)고 하였거니와, 만일 이러한 믿음과 순종의 도리를 행치 않는다면, 우리가 어떻게 하나님과 주님을 모실 수 있겠는가?

성서를 보라, 그 속에는 진주보다 값진 생명의 교훈들이 항상 우리를 위해 빛나고 있지 않은가? 우리는 바로 이러한 신령한 만나(말씀)를 먹어야만 하나님과 주님을 내 안에 모실 수 있는 사람으로 거듭 날 수 있는 것이다(엡 4:22~24).

④ 성서에는 〈역사〉의 가치성이 있다.

* 주 여호와께서는 자기의 비밀을 그 종 선지자들에게 보이지 아니하시고
  는 결코 행하심이 없으시리라(암 3:7).
* 옛날을 기억하고 역대의 연대를 생각하리. 네 아비와 어른들에게 물으
  라. 그들이 네게 이르리로다(신 32:7).

인간은 역사와 더불어 생존한다. 고기가 물을 떠나서 살 수 없듯이 잠시도
역사를 떠나서 살 수 없는 존재가 바로 인간이다. 따라서 인간은 누구나 그
역사의 흐름을 정확히 알아야만 그 역사가 요구하는 새로운 삶의 길을 갈
수 있다.

역사라고 하면 우리는 흔히 인류의 생존 역사만을 생각하기 쉽다. 그러나
여기서 말하는 역사란 바로 하나님의 구원섭리역사를 의미한다.-하나님의
구원섭리역사는 이미 아담시대부터 시작되었다.

이 세상에는 수많은 종류의 역사책들이 있지만, 그것들은 다만 인류의 생
존역사만을 평면적으로 기록했을 뿐이다. 그런데 성서만은 하나님의 구원섭
리역사를 입체적으로 자세히 기록함으로써 우리가 가야할 구원에로의 길을
환히 보여주고 있다.

⑤ 성서에는 〈예언〉의 가치성이 있다.

* 이 예언의 말씀을 읽는 자와 듣는 자들과 그 가운데 기록한 것을 지키
  는 자들이 복이 있나니 때가 가까움이라(계 1:3).
* 보라 내가 속히 오리니, 이 책의 예언의 말씀을 지키는 자가 복이 있으
  리라(계 22:7).

성서에는 장차 이루어질 예언의 말씀이 많이 기록되어 있다. 그런데 이러

한 예언의 말씀을 지키는 자에게 복이 있다고 하였으니, 우리는 결코 그 성서를 소홀히 해서는 안 된다. 왜냐 하면 성서를 떠나서는 어느 누구도 그 예언의 말씀을 충실히 지킬 수 없기 때문이다.

이 세상에는 수많은 종류의 예언서들이 있지만, 하나님과 주님의 예언을 직접 기록한 것은 오직 성서밖에 없다. 요즘 서점에는 풍수지리설에 근거한 예언서들이 많이 나돌고 있는데, 이러한 예언서들은 그 대부분이 허무맹랑한 이야기로 가득 차 있다.

위에서 논한 바와 같이, 성서는 바로 인간의 영원한 생명과 구원을 보장하는 위대한 가치성을 지니고 있다. 그러기에 일찍이 예수님도 성서를 상고하셨고, 또 사도들과 초대 교회의 성도들도 성서를 열심히 상고했던 것이다.

성서! 그것은 바로 끝없는 인생의 미로를 밝혀 주는 영원한 진리의 등대이다. 따라서 이러한 성서를 떠나서는 어느 누구도 인생의 최종항구에 무사히 닻을 내리지 못할 것이다(딤전 1:19).

⑥ 성서의 가치성에 대한 증언

「하나님과 성경 없이 이 세상을 바르게 다스리는 것은 불가능하다」
(워싱턴: 미국의 초대 대통령).
(링컨: 미국의 제16대 대통령).
「성경은 보통의 책만은 아니다. 그것은 살아있는 것이다. 그것에 반대하는 모든 것을 정복하는 힘을 가지고 있다」 (나폴레옹 : 프랑스 황제).
「어떠한 세속 역사에 있어서보다도, 성경에는 보다 확실한 진리가 있다」
(뉴턴 : 영국의 물리학자).
「인류의 지적 문화가 진보한대도, 자연과학이 진보하여 그 넓이와 깊이는 더한대도, 인심이 그 바라는 대로 넓어진대도, 복음서에서 빛나오는 그리스도교의 높이와 도덕적 수련을 넘어갈 수는 없는 것이다」 (괴테 : 독일의 시인).
「성경이 인간세계에 있다는 것은, 인류가 일찍이 경험한 일이 없는 최대의 이익을 가지고 있는 것이다. 그것의 가치를 감소시키고자 하는 그 어떠한 기도도, 인도에 어긋나는 죄악이다」 (칸트 : 독일의 철학자).
「성경은 이 세상에 지금까지 없었던 또는 이 후에도 있으리라고는 생각되지 않는 최선최상의 책이다」 (디켄즈 : 영국의 소설가).

제2절 성서의 기록양식

인간은 누구나 하나님의 뜻대로 행하는 올바른 신앙을 통해서만 구원받을 수 있다(마 7:21). 그런데 이러한 올바른 신앙을 하려면, 우리는 먼저 그 신앙의 기초가 되는 성서가 어떻게 기록되었는가를 알아야 할 필요가 있다. 이것을 모르면 우리는 도리어 하나님의 뜻에 역행하는 그릇된 신앙을 하기가 쉽다. 그러면 이 문제를 성서에 기초해서 알아보기로 하자.

① 성서는 하나님의 계시와 영감으로 기록되었다

* 모든 성경은 하나님의 감동으로 된 것으로 교훈과 책망과 바르게 함과 의로 교육하기에 유익하니(딤후 3:16).
* 성경의 모든 예언은 사사로이 풀 것이 아니니, 예언은 언제든지 사람의 뜻으로 낸 것이 아니요, 오직 성령의 감동하심을 입은 사람들이 하나님께 받아 말한 것임이니라(벧후 1:20~21).

이 말씀대로 성서는 인간의 지혜가 아닌 하나님의 계시와 영감으로 기록되었다. 그러기 때문에, 성서는 언제나 진실하고 정확하며, 또 우리를 영원한 생명과 구원의 길로 인도해 준다. 일찍이 선지자 이사야도 성서를 가리켜 〈여호와의 책〉이라고 말했거니와 (사 34:16), 만일 성서가 하나님의 계시와 영감으로 기록되지 않았다면 그것을 어찌 하나님의 책으로 부를 수 있겠는가?

혹자는 이러한 성서의 계시성과 영감성을 부인하고, 성서는 다만 인간의 지혜가 만든 하나의 신앙작품에 불과하다고말하기도 하지만, 이것은 어디까지나 성서의 실상을 모르는 데서 나온 매우 어리석은 견해가 아닐 수 없다. 만일 그들의 주장이 사실이라면 기독교는 결코 그 신앙의 기초를 성서에 두었을 리가 없으며, 또 세계적인 종교로 발전하지도 못했을 것이다.

이와 같이 성서는 하나님의 계시와 영감으로 기록되었기 때문에 그것은 결코 사사로이 풀이할 수 없으며(벧후 1:20~21), 또 억지로 풀이할 경우 스스로 멸망에 이른다고 하였다(벧후 3:6). 따라서 우리 성도들은 누구나 성서를 사사로이 억지로 풀이하는 일이 없도록 해야 할 것이다.

② 성서는 비유와 상징으로 기록되었다

* 내가 여러 선지자에게 말하였고 이상을 많이 보였으며, 선지자들을 통하여 비유를 베풀었노라(호 12:10).
* 예수께서 이 모든 것을 무리에게 비유로 말씀하시고, 비유가 아니면 아무것도 말씀하지 아니하였으니(마 13:34).

이와 같이 하나님과 주님은 우리에게 많은 비유와 상징으로 말씀해 주셨다. 그 결과 성서에는 그 중요한 대부분의 말씀이 비유와 상징으로 기록되어 있다. 따라서 성서의 참 뜻은 그 문자에 있지 않고, 그 비유와 상징의 말씀 속에 은밀히 감추어져 있음을 알아야 한다.

그런데 오늘날 많은 성도들은 오히려 성서의 문자에 사로잡혀 문자적인 신앙만을 일삼고 있다. 예컨대, 그들은 인간을 유혹한 뱀과 또 인간이 따먹고 타락했다는 문제의 선악과를 실제로 기어다니는 파충류와 나무 열매로 믿고 있다. 그러나 이러한 그들의 문자적인 해석이 모두 그릇된 것임은 두말할 나위도 없다. - 제5장 〈타락론〉 참조.

그러면 하나님과 주님은 어찌하여 비유와 상징으로 말씀해 주셨는가? 이는 그 당시의 사람들이 모두 무지하여 주시는 말씀들을 제대로 감당하지 못했기 때문이다(요 3:12, 요16:12, 후 4:6). 만일 그들이 주시는 말씀들을 모두 감당할 수 있었다면, 하나님과 주님은 굳이 비유와 상징으로 말씀하시지 않았을 것이다.

③ 성서는 말씀의 짝으로 기록되었다

* 너희는 여호와의 책(성서)을 자세히 읽어 보라. 이것들이 하나도 빠진것도 없고 하나도 그 짝이 없는 것이 없으리니 이는 여호와의 입이 이를 명하셨고 그의 신이 이것들을 모으셨음이라(사 34:16).

이 말씀대로 성서에는 수많은 말씀의 짝들이 서로 조화롭게 연결되어 있다. 따라서 이러한 성서의 내용을 정확히 이해하려면 우리는 먼저 그 말씀의 짝들이 서로 어떻게 연결되어 있는지를 자세히 알아야 한다. 그러면 이에 관한 한가지 예를 들어보기로 하자.

계시록에 보면 「개들과 술객들과 행음자들과 살인자들과 우상 숭배자들과 거짓말을 좋아하며 지어내는 자마다 성밖에 있으리라」 (계22:15)고 쓰여 있다. 여기서 말한 〈개들〉은 그 본문의 성격상 실제의 동물로 보기 어렵다. 따라서 우리는 그 개들에 관한 말씀의 짝을 다시 찾아볼 필요가 있다.

이사야서에 보면 「이 개들은 탐욕이 심하여 족한 줄을 알지 못하는 자요, 그들은 몰각한 목자들이라 다 자기 길로 돌이키고 자기 이만 도모하며」 (사 56:11)라고 한 말씀이 있다. 이 말씀으로 보아 계시록에서 말한 개들은 실제의 동물이 아니라, 그것은 바로 거짓 목자들을 비유한 것임을 알 수 있다.

④ 성서는 양면의 말씀으로 기록되었다

* 가령 내가 의인에게 말하기를 너는 살리라 하였다 하자. 그러나 그가 그 의를 스스로 믿고 죄악을 행하면 그 모든 의로운 행위가 하나도 기억되지 아니하리니 그가 그 지은 죄악 중에서 죽으리라(겔 33:13).

* 가령 내가 악인에게 말하기를 너는 죽으리라 하였다 하자. 그러나 그가
돌이켜 자기의 죄에서 떠나 다시는 죄악을 짓지 아니하면 그의 본래 범
한 모든 죄가 기억되지 아니하리니 그가 정녕 살리래(겔 33:14-16).

이 말씀에서 알 수 있듯이, 인간에게는 자유의지와 또 그가 해야 할 책임
분담이 있다. 그리고 인간은 바로 이러한 책임분담의 수행 여하에 따라 항
상 양면의 길을 가게 된다. 그 하나는 선하고 의로운 길이요, 다른 하나는
악하고 불의한 길이다.
  이와 같이 인간은 항상 선악의 두 길을 가기 때문에, 이들을 대상으로 한
하나님의 말씀도 부득이 양면으로 하실 수밖에 없다. 성서의 주요 내용이
모두 양면의 말씀으로 기록된 이유는 바로 여기에 있다. 따라서 이러한 성
서의 내용을 정확히 이해하려면, 우리는 반드시 그 말씀의 일면만을 보지
말고 양면을 모두 상고해야 할 것이다.

제3절 성서의 비유

성서는 하나님과 주님의 말씀대로 온갖 비유의 말씀으로 기록되었다(호
12:10, 마13:34). 때문에 성서는 마치 온갖 비밀을 간직하고 있는 암호문서
와도 같다고 말할 수 있다. 그렇다면 우리는 반드시 그 모든 비유의 말씀들
을 알아야 할 필요가 있다. 왜냐하면 성서의 참 뜻은 바로 그 비유의 말씀
속에 은밀히 감추어져 있기 때문이다.
  창세기에 보면 모세는 사탄을 〈간교한 뱀〉으로 비유했다(창 3:1). 따라서
창세기에 나오는 에덴동산의 뱀은 그 성격상 어디까지나 실제의 뱀으로 볼
수 없다. 계시록에도 「큰 용이 내어쫓기니 옛뱀 곧 마귀라고도 하고 사탄이
라고도 하는 온 천하를 꾀는 자라」 (계 12:9)고 하였으니, 그 뱀을 어찌 실
제의 뱀으로 볼 수 있겠는가?

한편 계시록에 보면, 장차 말세에 출현할 적그리스도를 바다에서 나온 큰 짐승(일곱머리와 열 뿔이 달린 짐승)으로 비유했다(계 13:1). 그리고 그 짐승을 가리키는 암호로 〈666〉이란 숫자를 사용했다(계 13:18).

이처럼 성서는 창세기로부터 계시록에 이르기까지, 온갖 비유의 말씀으로 기록되어 있다. 그러므로 우리가 성서의 참 뜻을 정확히 이해하려면, 우리는 먼저 그 성서에 기록된 비유의 말씀부터 알아야 한다. 그러면 이제 성서에 기록된 그 비유의 말씀들을 직접 살펴보기로 하자.

1. 하나님의 비유

하나님 = 왕(사 44:6)

하나님 = 구원자(사 44:24)

하나님 = 피난처(요엘 3:16)

하나님 = 방패(창 15:1)

하나님 = 남편(렘 3:14)

하나님 = 이슬(호 14:5)

말씀 = 불(렘 5:14)

피 = 생명(창 9:5)

무지개 = 언약(창 9:12-13)

시온산 = 피난처(요엘 2:32)

모세 = 바로의 신(출 7:1)

가나안 = 에덴(사 51:3)

사람 = 하나님의 형상(창 1:26)

사람 = 흙(창 3:19)

사람 = 나그네(레 25:23)

사람 = 메뚜기(렘 51:14)

사람 = 나무(렘 5:14)

자손 = 별(창 15:3~5)

목소리 = 나팔(사 58:1)

거짓 선지자 = 여우(겔 13:4)

거짓목자 = 개(사 56:10~11)

백성 = 마른 뼈(겔 37:11)

방백 = 사자(습 3:3)

방백 = 이리(겔 22:27)

이스라엘 = 양(렘 50:17)

이스라엘 = 처녀(렘 18:13)

이스라엘 = 포도원(사 5:7)

이스라엘 = 비둘기(호 11:11)

예루살렘 = 보좌(렘 3:17)

예루살렘 = 진리의 성읍(슥 8:3)

예루살렘 = 처녀(왕하 19:21)

예루살렘 = 성산(사 66:20)

사명자 = 독수리(사 46:11)

사명자 = 인(학 2:23)

기근 = 말씀기근(암 8:11)　　바로왕 = 악어(겔 29:37)
고레스왕 = 종(사 45:1)　　메시아 = 기초돌(사 28:16)
메시아 = 언약의 사자(말 3:1)　　메시아 = 태양(말 4:2)

2. 선지자들의 비유

하나님 = 목자(시 23:1)　　하나님 = 반석(신 32:4)
하나님 = 산성(시 18:2)　　하나님 = 재판장(시 75:7)
하나님 = 태양(시 84:11)　　하나님 = 뜨인돌(단 2:45)
부모 = 해와 달(창 37:9~10)　　유다 = 사자(창 49:9)
단 = 독사(창 49:17)　　사람 = 진흙(사 64:8)
천사 = 생물(겔 10:20)　　천사 = 바람(시 10:44)
사탄 = 용(사 27:1)　　사탄 = 간교한 뱀(창 3:1)
거짓 선지자 = 꼬리(사 9:15)　　거짓종 = 소경(사 42:18~20)
우매자 = 짐승(시 73:22)　　남은자 = 그루터기(사 6:13)
율법 = 불(신 33:2)　　말씀 = 이슬(신 32:2)

말씀 = 막대기(사 11:4)　　말씀 = 꿀송이(잠 16:24)
말씀(혀) = 생명나무(잠 15:4)　　지혜 = 생명나무(잠 3:18)
지혜 = 창조자(잠 8:12~30)　　교훈 = 생명의 샘(잠 13:14)
만나 = 하늘양식(시 78:24)　　신부 = 비둘기(아 5:2)
눈 = 선지자(사 29:10)　　유다사람 = 나무(사 5:7)
예루살렘 = 공주(애 1:1)　　예루살렘 = 처녀(애 2:13)
예루살렘 = 성산(단 9:16)　　시온 = 딸(미 4:8)
이스라엘 = 포도나무(호 10:1)　　바벨론왕 = 금머리(단 2:38)
방백 = 메뚜기(나 3:17)　　여자 = 암소(암 4:1)
메시아 = 선지자(행 3:22~23)　　예수님 = 어린양(요 1:29)

3. 예수님의 비유

하나님 = 집주인(마 21:33~40)　　하나님 = 농부(요 15:1)
예수님 = 목자(요 10:11)　　예수님 = 머릿돌(마 21:42~44)
예수님 = 포도나무(요 15:1)　　예수님 = 빛(요 8:12)
예수님 = 새벽별(계 22:16)　　예수님 = 신랑(마 25:1)
천사 = 추수꾼(마 13:36~39)　　천사 = 구름(마 24:30~31)
사탄 = 세상임금(요 12:31)　　사탄 = 거짓말쟁이(요 8:44)
사탄 = 공주의 새(막 4:4~15)　　가룟유다 = 마귀(요 6:70~71)
세례요한=엘리야(마 11:13~14)　　세례요한 = 등불(요 5:35)
제자 = 어부(마 4:18~19)　　제자 = 빛과 소금(마 5:13~14)
제자 = 추수꾼(눅 10:1~3)　　불신자 = 죽은자(마 8:21~22)
범죄자 = 죄의 종(요 8:34)　　바리새인 = 뱀(마 23:33)
하늘 = 보좌(마 5:34)　　말씀 = 진리(요 17:17)
말씀 = 만나(계 2:17)　　말씀 = 양식(마 24:45)
말씀 = 철장(계 2:26~27)　　말씀 = 검(계 2:16)
말씀 = 불(눅 12:49)　　말씀 = 씨(눅 8:11)
말씀 = 포도주(눅 5:37~38)　　포도주 = 피(마 26:27~28)
목자 = 별(계 1:20)　　육체 = 성전(요 2:21)
사데교회 = 죽은자(계 3:1)　　교훈 = 누룩(마 16:11~12)
헤롯왕 = 여우(눅 13:31~32)　　보혜사 = 진리의 영(요 14:16~17)
베드로 = 반석(마 16:18)　　메시아 = 새벽별(계 22:16)

4. 사도들의 비유

하나님 = 만왕의 왕(딤전 6:15)　　하나님 = 사랑(요일 4:16)
하나님 = 말씀(요 1:1)　　하나님 = 불(히 12:29)

하나님의 말씀 = 씨(벧전 1:23)　　하나님의 말씀 = 검(엡 6:17)
예수님 = 산 돌(벧전 2:4)　　예수님 = 머릿돌(행 4:11)
예수님 = 대언자(요일 2:4)　　예수님 = 거룩한 종(행 4:27)
예수님 = 제물(요일 2:2)　　예수님 = 아담(고전 15:45)
예수님 = 중보자(히 12:24)　　예수님 = 다윗의 씨(딤후 2:8)
예수님 = 제사장(히 5:10)　　그리스도 = 반석(고전 10:4)
그리스도 = 남편(고후 11:2)　　성령 = 진리(요일 5:7)
성도 = 양(벧전 5:2)　　성도 = 처녀(고후 11:2)
교회 = 하나님의 집(딤전 3:15)　　교회 = 그리스도의 몸(엡 1:23)
교회 = 여자(개 12:5)　　예루살렘 = 어머니(갈 4:26)
사람 = 율법의 완성(롬 13:10)　　율법 = 몽학선생(갈 3:24)
사람 = 성전(고전 3:16~17)　　사람 = 그릇(롬 9:21~24)
사람 = 기둥(갈 2:9)　　사람 = 안개(약 4:14)
혀(말씀) = 불(약 3:6)　　로마 = 바벨론(벧전 5:13)
사탄 = 용과 뱀(계 12:9)　　거짓교사 = 짐승(벧후 2:12)
거짓교사 = 암초(유 1:12)　　탕자 = 죽은자(딤전 5:6)
하루 = 천년(벧후 3:8)　　탐심 = 우상숭배(골 3:5)
선지자 = 감람나무(계 11:3~4)　　세마포 = 옳은 행실(계 19:8)

제4절 기독교신앙의 현주소

일찍이 예수님은 유대인들에게 「너희가 천지의 기상은 잘 분별하면서도 어찌하여 이 시대는 분별하지 못하느냐(눅 12:56)」고 책망하셨다. 이 말씀대로 우리 성도들은 누구나 자기가 처해 있는 그 시대 상황을 정확히 분별할 줄 알아야 한다. 그래야만 우리는 비로소 그 시대가 요구하는 참 신앙의 길을 갈 수 있는 것이다.

시대의 흐름에 따라 하나님의 구원섭리는 행위를 중심으로 한 율법시대에서 믿음을 중심으로 한 복음시대로 바뀌었다. 그런데 이러한 복음시대는 하나님의 구원섭리에 따라 또다시 새로운 복음시대로 바뀌고 있다. 그러면 오늘 이 시대의 복음신앙은 현재 어디까지 와 있는가를 간단히 살펴보기로 하자.

1. 구원섭리의 3단계 과정

인간은 본래 하나님의 자녀로 지음받은 고귀한 존재였다. 그런데 인간은 불행히도 타락함으로써, 하나님의 자녀가 아닌 사탄의 종이 되고 말았다. 그리하여 하나님은 이러한 타락한 인간들을 다시금 구원하시기 위해, 지금까지 죄악 세계를 헤매시며 눈물겨운 섭리를 해 오셨던 것이다. 그런데 하나님의 구원섭리는 그 성격상 다음과 같이 3단계 과정으로 구분된다.

① 제1차 구약시대

이 시대는 아담으로부터 예수님이 오실 때까지의 4천년 섭리기간을 말한다. 그리고 이 시대는 하나님의 〈율법〉을 중심으로 한 섭리 시대로서, 구원섭리의 초기단계를 이끌어 오던 시대였다. 한편 구약시대는 인간을 사탄의 종에서 하나님의 종의 자리까지 구원하던 시대였기 때문에(히 3:5), 이 시대의 사람들은 한결같이 메시아의 강림을 고대하게 되었다.

② 제2차 신약시대

이 시대는 예수님이 승천하신 후로부터 그가 재림하실 때까지의 2천년 섭리기간을 말한다. 그리고 이 시대는 그리스도의 〈복음〉을 중심으로 한 섭

리시대로서, 구원섭리의 중간단계를 이끌어 오던 시대였다. 한편 신약시대
는 인간을 종의 자리에서 양자의 자리까지 구원하는 시대이기 때문에(롬
8:15, 롬 8:23), 이 시대의 성도들은 한결같이 주님의 재림을 고대하고 있는
것이다.

③ 제3차 성약시대

이 시대는 주님의 재림으로부터 이 지상에 하나님의 나라(천국)가 모두
이루어질 때까지의 1천년 섭리기간을 말한다. 그리고 이 시대는 그리스도의
〈새 복음〉을 중심으로 한 섭리시대로서, 구원섭리의 완성단계를 이끌어 가
야 할 시대이다. 한편 성약시대는 인간을 양자의 자리에서 천자의 자리까지
구원하는 시대이므로 (요 5:18, 계 21:7), 오늘의 모든 성도들은 바로 이러한
성약시대의 도래를 열망하고 있는 것이다.

2. 복음시대의 3단계 과정

복음시대는 메시아의 강림으로부터 하나님의 구원섭리가 모두 끝날 때까
지의 섭리시간을 말한다. 이러한 복음시대의 최종목표는 바로 주께서 명하
신 세계복음화를 이룸으로써(마 24:14, 막 16:15), 이 지상에 영원한 하나님
의 나라를 건설하는 데 있다(마 6:33). 그런데 이러한 복음시대는 그 성격상
다음과 같은 3단계 과정으로 구분된다.

① 제1차 복음시대

이 시대는 예수님이 오신 후로부터 루터가 종교개혁을 일으킬 때까지의
섭리시간을 말한다. 그리고 이 시대는 〈천주교〉를 중심으로 한 섭리시대
로서 복음신앙의 초기단계를 이끌어 오던 시대였다. 이러한 제1차 복음시
대는 루터가 하나님의 뜻에 따라 종교개혁을 함으로써 제2차 복음시대로

이어졌다.

② 제2차 복음시대

이 시대는 루터의 종교개혁으로부터 주님의 재림시대가 출발할 때까지의 섭리기간을 말한다. 그리고 개신교를 중심으로 한 섭리시대로서 복음신앙의 중간단계를 이끌어 오던 시대였다. 이러한 제2차 복음시대도 역시 주님의 재림시대가 도래함으로써 제3차 복음시대로 이어지게 된다.

③ 제3차 복음시대

이 시대는 주님의 재림시대가 출발한 후로부터 이 지상에 하나님의 나라가 모두 이루어질 때까지의 섭리기간을 말한다. 그리고 이 시대는 계시록에 예언된 〈새 복음〉을 중심으로 한 섭리시대로서, 복음시대의 완성단계를 이끌어가야 할 시대다(새 복음은 그 성격상 민중복음으로 부르기도 한다). 그런데 오늘 이 시대는 바로 이러한 제3차 복음시대가 속히 출발해야 할 매우 중차대한 시점에 와 있다(계 22:10).

3. 종교개혁의 3단계 과정

인간은 정치·경제·종교·문화 등 모든 분야에서 항상 개혁을 요구한다. 그것은 바로 낮은 단계에서 높은 단계로 발전하는 데 필요한 원동력이 되기 때문이다. 인류역사를 돌이켜 보면, 모두가 이러한 개혁을 통해 부단히 발전되어 왔음을 알 수 있다.

이와 같이 개혁은 곧 발전의 원동력이 되므로, 이러한 개혁의 문은 어느 시대를 막론하고 모든 분야에서 항상 열려 있어야 한다. 그런데 메시아를 중심으로 한 복음시대의 종교개혁은 그 성격상 다음과 같이 3단계 과정으로 대별된다.

① 제1차 종교개혁

이것은 예수님이 율법 중심의 유대교를 복음으로 개혁하신 것을 말한다. 예수님은 메시아로서 새로운 복음시대를 열기 위해 오셨다. 그런데 이러한 복음시대의 출발은 어디까지나 율법에 기초한 유대교를 전면적으로 개혁해야만 가능한 일이었다(요 2:13~16).

그러므로 예수님은 이방인보다 유대인들에게 먼저 복음의 말씀을 전파하셨다 (눅 4:43~44). 그러나 당시 유대인들은 도리어 그 복음의 말씀을 끝까지 불신하고 반대함으로써, 그들은 마침내 메시아를 십자가에 못박은 비운의 민족이 되고 말았다.

② 제2차 종교개혁

이것은 독일의 신학자 루터가 천주교를 개혁한 것을 말한다. 천주교는 초대교회를 계승한 후 이교도와의 투쟁에서 승리함으로써 기독교 발전에 크게 기여하였다. 그러나 중세기에 이르러, 그들은 본래의 자기 사명을 저버리고 갈수록 부패와 타락의 길로 나아갔다. 이에 하나님은 특별히 루터를 섭리 가운데로 부르시어 그로 하여금 천주교를 개혁하게 하심으로써 새로운 개신교 시대를 열게 하였다.

③ 제3차 종교개혁

이것은 낡고 부패한 천주교아 개신교를 모두 새 복음으로 다시금 개혁하는 것을 말한다. 개신교는 천주교를 대신하여 기독교를 앞장서 이끌어 왔으나, 그들은 초창기의 빛나던 개혁 정신을 어느새 잊고 지금은 도리어 수많은 교파로 분열되어 서로 분쟁하고 있는 안타까운 실정에 있다(마 12:25). 따라서 오늘의 천주교와 개신교가 또다시 전면적으로 개혁되어야 함은 두말할 나위도 없다.

4. 복음신앙의 3단계 과정

　일찍이 예수님은 씨뿌리는 자의 비유에서 씨를 복음의 말씀으로 비유하셨다(막 4:14). 그리고 그 씨(말씀)의 성장 과정에는 3단계 시기가 있음을 보여 주셨다. 여기서 3단계 시기란 바로 씨를 뿌리는 시기(파종기)와 가꾸는 시기(성장기)와 거두는 시기(추수기)를 말하며(전 3:1, 막 4:26~28, 요 4:36~38). 이것을 좀더 구체적으로 설명하면 다음과 같다.

① 제1차 복음의 파종기

　이 시기는 예수님이 복음을 전파하신 후로부터 그가 승천하실 때까지의 섭리기간을 말한다. 예수님이 이 지상에 오신 목적은 마치 농부가 씨를 뿌리듯 인류에게 복음의 씨(말씀)를 뿌림으로써 그들을 구원하시기 위함이었다.

　그런데 주님의 복음사업은 유대인들의 끈질긴 불신과 반대로 처음부터 고난과 역경의 연속이었다. 그들은 마침내 주님을 십자가에 못박았으나, 주님은 오히려 그 십자가의 섭리에서 빛나게 승리하심으로써 영원한 복음신앙의 기초를 이루어 놓으셨다(고전 1:18, 골 2:25, 계 5:5).

② 제2차 복음의 성장기

　이 시기는 사도들을 중심으로 한 초대교회로부터 천주교와 개신교의 시대적 사명이 끝날 때까지의 섭리기간을 말한다. 그리고 이 시기에 기성신앙이 해야 할 사명은 주께서 뿌리신 복음의 씨(말씀)를 온 세상에 전파하는 동시에(막 16:15), 그 씨가 좋은 열매를 맺을 수 있도록 잘 가꾸고 키우는 일이다. 그러나 오늘에 이르러 우리의 복음신앙은 종래의 〈가꾸는 신앙〉에서 〈거두는 신앙〉으로 다시금 옮겨가야 할 대전환기에 와 있다(계 14:14~16).

③ 제3차 복음의 추수기

이 시기는 주께서 재림하신 때로부터 이 지상에 하나님의 나라가 모두 이뤄질 때까지의 섭리기간을 말한다. 이미 언급한 바와 같이, 종래의 기성 신앙은 다만 주께서 뿌리신 복음의 씨를 가꾸고 키우는 신앙이었다. 그러나 주님의 재림시대가 요구하는 새 신앙은 어디까지나 복음의 열매를 거두는 신앙이다. 그러므로 오늘의 모든 성도들은 이제 모름지기 종래의 가꾸는 신앙에서 어서 속히 벗어나 거두는 신앙을 함으로써 주께서 원하시는 〈추수꾼의 사명〉을 끝까지 완수해야 할 것이다(마 13:30, 막 4:29, 눅 10:2, 요 4:36~38).

● 문자영감설의 오류

민중신학은 〈문자영감설〉을 반대한다. 그 이유는 성서와 일치하지 않기 때문이며, 또 그것은 우리에게 문자적인 신앙을 초래하기 때문이다. 그러면 이제 그 문제점들을 성서에서 직접 살펴보기로 하자.

① 예수님을 배신한 가룟유다에 대해 마태복음은 그가 스스로 목을 매 자살한 것으로 기록했고(마 27:5), 사도행전은 그가 배가 터져 죽은 것으로 기록했다(행 1:16~18).

② 예수님이 살리신 야이로의 딸(12)에 대해 마가복음은 그 딸이 아직 죽지 않은 것으로 기록했고(막 5:22~23), 마태복음은 그 딸이 이미 죽은 것으로 기록했다(마 9:18).

③ 예수님이 십자가에 달리신 시간에 대해 마가복음은 그 시간을 오전 3시로 기록했고(막 15:25), 요한복음은 그 시간을 오전 6시 이후로 기록했다(요 19:145~16).

④ 예수님을 조롱한 강도들에 대해 누가복음은 한 강도만 조롱한 것으로 기록했고(눅 23:39~43), 마태복음은 두 강도가 모두 조롱한 것으로 기록했

다(마 27:44).

⑤ 예수님의 무덤에 나타난 천사들에 대해 마가복음은 한 천사가 나타난 것
으로 기록했도(막 16:5), 누가복음은 두 천사가 나타난 것으로 기록했다
(눅 24:1~5).

⑥ 예수님의 무덤에 간 여자들에 대해 요한복음은 한 여자가 간 것으로 기
록했고(요 20:1), 마태복음은 두 여자가 간 것으로 기록했다(마 28:1).

⑦ 예수님의 승천에 대해 누가복음은 그 주님이 베다니 근처에서 승천하신
것으로 기록했고(눅 24:50~51), 사도행전은 감란산에서 승천하신 것으로
기록했다(행 1:9~12).

⑧ 예수님의 길예비자에 대해 마가복음은 선지자 말라기의 글을(말 3:1), 선
지자 이사야의 글로 잘못 기록했다(막 1:2).

⑨ 예수님의 산상설교에 대해 마태목음과 누가복음은 서로 다르게 기록했다
(마 5:1-3, 눅 6:17-20).

⑩ 예수님의 족보에 대해서도 마태복음과 누가복음은 서로 다르게 기록했다
(마 1:15-16, 눅 3:23-24).

✝ 거짓 선지자들을 삼가라. 양의 옷을 입고
   너희에게 나아오나 속에는 노략질 하는
   이리라(마 7:15)

✝ 너희는 사람의 미혹을 받지 않도록 주의하라.
   많은 사람이 내 이름으로 와서 이르되 나는
   그리스도라 하여 많은 사람을 미혹케 하리라
   (마 24:4〜5).

✝ 그 때에 사람이 너희에게 말하되 보라. 그리스
   도가 여기 있다 혹은 저기 있다 하여도 믿지
   말라. 거짓 그리스도들과 거짓 선지자들이 일어나
   큰 표적과 기사를 보이어 할 수만 있으면 택하신
   자들도 미혹케 하리라(마 24:23〜24).

정통과 이단! 그것은 서로 상반된 신앙이기 때문에 예로부터 많은 대립과 논쟁을 일으켜 왔다. 기독교를 비롯한 모든 종교는 바로 이러한 대립과 논쟁속에서 분열과 파쟁의 길을 걸어왔으며, 또한 오늘도 세계 도처에서 분쟁의 씨를 뿌리고 있다.

지금까지 대부분의 신앙인들은 자기 신앙에 맞으면 정통이라 하고, 안 맞으면 이단으로 정죄하여 배척하기 일쑤였다. 그러나 이러한 자기 중심의 판단은 매우 부당하고 위험한 사고방식이 아닐 수 없다. 왜냐하면 정통과 이단에 대한 판단기준은 그 성격상 개인적인 자기 신앙에 둘 수 없으며, 오직 성서에 두어야 하기 때문이다.

성서는 기독교의 유일한 경전이다. 따라서 우리 성도들은 항상 성서에 기초해서 참과 거짓을 분별해야 한다. 아무리 오랜 역사와 전통을 자랑하는 기성교회라 해도 그 신앙이 성서에 어긋나면 거짓 교회로 볼 수 밖에 없으며, 또 아무리 짧은 역사를 가진 교회라 해도 그 신앙이 성서에 맞으면 어디까지나 참 교회로 인정해야 할 것이다.

일찍이 교법사 가말리엘은 「이제 내가 너희에게 말하노니, 이 사람들을 상관말고 그대로 버려 두라. 이 사상과 이 소행이 사람에게서 났으면 무너질 것이요, 만일 하나님에게서 났으면 너희가 저희를 무너뜨릴 수 없겠고 도리어 하나님을 대적하는 자가 될까 하노라」(행 5:36~39)고 말하였다.

이 말씀대로 우리는 상대방에 대한 이단 여부를 함부로 판단해서는 안 된다. 내가 남을 이단으로 정죄하면, 그도 역시 나를 이단으로 정죄할 것이기 때문이다(마 7:1~2). 그러나 우리 주변에는 자칭 재림주요, 선지자요 하는 이단자들이 많이 있으므로, 우리 성도들은 그들의 미혹을 받지 않도록 항상 깨어 있어야 할 것이다(마 24:23~24).

제1절 정통과 이단에 대한 성서적 개념

예로부터 정통과 이단에 대한 개념은 흔히 사람마다 교회마다 서로 달리 해 왔다. 그리고 자기만은 항상 정통의 자리에 서고, 상대방은 이단으로 몰하 배척하기가 일쑤였다. 그리하여 모든 성도들은 본래 한 하나님과 한 주님과 한 성경을 믿으면서도 서로 불신하고 분쟁하는 부끄러운 신앙을 되풀이 해 왔다.

일찍이 유대교는 기독교를 이단으로 몰아 배척하였다. 그 후 천주교는 개신교를 이단으로 몰아 핍박하였고, 이어 개신교는 신흥 종교를 또 다시 이단으로 몰아 배척하기에 이르렀다. 이처럼 기독교는 지금까지 서로 상대방을 이단으로 정죄하며 분열과 파쟁의 길을 걸어 왔으니, 이는 참으로 불행한 일이 아닐 수 없다.

그러면 우리는 정통과 이단을 어떻게 분별할 수 있는가? 그것은 성서를 통하여 정확히 분별할 수 있다. 왜냐 하면 정통은 바로 〈성서의 가르침에 일치하는 신앙〉이요, 이단은 바로 〈성서의 가르침에 어긋나는 신앙〉이기 때문이다. 그러면 이제 이단에 대한 성서적 개념을 좀더 구체적으로 알아보기로 하자.

① 이단은 주의 이름으로 불법을 행하는 신앙이다

* 그 날에 많은 사람이 나더러 이르되 주여 우리가 주의 이름으로 선지자 노릇하며, 주의 이름으로 귀신을 쫓아내며, 주의 이름으로 많은 권능을 행치 아니하였나이까 하리니, 그 때에 내가 저희에게 밝히 말하되 내가 너희를 도무지 알지 못하니 불법을 행하는 자들아 내게서 떠나가라 하리라(마 7:22~23).

이 말씀대로 이단은 바로 주의 이름으로 〈불법을 행하는 신앙〉을 가리킨다. 오늘날 우리 주변에는 주의 이름으로 은사충만·능력충만 등을 내세우며, 온갖 불법을 행하는 이단자들이 수 없이 많거니와, 우리 성도들은 그들에게 미혹되지 않도록 항상 조심해야 할 것이다(마 7:15, 렘 23:32).

② 이단은 예수 그리스도를 부인하고 반대하는 신앙이다

* 거짓말하는 자가 누구뇨, 예수께서 그리스도임을 부인하는 자가 아니뇨, 아버지와 아들을 부인하는 그가 적 그리스도니(요일 2:22).
* 미혹하는 자가 세상에 많이 나왔나니, 이는 예수 그리스도께서 육체로 임하심을 부인하는 자라. 이것이 미혹하는 자요, 적 그리스도니(요이 1:7).

과거 유대인들은 한결같이 그리스도가 하늘의 구름을 타고 오실 줄로 믿고 있었다(단, 7:13~14, 말 3:1). 때문에 그들은 예수님이 그리스도의 사명자로 오셨음을 끝까지 부인하고 나섰다. 이러한 불신자들을 사도요한은 미혹하는 자와 적 그리스도로 규정했거니와, 예나 지금이나 예수 그리스도를 부인하고 반대하는 자들은 모두 이단자임을 깨달아야 할 것이다(롬 16:17~18, 요일 4:1~3).

③ 이단은 성서를 가감하고 사사로이 풀이하는 신앙이다

* 성경의 모든 예언은 사사로이 풀 것이 아니니, 예언은 언제든지 사람의 뜻으로 낸 것이 아니요, 오직 성령의 감동하심을 입은 사람들이 하나님께 받아 말한 것임이니라(벧후 1:20~21).
* 그 중에 알기 어려운 것이 더러 있으니 무식한 자들과 굳세지 못한 자들이 다른 성경과 같이 그것도 억지로 풀다가 스스로 멸망에 이르느니라(벧후 3:16).

이 말씀대로 성서는 결코 사사로이 풀이할 수 없으며, 또 억지로 풀이해서도 안 된다. 왜냐하면 성서는 바로 인간의 지혜가 아닌 하나님의 계시와 영감으로 기록된 것이기 때문이다(딤후 3:16). 이처럼 사사로이 풀이할 수 없는 성서를 누구든지 제멋대로 풀이하여 거짓 복음을 증거하면, 그들은 모두 이단자가 되는 것이다(갈 1:6~9, 고후 11:4).

④ 이단은 적 그리스도와 거짓 선지자들을 따르는 신앙이다

* 거짓 선지자들을 삼가라. 양의 옷을 입고 너희에게 나아오나 속에는 노략질하는 이리라. 그의 열매로 그들을 알지니 가시나무에서 포도를, 또는 엉겅퀴에서 무화과를 따겠느냐(마 7:15~16).
* 그 때에 사람이 너희에게 말하되, 보라 그리스도가 여기 있다. 혹은 저기 있다 하여도 믿지 말라. 거짓 그리스도들과 거짓 선지자들이 일어나 큰 표적과 기사를 보이어 할 수만 있으면 택하신 자들도 미혹케 하리라(마 24:23~24).

이 말씀대로 오늘날 세계 도처에는 자칭 재림주요, 선지자요 하는 이단자들이 무수히 나타나 세상을 미혹하고 있다. 그들은 저마다 말씀충만·은혜충만·능력충만 등을 부르짖으며, 마치 점쟁이가 점을 치듯 터무니없는 예언들을 남발하기도 한다.

그러나 그들이 아무리 주의 이름으로 선지자 노릇하며, 귀신을 쫓아 내며, 많은 권능을 행한다 해도 그들은 도리어 오시는 주님으로부터 「불법을 행하는 자들아 내게서 떠나가라」 (마 7:22~23)는 무서운 심판을 받게 될 것이다.

일찍이 예수님은 사탄을 가리켜 〈거짓말쟁이〉라고 말씀하셨다(요 8:44). 그런데 지금까지 모든 이단자들은 바로 이러한 사탄의 앞잡이(종)가 되어 우리 성도들을 부단히 기만하고 미혹해 왔다. 그러나 그들의 기만과 미혹이 아무리 계속된다 해도 우리가 참과 거짓을 정확히 분별할진대, 그들은 결코 우리를 이단의 길로 이끌어 가지 못할 것이다.

제2절 정통과 이단의 대립과 투쟁

* 비판하지 말라. 그러면 너희가 비판을 받지 않을 것이요, 정죄하지말라. 그러면 너희가 정죄를 받지 않을 것이요. 용서하라. 그러면 너희가 용서를 받으리라(눅 6:37).

모든 종교가 다 그러하듯, 기독교도 역시 정통과 이단의 끈질긴 대립과 투쟁으로 이어져 왔다. 그 과정에서 때로는 정통이 이단으로 몰렸고, '때로는 이단이 정통으로 둔갑하기도 하였다. 그리하여 오늘의 기독교는 불행히도 분열과 파쟁의 종교로 변신하기에 이르렀으니 이 얼마나 안타까운 일인가? 그러면 이제 이러한 정통과 이단의 대립과 투쟁이 역사적으로 어떻게 이어져 왔는가를 간단히 살펴보기로 하자.

1. 유대교와 기독교의 대립과 투쟁

과거 유대인들은 한결같이 형식적인 율법신앙에 사로잡혀 있었다. 또 그들은 자기들이 신봉하는 유대교만이 정통이고, 타종교는 모두 이단이라는 배타적인 신앙에서 벗어나지 못하였다.

이와 같이 과거 유대인들은 모두 형식적이고 배타적인 신앙에 사로잡혀 자기 신앙만을 자랑하고 있었다. 그리하여 그들은 항상 예수님을 비방하고 미워했으며, 또 그가 새로운 말씀을 전파하실 때마다 그것을 반대하고 나섰다. 그뿐만 아니라, 그들은 예수님을 이단자로 혹은 귀신들린 자로 몰아 배척하였고, 심지어는 그리스도를 십자가에 살해하는 만행까지 법하였다(마 27:20~26).

예수님이 승천하신 후, 기독교는 사도들을 중심으로 성령의 역사 속에 급속히 전파되어 갔다. 이에 따라 기독교에 대한 유대교의 박해도 갈수록 심해졌다. 그들은 스스로 재판장이 되어 기독교를 이단으로 정죄할 뿐만 아니라, 또 수많은 성도들을 마구 처형함으로써 기독교를 순교의 피로 물들였다. 그러나 그들이 박해하면 할수록 유대교는 패배와 몰락의 길을 갔고, 기독교는 승리와 발전의 길을 갔다.

이처럼 기독교는 처음부터 유대교의 모진 박해와 억압 속에서 이단의 누명을 쓰고 출발했으니, 오늘의 유대교는 지난날의 과오를 깊이 회개하고 사죄해야 할 것이다.

2. 천주교와 개신교의 대립과 투쟁

천주교는 초대교회를 계승한 후 이방인들의 끊임없는 도적과 박해로부터 기독교를 사수함으로써 기독교 발전에 크게 기여하였다. 그러나 중세기에 이르러 교황청의 부패와 성직자들의 타락이 속출함으로써, 천주교는 더 이상 기독교를 앞장서 이끌어 갈 수 없게 되었다.

당시 교황청은 교권을 남용하고 성직과 면죄부를 파는 등 부패와 타락의 길로 계속 나아갔다. 이러한 천주교의 세속화에 크게 실망한 성도들의 가슴마다 어느새 종교개혁의 필요성이 싹트기 시작했다.

14세기에 이르러, 영국의 위클리프와 보헤미아에서는 후쓰라는 개혁의 선구자들이 나타났다. 그들은 한결같이 부패하고 타락한 로마 교회의 각성과 혁신을 교황청에 강력히 호소하고 나섰다. 그러나 당시 교황청은 그들의 간절한 호소를 끝까지 묵살하고, 도리어 그들을 이단자로 몰아 화형에 처하였다. 이처럼 그들은 비록 이단자란 누명을 쓰고 순교의 길을 갔지만, 그들이 남긴 위대한 개혁 정신은 다음 시대에서 꽃을 피우고 열매를 맺었다.

1517년, 윗덴부르그 대학의 신학교수이며 신부였던 마틴 루터는 부패하고 타락한 로마교황청을 향해 95개조의 항의문을 들고 위대한 종교개혁의 포문을 열었다. - 이 시기의 교황은 레오 10세였다. 이것이 도화선이 되어

스위스에서는 쯔윙글리와 프랑스에서는 존 칼빈을 중심으로 새로운 개혁 운동이 일어났다. 이러한 개혁운동에 대해 로마 교회는 이단 박멸이란 폭력으로 맞서고 나섬으로써, 쌍방은 가는 곳마다 피를 부르는 대립과 투쟁을 거듭하게 되었다.

당시 로마 교황청은 악명 높은 이단재판소를 설치하여 개혁의 선구자들은 물론 그들의 개혁사상에 동조하는 일반 성도들까지도 모두 이단으로 몰아 온갖 박해와 탄압을 일삼았다. 그리하여 신·구교의 대립과 갈등은 갈수록 격화되었고, 그 결과 쌍방은 마침내 독일을 중심으로 30년간의 종교전쟁을 벌임으로써 기독교를 피로 물들였다. 이 전쟁은 1648년 웨스트파리아 조약에서 칼빈파를 승인함으로써 개신교의 승리로 끝났다. 그러나 신·구교의 갈등과 대립은 아직도 계속되고 있는 안타까운 실정이다. ※ 개신교에 대한 천주교의 온갖 만행(박해)은, 존 폭스의 〈순교사〉에 자세히 기록되었다.

3. 개신교와 개신교의 대립과 투쟁

누가 정통이고 이단이냐 하는 논쟁은 비단 신·구교뿐만 아니라 개신교와 개신교 사이에서도 부단히 계속되고 있다. 일찍이 유대교는 기독교를 이단이라 하였고, 또 천주교는 개신교를 이단이라 했으며, 또 같은 개신교에도 루터파와 칼빈파는 서로 상대방을 이단시하여 배척해 왔다. 이러한 배타적인 이단 논쟁은 다른 종교에서도 흔히 볼 수 있다.

일찍이 폴란드의 귀족인 존 라스코는 천주교의 박해를 피해 개신교도들을 배에 태우고 덴마크의 코펜하겐으로 떠난 일이 있었다. 그런데 그곳에 있던 루터파 신도들은 이들이 칼빈파라는 이유로 상륙을 허락하지 않았다. 그래서 그들은 할 수 없이 독일 연안의 로스도크에 이르렀으나 거기서도 받아주지 않자, 다시 엘베강을 따라 함부르크로 떠났다. 그러나 그곳에서도 역시 받아 주지 않았다. 그러자 그들은 같은 개혁 신앙의 길을 가면서도 서로 상대방을 비방하고 배척해 왔으나, 이 얼마나 부끄러운 일인가?

루터와 칼빈은 개혁의 선구자들로서 기독교 발전에 크게 기여하였다. 그러나 그들은 서로 자기 신앙만을 정통으로 내세우고, 타신앙은 모두 비성서적인 이단신앙으로 몰아 배척함으로써, 우리에게 교회분열의 씨를 남겨 주었다. 루터는 신앙노선이 다른 재세례파를 몹시 미워하였고, 칼빈은 자기 신앙에 반대하는 셀베투스를 불태워 죽였으며, 멜랑톤은 유아세례의 견해차이로 독실한 성도 세 사람을 사형에 처하였다.

이처럼 우리의 개신교 지도자들은 천주교로부터 이단자로 몰려 피해다니면서도 자기와 신앙노선이 다르면 모두 이단자로 몰아 박해했던 것이다.

4. 칼빈의 두 얼굴

장로교회의 창시자인 칼빈은 자기 신앙을 반대한다는 이유로 수많은 성도들을 이단자로 몰아 처형했다고 한다. 이러한 칼빈의 범죄행위(살인행위)에 대해 전 이화여대 교수였던 조찬선 목사는 그가 저술한 〈기독교 죄악사〉에서 다음과 같이 비판했다.

📖 전술한 바와 같이 칼빈은 종교법원을 주도하는 4년 동안에 58명을 사형에 처하고 76명을 투옥하거나 추방하였다.

그러면 그가 왜, 어떤 죄명으로 그 많은 신도들을 처형하였는가 하는 물음에 대하여 그 이유를 다음과 같이 추적해 볼 수 있다.

첫째, 정통교리를 수호하기 위하여, 둘째, 이단교리를 방지하기 위하여, 셋째, 교회규율을 엄격히 하기 위하여, 넷째, 제네바 시의 질서를 확립하고 칼빈이 생각하는 도덕을 향상시키기 위하여, 다섯째, 칼빈의 신앙체계를 견지하기 위하여 등등이다.

그렇다면 우리는 여기서 하나의 순수한 인간으로서 다음과 같이 몇가지 심각한 문제를 제기하지 않을 수 없다.

첫째, 자기가 옳다고 믿는 정통교리를 수호하기 위해서는 살인을 해도 된다는 말인가? 자기와 다른 교리를 믿는 자는 다 죽여 버려야 하는가? 「살인하지 말라」 는 계명은 여기에 적용되지 않는가?

둘째, 이단을 방지하기 위해서는 살인을 해도 된다는 말인가? 이단은 죽여야 하는가?

셋째, 교회규율을 엄격히 하고 엄숙한 예배를 드리기 위해서 방해가 되는 자는 모두 죽여버려도 된다는 말인가? 교회규율은 성경의 계명보다 더 중요한가?

넷째, 질서를 확립하고 시민의 도덕성을 향상시키기 위해서는 살인을 해도 된다는 말인가? 부도덕한 자는 다 죽여 없애버려야 하는가? 교회는 그런 짓을 하는 곳인가? 그 기준은 누가 선택하고 결정하는가?

다섯째, 칼빈의 신앙체계를 표준화하고 정당화하기 위해서는 살인을 해도 된다는 말인가? 칼빈주의를 따르는 자는 살려두고 기타의 신앙체계를 따르는 자는 다 죽여 없애버려야 하는가? 예수께서 그렇게 하라고 가르쳤는가? 칼빈주의는 예수의 교훈보다 우위에 있는가? 도대체 그는 누구를 믿고 또 무엇을 근거로 하여 그렇게 많은 신도들을 죽였는가?

칼빈의 눈에는 예수도 보이지 않고 또 그가 그처럼 절대시하던 성경도, 특히 살인하지 말하는 계명도 보이지 않았는가? 그의 목적은 오직 자기 자신의 표준화를 수호하려는 데 있었던 것 같다. 성경은 자기의 절대 권위를 관철하고 뒷받침하기 위하여 이용한 도구에 불과하였고, 자기 자신의 성경 해석과 결정만이 모든 선악의 표준으로, 그리고 구원과 멸망을 선별할 수 있는 절대적인 기준으로 확신하고 부지중에 자신을 신격화한 것이 아니었는가?(중략).

이와 같이 예수는 사람의 생명을 구하러 오신 분이었다. 그의 선교여행을 반대하는 자들에게도 관용을 베푸신 분이다. 분명히 예수는 생명을 멸하러 오신 분이 아니고 구하러 오신 분이었다.

그런데 칼빈은 어떤 길을 택했는가?

칼빈이 멸한 대상은 불신자들이 아니었다. 이단도 아니었다. 또, 교회를 거역한 사람들도 아니었다. 그가 멸한 대상은 칼빈의 교리와 일치하지 않는 자들이었다. 칼빈은 자기의 교리와 자기의 성경해석의 권위와 자기의 권위에 도전하는 자들을 처형하였다.

그러면 칼빈은 성령의 사역자였는가? 혹은 사탄의 사역자였는가? 여기에 대하여 기독교는 명확한 입장을 표명해야 한다. 지금도 그의 신학은 지구촌 방방곡곡에서 판을 치고 있기 때문이다. 기독교는 정통을 절대시하며 그것을 위하여서는 살인도 용납할 수 있는 종교인가? 이단이나 혹은 교리의 차이로 살인을 용납하는 종교가 있다면 그런 종교를 인류 사회는 보고만 있어도 되는가?

당시 칼빈이 지도하던 제네바 시의 교회에는 논리 정연한 칼빈의 신학도, 돈독한 믿음도, 정통교리도 있었을 것이다. 그러나 없는 것이 하나 있었는데, 그것은 바로 예수의 가르침, 예수의 정신인 사랑과 관용이었다. 그렇다면 제네바 교회는 알맹이가 빠진 교회였다. 알맹이가 없는 빈 껍질의 신앙, 그리고 빈 껍질의 교회가 생명을 해쳤다. 예수 없는 교회가 살인자들의 집단으로 변모한 것이다.

칼빈의 정통교리와 이단론의 신학이 사람을 죽였다. 살인을 주저하지 않는 칼빈의 교리가 정통이 되었다. 칼빈은 형제를 미워하고, 판단하고, 배척하는 죄를 범했다. 그는 성경을 들고 하나님의 이름으로 살인을 저질렀다. 죄명은 이단이었다. 내 신앙은 정통이고 남의 신앙은 이단이어서 죽였다. 정통만 살고 이단은 죽여야 한다는 독선이었다. 그는 기독교를 〈살인교〉로 착각하였던 것일까? 칼빈이 자기 신앙에 입각한 교회를 개척하느라고 기독교를 살인교로 전락시켰던 죄악을 무엇으로 속죄할 수 있겠는가?

제3절 교회분열의 원인

* 스스로 분쟁하는나라마다 황폐해질 것이요, 스스로 분쟁하는 동네나 집마다 서지 못하리라(마 12:25).
* 하나님께서 각 사람에게 그 행한 대로 보응하시되, 참고 선을 행하여 영광과 존귀와 썩지 아니함을 구하는 자에게는 영생으로 하시고, 오직 〈당〉을 지어 진리를 좇지 아니하고 불의를 좇는 자에게는 노와 분으로 하시리라(롬 2:6~8).

기독교는 본래 한 하나님과 한 주님과 한 성경을 믿는 종교이다. 따라서 모든 교회는 반드시 〈하나〉가 되어야 하며, 결코 분열되어서는 안된다. 그런데 오늘날 교회는 도리어 수많은 교파로 분열되어 서로 분쟁하고 있으니, 참으로 부끄럽고 안타까운 일이 아닐 수 없다. 그러면 이제 이러한 교회분열의 원인에 대해 간단히 알아보기로 하자.

① 교회는 사탄의 파괴공작에 의하여 분열된다

* 근신하라. 깨어라. 너희 대적 마귀가 우는 사자 같이 우루 다니며 삼킬자를 찾나니, 너희는 믿음을 굳게 하여 저를 대적하라(벧전 5:8).
* 열둘 중에 하나인 가룻인이라 부르는 유다에게 사탄이 들어가니, 이에 유다가 대제사장들과 군관들에게 가서 예수를 넘겨 줄 방책을 의논하매, 저희가 기뻐하여 돈을 주기로 언약하는지라(눅 22:3~5).

교회는 하나님의 집이요(막 11:17), 그리스도의 몸이요(엡 1:23), 진리의 터전이요(딤전 3:15), 또 부르심을 받은 자들의 거룩한 공동체이다. 그러므로 사탄은 언제나 그 교회를 분열시켜 파괴하려고 책동한다. 그래야만 사탄은 이 세상을 자기 마음대로 계속 지배할 수 있기 때문이다.

일찍이 사도 베드로가 말했듯이, 사탄은 마치 우는 사자와 같이 두루 다니며 삼킬 자를 찾고 있으므로(벧전 5:8), 우리 성도들은 항상 강하고 담대한 믿음으로 그 마귀를 대적해야 할 것이다(약 4:7).

② 교회는 성서를 사사로이 풀이함으로써 분열된다

* 성경의 모든 예언은 사사로이 풀 것이 아니니, 예언은 언제든지 사람의 뜻으로 낸 것이 아니오, 오직 성령의 감동하심을 입은 사람들이 하나님께 받아 말한 것임이니라(벧후 1:20~21).
* 그 중에 알기 어려운 것이 더러 있으니, 무식한 자들과 굳세지 못한 자들이 다른 성경과 같이 그것도 억지로 풀다가 스스로 멸망에 이르느니라(벧후 3:16).

사도 베드로의 말씀대로 성서는 결코 사사로이 풀이할 수 없으며, 또 억지로 풀이해서도 안된다. 왜냐하면 성서는 바로 인간의 지혜가 아닌 하나님의 계시와 영감으로 기록된 것이기 때문이다(딤후 3:16). 이처럼 사사로이 풀이할 수 없는 성서를 누구든지 제멋대로 풀이하여 거짓 복음을 증거하면, 그들은 모두 이단자가 되며(갈 1:6~9, 고후 11:4), 또 교회도 분열하게 되는 것이다.

③ 교회는 적 그리스도와 거짓 선지자들에 의해 분열된다

* 거짓 선지자들을 삼가라. 양의 옷을 입고 너희에게 나아오나 속에는 노략질하는 이리라. 그의 열매로 그들을 알지니 가시나무에서 포도를, 또는 엉겅퀴에서 무화과를 따겠느냐(마 7:15~16).
* 그 때에 사람이 너희에게 말하되, 보라 그리스도가 여기 있다 하여도 믿지 말라. 거짓 그리스도들과 거짓 선지자들이 일어나 큰 표적과 기사를 보이어 할 수만 있으면 택하신 자들도 미혹케 하리라(마 24:23~24).

주님의 말씀대로 오늘날 세계 도처에는 자칭, 재림주요 선지자요 하는 이 단자들이 무수히 나타나 세상을 미혹하고 있다. 그들은 저마다 말씀충만·은혜충만·능력충만 등을 부르짖으며, 마치 무당이 푸닥거리를 하듯 요란한 부흥집회를 일삼고 다닌다. 그리하여 그들은 항상 주님의 교회를 거짓 신앙으로 오염시키고 분열시킨다.

그러나 그들이 아무리 주의 이름으로 선지자 노릇하며, 귀신을 쫓아 내며, 많은 권능을 행한다 해도, 그들은 도리어 오시는 주님으로부터 「불법을 행하는 자들아 내게서 떠나가라」 (마 7:22~23)는 무서운 심판을 받게 될 것이다.

④ 교회는 서로 불신하고 분쟁함으로써 분열된다

* 스스로 분쟁하는 나라마다 황폐해질 것이요, 스스로 분쟁하는 동네나 집마다 서지 못하리라(마 12:25).
* 율법은 네 이웃 사랑하기를 네몸 같이 하라 하신 한 말씀에 이루었나니, 만일 서로 물고 먹으면 피차 멸망할까 조심하라(갈 5:14~15).

예나 지금이나 서로 불신하고 분쟁하는 가정이나 사회나 국가는 온전히 서지 못하고 마침내는 파멸의 길을 가게 된다(마 12:25). 교회도 마찬가지다. 교회의 성도들이 믿음과 사랑으로 〈하나〉가 되지 못하고 서로 불신하고 분쟁하게 되면, 그 교회는 필연적으로 분열될 수 밖에 없다.

그러기에 사도 바울은 이르기를 「형제들아 내가 우리 주 예수 그리스도의 이름으로 너희를 권하노니, 다 같은 말을 하고 너희 가운데 분쟁이 없이 같은 마음과 같은 뜻으로 온전히 합하라」 (고전 1:10)고 간곡히 당부했던 것이다.

⑤ 교회는 부패와 타락의 길을 감으로써 분열된다

* 돈을 사랑함이 일만 악의 뿌리가 되나니, 이것을 사모하는 자들이 미혹

을 받아 믿음에서 떠나 많은 근심으로써 자기를 찔렀도다(딤전 6:10).
* 오진 각 사람이 시험을 받는 것은 자기 욕심에 끌려 미혹됨이니, 욕심이
  잉태한 즉 죄를 낳고 죄가 장성한 즉 사망을 낳느니래(약 1:14~15).

  일찍이 사도바울은 말하기를, 돈을 사랑하는 것은 일만 악의 뿌리가 된다
고 하였고(딤전 6:10), 또 야고보는 욕심이 잉태하면 죄를 낳는다고 하였다
(약 1:15). 참으로 옳은 말씀이다. 그런데 오늘날 우리 사회는 돈을 사랑하
고 재물을 탐하는 황금만능의 퇴폐적인 풍조가 날로 만연되고 있다. 교회도
마찬가지다. 가장 신성해야 할 교회에도 돈과 명예와 권세를 얻기 위한 금
권과이권과 교권이 난무하고 있다. 교회는 바로 이러한 부패와 타락의 길을
감으로써 분열되는 것이다(딤후 3:1~5).

  위에서 보는 바와 같이 교회의 분열은 결코 하나님과 주님의 뜻이 아니
며, 그것은 다만 사탄이 바라는 것임을 우리 성도들은 밝히 깨달아야 한다.
따라서 모든 교회가 하나로 통일되어야 함은 너무도 당연한 일이 아닐 수
없다. 이에 필자는 오늘의 모든 교회가 지난날의 어리석은 분열과 분쟁을
어서 속히 끝내고, 주께서 바라시는 〈하나의 교회〉로 부단히 성장·발전하
기를 간절히 기원하는 바이다.

제4절 한국교회의 분열과 이단논쟁

* 스스로 분쟁하는 나라마다 황폐해질 것이요, 스스로 분쟁하는 동네나 집
  마다 서지 못하리래(마 12:25).
* 온 율법은 네 이웃 사랑하기를 네 몸같이 하라 하신 한 말씀에 이루었나
  니, 만일 서로 물고 먹으면 피차 멸망할까 조심하래(갈 5:14~15).

* 어리석은 변론과 족보 이야기와 분쟁과 율법에 대한 다툼을 피하라. 이 것은 무익한 것이요, 헛된 것이니라(딛 3:9).

지난 1984년은 한국교회에 있어 매우 뜻깊은 해였다. 이 날은 개신교가 선교 100주년을 맞는 해였고, 천주교는 선교 200주년을 맞는 해였기 때문이다. 이처럼 한국교회는 짧은 역사를 걸어왔지만, 우리 한국교회는 온갖 고난과 역경 속에서도 세계에 자랑할 만큼 급속히 성장ㆍ발전하였다. 가는 곳마다 교회들이 우뚝 서 있으며, 그 교회들마다 독실한 성도들이 가득 차 있음은 참으로 한국교회의 큰 자랑이 아닐 수 없다.

그러나 여기에도 문제는 있다. 〈교회의 분열〉이 바로 그것이다. 이러한 비신앙적인 분열현상은 비단 한국교회 뿐만 아니라, 오늘의 세계교회가 모두 안고 있는 문제로서, 기독교발전에 어두운 그림자를 던져 주고 있다. 따라서 오늘의 한국교회와 세계교회는 모름지기 그 부끄러운 집안싸움을 어서 속히 끝내고, 반드시 하나로 통일되어야 할 것이다.

현재 한국교회는 1백여 교파로 갈라졌고, 세계교회는 1만여 교파로 분열되어 서로 싸우고 있는 아타까운 실정에 있다. 그러면 이제 한국교회의 분열과 이단 논쟁을 잠시 살펴보기로 하자. - 여기서는 장ㆍ감ㆍ성 3개의 교단만을 간단히 다루기로 한다.

1. 장로교회의 분열과 이단논쟁

장로교회는 프랑스의 개혁자 존 칼빈의 신학사상에 그 신앙의 기초를 두고 있다. 그리고 한국 장로교회는 1884년 미국 북장로 교회에서 파송한 알렌 의료 선교사와 이듬해 파송한 언더우드 선교사에 의해 시작된 이후, 현재 수많은 교파로 난립되어 서로 싸우고 있다.

1945년 해방이 되면서 장로교회는 일제 강점기에 있었던 신사참배 문제로 서서히 분열되기 시작했다. 신사참배를 끝까지 거부했던 이른바 출옥 성도들은 우상숭배로 오염된 교회재건의 꿈을 안고 이듬해 고려신학교를 개설했다. 그러나 총회측의 비협조로 그 뜻을 이루지 못하게 되자, 그들은 1954년 고신파 총회를 결성하여본 교단에서 이탈해 나갔다.

1946년 자유주의 신학자였던 김재준교수는 조선신학교를 중심으로 보수주의 신학을 공격하고 나섰다. 그는 〈새 사람〉 11월 호에 「정통신학은 신신학보다 더 교묘하게 위장한 실제적 인본주의의요, 정통적 이단이다」 라고 발표하여 교계에 큰 충격을 주었다.

여기에 반발한 총회측은 1948년 장로회 신학교를 신설하여 총회 신학교로 삼았고, 이어 1952년에 김 교수를 교단에서 제명하는 동시에 조선신학교 출신의 교역자들을 채용하지 않기로 결의했다. 그러나 이에 불복한자유주의의 신학파는 1954년 한국신학대학에서 새로운 총회의 출범을 선언하고, 그 명칭을 〈대한기독교장로회〉로 정했다.

1948년 네덜란드의 암스텔담에서는 54개국의 교회 대표들이 참석하여 초교파적인 에큐메니칼 운동(교회일치운동)을 위한 세계교회협의회(WCC)를 창립했다. 그런데 한국장로교회는 이러한 WCC의 에큐메니칼 운동에 대한 시비로 또다시 갈라졌다.

1960년 WCC에 대한 지지파가 새문안교회에 모여 통합총회를 구성하자. 이에 맞서 WCC에 대한 반대파는 동숭교회에 모여 합동총회의 출범을 선언했다. 그후, 두 교단은 공공연한 대립과 파쟁을 일삼으며, 서로 상대방을 이단으로 몰았다. 이어 1979년 대구 동부교회에 모인 합동총회는 또다시 주류와 비주류와 중립의 세 파로 갈라짐으로써 한국교회사에 오점을 남겼다(이하 생략).

2. 감리교회의 분열과 이단논쟁

감리교회는 영국의 개혁자 요한 웨슬리의 신학사상에 그 신앙의 기초를 두고 있다. 그리고 한국 감리교회는 1885년 미국 감리교회에서 파송한 아펜셀러선교사에 의해 시작된 이후 현재 여러 교파로 분열되어 서로 분쟁하고 있다.

1945년 해방이 되면서 한국감리교회는 일제시 교권을 장악했던 교역자들과 일제의 탄압으로 강단에서 쫓겨났던 재야 교역자들 사이에 심각한 대립이 나타나기 시작했다. 그리하여 동년 9월 재야 교역자들은 동대문 교회에 모여 친일 교역자들의 퇴진을 요구하며 〈재건감리교회〉를 구성했다.

그러나 이에 맞서 현직 교역자들은 이듬해 6월 수표교회에 모여 〈부흥감리교회〉를 조직하고 나섰다. 그후, 두 교단은 평신도들의 노력으로 1949년 연합총회를 열고, 단일 감독을 선출함으로써 일시나마 하나로 통합되었다.

그러나 1953년 감리교회는 유형기 감독의 재선문제를 둘러싸고 또다시 내분이 일기 시작했다. 이듬해 서울 정동교회에서 열린 총회도 역시 유감독의 재선을 위해 헌법을 개정한 총리원측과 개헌을 반대한 호헌측의 심한 대립과 분쟁으로 끝나고 말았다. 그리하여 1955년 호헌측은 단독으로 총회와 연회를 소집하고, 김응태 목사를 새 감독으로 선출함으로써 감리교회는 또다시 두 파로 갈라지게 되었다.

1962년 자유주의 신학을 배격하고 속화된 감리교회의 혁신을 주장하던 교역자들은 서울교회에 모여 〈한국예수교 자유감리회〉를 결성하고, 초대 감독에 전덕성 목사를 추대했다. 그 후, 이들은 교단 명칭을 〈예수교대한감리회〉로 개칭하고, 이어 맥킨타이어 박사가 이끄는 국제 기독교 협의회 (ICCC)에 가입했다.

그러나 그곳에서 오는 선교자금에 대한 잡음과 내부의 교권 다툼으로 이 교단은 〈예수교 대한감리회〉와 〈예수교 대한감리회 전통〉과 〈기독교한국 자유감리회)로 갈라졌다.

1970년 3월 총리원에서 이탈한 경기노회는 감리회관 빌딩에 「불법총리원 해체하라」「불법감독 물러가라」는 플레카드를 내걸고 총리원 규탄 데모를 벌였다. 그리고 1974년 12월 정동 제일교회에서 속개된 총회에서는 갱신측이 퇴장한 가운데 일방적으로 김창희 목사를 감독으로 선출했다.

그러자 이에 맞서 총회에서 퇴장한 갱신측 교역자들은 종교교회에 모여 〈기독교대한감리회〉 갱신총회를 결성하고, 마경일 목사를 감독으로 선출했다. 이리하여 한국 감리교회는 또다시 두 조각으로 갈라진 불구의 몸이 되고 말았다(이하 생략).

3. 성결교회의 분열과 이단논쟁

성결교회는 요한 웨슬리의 성화교리에 나타난 중생·성결·신유·재림의 4중 복음에 그 신앙의 뿌리를 두고 있다. 그리고 한국성결교회는 1970년 동경성서 학원을 졸업하고 귀국한 김상준과 정빈 또 미국인 선교사 카우만과 길보른에 의해 시작된 이후, 현재 여러 교파로 분열되어 서로 대립하고 있다.

1946년 성결교회는 한국교회 협의회(NCC)에 가입하고, 또 1955년 한국복음동지회(NAE)에 이중으로 가입함으로써, 이 교단은 친 NCC파와 친 NAE파로 갈라져서로 대립하기 시작했다. 특히 NCC는 WCC와 밀접한 관계를 맺고 에큐메니칼 운동에 앞장섰으나 NAE는 이를 반대했기 때문에, 양파의 대립은 날이 갈수록 격화되었다.

1960년 4월에 열린 제15회 총회에서는 교단의 화해·단결을 위해 두 기기관 - NCC와 NAE - 에서 모두 탈퇴하자는 제안이 나왔다. 그러나 이 제안은 양측의 반대로 부결되었고, 또 이듬해 열린 제16회 총회에서도 역시 실효를 거두지 못하였다. 여기에 불만을 품은 총회원들은 김응조 목사를 중심으로 따로 모임을 갖고 〈보수동지회〉를 결성했다.

그 후, 이들은 서울 독립문교회에서 단독 회의를 열고 개혁총회를 조직했으며, 이어 1962년 4월 교단명칭을 〈예수교 성결교회〉로 바꾸었다. 이리하여 한국 성결교회는 〈기독교 성결교회〉와 〈예수교 성결교회〉로 갈라지게 되었다.

1972년 요컴 선교사가 주관하는 신앙선교회는 성결신학교 김응조교장의 신학적 입장이 웨슬레 주의에 위배된다는 이유로 신학교에 보조할 수 없다는 태도를 보였다. 이에 맞서 신학교측에서는 교리 사상을 바꾸면서까지 보조를 받을 수는 없다고 강경한 자세로 나왔다.

이것이 발단이 되어, 1973년 2월에 열린 임시 총회는 신앙선교회 노선을 따르는 손택구 목사파와 국제기독교협의회 〈ICCC〉 노선을 지지하는 총회측의 대결로 수라장이 되었다. 이리하여 동년 3월 손 목사측은 따로 모임을 갖고 〈교단정화대책동지회〉를 결성했다. 그 후 이 동지회는 요컴 선교사측 지원을 받아 혁신파 총회를 구성함으로써 예수교 성결교회는 또다시 두 조각이 나고 말았다(이하 생략).

위에서 필자는 한국교회의 신앙적 각성과 회개를 촉구하기 위해 그 분열상을 소개했거니와, 오늘의 한국교회가 이러한 분열현상을 스스로 해결하지 못하는 한 그의 장래는 심히 어두울 뿐이다. 왜냐하면 예나 지금이나 분열과 분쟁은 바로 타락과 파멸의 요소가 되기 때문이다(마12:25, 갈 5:14~15). 이에 필자는 오늘의 한국교회가 이제라도 어리석은 분열과 분쟁을 어서 속히 끝내고, 〈하나의 교회〉로 속히 거듭나기를 주님의 이름으로 간절히 기원하는 바이다.

제5절 안식일에 관한 이단논쟁

모든 종교는 언제나 예배를 통해서 그들의 신을 섬긴다. 기독교도 역시예배를 통ㅎ래서 하나님께 영광을 돌리며, 그 날을 성일로 지킨다. 따라서 이러한 예배일을 기준으로 기독교신앙을 간단히 구분한다면, 〈토요일 신앙〉과 〈일요일 신앙〉으로 나눌 수 있다. 전자는 토요일을 안식일로 믿고 지키는 신앙이요, 후자는 일요일을 안식일로 믿고 지키는 신앙이다.

그런데 종래의 신학은 한결같이 일요일신앙만을 정통으로 여기고, 토요일신앙은 무조건 이단으로 내몰고 있는 안타까운 실정에 있다. 그러면 이제 토요일과 일요일 중에 어느 날이 하나님이 세우신 참 안식일(예배일)인가를 성서에 기초해서 알아보기로 하자.

일찍이 하나님은 시내산에서 모세에게 〈십계명〉을 주시고, 그에게 이 계명을 이스라엘자손들이 대대로 영원히 지키도록 명령하셨다(출 31:13~17). 따라서 십계명은 예나 지금이나 우리 성도들이 항상 지켜야 할 영원한 규례가 아닐 수 없다. 이 사실은 다음과 같은 주님의 말씀에서도 분명히 알 수 있다.

* 어떤 사람이 주께 와서 가로되, 선생님이여 내가 무슨 선한 일을 하여야 영생을 얻으리이까? 예수께서 가라사대 네가 생명에 들어가려면 계명들을 지키라(마 19:16~17).
* 그러므로 누구든지 이 계명 중에 지극히 작은 것 하나라도 버리고, 또 그같이 사람을 가르치는 자는 천국에서 지극히 작다 일컬음을 받을 것이요. 누구든지 이를 행하며 가르치는 자는 천국에서 크다 일컬음을 받으리라(마 5:19).

이와 같이 인류의 구주로 오신 예수님도 역시 우리에게 「계명을 지키라」고 명령하셨다. 때문에 하나님의 계명을 지키지 않는 자는 어느 누구도 생명과 구원의 길을 갈 수 없으며, 다만 심판의 길을 가게 될 뿐이다. 따라서 우리 성도들은 언제나 하나님의 계명을 지켜야 하며, 결코 그 계명을 소홀히 하거나 어기는 일이 있어서는 아니될 것이다(마 7:21, 약 2:14, 요일 2:4).

하나님이 모세에게 주신 십계명을 보면, 넷째 계명에「너희는 안식일을 기억하여 거룩하게 지키라」(출 20:8)고 하신 말씀이 있다. 그런데 하나님은 이러한 안식일의 중요성에 대해 다음과 같이 말씀하셨다.

*여호와께서 모세에게 일러 가라사대, 너는 이스라엘 자손에게 고하여 이르기를, 너희는 나의 안식일을 지키라. 이는 나와 너희 사이에 너희 대대의 표징이니, 나는 너희를 거룩하게 하는 여호와인줄 너희로 알게 함이라. 너희는 안식일을 지킬지니, 이는 너희에게 성일이 됨이라. 무릇 그 날을 더럽히는 자는 죽일지며, 무릇 그 날에 일하는 자는 그 백성중에서 그 생명이 끊쳐지리라(출 31:12∼14).

*엿새 동안은 일할 것이나 제7일은 큰 안식일이니 여호와께 거룩한 것이라, 무릇 안식일에 일하는 자를 반드시 죽일지니라. 이같이 이스라엘 자손이 안식일을 지켜서 그것으로 대대로 영원한 언약을 삼을 것이니, 이는 나와 이스라엘자손 사이에 영원한 표징이며, 나 여호와가 6일동안에 천지를 창조하고 제7일에 쉬어 평안하였음이니라(출 31:15∼17).

이와 같이 하나님이 세우신 안식일은 너무나 거룩하고 복된 날이기 때문에(창 2:3, 출 20:11, 사 58:13), 구약시대에는 그 날을 더럽히는 자들을 모두 죽이기까지 하였다. 이 사실은 바로 하나님이 우리에게 안식일의 중대성과 필요성을 명백히 보여주신 역사적 증거가 아닐 수 없다.

그러므로 성서에 보면, 예수님도 계명을 따라 안식일을 지키셨고(요 15:10, 눅 4:16), 또 사도들과 초대교회의 성도들도 모두 열심히 안식일을 지켰다(행 17:2, 행 18:4, 고전 7:19, 눅 23:56). 그렇다면 주님의 재림을 고대하는 오늘의 모든 성도들도 역시 계명을 따라 그 거룩한 안식일을 잘 지켜야 마땅할 것이다(사 56:2, 마 19:17, 계 12:17, 계 14:12).

성서에 기록된 안식일에는 두 가지 종류가 있다. 첫째는 십계명에 명시된 〈여호와의 안식일〉이요(출 20:8~11), 둘째는 유대인들이 절기 때마다 지키던 〈절기 안식일〉이다(레23장).

그런데 이 중에 우리 성도들이 대대로 영원히 지켜야 할 안식일은 바로 창조의 기념일인 여호와의 안식일이요(창 2:1~3), 절기 안식일은 아니다. 사도 바울이 거론했던 구약시대의 각종 절기와 그 때마다 지키던 절기 안식일은 (갈 4:10~11, 골 2:16), 예수님이 십자가의 고난과 죽으심을 통해 온 인류의 죄를 대속하고 가심으로써 모두 폐지되었기 때문이다(히 10:8~, 벧전 2:24). 그러나 십계명에 명시된 여호와의 안식일은 그 본질상 결코 폐지할 수 없으며, 또 다른 날로 변경할 수도 없는 것임을 알아야 한다.

그러면 우리 성도들이 항상 지켜야 할 창조의 기념일인 〈여호와의 안식일〉은 어느 날인가? 그 날은 바로 토요일이요, 일요일은 아니다. 역법에 따르면, 일요일은 첫째 날에 해당되고(마 28:1). 토요일은 일곱째 날에 해당되기 때문이다(창 2:3, 출 20:11). 따라서 우리 성도들이 토요일을 버리고 일요일을 안식일로 지킨다는 것은, 하나님의 계명에 전적으로 어긋나는 매우 큰 잘못이 아닐 수 없다.

오늘날 대부분의 성도들이 지키고 있는 일요일은, 과거 로마의 우상숭배자들이 태양신(아폴로)을 섬기던 부정한 날이었다. 그런데 당시 기독교로 개종한 콘스탄틴 황제가 서기 321년 역사상 처음으로 〈일요일 휴업령〉을 내리고, 이어서 로마교회 (천주교)가 서기 364년 라로디게아 총회에서 예배일을 토요일에서 일요일로 바꾸어 놓음으로써, 지금까지 우리 성도들은 태양신을 섬기던 일요일을 도리어 하나님을 섬기는 거룩한 날로 오인해 왔던 것이다.

이와 같이 하나님의 계명을 스스로 어기고 거룩한 안식일을 제멋대로 변개한 장본인은 바로 천주교였으며, 개신교는 그들의 잘못된 유전을 그대로 이어 받았던 것이다. 따라서 오늘의 천주교와 개신교는 지난날의 과오를 솔직히 시인하고, 이제라도 토요일 안식일을 회복하기 위한 전면적인 신앙 개혁을 단행해야 할 것이다.

일찍이 예수님은 외식하는 바리새인들에게 이르시되 「이사야가 너희 외식하는 자에 대하여 잘 예언하였도다. 거룩하였으되 이 백성이 입술로는 나를 존경하되 그 마음은 내게서 멀 도다. 사람의 계명으로 교훈을 삼아 가르치니 나를 헛되이 경배하는 도다 하였느니라. 너희가 하나님의 계명은 버리고 사람의 유전을 지키느니라. 너희가 너희 유전을 지키려고 하나님의 계명을 잘 저버리는도다」 (막 7:6~9)고 책망하셨다.

그런데 이러한 바리새인들처럼, 오늘날 우리 성도들은 토요일 안식일을 지키라는 하나님의 계명보다, 일요일을 지키라는 교회의 유전(전통)을 더 중요시하고 있는 안타까운 실정에 있다.

한편 사도 바울은 말하기를 「경기하는 자가 법대로 경기하지 아니하면 면류관을 얻지 못한다」 (딤후 2:5)고 하였고, 또 주님의 형제 야고보도 말하기를 「누구든지 온 율법을 지키다가 그 하나에 거치면 모두 범한 자가 된다」 (약 2:10)고 하였다.

이러한 말씀대로 우리 성도들이 생명의 면류관을 얻으려면, 반드시 십계명의 법을 모두 지켜야 하며, 결코 하나라도 범해서는 안된다. 왜냐하면 우리가 십계명을 지키다가 그 중 하나를 범하면, 결국은 그 계명 전체를 범한 입장에 빠지게 되기 때문이다(약 2:11). 그런데 오늘날 많은 성도들은 토요일을 버리고 일요일을 안식일로 지킴으로써, 하나님이 명하신 십계명 중 넷째 계명을 계속 범하고 있으니 이 얼마나 안타까운 일인가?

신약성서에는 첫째 날(일요일)에 관한 기록이 8곳 밖에 없는데, 그중 5구절은 주께서 부활하신 날 아침에 여자들이 무덤에 갔던 내용이 기록된 것이었다(마 28:1, 막 16:2, 막 16:9, 눅 24:1, 요 20:1). 그리고 나머지 3구절은 먼저 제자들이 모인 곳에 부활하신 주께서 나타나셨다는 내용과(요

20:19), 다음은 사도 바울의 저녁 모임에 관한 내용과(행 20:7), 그 다음은 성도들의 연보에 관한 내용이 기록된 것이었다(고전 16:2).

이와 같이 신약성서에는 그 어디를 보아도 일요일을 거룩한 예배일로 부른 사실이 없으며, 또 토요일 안식일을 버리고 그 날을 일요일로 바꾸어 지키라는 말씀도 전혀 없다. 따라서 우리 성도들은 굳이 계명에 어긋나는 일요일만을 예배일로 고집할 이유가 하나도 없으며, 또 고집해서도 안된다.

이 세상에는 수많은 법이 있거니와 그 법은 모두 지키라고 만든 것이다. 사람에게는 양심의 법이 있고, 가정에는 가법이 있으며, 나라에는 국법이 있다. 마찬가지로 하나님의 나라에는 천법이 있는 바, 십계명은 바로 그 중의 하나이다. 그렇다면 우리가 어찌 하늘나라의 천법인 십계명과, 그 속에 명시된 거룩한 안식일을 자기 마음대로 범할 수 있겠는가?

오늘은 모든 성도들이여! 이제는 모두 잃어버린 토요일 안식을을 회복하여 그 날을 거룩히 지키라. 누그든지 십계명에 명시된 토요일 안식일 끝까지 불신하고 반대하는 자는 그가 아무리 일요일을 잘 지키는 독실한 성도라 해도, 그는 도리어 오시는 주님으로부터」「불법을 행하는 자들아 내게서 떠나가라」(마 7:22~23)는 무서운 책망(심판)을 받게 될 것이다. 이에 필자는 오늘의 모든 성도들이 종래의 비성서적이고 반계명적인 일요일 신앙에서 어서 속히 벗어나기를, 주님의 이름으로 간절히 호소하는 바이다(마 7:21, 요일 2:3~4).

⊙ 안식일에 관한 하나님의 말씀

* 너희는 안식일을 기억하여 거룩히 지키라(출 20:8).
*너희는 나의 안식일을 지키라. 이는 나와 너희 사이에 너희 대대의 표징이니(출 31:13).
*너희는 안식일을 지킬지니, 이는 너희에게 성일이 됨이라(출 31:14).
*너희 각 사람은 부모를 경외하고 나의 안식일을 지키라. 나는 너희 하나

님 여호와니라(레 19:3).

*너희는 내 안식일을 지키고 내 성소를 공경하라. 나는 여호와니라(레 19:30).

*일곱째 날은 안식일이니 성회라. 이는 너희 거하는 각처에서 지킬 여호와의 안식일이니라(레 23:3).

*안식일을 지켜 더럽히지 아니하며, 그 손을 금하여 모든 악을 행치 아니하여야 하나니, 이같이 행하는 사람 이같이 굳이 잡는 인생은 복이 있느니라(사 56:2).

*또 나의 안식일을 거룩하게 할지어다. 이것이 나와 너희 사이에 표징이 되어 너희로 내가 여호와 너희 하나님인 줄 알게 하리라 하였었노라(겔 20:20).

✞ 태초에 하나님이 천지를 창조하시니라
  하나님이 가라사대 빛이 있으라 하시매 빛이 있었고
  그 빛이 하나님의 보시기에 좋았더라(창 1:1~4).

✞ 내가 땅을 만들고 그 위에 사람을 창조하였으며,
  내가 친수로 하늘을 펴고 그 만상을 명하였노라
  (사 45:12).

✞ 너희는 눈을 높이 들어 누가 이 모든 것을 창조하였나
  보라. 주께서는 수효대로 만상을 이끌어내시고 각각 그
  이름을 부르시나니, 그의 권세가 크고 그의 능력이 강
  하므로, 하나도 빠짐이 없느니라(사 40:26).

오랜 역사의 기간을 두고 인간은 생의 문제를 해결하기 위해 온갖 심혈을 기울여왔다. 그러나 지금까지 이 문제를 속 시원히 해결하고 간 사람은 아무도 없었다. 인간은 불행히도 인생관 및 가치관의 빈곤과 혼돈 속에서 항상 허덕여 왔을 뿐이다. 그것은 바로 인간을 비롯한 이 피조세계가 어떻게, 그리고 왜 창조되었는가 하는 창조의 근본 문제를 밝히 알지 못하였기 때문이다. 따라서 이러한 창조문제를 안다는 것은 인생의 모든 문제를 해결하려는 우리에게 있어 실로 중차대한 일이 아닐 수 없다.

우리가 피조세계의 창조문제를 올바로 이해하려면, 성서와 과학의 두 가지 면에서 파악하는 것이 좋다. 왜냐 하면 성서는 주로 인간의 신앙 문제를 다루었고, 과학은 주로 자연의 원리문제를 다루었기 때문이다. 혹자는 과학을 비성서적인 것으로 오해하기도 하지만, 하나님이 창조하신 자연계의 진리를 탐구하는 것이 바로 과학이므로, 성서와 과학은 서로 불가분의 밀접한 관계가 있음을 알아야 한다.

민중신학은 어디까지나 유신론에 근거한 창조론을 주장하고, 무신론에 근거한 진화론은 반대한다. 그러나 〈진화〉라는 그 용어만은 사용한다. 왜냐하면 모든 생물은 주어진 환경에 효과적으로 적응하며 살아가기 위해 부단히 진화하도록 창조되었기 때문이다. 그러나 생물이 아무리 진화를 한다 해도, 무신신론자들의 주장대로 원숭이가 사람으로 진화하는 일은 결코 없을 것이다.

그러면 이제 인간을 비롯한 피조세계의 창조문제를, 다음과 같이 나누어 알아보기로 하자. - 본 〈창조론〉은 주로 성서에 기초해서 다루었고, 또 극히 제한된 범위 내에서 다룬 것임을 미리 밝혀두는 바이다.

제1절 종래의 창조론과 그 문제점

성서에 기록된 피조세계의 창조기간은 6일로 되어 있다(창1장). 그리고 인류역사의 기간도 성서에는 대략 6천년으로 나타나 있다. 그런데 종래의 창조론은 그 대부분이 이러한 성서의 기록을 문자 그대로 받아들여 왔다. 그 결과 종래의 창조른은 많은 신앙인으로 하여금 불신의 길로 빠지게 하였고, 나아가 현대 과학과의 충돌을 스스로 초래하였다. 그러면 이러한 성서의 문자적 근거를 우리는 어떻게 받아들여야 하겠는가? 이 문제를 우리는 다음과 같이 나누어 생각해 보기로 하자.

1. 피조세계의 6일 창조문제

성서의 창세기에는 이 우주가 6일 간에 창조되었다고 기록되어 있다(창 1:3~31). 이에 혹자는 「성서와 과학은 서로가 어긋나며 충돌한다」 고 주장한다. 특히 무신론자들은 이것이 그 무슨 큰 구실이라도 되는 듯 유신론자들을 공박한다. 그들의 말인즉, 이 우주가 어떻게 단 6일간에 창조될 수 있느냐는 것이다.

물론 이 우주가 문자 그대로 6일 간에 창조될 수는 없으며, 또 그렇게 창조되지도 않았다. 그러나 성서의 기록이 잘못된 것은 아니다. 왜냐하면 여기서 말하는 6일이란 결코 태양이 뜨고 짐의 회수로 계산된 6일이 아니기 때문이다.

우리가 흔히 말하는 1일은 지구의 1자전(24시간)을 표준한 것이다.

그러나 창세기에서 말한 1일은 이렇듯 지구의 1자전을 표준한 것이 아니다. 이 사실은 주야의 기준이 되는 태양의 창조가 넷째 날에 있었다는 창세기의 기록을 보더라도 잘 알 수 있다(창 1:14~19).

성서에 기록된 바 「주께는 하루가 천년 같고, 천년이 하루 같다」 (벧후 3:8)고 하였고, 또 「주의 날은 인생의 날과 같지 않다」 (욥 10:5)고도 하였으니, 여기에서의 1일은 그 성격상 천년이든 만년이든 조금도 관계할 바가 없는 것이다(시 90:4).

창세기 1장에 나오는 히브리어의 〈욤〉이란 말에는 〈날〉이란 뜻도 있지만 〈기간〉이란 뜻도 있다. 그런데 종래의 창조론에서는 그중 날만을 고집한다. 그러나 필자는 그 말 〈욤〉을 24시간의 날보다, 피조물의 창조에 소요된 오랜 기간으로 이해한다.

그러면 창세기에서 말한 6일이란 도대체 무엇을 의미하는가? 그것은 바로 6단계의 창조과정(기간)을 의미한다. 이는 장차 하나님의 구원섭리가 6천년으로 전개될 것을 미리 보여준 것이기도 하거니와, 이러한 6단계의 창조과정을 성서는 다음과 같이 기록하고 있다. 즉 창세기 1장을 보면, 하나님은 혼돈하고 공허한 상태에서 먼저 빛을 창조하신 후, 궁창을 세워 물을 상하로 나누시고, 다음에는 육지와 바다를 가르시고, 이어 식물류와 동물류를 창조하신 후 마지막으로 인간을 창조하셨다고 하였다. 이러한 창세기의 내용은 당시 지구를 우주의 중심으로 생각하던 고대 우주관(지구 중심설)을 배경으로 해서 기록한 것이다.

그런데 이러한 지구중심의 창조과정은 놀랍게도 오늘날 과학자들이 연구한 지구의 생성과정과 거의 일치되고 있다. 그에 의하면, 지구는 처음에 혼돈하고 공허한 가스상태를 이루었고, 다음에는 지각의 냉각과 화산의 분출에 의하여 육지와 바다가 형성되었으며, 그 다음에는 하등식물과 하등동물에서 시작되어 점차로 고등식물과 고등동물이 생성되었다고 한다.

이와 같이 지금으로부터 수천 년 전에 기록된 성서(창세기)의 내용과 오늘날 과학자들이 연구한 지구의 생성과정이 거의 부합되고 있음을 볼 때, 우리는 성서의 그 말씀이 어디까지나 하나님의 계시임이 틀림없다는 것을 재확인하게 된다. 따라서 성서와 과학이 서로 어긋나거나 충돌되지 않음은 두 말할 나위도 없다.

2. 인류역사의 기원문제

아담으로부터 계산된 성서상의 인류역사는 대략 6천년으로 나타나 있다. 그리고 보면, 인류의 나이는 이제 겨우 6천살 정도가 된 셈이다.

그런데 종래의 창조론은 이것을 문자 그대로 받아들임으로서 비성서적이고 비과학적인 신앙의 오류를 범하고 있다.

그러면 종래의 주장대로 과연 인류 역사는 실제로 6천년 정도밖에 되지 않았으며, 또 아담 이전에는 이 지구상에 아무런 사람도 살지 않았는가? 아니다. 인류역사는 그보다 훨씬 더 오래 되었으며, 또 아담 이전에도 이 지상에는 수많은 사람들이 살고 있었다. 이 사실은 성서에도 잘 나타나 있거니와, 이제 그 몇 가지 예를 소개하면 다음과 같다.

창세기 4장 14절 이하에 보면, 가인은 그 아우 아벨을 살해한 후 자기를 만나는 여러 사람들로부터 죽임을 당할까봐 염려하였고, 또 하나님은 그들로부터 가인을 보호하시기 위해 그에게 어떠한 표를 주셨다고 하였다(창 4:14~15).

이 말씀을 보면, 아담 시대는 물론 그 이전에도 역시 많은 사람들이 살고 있었음이 너무도 분명하다. 만일 아담 시대에 그 가정을 제외한 다른 사람들이 살고 있지 않았다면, 당시 아벨을 살해한 가인은 도대체 누구에게 죽임을 당할 까봐 염려했던 말인가?

창세기 4장 16절에 보면, 가인은 하나님에게 추방된 후 에덴 동편에 있는 놋땅에 가서 결혼해 살았다고 하였다. 이 기록을 보면, 당시 놋 땅에는 아담의 후손이 아닌 다른 사람들이 많이 살고 있었음을 분명히 알 수 있다. 만일 그렇지 않았다면, 가인은 어떻게 그곳 여인과 결혼해 살 수 있었겠는가?

창세기 4장 17절에 보면, 가인은 아들을 낳은 후 성을 쌓았다고 하였다. 이 기록으로 보아 당시 놋 땅에는 가인과 더불어 성을 쌓을 만큼 여러 사람들이 이미 살고 있었음을 알 수 있다. 만일 그곳에 가인의 후손만이 살았다면, 그는 애당초 성을 쌓을 수도 없었으며, 또 굳이 성을 쌓아야 할 필요도 없었을 것이다.

창세기 4장 19절에 보면, 가인의 5대 후손인 라멕이 두 아내를 얻었다고 하였고, 또 4장 23절에는 라멕이 사람을 죽였다고 하였다. 이 사실만 보더라도, 당시 놋 땅에는 가인의 자손 이외에도 많은 사람들이 이미 살고 있었음을 분명히 알 수 있다.

창세기 4장 22절에 보면, 가인의 6대 후손인 두발가인은 구리와 쇠를 다루어 기계를 만드는 대장 장이었다고 하였다. 그렇다면 인간의 금속 사용은 이미 아담시대부터 시작되었다는 말이 되는데, 과연 이것이 가능한 일인가? 아담이 인류역사의 시발점이라면, 그것은 전혀 불가능한 일이다. 인간이 금속을 사용하기까지에는 구석기시대와 신석기시대 및 청동기시대와 같은 장구한 역사과정을 차례로 거쳐야 하는데, 아담시대에 어떻게 그 과정을 모두 거칠 수 있었겠는가? 따라서 아담시대에 그 후손들이 금속을 사용했다면, 이는 그들이 아담 이전의 선조들로부터 그 기술을 전수받았기 때문이라고 보아야 할 것이다.

이와 같이 인류역사의 기원이 아담시대보다 훨씬 더 오래다는 사실은 고고학적인 면에서 보더라도 잘 알 수 있다. 지금까지 고고학자들은 세계도처에서 수많은 유적들을 발굴·조사해 왔다. 그들이 심혈을 기울여 조사·연구한 원시인류의 생존연대를 보면, 작게는 1만 년 전으로부터 크게는 50만 년 전까지로 되어 있다. 이러한 고고학자들의 연구결과가 설혹 정확한 것이 아니라고 하더라도 인류의 생존시기가 아담시대보다 훨씬 더 오래 되었다는 것은 결코 부인할 수 없다.

위에서 논한 바와 같이 인류 역사가 아담으로부터 계산된 그것보다 훨씬 오래 되었다는 것은 너무도 분명하다. 따라서 아담은 인류 혈통적 조상이 될 수 없다. 그렇다면 성서는 어찌하여 아담을 인간 조상으로 표시했는가? 그것은 바로 아담이 최초로 하나님에게 〈믿음의 조상〉으로 부름받은 섭리적 중심인물이었기 때문이다. - 한민족의 고대사를 기록한 〈환단고기〉에서는 인류의 혈통적 조상을 나반과 아만 이라고 하였는데, 이들로부터 계산된 인류 역사는 약1만년에 이르고 있다.

학자들은 인류의 기원을 주로 혈통적인 면에서 따진다. 그러나 인류의 참된 기원은 그보다도 오히려 신앙적인 면에서 이해되어야 할 것이다(딤전 1:3, 딛 3:9), 왜냐 하면 하나님에 대한 신앙이 없는 인간의 존재란 아무런 가치도 없기 때문이다(롬 2:28~29, 롬 9:6~8).

신앙인에게는 그 신앙〈믿음〉만이 유일한 생명(영적 생명)의 원천이 된다. 이것은 성서의 일관된 가르침이다(롬 1:17, 갈2:16, 히11장). 그러기 때문에, 하나님에 대한 독실한 신앙이 있는 자는 죽어도 산 자요(요 11:25). 그 신앙이 없는 자는 살아도 죽은 자와 마찬가지이다(계 3:1). 이처럼 신앙 세계에서는 하나님에 대한 그 믿음만이 모든 가치판단의 기준이 된다(마 12:48~50, 요 1:12~13, 갈 3:7). 따라서 인류역사의 참된 기원은 어디까지나 믿음의 조상으로 부름 받은 아담으로부터 시작된 것으로 보아야 할 것이다.

거듭 말하거니와, 인류는 아담 시대보다 더욱 오래 전부터 이 지구상에 살고 있었다. 이것은 성서에도, 역사에도 모두 부합되는 명백한 사실이다. 그리고 하나님에 대한 신앙의 역사는 바로 아담으로부터 비로소 시작되었다. 따라서 아담은 인류의 혈통적 조상이 아닌 신앙적 조상으로 보아야 한다. 그래야만 우리는 성서에 나타난 인류역사의 기원을 가장 올바르게 이해할 수 있을 것이다.

제2절 창조의 기본원리

인간과 우주의 근본문제를 해결하려면, 우리는 먼저 하나님이 세우신 창조의 기본원리를 알아야 한다. 왜냐 하면 인간을 비롯한 우주의 삼라만상은 바로 이러한 창조의 기본원리에 따라 존재하기 때문이다. 그러면 창조의 기본 원리란 무엇인가? 그것은 바로 〈상대성 원리〉이다. 이러한 상대성원리에는 다음과 같은 것들이 있다. - 위의 논제에 관해서는 그 개요만을 간단히 소개하기로 한다.

1. 성상과 형상의 상대성원리

　　피조세계의 모든 존재물은 반드시 그 내성과 외형을 갖추고 존재한다. 물질의 최소단위인 소립자로부터 우주의 삼라만상에 이르기까지, 이러한 내성과 외형을 갖추고 않고 존재하는 피조물은 하나도 없다. 그런데 외형에는 어떠한 꼴(모양)이 있는 바, 이것은 내성에도 눈에 보이지는 않으나 그 어떠한 꼴이 있음을 의미한다. 왜냐하면 외형은 바로 그 내성을 닮아난 것이기 때문이다.

　　이와 같이 내성과 외형은 동일한 존재의 상대적인 양면의 꼴을 나타낸다. 이에 내성을 〈성상〉이라 하고, 외형을 〈형상〉이라고 한다. 예컨대 인간의 마음과 몸에 있어서 마음은 성상에 해당되고 몸은 형상에 해당된다. 그런데 모든 존재물은 바로 이러한 성상과 형상이 서로 불가분의 상대적 관계를 맺음으로서 존재하는 바, 이것을 〈성상과 형상의 상대성원리〉라고 한다.

2. 양성과 음성의 상대성원리

　　피조세계의 모든 존재물은 그 자체 내에 반드시 양성(+)과 음성(-)을 갖추고 존재한다. 물질의 최소단위인 소립자로부터 우주의 삼라만상에 이르기까지, 이러한 양성과 음성을 갖추지 않고 존재하는 피조물은 하나도 없다. 이처럼 모든 존재물이 양성과 음성을 갖추지 않고 존재하는 피조물은 하나도 없다. 이처럼 모든 존재물이 양성과 음성을 갖추고 존재하는 까닭은, 그것이 바로 성상과 형상의 기본적인 속성이기 때문이다. 따라서 성상에도 양성과 음성의 속성이 있고, 형상에도 양성과 음성의 속성이 있음은 물론이다. 그런데 모든 존재물은 바로 이러한 양성과 음성이 서로 불가분의 상대적 관계를 맺음으로서 존재하는 바, 이것을 〈양성과 음성의 상대성원리〉라고 한다.

3. 주체와 대상의 상대성원리

위에서 피조세계의 모든 존재물은 반드시 성상과 형상 및 양성과 음성을 갖추고 존재한다는 사실을 논하였다. 그런데 이 중 성상과 양성은 주체가 되고 형상과 음성은 대상이 된다. 예컨대 마음〈성상〉과 몸〈형상〉에 있어서 마음은 주체가 되고 몸은 그 대상이 되며, 남성〈양성〉과 여성〈음성〉에 있어서 남성은 주체가 되고 여성은 그 대상이 된다. 이것으로 보아 모든 존재물은 반드시 주체와 대상의 상대적 관계를 맺어야만, 비로소 온전히 존재할 수 있음을 알 수 있다. 이처럼 모든 존재물은 각각 그에 상응한 주체와 대상이 서로 불가분의 상대적 관계를 맺음으로서 존재하는 바, 이것을 〈주체와 대상의 상대성원리〉라고 부른다.

제3절 창조의 기본법칙

위에서 필자는 창조의 기본원리를 간단히 소개했거니와, 다음은 창조의 기본법칙에 대해 알아보기로 하자. 창조의 기본원리와 기본법칙은 바로 인생과 자연의 실상을 밝히는데 매우 중요하므로, 우리는 이것을 자세히 알아야만 한다. 그런데 창조의 기본법칙에는 다음과 같은 것들이 있다. - 제1권 〈민중사상〉참조

1. 상호작용의 법칙

모든 존재는 〈힘〉으로써 존재한다. 그런데 이 힘은 독자적으로 생기는 것이 아니다. 그것은 오직 상대적인 관계에서만 생길 수 있다. 왜냐하면 모든 존재는 바로 주체(+)와 대상(-)으로 된 상대적 존재이기 때문이다. 이러한 주체와 대상이 어떠한 목적을 중심으로 불가분의 상대기준을 조성하여

서로 잘 주고, 잘 받으면, 반드시 그 존재를 위한 모든 힘, 즉 생존〈존재〉과 번식(생성·발전)과 작용(운동·변화)등의 힘을 발생하게 된다.

이와 같이 모든 존재를 이루고 있는 주체와 대상이 불가분의 상대기준을 조성하여 서로 주고 받음으로써, 그 존재를 위한 모든 힘을 발생케 하는 작용을 〈상호작용〉이라고 한다. 그리고 이러한 상호작용의 힘에 의해 어떠한 주체와 대상이 합성·일체화한 상태를 〈상대기대〉라고 하는데 모든 개체는 이러한 상대기대를 이루어야만 그 생존을 유지할 수 있다. 그러기 때문에, 상대기대는 곧 그 개체의 존재기대가 된다.

2. 정분합작용의 법칙

어떠한 존재를 정(모체)으로 하여 그로부터 분립되었다가 다시 합성·일체화하는 작용을 〈정분합작용〉이라고 한다. 그리고 그 과정은 3단계의 상호 작용으로 이루어진다. 이러한 정분합작용의 기본형은 바로 하나님을 중심한 정분합작용이다.

하나님 자체 내의 본성상과 본 형상이 심정을 중심으로 상대기준을 조성하여 대상창조를 위한 상호작용을 하게 되면, 그로부터 양성과 음성의 두 실체대상이 분립된다. 그리고 분립된 주체(양성실체)와 대상(음성실체)이 다시 상대기준을 조성하여 상호작용을 하게 되면, 이들은 서로 합성·일체화하여 하나님 앞에 또 하나의 대상체를 이루게 되는 바, 이것이 바로 하나님을 중심으로 한 정분합작용이다. 피조세계에서 일어나는 모든 정분합 작용은 이러한 기본형을 닮아 이루어진다. 따라서 하나님은 모든 정분합작용의 근원이 되신다.

3. 4위기대조성의 법칙

어떠한 존재(모체)로부터 분립된 주체와 대상과 그들의 합성체가 그 존재를 중심으로 서로 상대적 상호작용을 함으로써 이루어지는 존재기대를 〈4

위기대〉라고 한다. 그리고 4위기대의 도형은 그리스도의 상징인 십자가를 중심으로 이루어진다. 이러한 4위기대의 기본형은 바로 하나님을 중심으로 한 4위기대이다. 이것은 좀 더 구체적으로 설명하면 다음과 같다.

하나님을 중심으로 한 4위기대에 있어서 하나님은 제1위, 주체는 제2위, 대상은 제3위, 합성체는 제4위에 각각 해당된다. 그리고 4위 중 1위가 주체의 입장을 취할 때는 그 나머지 3위는 3대상의 입장에 서게 된다. 예컨대, 하나님의 입장에서는 주체(제1대상)와 대상(제2대상)과 그들의 합성체(제3대상)가 바로 3대상이 된다. 한편 4위 중 1위가 대상의 입장을 취할 때는 그 나머지 3위는 주체의 입장에 서게 된다. 4위 기대의 왕성은 각 위가 바로 이러한 3주체와 3대상의 입장에 서서 원만한 상호작용을 할 때에 이루어진다.

하나님을 중심으로 한 4위 기대는 존재의 기본이며, 또 하나님이 기쁨으로 운행하실 수 있는 선의 자리이다. 그러므로 4위 기대는 하나님의 섭리수인 4수와 3수와 12수의 근본이 되기도 한다. 4위 기대는 4수를 비롯하여, 3단계 정분합작용의 3수와 또 각위의 3대상을 합한 12수의 수리적 관계로 되어 있기 때문이다.

4. 3단계 성장완성의 법칙

피조세계의 모든 존재물은 완성을 목표로 창조되었다(마 5:48, 골1:28). 그런데 그 존재물이 완성되려면 반드시 일정한 기간을 거치도록 되어 있다. 왜냐 하면 피조물의 완성에는 일정한 시간적 과정이 필요하기 때문이다(전 3:1). 이처럼 피조물의 완성에 필요한 그 기간을 〈성장기간〉 또는 〈미완성기〉라고 한다. 그런데 이러한 피조물의 성장기간은 3단계로 되어 있다. 그 제1단계는 〈소성기〉라 하고, 제2단계는 〈중성기〉라고 하여, 제3단계는 〈완성기〉라고 부른다.

이와 같이 피조물의 성장기간은 소성 · 중성 · 완성의 3단계로 되어 있기 때문에 모든 존재물은 그 3단계 과정을 모두 거쳐야만 비로소 완성된 피조물로서 존재하게 된다(막4:28). 그런데 인간은 불행이도 영적인 성장과정 (소성기 완성급)에서 타락함으로써, 이러한 성장기의 3단계 과정을 완성하지 못하였다. 따라서 인간이 다시 완성하려면, 하나님의 구원섭리에 따라 그 3단계 과정을 믿음과 순종으로 다시 거쳐야만 한다. 성서에 3수를 중심으로 한 섭리의 기록이 많이 나오는 이유는 바로 여기에 있다.

5. 책임분담의 법칙

인간을 제외한 모든 만물은 원리자체의 주관성과 자율성에 따라 일정한 성장기간을 거치기만 하면 완성할 수 있게 되었다. 그러나 인간은 원리자체의 주관성과 자율성뿐만 아니라, 그 자신의 섭리적 책임분담을 스스로 완수하면서 그 기간을 거쳐야만 비로소 완성하도록 창조되었다(마 7:21, 요 14:21, 요 15:10, 요 15:10, 신 10:12~13). 이처럼 인간은 그 자신의 섭리적 책임분담을 스스로 완수하면서 일정한 성장기간을 거쳐야만 비로소 완성할 수 있는 바, 이것을 〈책임분담의 법칙〉이라고 한다.

그러면 인간이 완성하는 데 가장 필요한 책임분담은 무엇인가? 그것은 바로 하나님과 주님에 대한 절대적인 〈믿음〉과 〈순종〉이다.

제4절 창조의 기본목적

*이 백성은 내가 나를 위하여 지었나니, 나의 찬송을 부르게 하려 함이니라(사 43:21).

*호흡이 있는 자마다 여호와를 찬양할지어다(시 150:6).

*하나님을 경외하고 그 명령을 지킬지어다. 이것이 사람의 본분이니라, 하나님은 모든 행위와 모든 은밀한 일을 선악간에 심판하시리라(전 12:13~14).

하나님이 이 피조세계를 창조하신 목적은 무엇인가? 그것은 바로 이 피조세계를 보시고 영원히 기뻐하시기 위함이었다. 이 사실은 성서에도 잘 나타나 있다. 그 예로 창세기 1장 5절 이하의 기록을 보면, 피조물의 창조가 끝날 때마다 「하나님이 그 지으신 모든 것을 보시니 보시기에 심히 좋았더라」(창 1:5~31)고 한 말씀이 있다. 이 말씀을 보면, 하나님은 기뻐하시기 위해 모든 피조물을 창조하셨음을 알 수 있다(사 43:21, 겔 18:23).

창세기 6장 6절에 「하나님이 인간의 악함을 보시고, 땅 위에 사람지으셨음을 한탄하사 마음에 근심하셨다」고 기록되어 있는 말씀만 보더라도, 하나님이 인간을 창조하신 본래의 목적은 바로 기뻐하시기 위함이었음을 분명히 알 수 있다.

그러므로 인간을 비롯한 이 피조세계가 존재하는 목적은 바로 하나님에게 무한한 기쁨을 돌려드리는 데 있다고 할 수 있다(시 150:6). 특히 인간은 하나님의 자녀로 지음받은 존재이기 때문에, 하나님은 그의 자녀된 인간을 통해서만 최대의 기쁨을 느끼실 수 있다. 인간이 하나님 앞에 무한한 가치를 갖는 이유는 바로 여기에 있다. 따라서 인간을 떠난 하나님의 기쁨은 생각할 수도 없다.

위에서 하나님이 인간을 비롯한 이 피조세계를 창조하신 목적은 바로 기쁨을 누리시려는 데 있다는 것과, 또 하나님은 그의 자녀된 인간을 통해서만 최대의 기쁨을 느끼실 수 있다는 사실을 논하였다. 그러면 인간은 어떻게 해야만 하나님이 가장 기뻐하실 수 있는 선의 대상이 될 수 있는가? 그것은 바로 하나님의 〈축복〉을 이루는 데 있다.

일찍이 하나님은 인간에게 「너희는 생육하고 번성하여 땅에 충만하라. 그리고 만물을 주관하라」(창 1:28)고 축복하셨으니, 인간은 그 축복의 이상(목적)을 모두 이루어야만 하나님이 가장 기뻐하실 수 있는 선의 대상이 될 수 있다. 이것을 세 가지 축복으로 나누어 설명하면 다음과 같다.

하나님의 제 1축복은 인간이 하나님을 중심으로 한 인격(신앙인격)을 완성하는 데 있다. 이러한 인격을 완성하면, 인간은 하나님을 직접 모실 수 있는 성전이 되어(고전 3:16) 그와 불가분의 일체를 이루기 때문에(요 14:20) 그의 뜻대로 움직이는 선의 생활을 하게 된다. 그러므로 하나님의 제 1축복을 완성한 인간은 모두 하나님에게 기쁨을 돌려드리는 선의 대상이 된다.

하나님의 제 2축복은 인간이 하나님을 중심으로 한 선의 가정을 완성하는 데 있다. 인간이 선의 가정을 완성하려면, 인격을 완성한 남녀가 선의 부부를 이루어 선의 자녀를 번식해야 한다. 천국은 바로 이러한 너의 가정들이 모여서 이루어지는 세계이다.

위에서 하나님은 그의 자녀된 인간을 통해서만 최대의 기쁨을 느끼실 수 있다고 하였다. 그런데 하나님을 중심으로 한 선의 가정을 이룬 인간은 바로, 이렇듯 하나님이 기뻐하시는 선의 자녀(인간)들을 번식하게 되므로, 하나님의 제2축복을 완성한 인간은 또한 하나님에게 무한한 기쁨을 돌려드리는 선의 대상이 된다.

하나님의 제3축복은 인간이 만물세계에 대한 원리적 주관성을 완성하는 데 있다. 이러한 원리적 주관성을 완성하려면, 하나님의 형상적 실체대상인 인간이 그 인격을 완성하여, 그의 상징적 실체대상인 만물세계와 사랑과 미를 서로 원만히 주고 받을 수 있어야 한다.

이미 논한 바와 같이, 만물 세계는 바로 인간을 본으로 하여 창조되었다. 그러기 때문에, 인간이 이러한 만물세계와 더불어 사랑과 미를 주고 받아 혼연일체가 되면, 인간은 그 만물 세계에서 진선미의 가치를 상대적으로 느껴 온갖 기쁨을 얻게 된다. 이처럼 인간이 만물 세계와 더불어 혼연일체가 되어 기뻐할 때, 하나님은 이것을 보시고 또 기뻐하시게 되므로, 하나님의 제3축복을 완성한 인간은 모두 하나님에게 기쁨의 미를 돌려드리는 선의 대상이 된다.

위에서 논한 바와 같이, 하나님의 기쁨을 위한 선의 기본대상은 바로 인간이 하나님을 중심으로 3대축복을 이루는데 있다. 하나님을 중심한 3대 축복이 이루어진 세계(이상세계)를 천국이라고 하는 바, 이러한 선의 천국을 인간이 완성하여 이루게 되면, 하나님은 그 세계에서 영원한 기쁨을 누리시게 된다.

그런데 인간은 불행히도 타락함으로써 도리어 사탄을 중심으로 한 죄악세계를 이루고 말았다. 이러한 불법적인 죄악세계(타락세계)를 일러 지옥이라고 하거니와, 오늘 우리가 생존하고 있는 이 지상 세계는 바로 온갖 사회악이 난무하는 지옥인 것이다.

그렇다면 하나님은 이러한 죄악세계(지옥)를 바라보실 때마다 언제나 슬퍼하실 수밖에 없다는 사실을 알아야 한다(창 6:6). 그러나 오늘날 대부분의 신앙인들은 이렇듯 슬퍼하시는 하나님의 심정을 전혀 헤아리지 못하고 있다. 그들은 다만 하나님을 보좌에 앉으신 영광의 주로만 알고 있으니, 이러한 신앙인들이 어떻게 하나님의 서러운 심정을 위로해 드리고, 그 앞에 충효의 도리를 다할 수 있겠는가? 심히 두렵고 안타까운 일이 아닐 수 없다.

바라건대 오늘의 모든 성도들은 오로지 인간구원을 위해 죄악세계를 헤매시며, 저렇듯 서러워하시는 하나님의 애절한 심정과 사정을 어서 속히 깨닫고, 이제라도 그 앞에 충효의 도리를 다하는 독실한 성도가 되어 주기를 간절히 기원하는 바이다.

제5절 유형세계와 무형세계

*저희가 나온 바 본향을 생각하였더라면 들어갈 기회가 있었으려니와, 저희가 이제는 더 나은 본향을 사모하니, 곧 하늘에 있는 것이라(히 11:15~16).
*우리가 여기는 영구한 도성이 없고 오직 장차 올 것을 찾나니, 이러므로 우리가 예수로 말미암아 항상 찬미의 제사를 하나님께 드리자(히 13:14~15).

*오직 우리의 시민권은 하늘에 있는지라. 거기로서 구원하는 자 곧 주예
  수 그리스도를 기다리노니(빌 3:20).

이미 논한 바와 같이, 하나님은 인간을 비롯한 이 피조세계를 성상과 형상 및 양성과 음성의 상대성원리로 창조하셨다. 그런데 인간은 하나님의 본성상과 본형상을 닮아 창조되었고, 피조세계는 바로 인간의 성상과 형상을 본으로 하여 창조되었다. 그러기 때문에 피조세계는 마음(무형)과 몸(유형)으로 된 인간의 기본형을 닮아 이중세계로 존재한다. 무형세계(영계)와 유형세계(자연계)가 바로 그것이다. 이 중 전자는 마음과 같은 세계요, 후자는 몸과 같은 세계이다.

무형세계는 유형세계와 달리 인간의 생리적 오관으로는 전혀 감각할 수 없는 영적 세계지만, 이 무형세계도 인간의 영적인 오관으로는 유형세계와 조금도 다름없는 충분히 실감할 수 있는 실체세계이다.

이와 같이 피조세계는 유형과 무형의 두 세계로 되어 있는데, 이 중 보이는 유형세계는 보이지 않는 무형 세계를 닮아 난 것이다. 그러므로 무형세계는 마음이 그러하듯 주체(원인)의 세계가 되고, 유형세계는 몸이 그러하듯 대상(결과)의 세계가 된다. 비유컨대, 후자는 전자의 그림자와 같은 세계라고 할 수 있다(히 8:5). 이러한 유형세계에서 생활하던 인간이 육신을 벗으면, 그 영혼은 바로 무형세계에 가서 영원히 생존하게 된다(요 14:1~3, 히 11:16, 히 13:14, 빌 3:20).

1. 피조세계에 대한 인간의 위치

하나님이 지으신 만물 중에 가장 고귀한 존재는 바로 인간이다. 그러면 하나님은 인간을 피조세계에 대해 어떠한 존재로 창조하셨는가? 하나님은 인간을 다음과 같은 존재로 창조하셨다.

① 하나님은 인간을 피조세계의 주관자로 창조하셨다.

인간은 유형과 무형의 두 세계를 직접 주관할 수 있는 기능과 요소를 모두 갖추고 있다. 인간은 바로 영혼과 육신으로 결합된 이중적인 존재이기 때문이다. 이 중 인간의 육신은 유형세계를 느껴 주관하도록 유형의 물질적인 요소로 구성되었고, 영혼은 무형세계를 느껴 주관하도록 무형의 영적인 요소로 구성되었다. 그러므로 인간은 피조세계의 주관자(주인)로서, 유형과 무형의 두 세계를 모두 주관할 수 있는 것이다(창 1:28).

② 하나님은 인간을 피조세계의 중심체로 창조하셨다.

위에서 언급한 바와 같이, 인간은 그 영혼으로 무형세계를 주관하고, 그 육신으로는 유형세계를 주관한다. 이처럼 인간은 유형과 무형의 두 세계를 모두 주관할 수 있도록 창조되었기 때문에, 인간은 바로 이 두 세계를 잇는 화동의 중심체(매개체)가 된다.

③ 하나님은 인간을 피조세계의 기본형으로 창조하셨다.

이미 논한 바와 같이, 인간의 성상(영혼)을 본으로 하여 창조된 세계가 바로 무형세계요, 인간의 형상(육신)을 본으로 하여 창조된 세계가 바로 유형세계이다. 이처럼 피조세계는 인간의 성상과 형상을 본으로 하여 창조되었기 때문에, 인간은 바로 그 피조세계를 축소한 기본형이 된다. 즉, 인간의 영혼은 무형세계를 축소한 기본형이 되고, 그 육신은 유형세계를 축소한 기본형이 된다. 흔히 인간을 소우주라고 하는 이유는 여기에 있다.

2. 인간의 구조와 기능

인간은 영혼(성상·주체)과 육신(형상·대상)의 상대적 구조로 되어 있다(마 10:28, 고전 15:44, 고후 4:16, 엡 3:16). 이 중 영혼(속사람)은 인간의 주체로서 그의 인격성을 대표하며, 또 육신으로 하여금 그 생존과 번식과 보호 등의 생리기능을 유지할 수 있도록 이끌어 주는 작용을 한다. 동물에게는 각혼이 있고 식물에게는 생혼이 있어서(욥 12:10), 그 개체의 생존과 번식과 보호 등의 작용을 한다.

영혼은 하나님과 직접 통할 수 있으며, 또 하나님이 친히 임재하실 수 있는 영적 실체이다(고전 3:16). 그러기 때문에, 영혼은 육신의 생리적 감관으로는 전혀 감각할 수 없고, 오직 무형의 영적인 감관을 통해서만 실감할 수 있다. 그리고 영혼은 본래 영원성을 두고 창조되었기 때문에, 육신을 벗은 영혼은 바로 무형세계(영계)에 가서 영존하게 된다.

한편 영혼은 육신의 성장을 이끄는 모체가 되며, 또 육신의 성장을 위한 터가 된다. 영혼이 육신의 성장을 위해 보내는 요소를 〈영기〉 또는 〈영체에너지〉라고 하며, 육신이 영혼의 성장을 위해 보내는 요소를 〈생기〉 또는 〈생체에너지〉라고 한다.

인간이 하나님을 중심으로 한 선의 생활(신앙생활)을 하면, 그 육신은 영혼으로부터 선한 영기를 받아 선화되고, 또 그 육신은 영혼에게 좋은 생기를 돌려주게 되어 그 영혼도 정상적인 성장을 하게 된다. 이러한 성장원리에 비추어 하나님을 불신하는 자들의 영혼은 결코 온전히 성장할 수 없음을 알아야 한다.

영혼의 성장이 그러하듯, 그의 모든 감성도 육신과의 상대적 관계에서 육성된다. 그러기 때문에, 모든 인간은 지상에서 완성되어 하나님의 사랑을 완전히 체휼할 수 있어야 한다(마 5:48, 요 15:10). 그래야만 사후 영계에 가서도 하나님의 사랑을 완전히 체휼할 수 있게 된다. 지상생활의 중요성은 바로 여기에 있다. 그리고 영혼의 모든 성품도 역시 지상의 육신 생활에서 주로 형성된다. 그러기 때문에, 인간에 있어서 그 영혼의 선화는 육신생활의 선행에 기인하며, 그 영혼의 악화는 육신생활의 악행에 기인한다. 따라서 인간은 누구나 그 영혼의 선화를 위해 항상 선의 생활을 하지 않으면 안된다.

다음은 인체의 구조에 대해 알아보자, 인체는 육체와 영체의 이중구조로

되어 있으며(고전 15:44), 이들은 영혼과 완전히 하나로 결합되어 인간을 형성하고 있다. 이 중 영체는 비물질적(영적)인 실체로서 그 모습은 육체의 모습과 동일하다. 영계에 사는 영인들이 지상인의 모습으로 나타나는 이유는 여기에 있다(눅 9:30~31).

인간에게 있어서 영혼은 그 주체요, 육체와 영체는 그 대상이다. 그러기 때문에 영혼과 분리된 육체와 영체는 결코 그 생존을 유지할 수 없다(약 2:26). 비유컨대, 육체와 영체는 바로 영혼의 옷으로서 육체는 영혼이 이 지상을 떠날 때 벗게 되며, 그 후 영체는 영혼과 더불어 영계로 가서 영원히 생존하게 된다(히 11:16, 전 3:21). 이는 마치 유충이 번데기의 변화과정(탈바꿈)을 거쳐야만 아름다운 나비가 되는 것과 비슷하다.

한편 인간이 육신을 벗은 후 먼저 가서 잠시 머무는 곳을 〈유계〉 또는 〈중간영계〉라고 하는데. 지상을 떠난 영인들은 모두 이곳에서 자기의 행위대로 심판을 받게 된다(히 9:27, 고후 5:10, 전 12:14).

이미 논한 바와 같이, 모든 존재물은 반드시 성장기의 3단계 과정을 거쳐야만 비로소 완성될 수 있다. 따라서 인간의 영혼도 지상에서 완성하려면, 육신을 터로 하여 그러한 3단계 과정을 모두 거쳐야만 하는데, 이 중 소성기의 영혼을 〈소생령〉이라 하고, 중성기의 영혼은 〈중생령〉이라고 하며, 완성기의 영혼은 〈완생령〉이라고 한다.

이와 같이 인간이 완성되면 그 영혼은 완생령을 이루게 되는데, 이러한 완생령을 이룬 인간들이 사는 지상세계가 바로 지상천국이다. 그리고 지상천국에서 살다가 육신을 벗고 영인으로 가서 사는 세계가 바로 천상천국이다. 이러한 원리로 보아 지상천국은 반드시 천상천국에 앞서 실현되어야 함을 알 수 잇다.

위에서 필자는 피조세계의 창조문제를 여러 가지로 논했거니와, 여기에 그 주요내용을 간추려 요약하면 다음과 같다.

① 피조세계의 모든 존재물은 성상과 형상 및 양성과 음성의 상대성 원리

로 창조되었다.

② 피조세계는 모든 존재물은 반드시 상호작용의 힘에 의해서 존재한다.

③ 피조세계는 하나님의 기쁨을 위해 창조되었고, 그 기쁨은 반드시 대상을 통하여 온다.

④ 피조세계는 6단계의 창조과정을 통하여 형성되었다.

⑤ 피조물의 성장기간은 소성기·중성기·완성기의 3단계로 되어 있다.

⑥ 인간은 성장기에서 그 자신의 섭리적 책임분담을 완수해야만 비로소 완성하도록 되어 있다.

⑦ 인간은 피조세계의 주관자(주인)로 창조되었다.

⑧ 피조세계는 유형세계(현계)와 무형세계(영계)로 되어 있다.

⑨ 인간은 영혼과 육신으로 결합된 이중적인 존재이며, 이 중 영혼은 무형세계에 가서 영원히 생존한다.

⑩ 지상에서 영혼의 성장과 번식은 반드시 육신을 터로 해서만 가능하며, 또 영혼의 선화 혹은 악화는 바로 지상생활의 선행과 악행에 따라 결정된다.

✝ 여호와 하나님이 그 사람에게 명하여 가라사대, 동산 각종
과무의 실과는 네가 임의로 먹되 선악을 알게 하는 나무의
실과는 먹지 말라. 네가 먹는 날에는 정녕 죽으리라 하시니
라(창 2:16~17).

✝ 한 사람(아담)으로 말미암아 죄가 세상에 들어오고 죄로
말미암아 사망이 왔나니, 이와 같이 모든 사람이 죄를 지었
으므로 사망이 모든 사람에게 이르렀느니라(롬 5:12).

✝ 내가 죄악 중에 출생하였음이여 모친이 죄 중에 나를 잉태
하였나이다(시 51:5).

인간은 누구나 나면서부터 선을 지향하는 마음을 가지고 태어난다. 〈양심〉이 바로 그것이다. 이 양심을 우리는 본심이라고도 하는데, 이 양심을 따라 인간은 부단히 선을 추구하고 있다. 즉 죄와 상관없이 참되게 살기를 원하고 있는 것이다(히 13:18).

동서고금을 막론하고, 자식에게 악을 가르치는 부모나 제자에게 불의를 넣어 주는 스승은 하나도 없으니, 그 까닭은 비록 죄인이라도 그 마음 속에는 이러한 양심의 흐름이 강하게 작용하기 때문이다. 따라서 누구든지 이 양심을 거스려 행하면, 즉시 마음의 가책을 받는다. 이렇듯 인간으로 하여금 항상 선을 지향케 하는 양심의 근원적인 주체를 일러 우리는 〈하나님〉이라고 한다.

이와 같이 인간에게는 선을 지향하는 마음이 있는가 하면, 반대로 악을 지향하는 또 하나의 마음이 있다. 〈사심〉이 바로 그것이다. 이 사심을 우리는 악심이라고도 하는데, 이 사심을 따라 인간은 선이 아닌 악의 방향으로 또 이끌려가고 있는 것이다.

어느 누가 양심이 원하는 선의 길을 버리고 사심이 요구하는 악의 길을 원하랴마는, 유사이래 그 양심대로만 살다간 사람은 하나도 없었으니(롬 3:10~11), 그 까닭은 비록 선인이라도 그 마음 속에는 이러한 사심의 흐름이 항상 작용하기 때문이다. 이처럼 선하게 살기를 원하는 인간의 양심을 끈덕지게 괴롭히고 있는 사심의 근원적인 주체를 일러 우리는 〈사탄〉이라고 한다.

우리는 여기에서 선을 지향하는 양심의 지향성과 악을 지향하는 사심의 지향성이 내 마음속에서 서로 상반된 목적을 앞세우고 부단히 치열한 싸움을 벌이고 있다는 인간의 〈모순성〉을 발견하게 되었다(롬 7:18~24). 인간의 타락은 인간이 그 본연의 존재가치를 잃고, 바로 이러한 모순성을 지닌 파멸 상태에로 떨어진 것을 의미한다. 따라서 인간은 누구나 타락되었다는 결론에 이르게 되며, 아무도 이 사실을 부인하지는 못할 것이다(시 51:5, 롬 5:12).

이와 같이 인간은 타락되어 온갖 모순과 파멸의 요소를 지닌 채 살아가고 있지만, 불행히도 인간의 타락문제는 지금까지 명백히 알려져 오지 않았다. 그러면 이제 기독교에서 주장하는 인간의 타락문제를 성서에서 기초해서 알아보기로 하자.

제1절 종래의 타락론과 그 문제점

종래의 타락론에서 제기되는 문제점에는 여러 가지가 있지만, 그 중 대표적인 것으로 다음의 두 가지를 들 수 있다. 그 하나는 〈선악과의 식물성 과일설〉이요, 다른 하나는 〈천사와의 성적 타락설〉이다. 그러면 먼저 선악과의 식물성 과일설에 대해 알아보기로 하자.- 이 밖의 문제점들은 모두 본론에서 다루기로 한다.

1. 선악과의 식물성 과일설

성서의 말씀대로 모든 인간은 타락한 존재다. 그러면 인간의 타락은 무엇으로 말미암아 초래되었는가? 이에 대해 종래의 신학과 웨스트민스터 신앙고백은 다음과 같이 말하고 있다.

「최초의 죄는 인간이 선악과를 먹음으로 존재하게 되었다. 이것을 먹음으로 죄가 된 것은 하나님께서 이것을 금하셨기 때문이었다」 (루이스 벌코프:신학자).

「금단의 열매의 나무에 대해서 살펴보자. 왜 이 나무는 에덴동산에 심어져 있었을까? 인간으로 하여금 자유롭게 하나님을 섬길 수 있는 자유의지를 행사하여, 인격을 발전시킬 수 있도록 하기 위한 하나의 통로로서 선악과의 나무는 인간에게 주어졌다」 (메이어 펄만:신학자).

「성경은 한 사람의 한 죄로 인해 세상에 죄가 들어왔으며, 그 죄로 인해 죄의 보편적인 결과를 초래케 되었다고 가르친다. 이 한 사람은 아담이며, 이 한 죄는 선악을 알게 하는 지식의 나무의 열매를 취해서 먹은 행위였다」 (헨리 다이슨:신학자).

「우리의 시조는 사탄의 간계와 유혹에 빠져서 금단의 열매를 따서 먹음으로 죄를 범하였다」 (신앙고백서 6장 1).

「사람은 하나님이 처음에 그를 창조하셨던 원상태에 계속하여 있었습니까? 우리의 시조는 그들 자신의 의지의 자유에 맡긴 바 되었으나, 사탄의 유혹으로 하나님의 계명을 범하고 금단의 열매를 먹음으로, 창조된 무죄한 상태에서 타락하였습니다」 (대요리문답 21).

「우리 시조가 창조함을 받은 지위에서 타락하게 된 죄가 무엇입니까? 우리 시조가 창조함을 받은 지위에서 타락하게 된 죄는, 그 금하신 실과를 먹은 것입니다」 (소요리문답 15).

※ 웨스트민스터 신앙고백과 대요리문답 및 소요리문답은, 1643년부터 1647년까지 영국의 웨스트민스터 교회에서 목사 121명 상원의원 10명 하원의원 20명이 모여 만든 것인데, 이것은 지금까지 장로교신앙의 기초가 되고 있다.

위에서 보는 바와 같이, 종래의 신학과 신앙고백은 한결같이 인간의 타락이 금단의 선악과를 따먹은 데 있다고 주장한다. 물론 선악과를 따먹은 것이 인간의 타락이라고 성서가 말해 주고 있는 이상 그것을 부인할 수는 없다. 틀림없이 선악과를 따먹은 것이 인간의 타락은 분명한데, 문제는 그 선악과를 실제로 사람이 먹을 수 있는 과일로 보는 데 있다. - 일부 교회에서는 이 선악과를 복숭아로 믿기도 한다.

그러므로 이 문제를 논하기에 앞서 결론부터 말한다면, 그 선악과는 결코 문자 그대로의 과일로 볼 수 없다. 만일 선악과를 문자 그대로 인정한다면, 도리어 다음과 같은 여러 가지 문제점들이 나오게 된다.

① 인간은 먹는 것으로 인하여 타락할 수 없다

성서의 문자는 인간이 과일을 따먹고 타락한 것처럼 여기게 하고 있지만, 역사 이래로 인간이 무엇을 먹음으로써 타락하였다는 사실은 하나도 없다. 예수님도 「무엇이든지 몸밖에서 사람에게로 들어가는 것은 능히 사람을 더럽게 하지 못하되, 사람 안에서 나오는 것(악한 생각)이 사람을 더럽게 하는 것이니라」 (막 7:15~16)고 말씀하셨거니와, 인간이 어떻게 먹는 것으로 인하여 타락할 수 있겠는가?

② 인간의 죽음은 식물성 과일에서 기인할 수 없다

종래의 주장대로 인간의 육체적 죽음이 바로 금단의 선악과를 따먹은 데서 왔다면, 인간의 죽음은 오직 그 과일을 따먹은 아담과 하와에게만 국한되어야 할 것이다(겔 18:2~3). 왜냐 하면 그들의 후손들은 문제의 선악과를 전혀 본 일이 없으며, 또 직접 따먹지도 않았기 때문이다. 따라서 인간의 죽음이 식물성 과일에서 기인할 수 없음은 두말할 나위도 없다. 만일 종래의 주장이 사실이라면, 하나님은 애당초 그 죽음의 과일을 만드실 필요가 어디 있었겠는가?

③ 선악과는 생명의 가치보다 큰 것일 수 없다

창세기의 기록을 보면, 하나님은 아담과 하와에게 「너희가 선악과를 따먹으면 반드시 죽으리라」 (창 2:17)고 말씀하심으로써, 그들에게 생명과 사망의 두 길을 밝히 보여 주셨다. 그렇다면 당시 그들은 정신 이상자가 아닌 이상 스스로 생명의 길을 버리고 사망의 길로 나아갔을 리가 없다. 더구나 기아에 허덕였을 리도 없는 그들이 먹는 것을 위해 자기의 생명까지 버린다는 것은 상상조차 할 수 없는 일이 아닌가?

그럼에도 불구하고, 그들이 스스로 금단의 선악과를 따먹고 타락한 것을 보면, 그 선악과는 반드시 생명의 가치보다 크거나 같지 않으면 안된다. 그러나 실과로서의 선악과는 생명의 가치와 전혀 비교될 수가 없으니, 결국 선악과는 다른 그 무엇을 비유한 것으로 보아야 할 것이다. 성서에는 그 중요한 대부분의 말씀이 비유와 상징으로 기록되어 있는데, 굳이 이 선악과만은 문자 그대로 믿어야 할 말씀이라고 고집할 수는 없지 않은가?

④ 선악과는 결코 시험용으로 만든 과일이 아니다

하나님은 어디까지나 선과 사랑의 하나님이시다(요일 4:16). 떡을 달라고 하는 자에게 돌을 주며, 생선을 달라고 하는 자에게 뱀을 주는 잔악한 분은 결코 아니시다(마 7:9~11). 그렇다면 이러한 하나님이 어찌 그들이 먹고 죽을 수 있는 과일을 보기 좋게 만들어(창 3:6) 그들이 손쉽게 따먹을 수 있는 곳에다 두셨으며, 더구나 「따먹으면 죽으리라」(창 2:17)는 사망의 법도까지 세워 놓고 그들의 충성을 시험하셨겠는가? 타락한 우리 인간도 사망이 따르는 방법으로는 결코 그 자녀를 시험하지 않거든, 하물며 인간의 부모 되시는 하나님에게 있어서랴. 따라서 이 선악과는 어디까지나 문자 그대로의 실과로 볼 수 없다.

위에서 열거한 몇 가지 예만 보더라도 에덴동산의 선악과가 문자 그대로 사람이 먹을 수 있는 나무의 열매가 아님은 너무도 분명하다. 따라서 종래의 타락론에서 주장해 온 선악과의 과일설은 크게 수정되어야 할 것이다.

2. 천사와의 성적 타락설

위에서 선악과의 식물성 과일설은 성서에도 사리에도 모두 맞지 않는 그릇된 주장임을 지적했거니와, 다음에는 천사와의 성적 타락설에 대해 알아보기로 하자. 이것은 흔히 사이비 기독교단에서 주장하는 설인데, 이것 역시 다음과 같은 여러 가지 문제점들에 비추어 성서와 사리에 모두 어긋남을 알 수 있다.

① 영적인 천사와의 성적 결합은 불가능하다

인간이 지상에서 살다가 그 육신을 벗으면, 영인으로서 무형세계(영계)에 가서 영원히 생존하게 된다. 그런데 이러한 영인들은 육신이 없기 때문에, 지상인들과 성적으로 결합할 수 없다. 이러한 원리로 보아, 육신이 없는 영적인 천사들이 지상인들과 성적으로 결합할 수 없음은 두말할 나위도 없다.

사실상 성서에도 영적인 천사들이 지상인들과 성적으로 결합했다는 기록은 하나도 없다(마 22:30).

성적 타락론자들은 천사와의 성적 관계를 영적 타락이란 미명아래 합리화시키려고 애를 쓰지만, 이것은 다만 말의 속임수에 불과하다. 만일 이러한 영적 타락이 가능하다면, 인간은 천사와의 영적 타락에서 영원히 벗어나지 못할 것이다.

② 누시엘은 타락한 천사장이 아니다

성적 타락론자들은 천사장 〈누시엘〉이 성적으로 타락하여 사탄이 되었다고 주장한다. 그러나 성서에는 누시엘이란 천사장이 없으며 또 예수님도 그 누시엘에 대해 말씀하신 적이 전혀 없다. 그들이 말하는 누시엘이란 명칭은 이사야서 14장 12절에 나오는 계명성(헤엘렐)을 라틴어로 번역한 것인데, 선지자 이사야는 그 계명성(샛별)을 천사장이 아닌 바벨론의 왕으로 비유하였다(사 14:3~4). 그렇다면 성서에도 없는 그 누시엘이 어떻게 인간을 타락시킨 주범이 될 수 있겠는가?

③ 아담과 하와의 육체적 결합은 범죄행위가 아니다

성적 타락론자들은 아담과 하와의 육체적 결합을 미성년기에 있었던 육적 타락이라고 주장한다. 그러나 이것은 성서의 내용과 전혀 다른 그릇된 주장이다. 일찍이 하나님은 아담과 하와에게 「너희는 생육하고 번성하여 땅에 충만하라」 (창 1:28)는 축복의 말씀을 해 주셨다. 이 말씀으로 보아, 당시 그들은 미성년기가 아니라, 이미 그 축복의 말씀을 능히 받을 만한 성년기에 처해 있었음을 알 수 있다. 왜냐하면 하나님이 베푸신 축복의 말씀은 그들이 반드시 부부로서 가정을 이루어야만 온전히 실현될 수 있기 때문이다.

그 뿐만 아니라, 성서는 그들이 타락하기 전에도 이미 아담을 하와의 〈남편〉으로 기록하였고(창 3:6, 창 3:16), 또 하와를 아담의 〈아내〉로 기록했으니(창 2:25, 창 3:17) 당시 그들의 육체적 결합은 결코 범죄행위가 될 수 없다.

④ 생명나무와 선악나무는 아담과 하와를 비유한 것이 아니다

성적 타락론자들은 창세기의 생명나무와 선악나무를(창2:9), 각각 아담(남성)과 하와(여성)의표시체로 본다. 또 그들은 생명나무의 열매(생명과)와 선악나무의 열매(선악과)를 각각 남성(아담)과 여성(하와)의 사랑으로 보고 있다.

그러나 이는 매우 그릇된 생각이 아닐 수 없다. 만일 그들의 주장대로 선악나무가 바로 하와를 비유한 것이라면, 하와는 결국 자기가 자기를 따먹고 타락했다는 우스운 결과가 나오게 된다. 또 선악과가 하와의 사랑이라면, 아담이 그 사랑의 선악과를 따먹은 것은 오히려 죄가 될 수 없다. 왜냐하면 그들은 바로 하나님의 축복대로(창 1:28) 단란한 가정을 꾸며야 할 부부였기 때문이다.

한편 성서는 인간이 생명나무의 열매(생명과)를 따먹어야만 비로소 영생할 수 있음을 보여 주고 있다(창 3:23). 그런데 만일 그 생명나무가 바로 아담을 표시한다면, 아담을 비롯한 모든 인간(남성과 여성)이 어떻게 그 생명나무(아담)의 열매(사랑)를 따먹고 영생할 수 있단 말인가? 따라서 에덴동산의 생명나무와 선악나무가 바로 아담(남성)과 하와(여성)의 표시체가 될 수 없음은 두말할 나위도 없다.

⑤ 인간은 사탄의 혈통을 이어받은 존재가 아니다

성적 타락론자들은 인간이 성적으로 타락하여 사탄과 혈연관계를 맺음으로써, 인류는 모두가 그 사탄의 혈통을 이어받게 되었다고 한다. 그러나 이러한 그들의 주장은 성서에도 유전법칙에도 모두 맞지 않는 엉터리 주장이 아닐 수 없다.

예나 지금이나 인간의 혈통 유전은 오직 남성과 여성의 〈유전자결합〉을 통해서만 이루어진다. 그러나 인간과 사탄의 성적인 유전자결합은 그 본질

상 불가능하다. 그렇다면 인간이 어떻게 그 사탄의 혈통을 이어 받을 수 있
단 말인가?

창세기에 보면 인간은 모두가 아담의 혈통을 이어받은 것으로 기록했다
(창 4장~5장). 따라서 사탄의 혈통유전설을 주장하는 자들은 그 유전설이
모두 거짓임을 속히 깨달아야 할 것이다.

⑥ 음란한 피가름의 교리가 성립된다

성적 타락론자들은 인간의 타락을 영적 타락과 육적 타락으로 구분한다.
여기서 영적 타락이란 천사와 하와와의 성적 관계(혈연관계)를 말하고, 육
적 타락이란 아담과 하와와의 성적 관계를 말한다. 그런데 예수님은 이 중
영적 구원만을 이루고 가셨기 때문에, 주님은 다시 오셔서 육적 구원까지
마저 이루셔야 한다고 본다. 이것이 바로 그들이 말하는 타락론의 골자요,
또한 재림론의 핵심이기도 하다.

그러면 이러한 그들의 주장은 과연 올바른 것인가? 아니다. 그것은 한마
디로 그릇된 주장이다. 왜냐 하면 인간은 애당초 성적으로 타락하지 않았으
며, 또 그들이 말하는 이른바 육적 구원이란 원리적으로 불가능한 것이기
때문이다. 만일 그것이 가능하다면, 필자는 그들에게 그러한 육적 구원의
구체적인 방도가 무엇인가를 묻고 싶다.

그들이 말하는 성적 타락론에 의하면, 인간은 사탄과 불륜한 혈연 관계를
맺음으로써, 그의 몸 안에는 항상 사탄의 악하고 더러운 피가 흐르고 있다
고 한다. 그런데 이러한 사탄의 피는 인간이 스스로 청산할 수 없고, 그것은
오직 인류의 참부모로 오시는 재림주의 선하고 깨끗한 피를 이어받아야만
비로소 청산될 수 있다고 한다.

그러나 이러한 그들의 주장은 이른바 〈피가름〉의 교리를 합리화시키려는
음흉한 속셈으로 볼 수밖에 없다. 왜냐 하면 그들이 말하는 재림주에 의한
인간의 혈통전환이란 애당초 불가능한 것이기 때문이다. 설혹 사탄의 피를
제거하기 위해 재림주의 피를 이어받는다 하더라도 그것은 다만 혼혈에 불

과할 뿐 피의 전환이 될 수 없다. 인간 사회에서도 혼혈아가 생김은 바로 그 혈통을 바꿀 수 없기 때문이거니와, 만일 인간이 사탄의 피를 이어받은 그의 혼혈아라면, 아무리 재림주가 온다 해도 그 혈통을 어떻게 바꿀 수 있단 말인가?

위에서 필자는 성적 타락설의 부당성을 여러모로 지적했거니와, 그것은 또 하나의 사회악을 조장하는 매우 위험한 이단사상이 아닐 수 없다. 왜냐 하면 성적 타락설의 배후에는 음란하기 짝이 없는 피가름의 교리가 도사리고 앉아서, 온갖 비윤리적이고 반사회적인 무서운 독소들을 항상 내뿜고 있기 때문이다.- 성적 타락설을 주장하는 교회마다 건전한 교회는 하나도 없다.

그러므로 오늘의 성도들은-특히 선량한 여성 신도들은-이른바 성적 타락설이 어디까지나 성서에도 사리에도 모두 맞지 않는 거짓 주장임을 밝히 깨달아야 할 것이다.

제2절 생명나무와 선악나무의 정체

* 여호와 하나님이 그 땅에서 보기에 아름답고 먹기에 좋은 나무가 나게 하시니, 동산 가운데에는 생명나무와 선악을 알게 하는 나무도 있더라(창 2:9).
* 여호와 하나님이 그 사람에게 명하여 가라사대, 동산 각종 나무의 실과는 네가 임의로 먹되, 선악을 알게 하는 나무의 실과는 먹지 말라. 네가 먹는 날에는 정녕 죽으리라 하시니라(창 2:16~17).

생명나무와 선악나무의 정체를 논하기에 앞서, 우리는 먼저 다음의 몇 가지 사실부터 알아야 할 필요가 있다.

첫째, 성서는 인간의 타락문제를 설화적으로 묘사하고 설명했다는 사실이다. 인간의 타락문제에 식물인 생명나무와 선악나무를 비롯하여, 동물인 뱀과 들짐승이 등장하는 이유는 여기에 있다(창 2:9, 창 3:1). 그러므로 창세기에 나오는 타락문제는 그 성격상 어디까지나 실화가 아닌 설화적인 관점에서 그 핵심을 파악해야 한다.

둘째, 인간의 타락설화는 모세가 창세기를 기록하기 오래 전부터 이미 바벨론을 비롯하여 이란과 인도 등 여러 나라에 널리 유포되어 있었다는 사실이다. 그 중 바벨론의 아담으로 불리는 아다파의 타락설화는 성서의 내용과 너무나 비슷하다. 모세는 바로 이러한 타락설화들을 창세기에 적절히 도입(활용)하여 인간의 타락문제를 설명했던 것이다.

셋째, 당시 여러 나라의 타락설화들은 한결같이 인간의 타락을 신에 대한 불신과 불순종으로 보았다는 사실이다. 이는 성서의 내용과도 서로 일치하거니와, 사실상 인간의 타락은 신에 대한 믿음과 순종을 저버림으로써 초래되었다.

그러면 이제 창세기에 나오는 생명나무와 선악나무의 정체를 설화적인 관점에서 자세히 살펴보기로 하자.

1. 생명나무의 정체

창세기에 보면, 에덴동산 가운데는 생명나무와 선악나무가 있다(창 2:9). 그런데 이 중 생명나무의 열매를 따먹으면 인간이 영생한다고 하였다(창 3:22). 이러한 생명나무의 특성으로 보아, 그 생명나무는 어디까지나 실제의 나무가 아님을 알 수 있다. 왜냐하면 인간의 영생은 결코 나무에서 얻을 수 없기 때문이다. 만일 생명나무가 문자 그대로의 나무라면, 그 나무는 남을 영생시키기에 앞서 그 자신부터 영생할 수 있어야 하는데, 그러한 나무는 실제로 존재하지 않으며, 또 존재할 수도 없다.

이와 같이 생명나무가 실제의 나무가 아니라면, 그것은 반드시 그 무엇을 비유하거나 상징한 것이 분명하다. 사실상 에덴동산의 생명나무와 선악나무는 인간의 타락을 설화적으로 묘사하기 위해 사용한 비유의 말씀이었다. -

이 생명나무는 다른 종교 설화에도 많이 나온다. 따라서 이러한 비유의 말씀을 문자 그대로 풀이한다면, 매우 그릇된 결과만이 나오게 된다. 그러면 이제 생명나무의 실상이 무엇인지를 알아보기로 하자.

일찍이 예수님은 「나무는 그 열매를 보아 알 수 있다」 고 말씀하셨다(마 12:33, 눅 6:44). 이 말씀대로 우리가 생명나무의 실상을 알려면, 먼저 그 나무의 열매를 알아야 한다. 그러면 열매는 또 어떻게 알 수 있는가? 열매는 바로 그 속의 씨를 봄으로써 알 수 있다.

그런데 예수님은 씨뿌리는 자의 비유에서 그 씨를 하나님의 〈말씀〉으로 비유하셨고(막 4:14, 눅 8:11), 또 사도 베드로도 역시 하나님의 말씀을 생명의 씨로 비유하였다(벧전 1:23).

이와 같이 씨를 하나님의 말씀으로 비유한다면, 그 씨(말씀)가 자란 나무와 열매도 역시 하나님의 말씀을 비유한 것으로 보아야 한다. 따라서 에덴동산의 생명나무는 실제의 나무가 아니라, 그것은 바로 영원한 생명과 구원의 푯대인 하나님의 말씀(진리)을 비유한 나무임을 알 수 있다. 이 사실은 다음의 말씀에서도 재확인할 수 있다.

* 사람이 떡으로만 살 것이 아니요, 하나님의 입으로 나오는 모든 말씀으로 살 것이라(마 4:4).
* 지혜는 그 얻은 자에게 생명나무라. 지혜를 가진 자는 복되도다(잠 3:18).
* 의인의 열매(지혜)는 생명나무라, 지혜로운 자는 사람을 얻느니라(잠 11:30).
* 온량한 혀(말씀)는 곧 생명나무라도 패려한 혀는 마음을 상하게 하느니라(잠 15:4).

이와 같이 잠언서의 말씀도 생명나무를 지혜와 말씀으로 비유했거니와, 사실상 에덴동산의 생명나무는 식물성 과일나무가 아니라, 그것은 바로 하나님의 말씀(진리)을 비유한 나무였다. 인간이 생명나무의 열매를 따먹어야만 영생할 수 있음은(창 3:22), 그것이 이렇듯 영원한 생명과 구원의 푯대인 하나님의 진리말씀을 비유한 나무였기 때문이다.

그런데 우리가 이러한 생명나무의 실상을 좀더 구체적으로 이해하려면, 섭리적인 관점에서 3시대의 생명나무로 나누어 고찰해야 한다. 왜냐하면 하나님의 구원섭리는 반드시 구약과 신약과 성약의 3시대를 통해서 전개되기 때문이다. - 제14장 〈섭리론〉참조. 그러면 이제 3시대의 생명나무가 무엇인가를 알아보기로 하자.

① 구약시대의 생명나무

구약시대는 아담으로부터 예수님이 오실 때까지의 4천년 섭리기간을 말한다. 이러한 구약시대에 있어서 인간을 생명과 구원으로 인도하던 하나님의 말씀은 바로 〈율법〉이었다. 그렇다면 구약 시대의 생명나무와 그 열매는 바로 하나님의 율법을 비유한 것으로 볼 수 있다. 따라서 이 시대의 사람들은 누구나 그 율법의 말씀(생명과)을 따먹어야만(렘 15:16, 겔 3:1) 생명과 구원의 길을 갈 수 있었다(출 20장, 신 28장, 레 18:5).

② 신약시대의 생명나무

신약시대는 예수님으로부터 그가 재림하실 때까지의 2천년 섭리기간을 말한다. 이러한 신약시대에 있어서, 인간을 영원한 생명과 구원으로 인도하는 하나님의 말씀은 바로 그리스도의 〈복음〉이다. 그렇다면, 신약시대의 생명나무와 그 열매는 반드시 그리스도의 복음을 비유한 것으로 보아야 한다. 따라서 이 시대의 사람들은 누구나 그 복음의 말씀(생명과)을 따먹어야만 영원한 생명과 구원의 길을 갈 수 있다(눅 16:16 요 5:24, 롬 1:17).

③ 성약시대의 생명나무

성약시대는 주님의 재림으로부터 이 지상에 하나님의 나라(천국)가 모두 이루어질 때까지의 섭리기간을 말한다. 이러한 성약시대에 있어서, 인간을 영원한 생명과 구원으로 인도하는 하나님의 말씀은 바로 계시록에 예언된 그리스도의 〈새 복음〉이 된다(계 14:6). 그렇다면 성약시대의 생명나무와 그 열매는 반드시 그리스도의 새 복음을 비유한 것으로 보아야 한다. 따라서 이 시대의 사람들은 누구나 그 새 복음의 말씀(생명과)을 따먹어야만 영원한 생명과 구원의 길을 가게 된다.-제1장 〈진리론〉참조.

그런데 일부 교회에서는 이 생명나무를 창세기의 생명나무와(창 2:9) 계시록의 생명나무로 구분하고(계 22:14), 전자와 후자를 각각 아담과 예수님으로 비유하고 있다. 그러나 이것은 성서의 가르침에 어긋나는 그릇된 해석이 아닐 수 없다. 만일 창세기의 생명나무를 아담으로 비유한다면, 그는 스스로 자기 자신을 따먹어야만 비로소 영생할 수 있다는 해괴한 논리가 나오게 된다.

한편 계시록의 생명나무도 예수님으로 볼 수 없다. 만일 그렇게 본다면 창세기의 생명나무도 역시 예수님으로 보아야 한다. 왜냐 하면 생명나무는 모두 같기 때문이다. 그러나 2천 년 전의 예수님이 에덴동산에 계실 수는 없지 않은가. 만일 계시록의 생명나무가 예수님이라면, 생명수 강가에 있다는 많은 생명나무들은(계 22:2) 또 누구란 말인가?

일찍이 예수님은 자신을 포도나무로 비유하신 일은 있어도(요 15:5), 생명나무로 비유하신 일은 전혀 없으니, 우리는 굳이 주님을 생명나무로 비유할 필요가 없다(계 2:7).

위에서 논한 바와 같이, 에덴 동산의 생명나무는 실제의 나무가 아니라, 바로 하나님의 말씀(진리)을 비유한 나무로서 구약시대에는 율법을 신약시대에는 복음을, 성약시대에는 새 복음을 비유한 나무였다. 그리고 그 나무의 열매(생명과)도 역시 3시대를 통해서 주시는 하나님의 진리 말씀을 비유한 열매였다. 따라서 생명나무와 그 열매를 문자 그대로 가르쳐 온 종래의 신학은 크게 수정되어야 할 것이다.

그러면 성서는 이러한 생명나무의 설화를 통해 우리에게 어떠한 교훈을 보여 주고 있는가? 그것은 바로 인간은 모름지기 그 생명나무가 요구하는 생명과 구원의 길을 가야 한다는 교훈을 보여주고 있다. 그러면 인간이 가야 할 영원한 생명과 구원의 길은 어디에 있는가? 그 길은 바로 하나님과 주님에 대한 절대적인 〈믿음〉과 〈순종〉에 있으니(요 3:16, 요 14:6, 롬 14:8), 우리 성도들은 이 사실을 잠시도 잊지 말아야 할 것이다. - 제6장 〈구원론〉 참조.

2. 선악나무의 정체

창세기에 보면, 에덴동산 가운데는 생명나무와 함께 선악나무가 있다(창 2:9). 그런데 이 중 선악나무(선악을 알게 하는 나무)의 열매를 따먹으면 반드시 죽는다고 하였다(창 2:17). 이러한 선악나무의 특성으로 보아, 그 선악나무는 어디까지나 실제의 나무가 아님을 알 수 있다. 왜냐 하면 식물인 나무로서는 결코 선악문제를 다룰 수 없기 때문이다. 만일 선악나무가 문자 그대로의 나무라고 한다면, 그 나무는 남에게 선악을 알게 하기에 앞서 그 자신부터 선악을 알아야 하는데, 이러한 도덕적인 나무는 실제로 존재하지 않으며, 또 존재할 수도 없다.

이와 같이 선악나무가 문자 그대로의 나무가 아니라면, 그것은 반드시 그 무엇을 비유하거나 상징한 것이 분명하다. 성서에는 그 중요한 대부분의 말씀이 비유와 상징으로 기록되어 있거니와, 사실상 에덴동상의 생명나무와 선악나무는 바로 인간의 타락을 설화적으로 묘사하기 위해 사용한 비유의 말씀이었다.- 금단의 나무 이야기는 다른 종교설화에도 많이 나온다. 그러면 이제 선악나무의 실상이 무엇인가를 알아보기로 하자.

이미 전술한 바와 같이, 나무는 그 열매를 보아 알 수 있으며(마 12:33, 눅 6:44), 또 열매는 그 속의 씨를 보아 알 수 있다. 씨에는 〈생명의 씨〉와 〈죽음의 씨〉가 있다. 전자는 생명나무의 씨요, 후자는 선악나무의 씨를 말한다. 그런데 예수님은 씨 뿌리는 자의 비유에서 그 생명의 씨를 하나님의 〈말씀〉

으로 비유하셨고(막 4:14, 눅 8:11), 또 사도 베드로도 역시 하나님의 말씀을 생명의 씨로 비유하였다(벧전 1:23).

이와 같이 생명의 씨를 하나님의 말씀(진리)으로 비유한다면, 반대로 죽음의 씨는 〈사탄〉의 거짓말(비진리)로 비유할 수 있다. 그리고 그 죽음의 씨가 자란 나무와 열매도 역시 사탄의 거짓 진리를 비유한 것으로 볼 수 있다. 따라서 에덴동산의 선악나무는 식물성 과일나무가 아니라, 그것은 바로 영원한 죽음과 타락의 푯대인 사탄의 거짓 진리를 비유한 나무였음을 알 수 있다. 하나님이 아담에게 선악나무의 열매(선악과)를 따먹지 말라고 경고하심은(창 2:17), 그것이 이렇듯 사탄의 거짓 진리를 비유한 죽음의 나무였기 때문이다.

그런데 우리가 이러한 선악나무의 실상을 좀더 구체적으로 이해하려면, 섭리적인 관점에서 3시대의 선악나무로 나누어 고찰해야 한다. 왜냐하면 하나님의 구원섭리가 구약과 신약과 성약의 3시대를 통해서 전개되듯이, 사탄의 반대역사도 역시 3시대를 통해서 부단히 전개되기 때문이다. 그러면 이제 3시대의 선악나무가 무엇인가를 알아보기로 하자.

① 구약시대의 선악나무

구약시대에 있어서, 인간을 항상 죽음과 타락의 길로 몰아내던 사탄의 거짓진리는 무엇인가? 그것은 바로 하나님의 율법을 부인하고 반대하던 사탄의 〈거짓 율법〉이었다. 그렇다면 구약시대의 선악나무와 그 열매는 바로 사탄의 거짓 율법을 비유한 것으로 볼 수 있다. 그런데 이 시대의 사람들은 그 대부분이 이러한 거짓 율법의 말씀(선악과)을 따먹고 우상숭배의 길을 갔다.

② 신약시대의 선악나무

신약시대에 있어서, 인간을 부단히 죽음과 타락의 길로 몰아내던 사탄의 거짓 진리는 무엇인가? 그것은 바로 그리스도의 복음을 부인하고 반대하는 사탄의 〈거짓 복음〉이다(갈 1:6~9, 고후 11:4). 그렇다면 신약시대의 선악나무와 그 열매는 어디까지나 사탄의 거짓 복음을 비유한 것으로 보아야 한다. 그런데 이 시대의 많은 사람들은 아직도 이러한 거짓 복음의 말씀(선악과)을 따먹으며, 우상숭배의 길을 가고 있는 안타까운 실정에 있다(눅 18:8, 고전 10:20, 엡 5:5).

③ 성약시대의 선악나무

성약시대에 있어서, 인간을 부단히 죽음과 타락의 길로 몰아내는 사탄의 거짓 진리는 바로 그리스도의 새 복음을 부인하고 반대하는 사탄의 〈거짓 교리〉라고 말할 수 있다.- 이 교리에는 사탄의 거짓 사상도 포함된다. 그렇다면 성약시대의 선악나무와 그 열매는 바로 사탄의 거짓 교리를 비유한 것으로 볼 수 있다. 따라서 이 시대의 사람들은 누구나 이러한 거짓 교리의 말씀(선악과)을 따먹지 않도록 항상 조심해야 할 것이다.

그런데 성적 타락론자들은 이 선악나무를 한사코 하와로 비유하고 있다. 그러나 이것은 인간의 타락을 성적인 것으로 왜곡시키는 매우 그릇된 생각이 아닐 수 없다. 인간은 애당초 성적으로 타락하지도 않았거니와, 만일 그 선악나무를 하와로 비유한다면, 그녀는 결국 자기가 자기를 성적으로 따먹고 타락했다는 지극히 모순된 결과만이 나오게 된다.

한편 그들은 선악과를 하와의 사랑으로 비유하고 있는데, 이것이 사실이라면, 그 사랑의 선악과는 그 성격상 반드시 하와를 유혹한 상대자가 따먹어야 한다. 그러나 성서를 보면 그 선악과는 도리어 하와가 따먹었다고 하였으니(창 3:6), 어찌 그 선악과를 하와의 사랑으로 비유할 수 있겠는가?

위에서 논한 바와같이, 에덴동산의 선악나무는 실제의 나무가 아니라, 사탄의 거짓 진리를 비유한 나무로서, 구약시대에는 거짓 율법을, 신약시대에는 거짓 복음을, 성약시대에는 거짓 교리를 비유한 나무였다. 그리고 그 나무의 열매(선악과)도 역시 3시대를 통해서 역사하는 사탄의 거짓 진리를 비유한 열매였다. 그러기 때문에 하나님은 아담과 하와에게 그 선악나무의 열매를 따먹지 말라고 간곡히 당부하셨던 것이다. 그럼에도 불구하고 우리 주변에는 도리어 그 선악과를 따먹어야만, 선악을 분별하여 생명과도 따먹고 영생할 수 있다는 거짓 복음을 퍼뜨리는 교회도 있으니, 이 얼마나 안타까운 일인가?

이와 같이 에덴동산의 선악나무가 바로 사탄의 거짓진리를 비유한 나무라면 성서는 어찌하여 그 나무를 〈선악을 알게 하는 나무〉로 묘사했는가? 그것은 바로 사탄의 위선적인 기만성과 또 사탄은 아무리 선을 말해도 거기에는 참 생명이 없음을 보여주기 위함이었다.

일찍이 예수님도 강조하셨거니와(막 10:18), 선의 절대적인 기준은 오직 하나님이시다. 그러기 때문에 선이란 애당초 사탄의 것이 될 수 없다. 왜냐하면 사탄은 언제나 하나님을 불신하고 반대하는 자이기 때문이다.

그런데 사탄은 도리어 그 선을 자기의 것으로 위장한다. 즉 사탄은 자기의 악한 정체를 감추기 위해 항상 그 표면에 선을 앞세운다(마 7:15, 고후 11:14). 이것이 바로 사탄의 기만성이다. 이러한 기만성에 속아 인간은 타락되었거니와, 예수님이 사탄을 가리켜 거짓말쟁이라고 하신 이유도 여기에 있다(요 8:44).

이와 같이 사탄이 선을 앞세워 자신의 정체를 감추듯이, 선악나무도 역시 선을 앞세워 그 자신을 위장하고 있다. 그리하여 선악나무는 그 자신을 이른바 선악을 알게 하는 좋은 나무로 보이게 한다. 그러나 선악나무는 어디까지나 사탄의 거짓진리를 비유한 나무로서, 다만 인간을 죽음과 타락의 길로 몰아낼 뿐이다.

그렇다면 우리는 이 선악나무를 더 이상 그대로 부를 수 없다. 그대로 부를 경우, 선악나무는 도리어 선악을 가르치는 좋은 나무로 위장이 되며, 또 사탄의 위선적인 기만성도 스스로 인정해 주는 결과를 초래한다. 이러한 견지에서 필자는 선악나무와 선악과를 각각 〈죄악나무〉와 〈죄악과〉로 부르고 싶다.

그러면 성서는 이러한 선악나무의 설화를 통해 우리에게 어떠한 교훈을 보여주고 있는가? 그것은 바로 인간은 모름지기 그 선악나무가 요구하는 죽음과 타락의 길을 가지 말아야 한다는 것을 보여주고 있다. 그러면 인간이 가서는 안될 영원한 죽음과 타락의 길은 어디에 있는가? 그 길은 바로 하나님과 주님에 대한 〈불신〉과 〈불순종〉에 있으니(창 2:17, 롬 5:19, 롬 6:23), 우리 성도들은 결코 그러한 범죄의 길을 가지 않도록 항상 조심해야 할 것이다.

제3절 천사와 사탄의 정체

* 형제 사랑하기를 계속하고 손님 대접하기를 잊지 말라. 이로써 부지중에 천사를 대접한 이들이 있었느니라(히 13:1~2).
* 내가 듣고 볼 때에 이 일을 내게 보이던 천사의 발 앞에 경배하려고 엎드렸더니, 저가 내게 말하기를 나는 너와 네 형제 선지자들과 또 이 책의 말을 지키는 자들과 함께 된 종이니, 그리하지 말고 오직 하나님께 경배하라 하더라(계 22:8~9).
* 예수께서 대답하시되, 내가 너희 열 둘을 택하지 아니하였느냐? 그러나 너희 중에 한 사람(유다)은 마귀이니라(요 6:70).

위에서 우리는 생명나무와 선악나무의 정체를 알았거니와, 다음에는 천사와 사탄의 정체에 대해 알아야 한다. 왜냐 하면 그들은 바로 인간의 타락문제에 깊이 관여하고 있기 때문이다. 그러면 먼저 천사의 정체부터 자세히 알아보기로 하자.

1. 천사의 정체

지금까지 모든 신앙인들은 천사를 인간보다 먼저 창조된 영적 존재로만 생각해 왔다. 그리고 천사를 인간보다 매우 우월한 존재로 보았다.- 일부 교회에서는 천사를 인간보다 못한 존재로 보기도 한다. 그 뿐만 아니라, 천사의 모양을 그릴 때에는 모두 날개가 달린 인간의 모습으로 그렸다.

그러나 이러한 종래의 천사관은 매우 잘못된 것이 아닐 수 없다. 천사가 실재하는 것은 사실이지만, 그렇듯 허무맹랑한 신화적 존재로 묘사함은 실로 우스운 일이다.

종래의 주장대로 천사가 인간보다 먼저 창조되었다면, 그에 관한 충분한 근거가 성서에 있어야 한다. 그러나 창세기에 나타난 하나님의 창조과정에는 그러한 근거가 전혀 없다. 그리고 천사가 인간보다 더욱 우월한 존재라면, 하나님의 창조과정으로 보아 천사는 인간 다음에 창조되었어야 할 일이다. 왜냐 하면 하나님의 창조과정은 언제나 수준이 낮은 존재로부터 높은 존재로 진행되었기 때문이다. 그러나 하나님의 창조는 인간창조를 마지막으로 끝나지 않았던가?

혹자는 천사가 인간보다도 먼저 창조되었을 뿐만 아니라, 천사는 영원히 인간의 주관을 받아야 할 종으로 창조되었다고 주장하기도 한다. 그러나 이 것 역시 올바른 주장이 아니다. 왜냐 하면 인간은 본래 천사보다 나중에 창조되지도 않았기 때문이다. 만일 천사들이 인간의 종으로 창조되었다면, 그들은 언제나 자기들의 가련한 신세를 한탄할 것이며, 나아가 그러한 인간의 종살이에서 해방되기 위해 부단히 투쟁할 것이다.

또 종래의 주장대로 만일 천사가 인간보다 먼저 창조되었다면, 그 천사는 어디까지나 인간이 아니어야 한다. 그러나 성서는 한결같이 천사를 인간으로 기록하고 있으니, 이제 그 예를 직접 살펴보기로 하자.

먼저 창세기를 보면, 야곱이 씨름한 천사를 사람이라 하였고(창 32:24~28), 또 사사기에 보면 삼손의 부친 마노아가 본 천사도 사람이라 하였으며(삿 13:8~12), 또 에스겔서에 보면 그가 본 그룹 천사도 역시 사람이라고 하였다 (겔 1:5, 겔 10:20).

그 뿐만 아니라, 여호수아서에 보면 그가 본 미가엘 천사를 사람이라 하였고(수 5:13~14), 또 다니엘서에 보면 그가 본 가브리엘 천사도 사람이라 하였으며(단 9:21), 또 스가랴서에 보면 그가 본 천사도 역시 사람이라고 하였다(슥 2:1~3).

구약 외경에 보면, 도비아가 본 라파엘 천사도 사람이라고 하였다(도비트서 5장), 이밖에도 사도행전에 보면 사도들이 본 천사를 사람이라 하였고(행 1:11), 또 백부장 고넬료가 본 천사도 사람이라 하였으며(행 10:30~31), 또 누가복음에 보면 여자들이 무덤에서 본 천사도 사람이라고 하였다(눅 24:4~5), 이러한 말씀에 따라 필자도 역시 천사를 인간으로 증거하는 바이다.

그러면 천사의 정체는 과연 무엇인가? 천사는 바로 인간으로서, 하나님의 일을 대행하는 공적인 사명자(성직자)들을 말한다(겔 3:17, 말 2:7, 고후 5:20), 이는 하나님이 인간 이외에 다른 영적인 존재를 창조하신 일이 없다는 사실에서 볼 때(사 43:10), 너무도 당연한 결론이 아닐 수 없다. 그러기 때문에, 일찍이 사도 바울은 천사숭배를 금하였다(골 2:18), 그런데 이 천사는 〈지상천사〉와 〈영계천사〉로 구분된다. 전자는 지상에서 하나님의 일을 하는 천사요(마 13:37~39, 눅 10:1~2), 후자는 영계에서 하나님의 일을 하는 천사이다(시 103:20~22).

이와 같이 천사는 인간을 초월한 비인간적인 존재가 아니고, 그들은 바로 하나님의 일을 하기 위한 하늘의 일꾼으로 부름받은 사명자들을 가리킨다(고전 4:1, 골 1:23). 그러기 때문에 성서에도 모든 천사들은 〈부리는 영〉이라고 기록되어 있다(히 1:14). 지금까지 많은 신앙인들이 천사를 인간 이상의 초월적인 존재로 믿어 온 것은, 일방적으로 영계 천사만을 생각한 데 그 원인이 있었다.

히브리서 1장 14절의 〈부리는 영〉이란 영계천사를 두고 한 말이지만, 그것이 인간을 초월한 비인간적인 존재를 나타낸 것은 아니다. 인간은 본래 영적인 존재이기 때문에 〈영〉이란 말은 지상인에게도 쓸 수 있음을 알아야 한다(창 2:7, 고전 15:45, 고전 10:34~36).

이러한 천사의 인간성은 성서에도 잘 나타나 있다. 그 예로 창세기 18장에 보면, 아브라함을 찾아온 천사들을 모두 사람으로 표시하였고(창 18:2, 창 18:22), 또 그가 요리한 음식을 천사들이 먹었다고 하였다(창 18:8), 그 뿐만 아니라, 소돔 성을 멸하기 위해 그곳에 간 천사들도 롯이 마련한 음식을 먹었다고 하였으니(창 19:1~3), 이는 모두 천사의 인간성을 나타내는 좋은 예가 아니겠는가? 만일 아브라함이나 롯이 천사를 비인간적인 존재로 보았다면, 그들은 결코 천사들에게 사람이 먹는 음식물을 대접하지 않았을 것이다.

창세기 19장에 보면, 소돔성의 주민들이 롯의 집을 찾아온 천사들을 상대로 음란한 짓을 행하려 한 일이 있었고(창 19:4~8), 또 유다서에 보면 음란에 빠진 천사들을 본받아 소돔과 고모라와 그 이웃 도시들도 음란한 짓을 행하다가 불의 형벌을 받았다고 하였다(유 1:6~7). 이러한 사실들은 모두 천사의 인간성을 나타내는 좋은 예가 아닐 수 없다. 왜냐 하면 음란이란 본래 인간 사이에서 일어나는 성적인 범죄 행위를 뜻하는 것이기 때문이다.

한편 히브리서 13장에 보면, 「형제 사랑하기를 계속하고 손님 대접하기를 잊지 말라. 이로써 부지중에 천사를 대접한 이들이 있었느니라」 (히 13:1~2)고 쓰여 있다. 그리고 계시록 2장과 3장에 보면, 주님은 사도요한이 편지를 보낸 일곱 교회의 목자들을 모두 천사로 부르셨고, 또 계시록 21장에도 「그 성곽을 측량하매 1백 4십 4규빗이니, 사람의 측량 곧 천사의 측량이라」 (계 21:17)고 기록하여, 천사의 인간성을 드러내고 있다.

그 뿐만 아니라, 계시록에는 천사들이 자기의 인간성을 스스로 드러낸 기록도 있다. 그 예로 천사는 자기에게 경배하려는 요한에게, 「나는 너와 예수의 증거를 받은 네 형제들과 같이 된 종이니, 오직 하나님께 경배하라」 (계 19:10)고 하였고, 또 「나는 너와 네 형제 선지자들과 또 이 책의 말을 지키는 자들과 함께 된 종이니, 오직 하나님께 경배하라」 (계 22:9)고 하였다. 이러한 천사의 증언만 보더라도, 우리는 결코 그들의 인간성을 부인할 수 없다.

이러한 천사의 인간성은 예수님이 말씀하신 씨 뿌리는 자의 비유에서도 재확인 할 수 있다(마 13:24~30). 이 비유에서 주님은 추수꾼을 천사들이라고 말씀하심으로써(마 13:37~40), 그 천사는 바로 하나님과 주님의 일을 대행하는 공적인 사명자임을 분명히 보여주셨다(마 9:36~38, 눅 10:1~2).

위에서 필자는 천사의 인간성에 대해 논했거니와, 사실상 천사는 인간 이상의 존재도 아니요, 또 인간 이하의 존재도 아니다. 만일 종래의 주장대로 천사를 비인간적인 존재로 믿는다면, 이미 마치 상상의 동물인 용을 실제의 동물로 믿는 것과 같은 지극히 어리석은 믿음이 아닐 수 없다. 그러면 다음에는 지상의 천사(사명자)들이 해야 할 기본적인 사명이 무엇인지를 알아보기로 하자.

① 모든 천사들은 천국건설의 사명을 다 해야 한다

일찍이 예수님은 제자들에게 「너희는 먼저 하나님의 나라와 그의 의를 구하라」 (마 6:33)고 말씀하셨다. 이 말씀대로 주님의 간절하신 소망은 바로 이 지상에 하나님의 나라(천국)를 건설하는 데 있다(마 6:10, 눅 4:43). 따라서 모든 천사들은 언제나 주께서 명하신 천국건설을 위해 끝까지 자기 사명을 완수해야만 한다.

② 모든 천사들은 하늘군대로서의 사명을 다 해야 한다

성서는 우리에게, 너희는 마귀를 대적하며(약 4:7), 또 믿음의 선한 싸움을 싸우라고 하였다(딤전 6:12). 이 말씀대로 모든 천사들은 언제나 하나님의 나라를 건설하기 위해 용감히 싸우는 하늘 군대로서의 사명을 다 해야 한다(딤후 2:3~4, 벧전 5:8~9, 엡 6:10~13).

③ 모든 천사들은 전도자로서의 사명을 다 해야 한다

일찍이 예수님은 천사를 말세의 추수꾼으로 비유하셨고(마 13:39), 또 제자들에게 「너희는 온 천하에 다니며 만인에게 복음을 전파하라」(막 16:15)고 말씀하셨다. 따라서 모든 천사들은 언제나 복음전파의 사명을 깊이 자각하고, 주께서 명하신 지상천국건설과 세계복음화를 위해 충실한 전도자로서의 사명(추수꾼의 사명)을 다 해야 한다(눅 10:1~2, 롬 10:13~15, 딤후 4:1~2, 고전 9:16, 겔 3:11).

④ 모든 천사들은 선한 목자로서의 사명을 다 해야 한다

일찍이 예수님은 자신을 선한 목자로 비유하시면서 「선한 목자는 양들을 위해 목숨을 버린다」(요 10:11~12)고 말씀하셨다. 이러한 주님의 교훈을 본받아 모든 천사들은 언제나 자기 양(성도)들을 위해 목숨까지 버리는 선한 목자로서의 사명을 다 해야 한다(마 20:28).

⑤ 모든 천사들은 봉사자로서의 사명을 다 해야 한다

봉사의 기본정신은 남을 위함에 있다(빌 2:3). 그리고 봉사의 자리는 남을 높이고 자기를 낮추는 종의 자리이다(갈 5:13, 엡 5:21). 따라서 모든 천사들은 언제나 위로는 하나님과 주님을 위하고, 아래로는 세계인류를 위해 일하는 봉사의 생활을 해야만 한다(마 22:36~40, 벧전 4:10).

성서에는 천사들이 하나님을 대신하여 봉사한 예가 너무나 많이 있다. 그 예로 천사는 아브라함에게 하나님의 축복의 말씀을 전하였고(창 18:10), 또 마리아에게 그리스도의 잉태에 관한 소식을 전하기도 하였다(눅 1:31). 한편 천사는 하나님이 소돔과 고모라를 멸하실 때에도 역시 그 소식을 롯에게 전하였다(창 9:12~13).

이밖에도 천사가 봉사자로서 하나님을 대신하여 활동한 예는 성서에서 많이 찾아볼 수 있다. 그러므로 계시록에 보면, 천사는 자기 자신을 〈종〉이라 하였고(계 19:10, 계 22:9), 또 히브리서에도 천사를 〈부리는 영〉이라고 하였던 것이다(히 1:14).

2. 사탄의 정체

창세기에 보면, 인간의 타락은 바로 뱀의 꾀임으로 말미암아 초래된 것으로 나타나 있다(창 3장). 이에 많은 신앙인들은 아직도 그 뱀을 실제의 뱀으로 믿고 있다. 그러나 그 뱀이 영적인 인간을 유혹한 것으로 보아, 그것은 결코 실제의 뱀이 될 수 없다. 왜냐 하면 영적인 존재에 대한 유혹은 오직 영적인 존재만이 가능하기 때문이다.

아는 바와 같이, 인간을 제외한 모든 존재물은 영혼을 지니고 있지 않다. 따라서 뱀도 영혼을 지닌 영적인 존재가 될 수 없다. 그렇다면 영혼이 없는 비영적인 존재가 어떻게 하나님의 뜻을 알며(창 3:1~4), 더구나 영적 존재인 인간을 꾀어 타락케 할 수 있겠는가? 그러므로 이 뱀은 문자 그대로 기어다니는 실제의 뱀이 될 수 없으며, 반드시 그 어떠한 영적인 존재가 아니면 안 된다.

계시록 12장 9절에 보면, 「큰 용이 내어쫓기니 옛 뱀이라, 마귀라고도 하고, 사탄이라고도 하는 온 천하를 꾀는 자라」 고 기록하여, 태초에 아담을 꾀던 그 뱀이 바로 마귀요, 사탄이라는 것을 밝히고 있다. 그러면 사탄이란 무엇인가? 그는 바로 하나님을 대적하며, 또 인간의 마음을 항상 선이 아닌 악의 방향으로 이끄는 영적인 존재를 말한다. 이처럼 사탄이 영적인 존재라면, 그를 비유한 뱀도 영적인 존재가 될 것이다.

그러면 당시 하나님이 창조하신 피조물 중에서 인간과 대화를 할 수 있었을 뿐만 아니라, 선악과를 금하시는 하나님의 뜻을 잘 알고 있었으며, 또 지상에서 인간을 유혹하여 그의 마음을 움직일 수 있었던 영적인 존재는 과연 무엇이었을까? 인간 이외에 이러한 모든 조건을 갖춘 존재는 하나도 없을 것으로 보아, 우리는 인간을 유혹한 그 뱀이 바로 사탄이요, 그 사탄은 바로 인간 중의 한 존재임을 분명히 알 수 있다.

혹자는 사탄이 하나님과 대립된 목적을 가지고 이미 창세 전부터 있었다는 2원론을 펴기도 하지만, 이는 하나님의 유일성과 자존성에 전적으로 어긋나는 매우 그릇된 주장이 아닐 수 없다(사 43:10, 사 44:6, 사 45:5, 요 17:3,

출 3:14)

이와 같이 사탄이 바로 인간이라면, 그들은 과연 어떠한 자들인가? 그들은 바로 타락한 천사들을 비롯하여(벧후 2:4, 유 1:6) 하나님을 불신하고 반대하는 자들이다(고후 11:14~15). 따라서 누구든지 하나님의 뜻을 거스려 행하면, 그가 비록 독실한 성도라도 그는 사탄의 입장에 서게 된다(마 16:23, 요 6:70, 계 2:9, 겔 18:24).

그러나 아무리 죄가 많은 사탄이라도 그가 하나님 앞에 진심으로 회개하고 돌아오기만 하면, 그는 이미 사탄이 아니고 하나님의 영광된 자녀임을 알아야 한다(사 1:18, 요 1:12, 갈 3:26, 겔 18:21~22).

이처럼 사탄이란 하나님을 불신하고 반대하는 자들을 가리켜 말하거니와, 여기에는 〈지상사탄〉과 〈영계사탄〉이 있다. 전자는 지상에서 하나님을 대적하는 사탄이요, 후자는 영계에서 하나님을 대적하는 사탄이다.

성서에서 사탄을 뱀으로 비유한 것은 그 뱀이 바로 악한 자의 표상이 되기 때문이다. 예컨대, 뱀은 혀끝이 둘로 갈라져 있어서 한 혀로 두 말을 하며, 한 마음에 두 마음을 품고 살아가는 자의 표상이 된다. 또 뱀은 먹이를 몸으로 꼬아서 먹는 습성이 있기 때문에 자기의 이익을 위해서 남을 유혹하는 자의 표상이 되기도 한다. 이에 성서는 사탄을 〈간교한 뱀〉으로 비유했던 것이다(창 3:1).

그런데 모든 신앙인들은 천사를 비인간적인 존재로 보기 때문에 상대적으로 사탄도 역시 비인간적인 존재로 보고 있다. 그러나 천사와 사탄은 그 본질상 인간을 초월한 존재로 볼 수 없다. 왜냐 하면, 하나님은 인간 이외에 다른 영적인 존재를 창조하신 일이 전혀 없기 때문이다(사 43:10). 만일 천사와 사탄이 인간을 초월한 영적인 존재라면, 하나님은 인간 이외에 또 다른 영적인 존재를 창조하셨다는 지극히 비성서적인 결과가 나오게 된다. 따라서 종래의 천사론과 사탄론은 크게 수정되어야 할 것이다.

위에서 필자는 생명나무와 선악나무의 정체 및 천사와 사탄의 정체를 논했거니와, 혹자는 이것이 종래의 교리와 너무도 다르기 때문에, 아예 이단적인 것으로 생각할 지도 모른다. 그러나 이것은 어디까지나 종래의 낡은 고정관념에서 오는 그릇된 견해일 뿐, 우리가 이를 좀더 진지하게 연구·검토한다면, 그러한 속단은 나오지 않을 것이다.

역사적인 선례를 보라. 어느 시대를 막론하고, 종래의 사상이나 전통에 대한 새로운 사상과 이념은 처해 있던 그 시대에 있어 언제나 이단의 것으로 취급되어 오지 않았던가? 역사상에 빛을 남기고 간 모든 사람들을 보더라도 그들은 예외 없이 그 시대의 이단자가 아니었던가?

그러나 오늘에 이르기까지 인류 역사는 도리어 묵은 사상의 테두리 안에서 이단으로 몰렸던 것에 의하여 항상 발전의 노정을 밟아 왔으니, 이러한 놀라운 역사적 사실을 생각할 때 우리는 결코 종래의 낡은 사상과 이념에 집착하거나 타협해서는 아니될 것이다.

지난날의 낡은 사상과 이념에 대한 집착과 타협은 다만 구시대의 전철을 되풀이 할 뿐, 새로운 역사를 창조하지는 못한다. 그것은 도리어 역사의 대전진을 가로막는 무서운 결과를 가져 올 수도 있다. 새 역사의 창조와 발전은 오직 새 사상, 새 이념, 새 교리에 의해서만 비로소 가능하다. 낡은 것을 등에 업고 새 것을 찾으려는 우매한 사상이나, 내 것이 아니면 무조건 외면하고 이단시하는 옹졸한 교리로서는 도저히 불가능하다.

그러므로 오늘의 우리는 이제 모름지기 각성하여, 다시는 그러한 낡은 사상과 교리 속에 자신을 묻는 어리석음을 범하지 않도록 해야 할 것이다. 이러한 견지에서 다음에 전개되는 내용도 결코 배타적인 면에서 읽혀지지 않기를 간절히 바란다.

제4절 인간의 불신과 타락

* 여호와 하나님이 그 사람에게 명하여 가라사대, 동산 각종 나무의 실과는 네가 임의로 먹되 선악을 알게 하는 나무의 실과는 먹지 말라. 네가 먹는 날에는 정녕 죽으리라 하시니라(창 2:16~17).

1. 아담시대의 사회환경

인간의 타락문제를 올바로 이해하려면, 우리는 먼저 그 당시의 사회환경부터 알아야 할 필요가 있다. 왜냐 하면 인간은 본래 사회적 존재로서, 항상 그 사회와 밀접한 연관을 맺고 살아가기 때문이다. 그러면 당시 아담시대의 사회 환경이 어떠했었는가를 간단히 살펴보기로 하자.

이미 〈창조론〉에서 상논한 바와 같이, 인류는 아담시대보다 더욱 오래 전부터 이 지구상에 생존하였다. - 제4장 〈창조론〉참조 그리고 아담시대에도 역시 많은 사람들이 원시 공동사회를 이루어 살고 있었다. 이 사실은 성서를 비롯하여, 오늘의 고고학이나 생물학에서도 그대로 시인되고 있다.

이처럼 아담시대에 많은 사람들이 살고 있었다면, 이미 그 당시에도 여러 부족국가들이 존재했을 것이며, 그중에는 아담이 살았던 〈에덴왕국〉도 있었을 것이다.

창세기에 보면 에덴에서 발원한 4대강이 나오는데(창 2:10~14), 기원전 4000년경 그 강들이 흐르던 메소포타미아지역에는 이미 인류의 고대문명을 탄생시킨 〈슈메르왕국〉이 있었다고 한다.

그러면 당시 아담시대의 사회는 어떠했는가? 그 사회는 대체로 다음과 같았다. 즉 아담시대는 모든 통치자들이 신의 대리자로 군림하던 독재사회였고(겔 28:2), 또 하나님을 모르고 우상숭배만을 일삼던 불신사회였으며(롬 1:23, 고전 10:20), 또 신앙의 자유가 전혀 없는 암흑사회였다. 이러한 원시사회에서는 통치자에 대한 충성과 우상숭배만이 강요될 뿐, 신앙의 자유나 개종 등은 전적으로 금지되었다.

이와 같이 아담시대의 사회는 하나님을 불신하고 오직 우상숭배만을 일삼던 불신사회였다. 타락 전 에덴동산에 이미 간교한 뱀(사탄)과 들짐승(불신자)들이 있었다는 창세기의 기록은 이 사실을 나타낸다(창 3:1). 그런데 하나님은 바로 이러한 불신 사회에서 아담을 부르심으로써, 새로운 구원섭리를 시작하셨다.

그러면 하나님이 아담을 부르신 이유는 무엇인가? 그것은 바로 우상숭배에 빠진 불신자들을 구원하심으로써, 이 땅에 하나님의 뜻을 이루시기 위함이었다. 그런데 아담은 불행히도 타락함으로써, 그 불신자들을 하나님 앞으로 인도하는 데 모두 실패하고 말았다.

2. 아담가정의 탈선

아담가정이 하늘 앞에 소명되어 종래의 우상숭배신앙을 버리고 하나님 신앙으로 개종했으나 그들의 신앙은 오래 가지 못하고 점차로 침체되어 갔다. 왜냐 하면 그들은 우상숭배만이 팽배하던 사회환경 속에서 신앙의 개종 문제로 많은 시련을 겪게 되었기 때문이다.

당시 지상의 사탄이었던 우상숭배자들은 아담이 신봉하는 하나님 신앙을 도저히 용납할 수 없는 이단신앙으로 보았다. 그리고 그들은 아담의 개종을 곧 신의 대리자로 자처하는 통치자에 대한 반역으로, 또 자기들에 대한 배신 행위로 보았다.

이에 그들은 아담이 속히 회개하고 전처럼 우상숭배신앙으로 다시 돌아오기를 계속 촉구하며, 온갖 수단과 방법으로 그를 유혹(설득)하였다. 이러한 그들의 요구를 끝까지 거절할 경우, 아담은 언제 생명을 잃을는지도 모르는 일이었다. 그런데 아담가정은 그 모든 시련을 하나님에 대한 절대적인 믿음과 순종으로 극복하지 못하고, 불행히도 그들의 신앙은 갈수록 식어만 갔다.

창세기에 보면, 아담과 하와는 나체로 있었으나 부끄러워하지 않았다고 기록하여(창 2:25), 당시 그들의 신앙 상태가 마치 옷을 벗고 있어도 부끄러움을 모를 정도로 침체되어 있었음을 보여주고 있다(렘 6:15, 계 3:17).

그런데 여기서 말하는 옷은 육신의 옷보다도 그들의 속사람이 입어야 할 〈신앙의 옷〉과 〈말씀의 옷〉으로 보아야 한다(사 61:10, 욥 29:14, 계 19:8, 롬 13:14, 갈 3:27, 엡 6:11). 왜냐 하면 그들은 타락하기 전에도 이미 육신의 옷을 입고 살았기 때문이다.

혹자는 그들이 나체로 살았기 때문에 부끄러움을 몰랐다고 말하기도 하지만, 실상은 그렇지 않다. 아담시대의 사회가 아무리 원시사회라 해도 그들이 나체로 살았을 리가 없다. 인간이 나체를 부끄러워함은 타고난 본성이거니와, 특히 아담과 하와는 하늘 앞에 신앙의 조상으로 부름 받았으니, 더더욱 나체가 되어 살 수 없다. 성서에서도 나체가 되는 일은 항상 금지하지 않았던가(계 3:18, 계 16:15, 딤전 2:9~10).

만일 성적 타락론자들의 주장대로 인간이 나체를 부끄러워함은 성적으로 타락되었기 때문이라면, 장차 인간이 복귀(구원)될 경우 우리는 모두 나체로 살아도 좋단 말인가?

사탄이 아담과 하와를 유혹한 내용은 성서에 잘 묘사되어 있다. 그 예로 창세 3장에 보면, 사탄은 먼저 하와를 유혹하기 시작했다. 왜냐 하면 당시 하와는 아직 하나님에 대한 신앙이 깊지 못하였고, 또 그녀는 우상숭배에 대한 미련을 완전히 끊지 못하고 있었기 때문이다.

일찍이 우상을 섬기던 불레셋 사람들은 삼손의 수수께끼를 풀기 위해 먼저 그의 아내를 유혹한 일이 있었다(삿 14:18). 그리고 바알신을 섬기던 거짓 선지자들은 아합왕의 처 이세벨을 선동하여 엘리야를 비롯한 많은 선지자들을 죽이려고 하였다(왕상 19:1~3). 그 뿐만 아니라, 사탄은 선지자 세례요한을 살해할 때도 헤롯왕의 처 헤로디아를 교묘히 이용하였다(마 14:6~8).

이처럼 사탄은 흔히 연약한 여자들을 유혹하여 소기의 목적을 달성하는 경우가 많다. 이는 사탄이 하와를 유혹한 경우와 같다. 사탄은 먼저 하와를 유혹한 후, 그녀와 더불어 아담을 손쉽게 유혹하려고 했던 것이다.

예나 지금이나 삶과 죽음에 대한 문제는 인간의 최대관심사가 아닐 수 없다. 그런데 하나님은 바로 이러한 인간의 생사문제를 들어 아담과 하와의 탈선을 경고하셨고, 이에 맞서 사탄도 인간의 생사문제를 가지고 그들을 유혹하였다.

보라. 하나님은 하와에게 선악과를 따먹으면 반드시 죽는다고 말씀하셨고(창 2:17), 사탄은 반대로 그 선악과를 따먹어도 죽지 않는다고 하였으니(창 3:3~6), 당시 하와는 누구의 말이 더욱 믿을 만한 것으로 생각되었을까? 우상숭배만을 일삼던 당시의 사회 여건으로 보아, 그것은 바로 하나님의 말씀을 정면으로 부정하는 사탄의 말이었을 것이다.

인간의 마음은 언제나 소수보다 다수의 의견에 이끌리기 쉬운 법이다. 당시 하나님을 섬기던 자들은 아담가정 뿐이었고, 우상을 섬기던 자들은 절대다수로서 그들은 모두 한결같이 하나님을 반대하고 나섰으니, 믿음이 약한 하와의 마음은 자연히 사탄의 끈질긴 유혹에 이끌릴 수밖에 없었다.

하와가 사탄의 유혹에 이끌리고 보니, 선악과를 따먹지 않아야 산다는 하나님의 말씀보다 그 선악과를 따먹어야 산다는 사탄의 말이 더욱 진실하게 보였다. 하나님의 말씀을 따르다가도 도리어 죽을 것만 같았다. 하와는 갑자기 생명에 대한 애착심이 일어났다. 그녀는 죽고 싶지 않았다. 영원히 살고 싶었다. 그 길은 오직 사탄의 말을 따르는 데 있다고 믿어졌다. 이에 하와는 마침내 금단의 선악과를 따먹고 사탄의 뜻을 따르게 되었던 것이다.

성적 타락론자들은 하와가 사랑 문제로 인하여 선악과를 따먹은 것으로 말하고 있지만, 사실은 그렇지 않다. 그녀가 선악과를 따먹은 것은 사랑 문제와는 아무런 관계도 없는 일이었다. 그녀는 다만 자기 생명을 구하려는 간절한 마음에서 선악과를 따먹었을 뿐이다.

사랑의 가치가 크고 귀한 것은 사실이지만, 그 사랑이 영원한 생명의 가치보다 더욱 큰 것일 수는 없다. 왜냐 하면 생명이 없는 곳에서는 사랑도 있을 수 없기 때문이다. 예수님도 「사람이 만일 온 천하를 얻고도 제 목숨을 잃으면 무엇이 유익하며, 또 무엇을 주고 제 목숨을 바꾸겠느냐」(마 16:26)고 말씀하시지 않았던가?

하와가 선악과를 따먹고 사탄의 뜻을 따르게 됨으로써, 그녀는 돌이킬 수 없는 사탄의 종이 되고 말았다. 이러한 하와를 앞세워 사탄은 또다시 아담을 유혹하기 시작했다. 하와는 아담으로 하여금 사탄의 뜻을 따르게 하는 것만이 자기와 남편의 생명을 함께 구할 수 있는 유일한 길이라고 믿었다. 이에 하와는 사탄보다도 더욱 열심히 아담을 설득하였다. 그녀는 영생의 길이 하나님을 섬기는 데 있지 않고, 오직 사탄의 뜻대로 우상을 섬기는 데 있다고 역설하며, 아담이 종래의 우상숭배 신앙으로 어서 속히 되돌아오기를 강력히 촉구하였다.

사탄의 끈질긴 유혹과 아내(하와)의 분별없는 성화에 지친 아담의 신앙은 마침내 흔들리기 시작했으며, 이에 따라 그의 신앙관과 생사관도 바뀌게 되었다. 그리하여 아담도 영생의 길은 하나님이 아닌 우상을 섬기는 데 있다고 믿게 되었다. 그는 자기가 사탄의 유혹(설득)을 끝까지 물리칠 경우, 자신의 생명이 위태함은 물론 그 사회에서 영원히 버림받을 것만 같았다.

아담은 그것이 두려웠다. 더 이상 문제를 일으키고 싶지 않았다. 조용히 그들과 더불어 우상을 섬기면서 영생의 길을 가고 싶었다. 이에 아담도 하와처럼 선악과를 따먹고 하나님을 불신하는 우상숭배의 길을 가게 되었으니, 이것이 바로 인간의 〈신앙적 타락〉이었다(호 6:7).

아담가정이 하나님을 불신하고 우상숭배신앙으로 되돌아갔으나, 전에 우상을 배신했던 그들을 사탄이 계속 따뜻하게 대해줄 리는 없었다. 그들에게는 어느새 배신자란 낙인이 찍혔고, 또 날이 갈수록 심한 푸대접과 따돌림을 당해야 했으니, 그제야 그들은 비로소 사탄에게 속았음을 깨닫게 되었다.

아담은 그 동안 사탄에게 속아 온 것이 매우 후회스러웠다. 지난날 하나님을 섬기던 일들이 새삼 그리웠고, 또 할 수만 있다면, 그 신앙으로 되돌아가고도 싶었다. 그러나 그것은 마음뿐 아담은 도무지 용기가 나지 않았다. 이제 와서 또다시 우상숭배신앙을 버리고 하나님 신앙으로 개종한다면, 지금보다 더욱 큰 불행이 닥쳐 올 것만 같았기 때문이다.

이와 같이 당시 아담과 하와는 사탄의 종이 되어 이리할 수도 저리할 수도 없는 매우 가련한 신세였다. 그들이 하나님을 생각할 때면, 믿음을 저버린 자신들의 행동이 너무나 부끄럽고 후회스러워 견딜 수가 없었다. 이에 그들은 자기들의 허물(죄)을 본능적으로 감추려고 하였다(욥 31:33~34). 그들이 무화과나무 잎으로 몸을 가리고 나무 사이에 숨었다는 창세기의 기록은 바로 이 사실을 나타낸다(창 3:7~8).

한편 아담과 하와는 그들의 죄과를 하나님에게 솔직히 고백하지 않고, 도리어 그 책임을 아담은 하와에게 또 하와는 사탄에게 모두 전가시키려고 하였다(창 3:11~14). 이러한 그들의 죄는 매우 큰 것이지만, 하나님은 그들이 진심으로 회개하고 돌아오면, 그들의 죄를 모두 용서해주려고 하셨다. 그러나 이러한 하나님의 지극하신 사랑과 은사를 아는지 모르는지 아담가정은 끝내 하나님 곁으로 돌아가지 않았다. 그리하여 그들은 마침내 하나님에게 추방되고 말았던 것이다(창 3:24).

위에서 논한 바와 같이, 인간의 타락은 바로 인간이 사탄의 감언이설에 속아 하나님을 불신하고 우상숭배의 길을 감으로써 초래 되었다. 이것을 인간의 〈신앙적 타락〉이라고 한다. 그런데 이러한 신앙적 타락은 아담시대만이 아니라 지금도 계속되고 있으니(벧전 5:8~9), 우리 성도들은 언제나 참진리와 참신앙의 길을 가기 위해 더욱 힘써야 할 것이다.

제5절 인간의 자유와 타락

* 진리를 알지니 진리가 너희를 자유케 하리라(요 8:32).
* 주는 영이시니 주의 영이 계신 곳에는 자유함이 있느니라(고후 3:17).
 * 형제들아 너희가 자유를 위하여 부르심을 입었으나, 그 자유로 육체의 기회를 삼지 말고 오직 사랑으로 서로 종노릇하라(갈 5:13).

지금까지 많은 성도들은 인간의 타락이 어디까지나 자유에 의해서 초래된 것으로 생각해 왔다. 즉 인간은 자유가 있기 때문에, 금단의 선악과를 따먹고 타락하게 되었다는 것이다. 그러나 그 자유가 본래 하나님으로부터 인간에게 부여된 것이라면, 그것이 어찌 인간을 타락의 길로 몰아낼 수 있겠는가?

그러므로 결론부터 말한다면, 인간은 애당초 자유에 의해서 타락한 것이 아니었다. 이러한 결론은 다음과 같은 자유의 원리적 성격에서도 분명히 재확인할 수 있다.

① 자유는 원리를 따라야 한다.

여기에서 자유라는 것은 자유의지와 자유행동을 일괄하여 표현한 말로서 온전한 자유는 이들이 하나가 되어야만 성립된다 인간의 자유행동은 반드시 자유의지로 인하여 나타나며, 이 자유의지는 곧 마음의 발로이기 때문이다. 따라서 자유의지가 없는 자유행동이나 자유행동이 따르지 않는 자유의지는 온전한 것이 될 수 없다. 그런데 창조본연의 인간에게 있어서는 누구나 하나님의 말씀, 즉 원리를 따라 그 마음이 움직이기 때문에, 결국 원리를 떠난 인간의 자유는 있을 수 없다(마 4:4, 레 18:4~5).

② 자유는 책임을 수반해야 한다.

인간은 본래 자신의 자유의지로써 그의 섭리적 책임분담을 스스로 완수해야만 비로소 완성할 수 있도록 창조되었다. - 제4장 〈창조론〉 참조. 따라서 창조목적의 완성을 향해 나아가는 인간은 항상 자유의지로써 그 섭리적 책임분담을 완수하려 하므로, 책임 없는 자유는 있을 수 없다(잠 24:12, 전 12:13~14).

③ 자유는 선의 실적을 세워야 한다.

인간이 자유로 그 자신의 섭리적 책임분담을 완수하려는 본래의 목적은, 하나님의 창조목적을 완성하여 그를 기쁘게 해 드릴 수 있는 선의 실적을 세우려는 데 있다. 따라서 인간의 자유는 항상 선의 실적을 추구하게 되므로, 선의 실적을 세우지 못하는 자유는 올바른 자유로 볼 수 없다(요 15:2, 마 7:18~19).

그러면 하나님이 인간에게 이러한 자유를 주신 목적은 무엇일까? 그것은 바로 인간을 인간답게 하시기 위함이었다. 만일 인간에게 자유가 없다면, 인간은 마치 로봇과 같은 불행한 존재가 되고 말 것이다. 그러므로 인간이 인간다운 존재가 되기 위해서는 반드시 생명과 아울러 자유가 있어야 하며, 그 중 하나라도 없어서는 안 된다.

이와 같이 하나님은 인간에게 잠시라도 없어서는 안될 필요불가결한 자유를 우리에게 주셨으니, 이는 실로 우리 인간에게 있어서 큰 은혜와 특전이 아닐 수 없다. 그런데 만일 이러한 자유에 의해서 인간이 타락되었다고 한다면, 아무리 큰 특전으로 부여된 자유라도 우리는 부득이 그 자유를 포기할 수밖에 없으며, 또 그러한 자유가 있는 한 인간은 항상 타락될 가능성이 있는 불행한 존재가 되고 만다. 따라서 이러한 자유의 성격상 인간이 그 자유로 인하여 타락될 수 없음은 두말할 나위도 없다.

성서의 문자는 아담과 하와가 자유로 인하여 선악과를 따먹고 타락한 것처럼 여기게 하고 있으나, 그들의 타락은 결코 자유 때문이 아니었다. 원리적인 책임과 실적을 추구하는 인간의 자유는 그들이 원리를 탈선하려고 하였을 때, 오히려 그들에게 불안과 공포를 일으키게 하여 탈선하지 못하도록 작용하였다. 그럼에도 불구하고, 그들이 끝내 원리를 탈선하게 된 것은 바로 사탄의 끈질긴 유혹으로 인하여 그들의 신앙적 가치관이 모두 바뀌었기 때문이다. - 본장 제4절 〈인간의 타락〉 참조.

물론 자유가 그들로 하여금 타락선까지 나아가게 할 수는 있다. 그러나 자유는 그 성격상 타락선을 넘게 한 결정적인 요인이 될 수 없다. 인간의 자유가 본래 그의 참다운 생존을 위해 주어진 것이라면, 그 자유가 어찌 인간을 사망의 길로 몰아내 타락케 할 수 있겠는가?

만일 아담과 하와가 자유로 인하여 선악과를 따먹고 타락하게 되었다면, 하나님은 그들의 비원리적인 범죄행위도 하나의 원리적인 행위로 인정하실 수밖에 없다는 지극히 불합리한 결과가 나온다. 왜냐하면 그들이 범한 타락의 책임은 그들보다도 오히려 그 자유를 부여하신 하나님에게 있기 때문이다.

지금까지 많은 사람들은 자유와 방종을 제멋대로 혼동해 왔다. 그리하여 그들은 방종한 행동을 하면서도 그것을 도리어 자유로운 행동으로 착각하기 일쑤였다. 그러나 만일 인간의 자유가 이렇듯 방종한 행동까지 초래하게 한다면, 우리가 무엇 때문에 그 자유를 애써 구할 것인가?

우리가 자유를 찾으려는 목적은 이상을 실현하는 데 있고, 그 이상을 실현하려는 궁극적인 목적은 바로 하나님이 기뻐하시는 선의 실적을 세움으로써 그의 창조 목적을 완성하려는 데 있다. 그러므로 인간의 자유는 항상 선을 위주로 하여, 그 이상을 실현할 수 있는 원리적인 방향으로 나아가야 할 것이다(갈 5:13, 벧전 2:16).

제6절 인간의 타락을 막지 않으신 이유

하나님은 전지하시므로 인간의 타락행위를 이미 알고 계셨다. 또 하나님은 전능하시므로 인간의 타락행위를 미리 막으실 수도 있었다. 그렇다면 하나님은 왜 인간의 타락행위를 미리 간섭하여 막지 않으셨는가? 이에 대한 해답으로 필자는 다음의 세 가지 이유를 들고 있다.

1. 창조원리의 절대성과 완전성을 위하여

창조원리에 의하면, 하나님은 인간의 원리적 성장과 완성을 위해 인간에게 특별히 책임분담을 부여하였다. - 제4장 〈창조론〉참조. 그러기 때문에, 인간은 스스로 그 자신의 섭리적 책임분담을 수행하면서 일정한 성장기간을 모두 거쳐야 비로소 완성하도록 되었다. 이에 따라 하나님도 인간의 책임분담에 관해서는 전혀 간섭하시지 않는다(겔 18:23~24, 겔 33:13~16).

만일 하나님이 인간의 타락행위를 강제로 막으신다면, 하나님은 도리어 인

간의 원리적 성장과 완성을 위해 세우신 창조원리를 스스로 무시하시는 입
장이 된다. 따라서 이렇듯 무시당하게 되면, 그 원리의 절대성과 완전성은
자연 상실되지 않을 수 없다. 그러기 때문에, 하나님은 이러한 창조원리의
절대성과 완전성을 위해 인간의 타락 행위를 미리 간섭하여 막지 않으셨던
것이다.

2. 인간을 만물의 주관자로 세우시기 위하여

일찍이 하나님은 인간에게 「만물을 주관하라」 (창 1:28)고 축복하심으로
써, 인간을 만물의 주관자로 세우셨다. 그런데 인간이 만물을 원리적으로
주관하려면, 무엇보다도 먼저 그 만물에 대한 주관자격을 갖추지 않으면 안
된다. 왜냐 하면 인간이 만물과 동등한 입장에서는 그를 원리적으로 주관할
수 없기 때문이다.

창조원리에 의하면 만물은 다만 원리 자체의 주관성과 자율성에 따라 성장
하게 되어 있다. 그런데 인간은 그밖에도 그 자신의 섭리적 책임분담을 스
스로 수행하면서 일정한 성장과정을 모두 거쳐야만 비로소 완성하도록 되었
으니, 이는 바로 하나님이 인간에게 창조성을 부여하심으로써, 그로 하여금
만물에 대한 주관자격을 갖추도록 하시기 위함이었다. - 제4장 〈창조론〉
참조.

그러므로 인간이 아직 미완성기(성장기)에 있을 때에는 하나님도 그를 마
음대로 간섭하여 주관하실 수 없다. 만일 하나님이 미완성기에 있는 인간을
마음대로 주관하고 간섭하시게 되면, 하나님은 인간에게 그의 창조성을 부
여하심으로써 인간을 만물의 주관자로 세우려는 창조원리를 스스로 무시하
시는 입장에 서시게 된다. 또 그것은 만물에 대한 주관자격을 갖추지 못한
인간으로 하여금 만물을 주관하게 하시는 불합리한 처사도 된다. 그러므로
인간이 미완성기에 있을 때에는 그가 비록 타락행위를 한다 해도 하나님은
그를 간섭하여 막으실 수 없는 것이다.

3. 인간의 자유를 보장하시기 위하여

하나님은 인간에게 자유를 부여하셨으니, 이는 인간을 인간답게 하시기 위함이었다. 사실상 인간은 능동적인 자유가 있음으로써만이 인간다울 수 있다. 따라서 하나님은 인간의 자유로운 행위에 대해 일일이 간섭하시지 않는다. 만일 간섭하신다면, 하나님은 도리어 인간의 자유를 스스로 무시하고 구속하시는 결과가 된다.

그러므로 인간의 자유는 항상 보장되어야 한다. 특히 신앙의 자유는 더욱 보장되어야 한다. 하나님은 피동적이고 형식적인 신앙보다, 능동적이고 자발적인 신앙을 더욱 원하시고 기뻐하시기 때문이다.

하나님이 인간의 타락행위를 강제로 막지 않으심은 바로 이러한 자유를 보장함으로써 인간이 스스로 회개하고 돌아오도록 하시기 위함이었다. 예수님이 보이신 탕자의 비유에서도 알 수 있듯이(눅 15:11~32), 인간은 자유의사에 따라 스스로 깊이 회개하고 돌아설 때에만 진정한 새 사람으로 거듭날 수 있다. 만일 하나님이 인간의 자유의사를 무시하고 강제로 이끄신다면, 몸은 비록 하나님 곁으로 돌아온다 해도 그 마음만은 도리어 하나님의 곁을 떠나게 될 것이다(마 15:8~9).

맺는 말

* 충성되고 지혜있는 종(목자)이 되어 주인에게 그 집 사람들을 맡아 때에 따라 양식(말씀)을 나눠 줄자가 누구뇨? 주인이 올 때에 그 종이 이렇게 하는 것을 보면 그 종이 복이 있으리로다(마 24:25~46).

성서에는 인간의 타락문제를 비롯하여, 그 중요한 대부분의 말씀이 비유와 상징으로 기록되어 있다. 그럼에도 불구하고, 지금까지 많은 성도들은 이것을 문자 그대로 믿어 왔다. 그리하여 그들은 마침내 허다한 신앙의 오류를 범하게 되었으니, 이 얼마나 안타까운 일인가?

돌이켜 보건대, 우리는 이제까지 종래의 신앙과 교리에 대해 너무도 무비판적(맹종적)이었다. 참으로 맹목적인 마음이요, 신앙이었다. 이러한 믿음과 신앙이 말세에 처한 우리에게 있어서 얼마나 어리석고 위험한 일인지는 과거 유대인들의 말로를 보아 새삼 논할 필요도 없거니와, 결국 이러한 믿음과 신앙은 우리에게 생명이 아닌 사망의 길만을 마련해 줄 것이다.

기독교는 〈믿음〉의 종교다. 그리고 구원은 그 믿음을 통해서 이루어진다. 그러나 하늘은 결코 맹목적이고 허황된 믿음을 원치 않는다. 보다 합리적이고 보다 체계적인 교리의 토대위에 굳게 세워진 지적인 믿음을 원한다. 무조건 믿기만 하면 구원을 받고 천국에 갈 수 있다는 일념으로 교회의 문을 두드리는 그러한 맹목적인 믿음은 도리어 우리를 사망의 길로 인도할 뿐이다. 우리가 심혈을 기울여 가며 성서를 연구하고, 체계적인 교리를 세우려는 이유는 바로 여기에 있다.

그런데 지금까지 많은 성도들은 성서를 문자적으로 대함으로써, 자기 신앙에 대한 옳고 그름을 제대로 분별하지 못한 채, 허다한 신앙의 오류를 범하게 되었다. 인간의 타락문제만을 보더라도 그들은 성서를 문자 그대로 믿음으로써 타락의 근본을 알지 못하였고, 따라서 구원의 명확한 표준도 알지 못하였다. 이러한 신앙의 오류와 무지는 그들이 문자적인 신앙에 사로잡혀 있는 한 그대로 계속될 것이다. 이에 필자는 오늘의 모든 성도들이 종래의 문자적인 신앙에서 어서 속히 벗어나기를 간절히 기원하는 바이다.

◉ 사탄은 누가 심판하는가?

모든 사탄은 그 성격상 〈영적인 사탄〉과 〈육적인 사탄〉으로 구분할 수 있다. 전자는 영계에서 활동하는 사탄이요, 후자는 지상에서 육신을 쓰고 활동하는 사탄이다(요 6:70~71, 계 2:9~10).

그러면 인간타락의 주범인 사탄은 누가 심판하는가? 그 사탄은 오직 하나님만이 심판하실 수 있는가? 아니다. 인간도 하나님을 대신해 반드시 그 사탄을 심판할 수 있어야 한다. 만일 인간이 사탄을 심판할 수 없다면, 우리 인간은 그 사탄의 지배에서 영원히 벗어 날 수 없으며, 또 이 땅에 하나님의 뜻도 이룰 수 없을 것이다.

그러므로 하나님은 인간을 〈사탄의 심판자〉로 세우셨다. 그 대표자가 바로 인류의 구주로 오신 예수님이었다. 이처럼 예수님은 사탄의 심판자로 오셨기에(요일 3:8), 그 주님은 수많은 사탄의 무리(귀신)들을 쫓아내셨던 것이다(막 1:34, 막 5:1~10).

그러면 인류의 구주로 오신 예수님만이 홀로 사탄을 심판하셔야 하는가? 아니다. 그 사악한 사탄의 지배로부터 세계인류를 해방하고 이 땅에 하나님의 나라를 건설하려면, 우리도 주님과 함께 반드시 그 사탄을 심판해야 할 것이다.

예나 지금이나 인간사회에서 벌어지는 모든 분쟁은 그 대부분이 〈가해자〉와 〈피해자〉 사이에서 발생한다. 이 경우 피해자는 그 가해자에게 법적인 책임을 물어 그를 처벌할 수 있는 권리를 갖게 된다. 이와 마찬가지로 타락의 피해자인 인간도 그 가해자인 사탄에게 죄를 물어 그 사탄을 심판할 수 있는 권리를 갖게 된다.

그러므로 인간은 누구나 그 정당한 권리를 행사함으로써 사탄을 심판해야 하며, 결코 그 권리를 포기해서는 안 된다. 성서에도 이르기를 〈사탄을 대적하라〉고 하였으니(약 4:7, 벧전 5:8~9), 우리 성도들은 그 사악한 사탄의 무리들을 모두 심판하는 승리의 그날까지 언제나 앞장서 투쟁해야 할 것이다(딤전 6:12, 엡 6:11~17).

✝ 하나님이 세상을 이처럼 사랑하사 독생자를 주셨으니,
이는 저를 믿는 자마다 멸망치 않고 영생을 얻게 하려 하심이
니라(요 3:16).

✝ 예수께서 가라사대 내가 곧 길이요 진리요 생명이니,
나로 말미암지 않고는 아버지께로 올 자가 없느니라(요 14:6).

✝ 나더러 주여 주여 하는 자마다 천국에 들어갈 것이 아니요,
다만 하늘에 계신 내 아버지의 뜻대로 행하는 자라야
들어가리라(마 7:21).

✝ 기독교는 인간의 사회적 구원을 포기했는가?
인간에게는 영적인 구원과 사회적 구원이 모두 필요하거늘,
오늘의 기독교는 어찌하여 그 사회적 구원을 외면하고 영적인
구원에만 매달리고 있는가?

기독교신앙의 최종목표와 소망은 바로 인간이 사탄의 종에서 벗어나 다시금 하나님의 자녀로 구원받는 데 있다. 그러기 때문에, 예나 지금이나 인간의 구원문제는 모든 성도들의 최대 관심사가 되었다. 특히 새 천년을 맞은 우리 성도들의 신앙적 관심은, 그 어느 때보다도 주님의 재림과 구원문제에 집중되고 있다.

그런데 인간의 구원은 오직 하나님과 주님에 대한 절대적인 믿음과 순종을 통해서만 이루어진다(요 5:24, 요 14:6). 기독교를 믿음의 종교라고 하는 이유는 바로 여기에 있다. 그러나 믿음이 아무리 구원의 필수적 조건이라 해도 그 믿음이 올바르지 못할 때는 큰 문제가 아닐 수 없다(마 7:21). 왜냐하면 그릇된 믿음은 도리어 우리를 생명과 구원이 아닌 죽음과 타락의 길로 인도할 뿐이기 때문이다.

그러므로 오늘의 모든 성도들은 모름지기 자기신앙에 대한 옳고 그름을 정확히 진단할 줄 알아야 한다. 그리고 하나님의 구원섭리와 우리의 복음신앙은 현재 어디까지 와 있으며, 또 어디로 가야 하는지를 지혜롭게 깨달아야 한다. 그래야만 우리는 비로소 주께서 원하시는 참 신앙의 길을 갈 수 있을 것이다. - 제2장 제3절 〈기독교신앙의 현주소〉 참조.

과거 유대인들은 공연히 자기 신앙만을 믿고 자랑하다가 끝내는 불신과 불순종의 길을 갔거니와, 오늘의 우리는 결코 그러한 전철을 되풀이하는 일이 없어야 할 것이다. 그러면 먼저 종래의 구원론에서 제기되는 문제점들을 간단히 살펴보기로 하자.

제1절 종래의 구원론과 그 문제점

종래의 구원론에서 제기되는 문제점에는 여러 가지가 있지만, 그 중 대표적인 것으로 필자는 다음과 두 가지를 지적하고 싶다. 그 하나는 〈십자가의 예정설〉이요, 다른 하나는 〈인간의 육적 구원설〉이다. 그러면, 먼저 십자가의 예정설에 대해 알아보기로 하자.

1. 십자가의 예정설

하나님의 예정된 섭리에 의하여 예수님의 십자가 고난이 초래되었다는 것이 바로 속죄론에서 주장하는 〈십자가의 예정설〉이다. 다시 말해 하나님은 온 인류의 죄를 대속하시기 위해 예수님의 십자가 고난을 이미 만세전에 예정하셨다는 것이다. 그런데 지금까지 모든 성도들은 그 예정설을 문자 그대로 믿어 왔다. 그리하여 그들은 예수님의 그 십자가 고난을 아직도 예정된 섭리의 결과로 굳게 믿고 있다.

그러나 이러한 그들의 믿음은 매우 그릇된 것이 아닐 수 없다. 예수님은 결코 하나님이 예정하신 섭리에 따라 십자가에 달리시기 위해 오신 분이 아니었기 때문이다. 이 사실은 성서에 나타난 예수님의 언행만을 보아도 잘 알 수 있다. 그러면 이러한 예정설의 부당성을 다음에서 간단히 알아보기로 하자. -위에 논제는 본장 제2절 〈십자가에 대한 예정설의 오류〉에서 자세히 다루기로 한다.

하나님이 메시아(구주)를 이 땅에 보내심은 누구든지 그를 믿는 자마다 멸망치 않고 영생을 얻게 하려고 하심에 있었다(요 3:16). 다시 말해, 예수님이 우리에게 오신 목적은 바로 온갖 죄악 속에서 고통받는 세계인류를 구원하시기 위함이었다. 그러므로 당시 유대인들이 모두 예수님을 메시아로 믿고 따랐다면, 그 민족을 중심으로 한 하나님의 세계적인 구원섭리는 이미 이루어졌을 것이다.

이와 같이 예수님이 십자가에 돌아가시지 않고 살으셔서 당시 이스라엘민족을 중심으로 뜻을 이루시고자 한 것이 바로 예수님에 대한 하나님의 제1차적인 섭리였다(사 9장, 사 11장, 사 60장, 눅 1:31~33). 그러나 이러한 하나님의 제1차적인 섭리(호조건의 섭리)는 이스라엘민족의 불신으로 인하여, 마침내 수포로 돌아가고 말았다. 그리하여 하나님은 부득이 제2차적인 섭리(악조건의 섭리)를 하시게 되었으니, 십자가의 섭리가 바로 그것이었다.

당시 이스라엘 민족은 선지자의 예언을 신앙과 구언의 푯대로 삼아왔다. 그리하여 그들은 선지자 말라기의 예언을 따라(말 4:5) 한결같이 메시아의 강림을 고대하였다. 그런데 예수님은 바로 이렇듯 그들이 애타게 호소하던 신앙의 목적체로 오셨던 것이다.

그러나 당시 유대인들의 불신은 예수님도 미처 예견치 못하셨을 정도로 심각한 것이었다. 그들은 도리어 예수님을 이단자로 몰아 핍박하였고, 심지어는 십자가에 못박을 흉계까지 꾸미기에 이르렀으니, 이러한 그들의 돌이킬 수 없는 불신은 마침내 예수님으로 하여금 십자가를 통한 제2차적인 섭리의 길을 가시게 하였다.

이와 같이 하나님의 제1차적인 섭리가 유대인들의 불신으로 인하여 수포로 돌아가게 되자, 예수님은 할 수 없이 십자가를 중심으로 한 제2차적인 섭리의 길을 택하시게 되었다. 그리하여 주님은 결국 십자가에 못 박혀 돌아가시게 되었고, 그 결과 인간은 대속의 은사를 받게 되었던 것이다. 예수님이 십자가 위에서 「다 이루었다」(요 19:30)고 하신 말씀은 바로 이러한 제2차적인 섭리를 다 이루셨다는 말씀이었다.

십자가의 길을 만류하는 베드로를 보시고, 「사탄아 물러가라. 너는 나를 넘어지게 하는 자로다」(마 16:23)하고 책망하신 예수님의 말씀을 보고, 지금까지 많은 성도들은 십자가의 길만이 유일한 구원의 길인 줄로 알아 왔다. 그러나 이것은 어디까지나 잘못된 생각임을 알아야 한다.

이미 언급한 바와 같이, 하나님의 제1차적인 섭리가 수포로 돌아가게 된 것은 당시 유대인들의 돌이킬 수 없는 불신 때문이었다. 그리하여 예수님은 마침내 제2차적인 섭리의 길을 택하시게 되었으니, 십자가의 수난이 바로 그것이었다(마 16:21, 눅 9:30~31, 사 53장). 즉 예수님은 선민으로 부름받은 유대인들의 불신으로 인하여 가중된 인류의 죄를 대속하시기 위해, 자신의 육신을 십자가의 제물로 바치셨던 것이다. 그런데 베드로는 이러한 예수님의 심정(뜻)을 전혀 헤아리지 못하고, 그가 이미 가시기로 결정한 제2차적인 섭리의 길마저 막았으므로, 주님은 그와 같이 말씀하셨던 것이다

위에서 논한 바와 같이, 예수님의 십자가 고난은 당시 유대인들의 불신으로 인하여 부득이 초래된 제2차적인 섭리의 결과였다. 그럼에도 불구하고, 지금까지 대부분의 기독교 성도들은 예수님의 십자가 고난을 오히려 당연지사로 여기는 예정설만을 주장해 왔다. 그러나 이러한 십자가의 예정설이 극히 부당하다는 것은 이미 지적했거니와, 이 문제는 너무도 중대하기 때문에 본장 제2절 〈십자가에 대한 예정설의 오류〉에서 좀더 자세히 논하기로 한다.

2. 인간의 육적 구원설

인간의 육적 구원설은 주로 성적 타락론자들이 주장하는 설이다. 그들은 인간이 성적으로 사탄과 더불어 타락했기 때문에, 영적인 구원과 육적인 구원이 아울러 필요하다고 말한다. 그런데 예수님은 십자가에 돌아가심으로써 인간의 영적 구원만을 이루시고 육적 구원은 실패하셨기 때문에 주님은 다시 오셔서 육적 구원까지 마저 이루셔야 한다는 것이 그들의 끈질긴 주장이다. 그러나 이러한 그들의 육적 구원설은 성서에도, 사리에도 모두 맞지 않는 그릇된 주장이다. 그러면 이제 육적 구원설에서 제기되는 문제점들을 간단히 살펴보기로 하자.

① 인간은 성적으로 타락한 것이 아니다

이미 〈타락론〉에서 논한 바와 같이, 인간의 타락은 성적인 타락이 아니

라, 신앙적인 타락이었다. -제5장 〈타락론〉참조. 그럼에도 불구하고, 그들이 인간의 타락을 천사와의 성적인 관계로 보고, 여기에서 육적 구원설을 끄집어낸다는 것은 지극히 모순된 사고 방식이 아닐 수 없다. 그들의 주장대로 만일 인간의 육적인 구원을 위해 주님이 다시 오신다면, 그 주님은 오셔서 어떠한 방법으로 그 목적을 이루신단 말인가?

요컨대, 성적 타락론에 근거한 육적 구원설은 그 성격상 비성서적이고 비윤리적인 〈피가름〉의 교리를 제멋대로 합리화시킬 가능성이 많으므로, 우리 성도들은 항상 그 교리에 속지 않도록 조심해야 할 것이다.

② 인간은 사탄의 혈통을 이어받은 것이 아니다

성적 타락론자들은 한결같이 인간이 사탄과 혈연관계를 맺음으로써 그의 혈통을 이어받게 되었다고 주장한다. 이에 따라 그들은 항상 육적구원(혈통구원)의 필요성을 강조한다. 그러나 이러한 그들의 주장은 혈통유전의 원리조차 모르는 억설이 아닐 수 없다. 인간은 애당초 사탄과 혈연 관계를 맺을 수도 없거니와, 인간의 혈통유전은 반드시 그 부모의 음양이 서로 원만히 결합되어야만 비로소 가능하기 때문이다. 그렇다면 인간이 어떻게 영적인 사탄의 혈통을 이어받을 수 있단 말인가?

③ 예수님은 실패하신 분이 아니다

성적 타락론자들은 예수님이 인간의 혈통 복귀를 위한 육적 구원에 실패하셨다고 주장한다. 그러나 그들이 말하는 사탄과의 육적(성적)인 타락은 애당초 있지도 않았고, 또 있을 수도 없는 일인데, 어찌 예수님이 육적 구원에 실패하셨단 말인가?

한편 성적 타락론자들은 예수님이 육적인 구원에 실패하셨다는 사실로 하나님의 뜻이 성사되지 못한 책임까지 그에게 돌리고 있으나, 그 전적인 책임은 주님보다 오히려 우리에게 있음을 알아야 한다. 왜냐 하면 예수님은 이미 하나님의 뜻대로 오셔서 뜻대로 사시다가 뜻대로 가심으로써(마

26:39), 그의 책임을 모두 수행하셨기 때문이다(요 19:30). 하나님의 뜻이 아직도 성사되지 않음은 전적으로 우리가 주님의 뜻대로 살지 못함에 있거늘, 그것마저 주님의 책임으로 돌려서야 되겠는가?

④ 기도와 신앙은 타락한 인간에게만 필요한 것이 아니다

성적 타락론자들은 기도와 신앙은 오직 타락인에게만 필요할 뿐 완성인에게는 필요없는 것이라고 주장한다. 그러나 기도와 신앙은 그 본질상 타락인에게는 물론 완성인에게도 역시 필요한 것임을 알아야 한다. 기도와 신앙은 바로 성도들의 영원한 생활규범이요, 또 그것은 인간이 하나님 앞으로 나아갈 수 있는 유일한 길이기 때문이다. 만일 그들의 주장대로 기도와 신앙이 육적 구원을 받지 못한 타락인에게만 필요한 것이라면, 인류의 구주로 오신 예수님은 무엇 때문에 많은 기도생활을 하셨단 말인가?

이와 같이 필자가 기도와 신앙의 필요성을 강조한다고 해서 타락인과 완성인의 기도와 신앙을 동일하게 보려는 것은 아니다. 그것은 서로 달라야 하며, 또 다를 수밖에 없다. 즉 완성인과 타락인에게는 각기 그에 해당하는 기도와 신앙이 필요한 것이다.

요컨대, 인간 사회에는 항상 하나님에 대한 간절한 기도와 신앙이 있어야 한다. 그래야만 그 사회는 갈수록 아름다운 신앙 사회로 선화될 수 있다. 하나님에 대한 간절한 기도와 신앙이 없는 개인이나 가정이나 사회를 생각해 보라. 그곳에 어떻게 하나님이 기쁨으로 운행하시고 임재하실 수 있겠는가?

위에서 논한 바와 같이, 성적 타락론자들이 내세우는 육적 구원설은 어느 모로 보나 타당치 않다. 그것은 다만 비윤리적이고 반사회적인 피가름의 교리를 초래할 뿐이다. 이에 필자는 모든 성도들이 그러한 이단적인 교리에 조금도 현혹되지 않기를 간곡히 당부하는 말이다.

제2절 십자가에 대한 예정설의 오류

* 우리가 어떻게 해야 하나님의 일을 하오리이까? 예수께서 대답하여 가라사대, 하나님이 보내신 자를 믿는 것이 하나님의 일이니라(요 6:28~29).
* 이 지혜는 이 세대의 관원이 하나도 알지 못하였나니, 만일 알았다면 영광의 주를 십자가에 못박지 아니하였으리라(고전 2:8).

이미 앞에서 논한 바 있거니와, 예수님의 십자가 고난이 예정의 사실이냐 아니냐 하는 문제는 모든 성도들의 큰 관심사가 아닐 수 없다. 왜냐 하면 십자가의 교리는 바로 기독교신앙의 핵심을 이루고 있기 때문이다. 따라서 이 교리에 대한 올바른 해석이야말로 자기 구원을 앞당기는 지름길이 될 수도 있다. 그런데 지금까지 대부분의 기독교 성도들은 예수님의 십자가 고난을 무조건 예정의 사실로 믿어 왔다. 그러나 예수님이 가신 십자가의 길은 결코 그러한 예정의 길이 아니었음을 알아야 한다.

물론 성서에는 이러한 예정설을 입증할 만한 문자적 근거도 있다고 보겠으나, 이것을 부인할 만한 성서적 근거는 너무도 많이 있다. 그러므로 결론부터 말한다면, 이러한 예정설의 주장은 어디까지나 하나님의 전체적인 섭리의 내용을 밝히 알지 못한 데 그 원인이 있다고 하겠다.

그러면 이 문제를 다음과 같이 나누어 고찰해 보기로 하자.

1. 하나님의 섭리로 보아

하나님이 메시아(구주)를 이 땅에 보내심은 누구든지 그를 믿는 자마다 멸망치 않고 영생을 얻게 하려고 하심에 있었다(요 3:16). 즉 예수님이 우리에게 오신 목적은 바로 사탄의 종이 된 죄악의 인류를 하나님의 자녀로 구원하시기 위함이었다. 그런데 이러한 예수님의 목적은 그가 반드시 십자가에 달리셔야만 이루실 수 있다는 것이 바로 예정설의 주장이다.

그러나 만일 그렇다면, 하나님은 어찌하여 예수님을 십자가에 잘 못박을 수 있는 이방인에게서 나게 하시지 않고, 도리어 2천년간이나 애써 길러 오신 이스라엘 선민 가운데서 나게 하셨단 말인가?

예수님이 탄생하실 때까지의 4천년간을 오로지 인간구원을 위해 수고하신 하나님의 안타까운 섭리역사를 보라! 믿음의 조상 아브라함을 세우시기까지 하나님은 2천년을 수고하셨고, 또 믿음의 백성 이스라엘 민족을 선민으로 부르시어 믿음의 민족적인 터를 닦으시기 위해 하나님은 다시금 2천 년을 수고하시지 않았던가?

이와 같이 하나님은 4천년간이나 장차 메시아를 보내시기 위한 믿음의 터전을 닦아 오셨으니, 이는 곧 이스라엘 민족으로 하여금 어떠한 일이 있더라도 메시아만은 잘 믿고 따를 수 있도록 하시기 위한 섭리였던 것이다. 만일 예수님의 십자가 고난이 인간 구원의 필연적인 노정이라면, 하나님은 구태여 믿음의 조상과 믿음의 백성을 찾아 세우시기 위한 피나는 수고를 하실 필요가 없는 것이다.

그러나 이러한 하나님의 애 타는 수고의 보람도 없이, 예수님은 마침내 십자가에 돌아가시고 말았으니, 이것이 어찌 하나님의 예정된 섭리에 의한 결과일 것인가? 만일 예수님의 죽음이 하나님의 예정에 의한 타당한 결과라고 한다면, 그를 살해한 이스라엘 민족은 어느 민족보다 하늘의 큰 축복을 받는 가장 복된 민족이 되었어야 할 것이다.

그러나 예수님이 십자가에 돌아가신 후, 이스라엘 민족은 도리어 말할 수 없이 비참한 민족이 되고 말았다. 한 가지 예로 이스라엘 민족은 제2차 세계대전 당시 독일의 히틀러에게 6백만 명이나 무참하게 살해되었으니, 이러한 면에서도 십자가에 대한 예정설의 타당성은 인정될 수 없는 일이라고 하겠다.

본래 예수님에 대한 유대인들의 불신이 없었다면, 주님은 굳이 십자가의 길을 가셔야 할 이유도 없었으며, 또 아무리 그 길을 가시려 해도 가실 수 없는 일이었다. 따라서 예수님의 십자가 고난은 종래에 믿어 왔듯이 하나님의 예정가운데서 되어진 합당한 결과가 아니라, 그것은 어디까지나 당시 유대인들의 불신으로 인하여 초래된 불행한 결과인 것이다. 그런데 아직도 많은 성도들은 예수님의 십자가 고난을 오히려 예정된 섭리의 결과로 굳게 믿고 있으니, 이 얼마나 그릇된 믿음인가?

그러므로 우리 성도들은 이제 모름지기 종래의 예정설을 벗어난 새로운 입장에서 자기신앙을 세워야 할 것이요, 또 그러한 가운데 성서도 다시 읽혀져야 할 것이다.

2. 당시의 시대적 상황으로 보아

과거 이스라엘 민족은 오시는 주님을 제일 먼저 맞이할 수 있었던 가장 복되고 영광스러운 민족이었다. 그러나 성서를 통해 본 이스라엔 민족의 역사 노정은 4백년간의 애급 고난을 비롯하여, 바벨론 포로시대와 메시아의 강림에 이르기까지 끊임없이 계속되어 왔다.

그러면 이렇듯 시종일관 고난과 역경의 길을 걸어 온 그들에게 있어, 괴로운 오늘을 잊고 밝은 내일을 약속할 수 있는 보다 간절한 소망이 있었다면 그것은 과연 무엇이었을까?

선지자의 예언을 신앙과 구원의 푯대로 삼아 오던 이스라엘 민족의 가장 큰 소망은 바로 메시아의 강림이었다. 따라서 메시아의 강림을 예고하는 선지자 말라기의 예언은(말 4:5) 비운에 잠긴 그들의 소망을 일깨워 주는 실로 고무적인 복음이었으며 또한 혼탁한 그 시대에 새로운 경종이 되기도 하였다. 그리하여 갈수록 그 도를 더해 가는 온갖 역경 속에서도 그들의 굳건한 메시아 사상은 언제든지 오시는 주님만 맞이하면 그만이라는 일념으로 항상 충만되었던 것이다.

이와 같이 메시아를 맞이하려는 그들의 유일한 소망은 그들로 하여금 오리라 한 메시아의 강림을 손꼽아 기다리게 하였고, 또 당시는 물론 기독교 박해의 최고봉을 이룬 로마 제국의 박해까지도 줄기차게 타고 넘을 수 있는 크나큰 원동력이 되기도 하였다.

그런데 예수님은 바로 이렇듯 모두가 메시아 강림의 소망으로 충만되어 있던 시대적 상황을 등에 지고 오셨던 것이니 생각하여 보라. 침식을 잊어 가며 메시아의 강림만을 애타게 호소하던 이스라엘 신앙의 목적체가 바로 예수님이라는 것을 당시의 그들이 지혜로써 알았다면, 어느 누가 예수님을 십자가에 내어주고 못박았을 것인가?

종래의 주장대로 아무리 십자가의 고난이 예정된 것이라고 해도 생애를 두고 바쳐 온 신앙의 목적체요, 또한 죄에 빠진 자기를 구원하여 영원한 생명으로 이끌어 줄 구주가 바로 예수님이라는 것을 안다면, 그를 믿고 따르지 않을 사람은 하나도 없었을 것이니, 이러한 면에서도 십자가에 대한 예정설의 타당성은 인정할 수 없는 것이다.

진실로 예수님의 십자가 고난은 당시 이스라엘 민족의 무지에 의해 초래된 불행한 결과였으며, 결코 하나님의 예정 가운데서 초래된 합당한 결과는 아니었다(행 7:51~52). 사도 바울은 이 사실을 알았기에 「이 지혜는 이 세대의 관원이 하나도 알지 못하였나니, 만일 알았더라면 영광의 주를 십자가에 못박지 아니하였으리라」 (고전 2:8)고 설파했던 것이다. 즉 당시 사람들에게는 예수님을 메시아로 깨닫는 지혜가 하나도 없었기 때문에, 결국 주님은 억울하게 돌아가시게 되었다고 개탄한 것이다(살전 2:15~16).

3. 예수님의 언행으로 보아

오늘날 보수신학에서 한결같이 주장하고 있는 예정설을 그대로 수긍하여, 예수님의 십자가 고난이 바로 하나님의 예정된 섭리에 따라 초래된 것이라고 한다면, 십자가의 고난을 앞에 두고 「나의 아버지여 할 만 하시거든 이 잔을 내게서 지나가게 하옵소서」 (마 26:39) 하고 올리신 예수님의 최후의 기도는 미약한 인간성의 발로라고 밖에 볼 수 없는 것이다.

스텐반도 그 처참한 최후의 운명을 웃으면서 끝마쳤고, 또한 그 이후의 많은 성도들도 이와 똑같은 순교의 길을 걸었거늘, 하물며 인류의 구주로 오신 예수께서 어차피 예정된 십자가의 고난이라면, 그 고난을 앞에 두고 어찌 이것을 피하기를 원하는 그러한 나약한 기도를 한 번도 아니고 세 번씩이나 올리셨을 것인가?

일찍이 예수님은 포도원의 비유에서 유대인들의 불신을 책망하신 후, 그들에게 이르시되 「그러므로 내가 너희에게 이르나니 하나님의 나라를 너희가 빼앗기고 그 나라의 열매 맺는 백성이 받으리라」 (마 21:43)고 말씀하셨다. 이 말씀으로 보아, 예수님이 가신 십자가의 길은 결코 주님이 스스로 원하신 길이 아니었음을 분명히 알 수 있다.

예정설의 풀이대로 십자가의 길만이 인류를 구원할 수 있는 유일한 길이라면, 예수님을 십자가에 살해한 유대인들이 어째서 하나님의 나라를 빼앗기게 되겠는가? 따라서 이러한 면에서도 십자가에 대한 예정설의 타당성은 부정되어야 할 것이다.

또 만일 십자가의 길만이 유일한 구원의 길이라고 한다면, 예수님을 십자가에 내주고 못박은 가룟 유다나 로마 병정들은 어차피 예정된 인물로 볼 수밖에 없다. 그래야만 비로소 예수님은 예정설의 뜻대로 십자가에 달리실 수 있기 때문이다.

그렇다면 그들은 비록 오신 메시아를 십자가에 못박은 잔인한 만행을 범하였지만, 섭리적인 면에서는 오히려 하나님의 절대적인 예정섭리를 맞추어드린 존재이니, 어느 누구보다도 하늘을 위한 공로자가 아닐 수 없다. 그런데 예수님은 도리어 가룟 유다에게 「그는 차라리 나지 아니하였더라면 제게 좋을 뻔하였다」 (마 14:21)고 개탄하셨으며, 그후 사도들을 비롯한 모든 성도들도 역시 그들의 범죄적인 만행에 한결같이 울분을 품어 오고 있으니, 이 어찌된 일인가?

종래의 주장대로 만일 예수님의 십자가 고난을 예정의 사실로 인정한다면, 그들의 범죄행위도 역시 필연적인 것으로 인정해야 하겠거늘, 어떠한 이유로 그들의 범죄행위만은 예정의 결과로 생각지 않는단 말인가?

다음으로 마태복음 7징 21절에 보면 예수님은 제자들에게 「나더러 주여 주여 하는 자마다 천국에 다 들어 갈 것이 아니요, 다만 하늘에 계신 내 아버지의 뜻대로 행하는 자라야 들어가리라」고 말씀하셨다.

그러면 하나님의 뜻이란 도대체 무엇인가? 그것이 바로 보내신 메시아(예수)를 이단자로 몰아 십자가에 못박는 일인가? 아니다, 그것은 결코 하나님의 뜻일 수 없다.

하나님의 뜻은 바로 모든 사람들이 보내신 메시아를 잘 믿고 따름으로써 이 지상에 하나님의 나라(천국)를 이루는 데 있으니(마 6:33), 오늘의 모든 성도들은 이 사실을 밝히 깨달아야 할 것이다.

한편 마태복음 9장 6절에 보면, 예수님은 「죄사할 권세가 있다」고 말씀하셨다. 이 말씀을 보면, 예수님은 구태여 십자가에 돌아가시지 않는다 하더라도 능히 타락한 인간을 구원하실 수 있었음을 알 수 있다. 사실상 주님은 십자가의 길을 가시기 전에도 많은 사람들의 죄를 사해 주셨다(마 9:2, 눅 7:48, 요 8:10). 따라서 예수님이 십자가에 달리실 필요는 하나도 없는 것이다. 죄를 사하는 것이 구원이요, 이러한 섭리가 바로 하나님의 구원 섭리라고 한다면, 인간구원에 고난의 십자가가 도대체 무엇에 필요할 것인가?

만일 종래의 주장대로 예수님의 십자가 고난이 이미 예정된 섭리의 결과라고 한다면, 「죄 사할 권세가 있다」고 밝히신 주님의 말씀은 부득이 버려야 할 것이니, 우리는 이 중에서 어느 것을 버리고 취할 것인가?

유대인들이 예수께 나아가 「스승이여 우리가 어떻게 해야 하나님의 일을 하오리까」 하고 물을 때에도 주님은 그들에게 「하나님이 보내신 자를 믿는 것이 하나님의 일이라」(요 6:29)고 분명히 말씀하셨거니와, 진정 하나님이 보내신 자를 믿는 것이 하나님의 일이 아니고 무엇이랴! 그러기에 예수님은 수많은 이적과 기사를 베풀어 보이시며 자기를 믿어 줄 것을 호소하셨고, 또 이스라엘의 불신에 안타까운 눈물을 흘리셨던 것이다(눅 19:41~44). 어찌 한 사람의 불신이라도 바라셨을 것인가?

「예루살렘아 예루살렘아, 선지자들을 죽이고 네게 파송된 자들을 돌로 치는 자여, 암탉이 그 새끼를 날개 아래 모음같이 내가 네 자녀를 모으려 한 일이 몇 번이냐, 그러나 너희가 원치 아니 하였도다」(마 23:37)고 하신 말씀과 같이, 예수님은 그들을 몹시도 애타게 품으려고 하셨지만, 어느 한 사람도 그를 진정으로 믿고 따르는 자가 없었으니, 그들을 바라보시던 주님의 심정은 어떠했을까?

이와 같이 당시 유대인들은 교법사와 제사장에 이르기까지 도리어 예수님을 이단자로 몰아 불신하였고, 이러한 불신은 마침내 주님을 핍박하고 배척하는 데까지 이르렀다. 그리하여 예수님은 할 수 없이 그들을 떠나 외롭고 초라한 모습으로 갈릴리 해변을 헤매시며, 미천한 어부와 세리와 죄인들을 제자로 혹은 친구로 사귀셨던 것이다.

예수님은 이렇듯 유대인들의 불신으로 말미암아 시종일관 고난과 역경의 길을 가셨으니, 이러한 주님의 서러웠던 심정과 사정을 이제라도 가슴깊이 깨닫는 성도들이 있다면, 그들은 한결이 예수님의 죽음이 억울한 일이었다고 말할 것이다.

진실로 그러하다, 꺼지는 불도 마저 끄지 않으시며, 부러진 갈대도 마저 꺾지 않으시는 것이 바로 사랑의 하나님이 하시는 일이거늘, 어찌 구태여 사랑하시는 독생자 예수님을 십자가에 달리게 하시고, 그 고난의 주님을 믿게 하여 그를 따르는 성도들까지 또 십자가의 고난을 겪도로 섭리하실 것인가?

다음으로 요한복음 5장 39절 이하의 기록을 보면, 예수님은 자기를 증거하고 있는 성경을 보면서도 믿지 못하는 유대인들에게 대하여, 「너희가 성경에서 영생을 얻는 줄 생각하고 성경을 상고하거니와, 이 성경이 곧 내게 대하여 증거하는 것이로다. 그러나 너희가 영생을 얻기 위하여 내게 오기를 원치 아니하는도다」하시며 그들의 불신과 무지를 책망하셨다.

주님의 말씀 그대로 성서는 어디까지나 오시는 주님을 증거하기 위한 것이므로 당시 유대인들은 성서에만 매달려 있을 것이 아니라, 어서 속히 그 성서가 증거하고 있는 예수님 앞으로 나아가 그의 말씀을 듣고 따라야 할 일이었다. 그러나 그들은 도리어 예수님을 이단자로, 혹은 바알세불을 접한 자로 몰아 비난하며 조소하지 않았던가?

이와 같이 당시 유대인들은 모두가 성서의 문자에만 사로잡혀 불신에 불신을 거듭함으로써 오신 메시아를 보아도 알지 못하였고, 그 말씀을 들어도 깨닫지 못하였다. 이러한 그들의 불신과 무지는 예수님의 안타까운 호소를 끝내 저버리고 말았다. 이에 예수님의 서러운 심정은 그들에게 「만일 내가 내 아버지의 일을 행치 아니하거든 나를 믿지 말려니와 내가 행하거든 나는 믿지 아니 할지라도 그 일만은 믿으라」 (요 10:37~38)고까지 말씀하시게 되었으니, 이러한 예수님의 모든 언행만을 미루어 보더라도 십자가의 예정설이 타당치 않음은 너무도 분명한 일이라고 하겠다(고전 2:8, 살전 2:15~16).

이미 논한 바와 같이, 예수님이 이 지상에 오신 목적은 바로 타락한 죄악세계를 구원하여 영원한 하나님의 나라를 이루시려는 데 있었다. 이사야서 9장 6절 이하에 기록된 바, 「한 아이가 우리에게 낳고 한 아들을 우리에게 주신 바 되었는데, 그 어깨에는 정사를 메었고 그 이름은 평강의 왕이라 할 것임이라. 그 정사와 평강의 더함이 무궁하며, 또 다윗의 위에 앉아서 그 나라를 굳게 세우고 자금 이후 영원토록 공평과 정의로 그것을 보존하실 것이라. 만군의 여호와의 열심이 이를 이루시리라」 고 한 말씀은, 바로 예수님이 장차 다윗의 왕위를 계승하여 영원히 멸하지 않을 하나님의 나라를 이 지상에서 세우실 것을 예언한 것이다(단 2:44, 단 7:13~14).

예수님이 잉태하실 때에도 천사는 마리아에게 나타나, 「보라, 네가 수태하여 한 아들을 낳으리니, 그 이름을 예수라 하라. 저가 큰 자가 되고 지극히 높으신 이의 아들이라 일컬을 것이요, 주 하나님께서 그 조상 다윗의 위를 저에게 주시리니, 영원히 야곱의 집에 왕노릇하실 것이며, 그 나라가 무궁하리라」 (눅 1:31~33)는 말씀을 전하였고, 또 예수님도 우리에게 「너희는 먼저 하나님의 나라와 그의 의를 구하라」 (마 6:33)고 말씀하셨다. 그러나 이러한 하나님의 나라는 어디까지나 예수님이 살아 계셔야만 그 실현이 가능하므로, 이러한 면에서도 십자가의 예정설은 부정되어야 할 것이다.

4. 십자가의 양면으로 보아

성서에는 예수님이 사실 것과 죽으실 것이 각각 기록되어 있는데, 이러한 십자가와 양면적인 예언은 왜 있었는가를 알아보기로 하자.

일찍이 하나님은 인간에게 섭리적 책임분담을 부여하셨다. 따라서 인간의 완성은 반드시 부여된 그 섭리적 책임분담을 완수해야만 가능하게 되었다. 그런데 인간에게는 누구나 자유의자가 있기 때문에, 그 책임분담의 수행여부는 어디까지나 자유의지에 따라 결정될 수밖에 없다. 따라서 그로 인한 모든 결과는 항상 양면의 결과를 가져오게 된다. 그 하나는 하늘편의 결과가 되며, 다른 하나는 사탄편의 결과가 된다.

이와 같이 인간을 대상으로 한 하나님의 모든 섭리는 그 책임분담의 수행 여하에 따라 언제나 양면의 결과를 가져오기 때문에, 하나님은 부득이 그 섭리에 대한 예언과 약속을 양면으로 하시지 않을 수 없는 것이다. 성서에 기록된 모든 섭리 내용이 양면으로 되어 있는 원인은 바로 여기에 있다. 이제 그 예를 들어보자.

하나님은 인간조상 아담과 하와에게 「너희는 선악과를 따먹지 말라. 따먹는 날에는 반드시 죽으리라」 (창 2:17)고 말씀하셨다. 이 말씀은 바로 그들이 선악과를 따먹고 죽을 수도 있고, 안 따먹고 살 수도 있는 양면의 입장에 처해 있었기 때문에 하신 것이었다.

이러한 섭리의 양면성은 하나님의 모든 섭리에 동일하게 적용된다. 그 까닭은 아무리 하나님의 예언과 약속이 있다 할지라도, 이를 대하는 인간들이 그 부여된 책임 분담을 다하지 못한다면 그 예언과 약속은 결코 이루어질 수 없기 때문이다. 하나님의 구원 섭리가 오랜 역사를 두고도 완결되지 못한 채 번번이 연장되어 온 것은 바로 여기에 그 원인이 있었다.

그러므로 십자가에 대한 하나님의 예언도 부득이 양면으로 하셨으니, 첫째로 보내신 메시아를 이스라엘 민족이 잘 믿고 따랐을 경우(호조건의 경우)에 되어질 일과, 다음으로 그들이 불신하고 따르지 않았을 경우(악조건의 경우)에 되어질 일을 각각 예언하셨던 것이다.

만일 당시의 이스라엘 민족이 보내신 메시아를 모두 믿고 따랐다면, 이사야서 9장, 11장, 60장 및 누가 복음 1장 31절 이하의 말씀과 같이 하나님의 제1차적인 예언과 약속은 이미 이루어졌을 것이다.

그런데 불행히도 그들의 불신과 무지는 도리어 예수님을 이단자로 몰아 십자가에 못박고 말았다. 그리하여 예수님에 대한 하나님의 예언은 마침내 이사야서 53장의 십자가를 중심한 제2차적인 예언만이 이루어지게 되었고, 그 본래의 제1차적인 예언은 모두 장차 이루어질 약속으로 남아졌던 것이다(계 10:7, 계 11:15, 계 21:1).

위에서 우리는 십자가에 대한 예정설의 부당성을 성서적인 면에서 여러 가지로 밝혀 보았다. 그 결과 예수님은 하나님의 예정 가운데 십자가에 달리시기 위해 오신 것이 아니라, 이 지상에 영원한 하나님의 나라(천국)를 이루시기 위해 오셨던 것임을 알았다. 그리고 십자가의 대속은 당시 유대인들의 불신으로 인하여 초래된 하나님의 제2차적인 섭리라는 사실도 알게 되었다.

그러면 당시의 유대인들이 모두 불신의 길로 나아가게 된 주요 원인은 어디에 있었는가? 그것은 바로 예수님에 대한 세례 요한의 불신에 있었다. 만일 세례 요한이 예수님을 불신하지 않았다면, 주님은 결코 그토록 비참한 십자가의 길을 가시지 않았을 것이다. 그러면 이에 관한 자세한 내용을 다음에서 알아보기로 하자.

제3절 예수님에 대한 세례요한의 불신

* 요한이 옥에서 그리스도의 하신 일을 듣고 제자들을 보내어 예수께 여짜오되, 오실 그이가 당신이오니까 우리가 다른 이를 기다리오리까 하니

(마 11:2~3).

* 내가 진실로 너희에게 말하나니, 여자가 낳은 자 중에 세례 요한보다 큰
이가 일어남이 없도다. 그러나 천국에서는 극히 작은 자라도 저보다 크
니라(마 11:11).

선지자들의 예언을 신앙의 푯대로 삼아 오던 이스라엘 민족의 가장 큰
소망은 물론 메시아의 강림에 있었으나, 보다 더 고대한 것은 엘리야의 재
림이었다. 왜냐 하면 메시아의 강림에 앞서 엘리야를 먼저 보내리라고 예언
하신 것이 바로 선지자 말라기를 통한 하나님의 약속이었기 때문이다(말
4:5).

그런데 엘리야는 그 때로부터 이미 9백여 년 전에 승천한 선지자였기 때
문에(왕하 2:11) 당시 유대인들은 한결같이 하늘만을 우러러 그의 재림을
고대하였다. 마치 오늘의 모든 성도들이 2천년 전에 승천하신 예수님이 구
름을 타고 오실 줄로 믿고 하늘을 우러러 바라보며 주의 재림을 고대하고
있듯이, 당시의 유대인들도 역시 승천한 엘리야가 하늘로부터 올 것으로 믿
고, 하늘만을 쳐다보며 그의 재림을 고대하고 있었던 것이다.

이와 같이 과거 유대인들은 선지가 말라기의 예언을 따라(말 4:5), 한결같
이 메시아가 나타나기에 앞서 엘리야의 재림이 먼저 이루어질 것으로 굳게
믿고 있었다. 따라서 당시 메시아의 강림은 바로 이러한 그들의 신앙을 충
분히 공감시킬 수 있는 입장에서 이루어졌어야 할 일이었다.

그런데 예수님은 이와 달리 「앞서 오리라」고 한 엘리야가 재림했다는
아무러 소식도 없는 입장에서 스스로 메시아임을 표명하시고 나섰던 것이
다. 그러기 때문에 제자들이 가는 곳마다 당한 곤란은 만일 너희들의 선생
이 메시아라고 한다면, 그보다도 먼저 오리라고 예언했던 엘리야는 누구며,
또 언제 어디로부터 재림하였는가 하는 물음에 대한 답변이었다.

마침내 제자들은 예기치 못한 그들의 질문에 답변을 구하고자 직접 예수
께 나아가 「스승이여 어찌하여 서기관들이 엘리야가 먼저 와야 하리라 하

나이까」 (마 17:10~12)하고 묻게 되었다. 이러한 제자들의 질문에 대한 예수님은 세례 요한이 바로 그들이 고대하고 있는 엘리야라고 답변하심으로써, 메시아의 강림에 앞서 오리라고 한 엘리야가 이미 지상에 재림하였음 밝히 드러내셨다(마 17:13, 마 11:14).

그러나 예수님의 이 말씀이 당시 유대인들에게 쉽게 이해될 수는 없었다. 예수님의 제자들은 이미 그를 믿고 따르고 있었으므로, 세례 요한이 바로 엘리야라고 증거 하신 주님의 말씀을 그대로 믿을 수도 있었겠지만, 아직도 그가 누구인지를 모르고 있던 유대인들이야 어떻게 그의 증언을 그대로 시인할 수 있었을 것인가?

이와 같이 예수님은 세례 요한을 엘리야로 증거 하셨지만, 당시 유대인들에게 있어서는 한낱 허망한 소리로밖에 들리지 않을 수 없었으니, 이는 세례 요한 자신이 나는 엘리야가 아니라고 분명히 선언하고 나섰기 때문이다 (요 1:21).

이미 언급한 바와 같이, 엘리야의 음성을 듣지 못하고는 메시아의 음성을 들을 수 없다고 생각하던 것이 당시 유대인들의 한결같은 신앙이었다. 그러므로 메시아는 아무리 불우한 환경에서 태어난 미미한 존재로 나타난다 하더라도 그들에게 있어서는 크게 문제될 일이 아니었다. 오직 하늘로부터 재림한 엘리야가 나타나서 메시아로 증거 하는 사람이 있다면, 그들은 의심 없이 그 분을 메시아로 믿을 수 있었던 것이다.

그리하여 당시 유대인들은 제사장들과 레위인들을 직접 세례 요한에게 보내어 이 문제를 해결해 보려고 하였다(요 1:19~20). 그러나 세례 요한은 예수님의 증언과는 달리 자기는 엘리야가 아니라고 끝까지 부인하고 나섰기 때문에(요 1:21), 유대인들 사이에는 큰 혼란이 일어나게 되었다.

생각하여 보라, 예수님은 세례 요한을 바로 유대인들이 고대하고 있는 엘리야라고 증거하셨고(마 11:14), 세례 요한 자신은 이미 이 사실을 부인하여 버렸으니, 그들은 도대체 누구의 말을 믿고 누구의 말을 버려야 하겠는가?

우리가 이 문제를 올바로 해명하기 위해서는 당시 유대인들의 입장에 서서, 예수님과 세례 요한의 두 분 가운데 누가 더 믿을 수 있는 사람으로 보여졌는가를 알아야 할 것이다. 그러면 먼저 유대인들의 입장에서 본 예수님에 대해 알아보기로 하자.

1. 당시 유대인들의 입장에서 본 예수님의 모습

성서에 나타난 예수님의 모습은 너무도 초라하였다. 목수의 천한 가정에서 태어나셨기에, 그가 지극히 초라하고 무식한 청년으로 보인 것은 당연한 일이었다.

이와 같이 무명의 청년으로 출발하신 예수님은 때로 유대인들이 생명시하는 안식일에 많은 병자들을 고치셨고(요 5:10~16), 또 자기를 안식일의 주인이라고도 하셨다(마 12:8). 그러므로 당시의 유대인들에게 있어서는 예수님이 틀림없는 율법 위반자로 보여지게 되었다(마 5:17).

한편 예수님은 유대인의 지도자들에게 추방되어 세리와 죄인들의 친구가 되어 먹고 마셨을 뿐만 아니라(마 11:19), 그들이 유대인의 지도자들보다도 오히려 먼저 천국에 들어갈 것이라고 주장하기도 하셨다(마 21:31).

그리고 누가복음 7장 37절 이하의 기록을 보면, 한 여인이 예수께 나아가 그의 발에 값진 기름을 붓고 머리털로 씻으며 입을 맞춘 일도 있었다. 이러한 여인의 행동은 당시는 물론 오늘의 사회에서도 도저히 용납되기 어려운 일임에도 불구하고, 예수님은 이것을 그대로 받으셨고, 그 여인의 행동을 비난하는 제자들을 도리어 책망하기까지 하셨다(눅 7:44~50). 더구나 예수님은 자기를 하나님과 동등한 입장에 세우시고(요 14:8~9), 자기로 말미암지 않으면 천국에 갈 자가 하나도 없다고 하셨으며(요 14:6), 또 자기를 그들의 부모나 형제나 처자들보다도 더 사랑해야 한다고 강조하기도 하셨다(마 10:37, 눅 14:26).

오늘에 이르러 우리들은 예수님을 메시아로 믿고 있으므로, 주님의 이러한 언행은 모두가 은혜가 될 수 있는 것이지만, 아직도 그가 누구인지를 모르는 유태인들에게 있어서야 어찌 그러한 언행이 좋은 것으로 보여질 수 있었겠는가? 그러므로 당시 유대인들은 한결같이 예수님을 이단자나 귀신들린 자로, 혹은 바알세불을 접한 자로 몰아 비난하며 조소했던 것이다(마 12:24, 요 8:48, 행 24:5).

그러면 다음으로 우리는 당시 유대인들의 입장에서 본 세례 요한의 모습이 어떠했었는지를 알아보기로 하자.

2. 당신 유대인들의 입장에서 본 세례요한의 모습

세례 요한은 당시 유대인들에게 존경을 받던 제사장 사가랴의 아들로 태어났기 때문에(눅 1:13) 그는 예수님보다 그 출신성분이 매우 좋았다. 그리고 그의 부친은 요한의 출생을 예고하는 천사의 말을 공연히 의심하여 갑자기 벙어리가 되었는데(눅 1:20) 그의 출생 후에야 그 입이 다시 열리게 되었다(눅 1:64). 이러한 기사이적으로 인하여 세례 요한은 태어날 때부터 많은 사람들을 놀라게 하였다.

한편 세례 요한은 유대인들에게 나타날 때까지 광야에서 메뚜기와 석청(꿀)을 먹으며 독실한 수도생활을 하였고(눅 1:80), 또 그는 예수님보다 먼저 많은 제자들을 거느리고 다니며 세례를 베풀기도 하였다(마 3:1~6, 요 3:23~25).

그리하여 당시 유대인들은 교법사와 제사장들까지도 그가 혹시 메시아가 아닌가 하고 생각할 정도로 그를 위대한 선지자로 보았다(눅 3:15, 요 1:19~20).

그러면 이렇듯 빛나고 훌륭한 입장에서 출발한 세례 요한과, 이와는 달리 지극히 초라하고 미천한 입장에서 출발한 예수님을 비교할 때, 과연 어느 누가 보다 더 믿고 따를 만한 인물로 보여졌겠는가? 그것은 두말할 나위도 없이 세례 요한이 아닐 수 없다. 따라서 당시의 유대인들은 세례 요한이 바로 엘리야라고 하신 예수님의 말씀보다도 자기는 엘리야가 아니라고 부인한 세례 요한의 증언을 더 잘 믿었을 것이다.

유대인들이 끝까지 예수님을 불신하고 세례 요한의 증언을 믿고 보니, 엘리야는 아직도 오지 않은 것으로 믿을 수밖에 없었고, 더구나 메시아가 오셨으리라는 것은 상상조차 할 수 없는 일이었다. 따라서 이러한 그들에게 지상에서 태어난 세례 요한을 엘리야로 지적하신 예수님의 증언이 쉽게 이해될 리가 없었으며, 그것은 다만 자신을 메시아로 자처하기 위한 것이라고 여기게 되었다. 그리하여 예수님이 하시는 모든 언행은 도리어 그들에게 불신의 요인으로 되고 말았으니, 어떻게 그들의 멸시와 조소를 면하실 수 있었겠는가?

이와 같이 세례 요한이 자기는 엘리야가 아니라고 분명히 선언하고 나섰기 때문에(요 1:21), 당시 유대인들은 선지자의 예언을 믿으려면 예수님의 말씀을 버려야 하고, 주님의 말씀을 믿으려면 부득이 종래의 예언서를 버려야 할 난처한 입장에 처하게 되었다. 그러나 하나님의 절대적인 예언과 약속을 버릴 수는 없었으므로, 결국 유대인들은 예수님에 대한 불신의 길로 나아갈 수밖에 없었던 것이다.

당시 제사장을 비롯한 모든 유대인들이 세례 요한을 존경하는 마음은 그를 메시아로 생각하는 데까지 이르렀으므로(눅 3:15, 요 1:20), 만일 세례 요한이 예수님의 증언대로 자기가 바로 엘리야라는 것을 선포하고 나섰다면, 메시아를 맞기 위하여 엘리야를 고대하던 유대인들은 모두 이러한 세례 요한의 증언을 따라 한결같이 예수님을 메시아로 믿고 그 앞으로 나아갔을 것이다.

그러나 자기는 엘리야가 아니라고 시종일관 부인한 세례 요한의 무지는 도리어 유대인들이 예수님 앞으로 나아갈 수 있는 모든 길을 막아버리고 말았으니, 이로 인하여 예수님이 가실 길은 오직 죽음 길밖에 없었던 것이다.

물론 세례 요한이 예수님에 대하여 전혀 증거하지 않은 것은 아니었다. 마태복음 3장 11절에 보면, 그는 자기가 물로 세례를 주지만 자기 뒤에 오시는 분은 성령으로 세례를 주시므로, 자기는 그의 신을 들기에도 감당하지 못한다고 말하였고, 또 요한복음 1장 30절 이하에 보면, 세례 요한이 증거의 사명자로서 예수님을 하나님의 아들로 직접 증거한 사실도 있다(요 1:30~34).

이밖에도 세례 요한은 자기는 주의 길을 곧게 하기 위하여 광야에서 외치는 자라고 하였고(요 1:23), 또 자기는 그리스도가 아니요, 다만 그의 앞에 보내심을 받은 자라고도 하였다(요 3:28).

이와 같이 세례 요한은 자기 스스로 예수님을 하나님의 아들로 증거했으니, 그는 응당 자기가 그 앞에 부름 받은 엘리야의 대신사명자임을 지혜롭게 깨달아야 할 일이었다. 설혹 세례 요한이 이 사실을 자각하지 못하였다 하더라도 자기가 스스로 예수님을 증거한 이상 그가 자기를 엘리야로 증거하면 자기도 그 말씀에 순종하여 자기가 엘리야라는 것을 유대 민족 앞에 밝히 선포하고 나서야 될 일이었다. 그러나 그는 무지하여 예수님의 증언을 끝까지 부인했던 것이다(요 1:21).

세례 요한이 비록 예수님을 증거했다 하더라도 그것만으로 그의 사명이 다 끝난 것은 아니었다. 그가 진심으로 예수님을 증거했다면, 그후부터는 다만 제자의 입장에서 그 주님을 성실히 모시고 따랐어야 한다. 그럼에도 불구하고, 세례 요한은 언제나 예수님과 따로 갈라져 세례를 주고 다녔기 때문에(요 3:22~23), 일반 유대인들은 물론 교법사와 제사장들까지도 그를 도리어 메시아로 오인하기에 이르렀던 것이다(눅 3:15).

한편 세례 요한이 예수님을 가리켜 「그는 흥해야 되겠고 나는 쇠해야 하리라」(요 3:30)고 한 말을 보면, 그는 예수님과 흥망성쇠를 같이 하지 않은 것이 분명하다. 메시아를 위해 태어난 그가 진실로 메시아와 함께 운명을 같이 했다면, 어째서 주께서 흥할 때 그가 쇠할 것인가? 그러므로 세례 요한의 이 말은 어디까지나 그가 예수님과 함께 운명을 같이하지 아니함을 스스로 드러낸 것으로 볼 수 있다.

이미 언급한 바와 같이, 예수님의 복음은 다른 제자가 아니고, 바로 그의 앞길을 예비하기 위해 부름받은 세례 요한 자신이 먼저 그의 수제자가 되어 전해야 할 것이었다.

예수님도 세례 요한의 높은 인격을 지적했듯이, 당시의 세례 요한은 누구를 막론하고 그가 혹시 메시아가 아닌가 하고 생각할 정도로 뛰어난 인물이었다(눅 3:15). 아무도 그의 높은 인격과 빛나는 수도 생애에 이의를 달 사람은 없었다.

그러므로 만일 이러한 세례 요한이 예수님의 복음을 대신 전했더라면 당시 유대인들은 그 복음을 너무도 잘 받아들였을 것이다. 그러나 그는 그의 지혜 없는 행동으로 말미암아, 그러한 복음전도의 사명을 한번도 해 보지 못하고, 다만 가치 없는 죽음의 길을 감으로써 비참한 생애를 마쳤던 것이다(마 14:3~12).

세례 요한이 비록 예수님을 증거했지만, 그가 진정으로 주님을 믿고 증거한 것은 아니었다. 그가 진정으로 믿었다면, 그는 항상 예수님을 메시아의 이름으로 정확히 증거했어야 한다. 그러나 그는 다만 예수님을 〈어린양〉으로, 혹은 〈성령의 세례자〉로, 혹은 〈하나님의 아들〉로 증거했을 뿐, 메시아의 이름으로 증거한 일은 한번도 없었으니, 어찌 그의 증거가 참되다고 하겠는가?

세례 요한이 하나님의 계시와 증거를 받을 때는 예수님을 하나님의 아들로 증거하였다(요 1:34). 그러나 이러한 그의 증거는 일시적이었을 뿐, 그는 갈수록 예수님을 인간적으로 평가함으로써, 결국 메시아로서의 그를 의심하게 되었다. 그가 예수님을 인간적으로 평가하게 된 이유는 바로 주께서 가까운 친척으로 태어나셨고, 또 그의 생애가 자기보다 너무나 초라했기 때문이다.

사실상 겉으로 나타나는 것만 헤아린다면, 공적인 섭리노정을 출발하실 때까지 목수의 가정에서 자라난 예수님의 생애는 세례 요한의 수도 생애에 비하여 매우 저급한 것으로 보여졌을 것이다. 더구나 지상에서 태어난 자기를 가리켜 엘리야라고 증거하는 예수님의 증언은 도무지 이해할 수 없었을 뿐만 아니라, 그것은 어디까지나 예수님 자신이 메시아로 자처하기 위한 하나의 수단으로밖에 생각되지 않았을 것이다.

따라서 이러한 세례 요한이 자기와는 도저히 비교할 수도 없을 정도로 초라한 입장의 예수님을 메시아로 믿고 따른다는 것은 지극히 무모한 일로 보여졌을 것이다.

당시의 교법사나 제사장들도 그러했지만, 세례 요한에게 있어서도 역시 하나님의 예언과 약속을 믿으려면 예수님을 믿을 수 없었고, 예수님을 믿으려면 부득이 그 예언과 약속을 버리지 않을 수 없는 난처한 입장이었다. 의심은 또한 의심을 낳는 법이다. 그리하여 세례 요한의 무질서한 마음은 더욱 그로 하여금 어둠 속을 더듬게 하였다.

이와 같이 의심의 구름에 싸인 세례 요한은 마침내 옥중에서 제자들을 예수님에게 보내어, 「오실 그이가 당신이옵니까, 우리가 다른 이를 기다려야 하겠습니까」 (마 11:30)하고 묻기에 이르렀다. 즉 그는 자기의 의문을 예수님의 직접적인 대답으로 풀어 보려고 했던 것이다(눅 7:18~20).

그런데 예수님은 그들에게 내가 메시아란 말 대신 「너희가 가서 듣고 보는 것으로 요한에게 고하되, 소경이 보며, 앉은뱅이가 걸으며, 문둥이가 깨끗함을 받으며, 귀머거리가 들으며, 죽은 자가 살아나며, 가난한 자에게 복음이 전파된다 하라」 (마 11:4~5)고 말씀하셨으니, 이는 지금 내가 행하고 있는 일들을 보고, 세례 요한이 지혜로써 깨달으라는 뜻에서 하신 말씀이었다(눅 7:21~23).

예수님의 간절한 소망은 바로 하나님의 구원 섭리를 조속히 이루는데 있으므로, 그에게는 따르는 백 사람보다도 천 사람을 능히 다스려 인도할 수 있는 한 지도자가 우선적으로 필요한 것이다. 그러므로 당시 예수님이 먼저 찾아가 복음을 전해야 할 사람은 일반 유대인들이 아니라, 그들의 신앙을 인도하던 지도층의 제사장들과 교법사들이었다.

그러나 그들은 모두 예수님을 이단자로 몰아 배척하였고, 또 굳게 믿었던 세례 요한까지도 그의 곁을 떠나 불신의 입장에서 행동함으로써, 주님은 할 수 없이 미천한 어부와 세리와 죄인들을 찾아다니시며 복음을 전하시게 되었던 것이다.

그러므로 예수님이 「가난한 자에게 복음이 전파된다 하라」(마 11:5)고 하신 말씀에는 오신 메시아를 목전에 두고도 믿지 못하는 유대인들의 불신과 특히 세례 요한이 사명을 다 하지 못한 데 대한 비감한 심정이 어리어 있었음을 알아야 한다.

이와 같이 서러운 예수님의 심정은 드디어 「누구든지 나로 인하여 실족하지 않은 자가 복이 있다」(마 11:6)고 까지 말씀하시게 되었다. 당시의 세례 요한이 뛰어나게 훌륭했다는 것은 유대인들이 그를 메시아로, 혹은 엘리야로 혹은 선지자로 생각했다는 사실만을 보아도 잘 알 수 있거니와(눅 3:15, 요 1:19~21), 이토록 훌륭하고 위대한 세례 요한에 대하여 예수님이 그처럼 말씀하신 것은 그가 선지자로서의 사명을 다하지 못하였기 때문이다. 즉 이 말씀은 세례 요한이 아무리 훌륭하다고 해도 그는 이미 실족한 자임을 간접적으로 나타내신 말씀이었던 것이다.

세례 요한의 제자들이 떠나간 후에 예수님은 무리에게 「내가 진실로 너희에게 말하노니, 여자가 낳은 자 중에 세례 요한보다 더 큰 이가 일어남이 없도다. 그러나 천국에서는 지극히 작은 자라도 저보다 크니라」(마 11:11)고 말씀하셨다. 말씀 그대로 예수님은 세례 요한이 지상에서는 크다 하더라도 천국에서는 지극히 작은 자만도 못하다고 하셨으니 그 이유는 무엇인가?

아는 바와 같이, 천국에 있는 모든 사람들은 여인의 몸에서 태어나 지상을 거쳐 간 사람들이다. 그러므로 여인이 낳은 사람 중에 가장 큰 사람이라면, 천국에서도 역시 가장 큰 사람이 되어야 한다. 그런데 어찌하여 지상에서는 가장 큰 세례 요한이 천국에서는 지극히 작은 자만도 못할 것인가?

예수님이 오시기 전에 왔다 간 모든 선지자들은, 장차 오실 메시아를 고대하며 그의 강림을 직접적으로 증거 하였다. 그러나 세례 요한은 메시아를 직접적으로 증거 하여, 그의 앞길을 예비하기 위해 태어난 인물이었다(요 1:23). 그러므로 메시아의 길 예비자로 부름 받은 세례 요한은 다른 어떠한 선지자들보다도 큰 것이다(마 11:7~10).

그러나 메시아를 모신다는 점에서 본다면, 그는 가장 작은 사람이 아닐수 없다. 왜냐 하면 천국에서는 아무리 작은 자라도 이미 예수님을 메시아로 알고 모시고 있는데, 세례 요한은 도리어 예수님과 분리되어 천국의 지극히 작은 자만큼도 그를 모시지 못하였기 때문이다.

이와 같이 세례 요한이 예수님을 직접 모시고 받들지 못함으로써 그는 마침내 그가 차지해야 할 수제자의 귀한 자리까지 미천한 베드로에게 빼앗기는 가련한 신세가 되었다. 메시아의 앞길을 예비하기 위해 하나님으로부터 택함을 받았고, 또 광야에서 그토록 어려운 수도생활을 하여 온 세례 요한이 만일 예수님을 잘 모시고 받들었더라면, 그의 수제자는 틀림없이 세례 요한이 되었을 것이다. 그런데 세례 요한은 그러한 사명을 다하지 못함으로써 그는 불행히도 그 귀하고 복된 수제자의 자리를 영원히 베드로에게 빼앗기고 비참한 생애를 마쳤던 것이다(마 14:3~12).

진실로 세례 요한이 지혜가 있어서 지혜롭게 행했더라면, 그는 항상 예수님의 곁을 떠나지 않았을 것이요, 또한 그의 모든 행적도 영원히 하늘 앞에 남아질 것이었다. 그러나 그는 불행히도 무지했기 때문에, 유대인들이 예수님 앞으로 나아가는 길을 모두 막아 버리고 말았으니, 바로 이러한 그의 무지가 주님으로 하여금 십자가의 길을 가시게 한 주요 원인이 되었던 것이다.

그러므로 사도 바울은 「이 지혜는 이 세대의 관원들이 하나도 알지 못하였나니, 만일 알았더라면 영광의 주를 십자가에 못박지 아니 하였으리라」(고전 2:8)고 설파했던 것이다(살전 2:15~16).

위에서 필자는 세례 요한에 관한 문제를 성서에 기초해서 밝혀 보았다. 그 결과 세례 요한은 성령으로 시작했다가 육체로 마친 불행한 선지자였음을 알게 되었다(갈 3:3, 눅 7:18~20). 그런데 대부분의 성도들은 아직도 세례 요한이 자기 사명을 다한 것으로 알고 그를 높이 평가하고 있으니, 이 얼마나 잘못된 일인가?

지금까지 모든 성도들은 세례 요한을 무조건 위대한 선지자로 단정한 입장에서만 성서를 보아 온 까닭에, 성서의 근본 뜻을 자세히 알지 못하였음은 물론 수많은 신앙의 오류까지 범하게 되었다.

그러므로 오늘의 모든 성도들은 이제 세례 요한이 그 사명을 다하지 못하였다는 새로운 관점에서 성서를 다시 보아야 할 것이다. 세례 요한에 관한 문제는 바로 이것을 우리에게 교훈하고 있다.

제4절 십자가의 가치성

* 십자가의 도가 멸망하는 자들에게는 미련한 것이요, 구원을 얻는 우리에게는 하나님의 능력이라(고전 1:18).
* 그런즉 이스라엘 온 집이 정녕 알지니, 너희가 십자가에 못 박은 이 예수를 하나님이 주와 그리스도가 되게 하셨느니라(행 2:36).

지금까지 모든 성도들은 예수님이 오직 십자가의 길만을 가시기 위해 오신 줄로 믿어 왔다. 그러나 예수님은 오히려 십자가의 길을 가시지 않고 인류를 구원하시기 위해 오신 분이었다. 성서에 나타난 주님의 모든 언행을 보면, 이 사실을 분명히 알 수 있다. - 본장 제2절 〈십자가에 대한 예정설의 오류〉 참조.

생각해 보라. 당시 유대인들이 예수님의 뜻대로 모두 그를 메시아로 믿고 따랐다면, 주께서 굳이 십자가의 길을 가셔야 할 필요가 어디 있었겠는가?

이와 같이 예수님이 십자가에 돌아가시지 않고 살으셔서, 당시 이스라엘 민족을 중심으로 그 뜻을 이루시려는 것이 바로 예수님에 대한 하나님의 제1차적인 섭리였다(사 9장, 11장, 60장, 눅 1:31~33). 그러나 이러한 하나님의 제1차적인 섭리는 이스라엘민족의 돌이킬 수 없는 불신으로 인하여 마침내 수포로 돌아가고 말았다. 그리하여 하나님은 부득이 제2차적인 섭리를 하시게 되었으니, 그것이 바로 십자가의 섭리였던 것이다(사 53장).

1. 십자가의 가치성

그러면 하나님이 제2차적인 섭리로서 십자가의 길을 택하신 이유는 무엇인가? 여기에는 다음과 같은 몇 가지 이유가 있었다.

첫째, 당시 유대인들이 예수님을 십자가에 달기를 끝까지 요구했기 때문이다. 성서에 보면, 빌라도는 예수님의 무죄함을 들어 그를 세 번씩이나 조용히 석방하고자 하였다(눅 23:18~23). 그러나 그 때마다 유대인들은 더욱 소리를 높이 지르며 예수님의 처형을 강력히 요구하고 나섰다. 이리하여 예수님은 결국 십자가의 길을 가시게 되었던 것이다.

둘째, 이스라엘 민족의 불신으로 인하여 가중된 인류의 죄를 대속하시기 위함이었다. 과거 이스라엘 민족은 세계인류를 대표한 중심 민족이었다. 그러기 때문에 그들의 범죄는 결국 타락한 인류의 죄를 더욱 가중시키는 결과를 초래하였다(마 27:24~26). 그런데 이러한 인류의 죄는 오직 그 인류의 구주로 오신 메시아만이 대속할 수 있기 때문에, 예수님의 십자가 고난은 부득이 초래되었던 것이다.

셋째, 예수님으로 하여금 메시아의 자리를 영원히 지키게 하시기 위함이었다. 예수님이 인류를 구원하실 수 있음은 그가 스스로 십자가의 섭리에서 승리하심으로써, 하나님이 부여하신 메시아의 자리를 끝까지 지키셨기 때문이다(요 19:30, 빌 2:8~11). 만일 이러한 십자가의 승리가 없었다면, 예수님은 결코 진정한 메시아의 사명자가 되실 수 없었을 것이요, 또한 아담으로부터 예수님에 이르는 4천년간의 섭리기반도 모두 깨어지고 말았을 것이다.

혹자는 예수님의 십자가 수난을 섭리상의 실패로 보고 있지만, 당시 유대인들이 모두 예수님의 즉각적인 처형을 요구하고 나서는 극한 상황에서 그가 메시아의 자리를 가장 명예롭게 지키실 수 있는 길은 오직 하나님에 대한 절대적인 믿음과 순종으로(롬 5:19, 빌 2:8), 그들이 요구하는 십자가의 죽음과 고통에서 승리하는 길밖에 없었음을 알아야 한다(행 2:36, 골 2:15, 히 13:8).

넷째, 사탄을 영원한 살인자로 만들어 그를 심판하시기 위함이었다. 기록한 바, 「하나님의 아들이 나타나신 것은 바로 마귀의 일을 멸하시기 위함」(요일 3:8)이라고 하였다. 이 사실을 안 사탄은 먼저 주님을 십자가에 살해함으로써, 그는 영원히 용서받을 수 없는 살인자로 전락하고 말았다(눅 22:3~6).

예나 지금이나 살인자는 반드시 죽음의 심판을 받아야 한다(출 21:12, 레 24:17). 사탄도 예외는 아니다. 그는 메시아를 십자가에 살해함으로써 영원히 승리한 줄 알았지만, 그것은 도리어 자신을 영원히 살인자로 만드는 지극히 어리석은 행위였음을 몰랐다.

주님의 십자가! 그것은 바로 영원한 승리와 사랑과 구원의 표상이다. 그 고난의 십자가에서 우리는 피보다 진한 주님의 사랑을 보았다. 그토록 아픈 십자가의 길을 가시면서도 우리만을 위해 기도하시고 염려하시며 눈물지으시던 그 주님의 뜨거운 사랑을! 이 세상 어디에 이보다 더 크고 귀하고 값진 사랑이 또 있겠는가?

그러기에 사도 바울은 「의인을 위하여 죽은 자가 쉽지 않고 선언을 위하여 용감히 죽는 자가 혹 있거니와, 우리가 아직 죄인 되었을 때에 그리스도께서 우리를 위하여 죽으심으로써 하나님께서 우리에 대한 자기의 사랑을 확증하셨느니라」(롬 5:7~8)고 말씀했던 것이다(롬 8:35, 갈 6:14).

위에서 논한 바와 같이, 예수님은 하나님의 제2차적인 섭리에 따라 십자가의 길을 가셨지만, 당시 예수님은 그 고난의 십자가를 능히 피하실 수도 있었다. 예컨대, 예수님은 스스로 메시아의 사명을 포기하시거나, 이웃 나라로 피신하시어 후일을 도모하실 수도 있었다.

그러나 예수님이 십자가의 길을 끝까지 피하실 경우, 주님은 오히려 자기의 목숨만을 부지하기 위해 쫓겨다니는 비겁한 사이비 선지자로 몰리실 것이니, 그가 설혹 십자가의 고난을 면하신다 해도 어느 누가 그를 주님으로 믿고 따르고자 하겠는가?

그러므로 당시 유대인들이 스스로 예수님에 대한 불신과 흉계를 돌이키지 않는 한, 주님은 그들의 요구대로 십자가의 길을 가실 수밖에 없었던 것이다.

2. 에뎃사왕의 편지

신약 외경에 보면, 예수님이 유대인들의 불신으로 고민하고 계실 때, 뜻밖에도 에뎃사의 아그바로 왕으로부터 특별한 초청을 받으셨다. 그가 보낸 친서에는 예수님이 부디 자기 나라로 속히 오셔서 무서운 병고에 시달리는 자기를 구해 주시고, 아울러 유대인들의 흉계를 면하시라는 간곡한 요청이 실려 있었다. 여기에 그 친서 내용을 소개하면 다음과 같다.

「에뎃사의 왕 아그바로는 예루살렘에 나타나신 구주 예수에게 문안 합니다. 나는 당신에 대해서, 또 당신이 아무런 약도 갖지 않고 행하시는 온갖 치료에 대해서 들었습니다. 그것은 당신이 소경된 자를 다시 보게 하시며, 절름발이를 걷게 하시며, 문둥이를 깨끗하게 하시며, 더러운 영과 악귀를 쫓아내시며, 죽은자를 다시 살리신다는 것입니다.

나는 당신이 하나님으로서 이런 일을 하시거나, 하나님의 아들로서 이런 일을 하시는 것이라고 생각합니다. 그러므로 나는 이제 당신에게 편지를 보내어 당신에게 기원하오니, 부디 나를 보러 오셔서 내 괴로운 병을 고쳐 주십시오.

나는 또 유대인들이 당신을 거역하고 당신에게 위해를 가하려는 음모가 있다 함을 들었습니다. 그러나 우리는 아주 작다고 해도 우수한 나라를 가지고 있습니다. 그것은 우리 두 사람을 족하게 할 것입니다.」

이러한 에뎃사 왕의 초청은 예수님이 십자가의 고난을 면하실 수 있고, 또 후일을 도모하실 수도 있는 절호의 기회였다. 그러나 예수님은 그 길을 가시지 않았다. 왜냐 하면 예수님은 바로 하늘이 선택하신 자기 백성과 끝까지 생사고락을 함께 하셔야 할 메시아의 사명자로 오셨기 때문이다.

만일 예수님이 에뎃사 왕의 초청대로 그곳에 가셔서 후일 그와 더불어 정치적인 무력으로 유대인들의 불신을 응징하셨다면, 그것은 도리어 예수님을 메시아의 자리에서 사이비 전지자나 사이비 정치가의 자리로 끌어내리는 불행한 결과만을 초래했을 것이다. 이러한 전후 사정을 미리 살피신 예수님은 드디어 에뎃사 왕에게 다음과 같은 친서를 보내어 그의 초청을 사절하였다.

「아그바로여 나를 보지 않고 믿으시는 당신은 복되십니다. 그것은 당신이 내게 대해서 나를 본 자는 나를 믿지 않고, 나를 안본 자가 나를 믿어서 삶을 얻을 수 있는 것을 써 보내셨기 때문입니다.

그러나 당신이 나더러 오라고 써 보내신 것에 대해서는, 나는 이곳에 있으면서 모든 일을 이루어야 하겠습니다. 나는 그것을 위해서 보내심을 받았기 때문입니다.

그것을 이룬 후, 나는 나를 보내신 이에게 다시 맞으심이 될 것입니다. 그 후 나는 당신에게 내 제자 한 사람을 보내어 당신의 괴로움을 고치게 하고, 또 당신과 함께 있는 사람들에게 생명을 얻게 할 것입니다.」

이와 같이 당시 예수님은 원하시기만 하면 얼마든지 십자가의 고난을 피하실 수가 있었다. 특히 에뎃사 왕의 초청대로 그 나라에 가셨더라면, 후한 대우까지 받으시며 후일을 도모하실 수도 있었다.

그러나 예수님은 그 모든 평탄한 길들을 버리시고, 오직 십자가의 좁은 길만을 향해 가셨다. 그 길만이 당시 상황에서는 하나님이 부여하신 메시아의 자리를 영원히 지키시고, 또 인류의 무거운 죄를 대속하실 수 있는 최선의 길이었기 때문이다.

제5절 민중신학의 구원관

* 하나님이 세상을 이처럼 사랑하사 독생자를 주셨으니, 이는 저를 믿는 자마다 멸망하지 않고 영생을 얻게 하려 하심이니라(요 3:16).
* 아버지께서 아들을 사랑하사 만물을 다 그 손에 주셨으니, 아들을 믿는 자는 영생이 있고, 아들을 순종하지 아니하는 자는 영생을 보지 못하고,

도리어 하나님의 진노가 그 위에 머물러 있느니라(요 3:35~36).

인간의 최대소망은 바로 하나님의 자녀가 되어 자기의 영원한 생명을 구원함에 있다. 따라서 누구든지 자기 생명을 구원한 자는 이 세상에서 가장 행복한 사람이요, 구원하지 못한 자는 그가 아무리 많은 권세와 재물을 가졌다고 해도 가장 불행한 사람이 아닐 수 없다. 예수님도 「사람이 만일 온 천하를 얻고도 제 목숨을 잃으면 무엇이 유익하며, 또 무엇을 주고 제 목숨을 바꾸겠느냐」 (마 16:26)고 말씀하시지 않았던가? 그러면 이제 인간의 구원이 어떻게 이루어지는가를 성서에 기초해서 알아보기로 하자.

1. 구원의 종류

* 예수께서 가라사대 건강한 자에게는 의원이 쓸데 없고 병든 자에게라야 쓸데 있나니, 내가 의인을 부르러 온 것이 아니요, 죄인을 불러 회개시키러 왔노라(눅 5:31~32).

병을 고친다는 것은 병나기 전의 건강한 상태로 회복시킴을 의미하며, 물에 빠진 사람을 건진다는 것은 빠지기 전의 입장으로 다시금 돌아오게 함을 의미한다. 이와 마찬가지로 하나님이 타락한 인간(죄인)을 구원하신다는 것은 타락하기 전의 죄 없는 입장으로 회복시킨다는 뜻이다.

그런데 인간의 구원은 그 성격상 〈영적인 구원〉과 〈사회적 구원〉으로 나눌 수 있다. 왜냐 하면 인간은 영적인 존재인 동시에 사회적 존재이기 때문이다. 여기서 영적인 구원과 사회적 구원이란 각각 자기영혼의 회복과 사회구조의 회복을 의미한다. 그러면 먼저 영적인 구원에 대해 알아보기로 하자.

① 영적인 구원

인간은 하나님의 자녀로 창조되었다. 그리고 인간은 다른 존재와 달리 영혼을 지니고 있기 때문에, 사후 영계에 가서도 영원히 생존하게 된다. 인간의 가치가 우주에서 가장 고귀함은 그가 이렇듯 하나님의 자녀로 창조된 영적 존재이기 때문이다.

그런데 인간은 불행히도 하나님을 불신하고 타락함으로써 도리어 우상숭배를 일삼는 사탄의 종이 되어 자기의 영원한 생명까지 잃게 되었다. 이러한 타락인간들을 구원하시기 위해 하나님은 이 땅에 메시아를 보내셨으니, 그가 바로 예수님이었다(요 3:16, 요 14:6).

그러므로 인간은 누구나 예수님을 믿고 그의 뜻대로 살기만 하면, 사탄의 종에서 해방되어 하나님의 자녀가 됨으로써 자기의 영원한 생명을 다시 얻게 되는 바, 이것을 〈영적인 구원〉 또는 〈영적인 해방〉이라고 한다(요 5:24, 요 8:32, 롬 8:1~2, 벧전 1:9, 계 1:5).

성적 타락론자들은 영적인 구원 외에 육적인 구원도 주장하고 있지만 이는 매우 그릇된 주장이 아닐 수 없다. 왜냐하면 인간은 애당초 사탄과 육적(성적)으로 타락한 일이 없기 때문이다. - 제5장 〈타락론〉참조

생각해 보라. 인간의 영혼이 구원받으면, 그의 옷과 같은 구실을 하는 육신은 자동적으로 구원받은 입장에 서게 되는데, 무엇 때문에 육적인 구원을 애써 문제삼으려 하는가?

② 사회적 구원

인간은 본래 하나님만을 모시고 살도록 창조되었다. 왜냐 하면 인간은 바로 하나님의 자녀이기 때문이다. 그러므로 인간은 항상 하나님을 중심으로 한 가정과 사회와 국가와 세계를 이루고 살아야 한다. 이처럼 인간이 하나님을 중심으로 한 사회구조를 이루고 사는 선의 세계(이상세계)를 일러 〈천국〉이라고 한다. 천국에는 현세의 지상천국과 내세의 천상천국이 있다.

그런데 인간은 불행히도 하나님을 불신하고 타락함으로써, 사탄을 중심으로 한 가정과 사회와 국가와 세계를 이루고 말았다. 이처럼 인간이 사탄을 중심으로 한 사회구조를 이루고 사는 악의 세계(타락세계)를 일러 〈지

옥〉이라고 한다. - 지옥에는 현세의 지상지옥과 내세의 천상지옥이 있다.

그러면 하나님은 이러한 사탄중심의 사회구조를 영원히 그대로 두실 것인가? 아니다. 하나님의 구원섭리는 어디까지나 사탄중심의 사회구조를 해방하여 하나님중심의 사회구조로 회복시킴에 그 목적이 있는 바, 이것을 〈사회적 구원〉 또는 〈사회적 해방〉이라고 한다. 예수님이 오신 목적도 역시 사회적 구원을 이루는 데 있었거니와 이러한 사회적 구원의 최종목표는 바로 고통받는 민중과 사회를 해방하고, 이 지상에 하나님의 나라와 민중의 나라 그리고 다시는 지배계급의 착취와 억압이 없는 평등한 사회(공동체사회)를 건설하는 데 있다.

기독교는 구원의 종교다. 그런데 그 기독교는 지금까지 영적인 구원에만 매달려 왔다. 그러나 하나님의 구원섭리는 그 성격상 반드시 영적인 구원과 사회적 구원이 병행되어야만 온전히 실현될 수 있다. 따라서 오늘의 기독교는 모름지기 그 사회적 구원을 위해 더욱 적극적으로 나서야 하며, 결코 그 사명을 포기해서는 아니될 것이다.

※ 새 시대의 복음서로 등장한 민중의 바이블은 〈민중사상〉과 〈민중신학〉으로 구성되었다. 그중 민중사상은 주로 사회적 구원문제를 다루고 있으며, 민중신학은 주로 영적인 구원문제를 다루고 있다.

2. 구원의 기본조건

* 어떤 사람이 주께 와서 가로되, 선생님이여 내가 무슨 선한 일을 하여야 영생을 얻으리이까? 예수께서 가라사대 네가 생명에 들어가려면 계명들을 지키라(마 19:16-17).

인간이 하나님의 자녀로 구원받으려면 어떠한 원리적 조건을 세워야 하는가? 이 문제를 해명하려면, 우리는 먼저 인간을 사탄의 종으로 만든 타락의 조건부터 알아야 한다. 왜냐 하면 구원의 조건은 반드시 타락의 조건에 반대되는 것을 세워야 하기 때문이다. 그러면 먼저 타락의 조건부터 간단히 알아보기로 하자.

이미 〈타락론〉에서 상세히 논한 바와 같이, 아담가정이 탈선하게 된 근본 원인은 그 무슨 사랑이나 명예나 재물에 있었던 것이 아니었다. - 제5장 〈타락론〉 참조. 그들에게는 그보다도 더욱 절실한 문제가 있었다. 그것은 바로 자기의 영원한 삶과 죽음에 관한 문제였다.

당시 아담과 하와는 하나님의 말씀을 따라야 사느냐, 아니면 사탄의 말을 따라야 사느냐 하는 양자택일의 입장에 처해 있었다. 이러한 생사의 갈림길에 서 있던 그들은 마침내 사탄의 끈질긴 유혹에 이끌리고 말았다. 그 까닭은 그들이 하나님의 말씀을 따르다가는 도리어 죽을 것만 같이 생각되었기 때문이다. 그리하여 그들은 결국 하나님에 대한 믿음과 순종을 저버리고 우상 숭배의 길을 가게 되었으니, 이러한 불신과 불순종이 바로 타락의 근본 원인이었던 것이다.

그러면 인간이 세워야 할 구원의 기본조건은 무엇인가? 그것은 바로 하나님과 주님에 대한 절대적인 〈믿음〉과 〈순종〉이다. 따라서 이러한 믿음과 순종(행함)이 없이는 어느 누구도 구원받을 수 없다(히 11:6, 살후 1:8). 이 사실은 성서에도 잘 나타나 있으니, 이제 그 예를 직접 살펴보기로 하자.

(1) 믿음에 관한 말씀
○ 하나님이 세상을 이처럼 사랑하사 독생자를 주셨으니, 이는 저를 믿는 자마다 멸망하지 않고 영생을 얻게 하려 하심이니라(요 3:16).
○ 내 말을 듣고 또 나를 보내신 이를 믿는 자는 영생을 얻었고 심판에 이르지 아니하나니, 사망에서 생명으로 옮겼느니라(요 5:24).
○ 진실로 너희에게 이르노니 믿는 자는 영생을 가졌나니, 내가 곧 생명의 떡이로다(요 6:47~48).
○ 주 예수를 믿으라. 그리하면 너와 네 집이 구원을 얻으리라(행 16:31).
○ 너희가 다 믿음으로 말미암아 그리스도 예수 안에서 하나님의 아들이 되었으니(갈 3:26).

○ 복음에는 하나님의 의가 나타나서 믿음으로 믿음에 이르게 하나니, 기록된 바 오직 의인은 믿음으로 말미암아 살리라 함과 같으니라(롬 1:17).

(2) 순종에 관한 말씀

○ 나더러 주여 주여 하는 자마다 천국에 다 들어갈 것이 아니요 다만 하늘에 계신 내 아버지의 뜻대로 행하는 자라야 들어가리라(마 7:21).

○ 아버지께서 아들을 사랑하사 만물을 다 그 손에 주셨으니, 아들을 믿는 자는 영생이 있고 아들을 순종하지 아니하는 자는 도리어 하나님의 진노가 그 위에 머물러 있느니라(요 3:35~36)

○ 한 사람(아담)의 순종치 아니함으로 많은 사람이 죄인된 것 같이, 한 사람(예수)의 순종하심으로 많은 사람이 의인이 되리라(롬 5:19)

○ 내 형제들아 만일 사람이 믿음이 있노라 하고 행함이 없으면 무슨 이익이 있으리오. 그 믿음이 능히 자기를 구원하겠느냐. 이와 같이 행함이 없는 믿음은 그 자체가 죽은 것이니라(약 2:14~17)

○ 네가 보거니와 믿음이 그의 행함과 함께 일하고, 행함으로 그 믿음이 온전케 되었느니라… 이로 보건대 사람이 행함으로 의롭다 하심을 받고 믿음으로만 아니니라(약 2:22~24)

○ 하나님을 모르는 자들과 우리 주 예수의 복음에 복종하지 않는 자들에게는 형벌을 주시리니(살후 1:8).

위의 말씀에서 알 수 있듯이, 인간의 구원은 오직 하나님과 주님에 대한 절대적인 〈믿음〉과 〈순종〉을 통해서만 비로소 가능하다. 다시 말해 인간은 하나님과 주님에 대한 믿음의 조건과 순종(행함)의 조건을 모두 세워야만 온전히 구원받을 수 있는 것이다(약 2:14~22)

루터는 「오직 믿음으로만 구원을 얻는다」고 주장했지만, 그것은 결코 올바른 주장으로 볼 수 없다. 생각해 보라. 그가 말한 믿음은 바로 행함이 없는 죽은 믿음인데(약 2:26), 그 믿음이 어떻게 우리를 구원할 수 있겠는가?

3. 구원의 3단계 과정

* 하나님의 나라는 사람이 씨를 땅에 뿌림과 같으니… 땅이 스스로 열매를 맺되 처음에는 싹이요(제1단계), 다음에는 이삭이요(제2단계), 그 다음에는 이삭에 충실한 곡식이라(제3단계). 열매가 익으면 곧 낫을 대나니, 이는 추수때가 이르렀음이니라(막 4:28~29).

하나님의 구원섭리는 〈3시대섭리완성의 법칙〉에 따라 3시대로 구분되어 전개된다. 구약과 신약과 성약의 3시대가 바로 그것이다. - 제14장 〈섭리론〉 참조. 구약시대는 아담으로부터 예수님까지의 시대요, 신약시대는 예수님으로부터 그가 재림하실 때까지의 시대이다. 그리고 성약시대는 주님의 재림으로부터 그 이후의 시대를 말한다. 이러한 3시대 구분은 종래의 신학에서 보면 매우 생소하지만, 하나님의 구원섭리를 자세히 고찰하면 충분히 이해될 것이다.

한편 인간의 구원은 〈3단계 성장완성의 법칙〉에 따라 이루어진다. 소성·중성·완성의 3단계 과정이 바로 그것이다 - 제4장 〈창조론〉 참조. 구약시대는 인간을 소성급(종의 자리)까지 구원하는 시대요, 신약시대는 중성급(양자의 자리)까지 구원하는 시대이다. 그리고 성약시대는 인간을 완성급(친자의 자리)까지 구원하는 시대이다.

위에서 언급한 바와 같이, 하나님의 구원 섭리는 3시대 섭리완성의 법칙과 3단계 성장완성의 법칙에 따라 전개된다. 그러면 오늘 이 시대는 어떠한 시대인가? 이 시대는 바로 예수님 이후의 신약시대를 마무리하고, 마지막 성약시대를 전개해야 할 새로운 섭리시대이다. 따라서 오늘의 모든 성도들은 이 사실을 깊이 자각하고, 주께서 이끄시는 새로운 섭리대열에 지혜롭게 동참할 수 있도록 항상 깨어 있어야 할 것이다(마 24:42~43).

4. 중생의 필요성

* 너희는 유혹의 욕심을 따라 썩어져 가는 구습을 좇는 옛 사람을 벗어버리고, 오직 심령으로 새롭게 되어 하나님을 따라 의와 진리의 거룩함으로 지으심을 받은 새 사람을 입으라(엡 4:22~24).
* 너희는 서로 거짓말을 말라. 옛 사람과 그 행위를 벗어버리고 새 사람을 입었으니(골 3:9~10).

일찍이 예수님은 자기를 찾아온 유대 관원 니고데모에게 「사람이 물과 성령으로 다시 나지 아니하면 하나님의 나라에 들어갈 수 없느니라. 육으로 난 것은 육이요, 성령으로 난 것은 영이니, 내가 네게 거듭나야 하겠다 하는 말을 이상히 여기지 말라」 (요 3:5~7)고 말씀하셨다. 이 말씀으로 보아, 중생은 바로 구원의 한 필수조건임을 알 수 있다. 여기서 〈물〉은 구원의 표인 세례를 가리키며(벧전 3:21), 또 〈성령〉은 하나님의 진리(말씀)를 의미하기도 한다(요일 5:7, 약 1:18, 벧전 1:23).

그러면 사람이 물과 성령으로 다시 난다는 것(중생)은 무엇을 말함인가? 그것은 바로 타락한 인간이 구원의 중심이신 예수님을 믿고 성령의 세례를 받음으로써(요 1:33), 하나님의 자녀로 신생함을 의미한다. 그 예로 마가복음 16장 15절에 보면, 예수님은 이르시되 「너희는 온 천하에 다니며 만민에게 복음을 전파하라. 믿고 세례를 받는 사람은 구원을 얻을 것이요, 믿지 않는 사람은 정죄를 받으리라」 (막 16:15~16)고 말씀하심으로써, 중생은 곧 믿음에 의한 영적 신생임을 보여 주셨다.

이 밖에도 사도행전 2장 38절에 보면 「너희가 회개하여 각각 그리스도의 이름으로 세례를 받고 죄 사함을 얻으라. 그리하면 성령을 선물로 받으리라」고 하였고, 또 요한복음 1장 12절 이하에 보면 「그 이름을 믿는 자들에게는 하나님의 자녀가 되는 권세를 주셨으니, 이는 혈통으로나 육정으로나 사람의 뜻으로 나지 아니하고 오직 하나님께로서 난자 들이니라」고 하였다.

그 뿐만 아니라 갈라디아서 3장 26절 이하에 보면, 「너희가 다 믿음으로 말미암아 그리스도 예수 안에서 하나님의 아들이 되었으니 누구든지 그리스도와 합하여 세례를 받은 자는 그리스도로 옷 입었느니라」고 하였고, 또 고린도 후서 5장 17절에 보면 「누구든지 그리스도 안에 있으면 새로운 피조물이라. 이전 것은 지나갔으니 보라 새 것이 되었도다」고 하였다. 이러한 말씀들을 보더라도 중생은 곧 주님에 대한 절대적인 믿음에 의해서 이루어지는 영적 신생임을 알 수 있다.

이와 같이 중생은 믿고 세례를 받음으로써 이루어지는 것이지만, 여기서 가장 중요한 것은 세례보다 믿음이다. 믿음이 없는 세례는 아무리 받아도 소용이 없으며, 그것은 도리어 하나님과 주님을 모독할 뿐이다. 세례는 다만 구원의 표가 되는 외형적인 의식에 불과하기 때문이다(벧전 3:21). 따라서 종래의 물세례는 그 성격상 새 시대가 요구하는 〈말씀세례〉로 다시금 바뀌어야 할 것이다(요 17:17, 벧전 1:23, 약 1:18, 고전 1:17).

혹자는 주님의 이름으로 세례를 받고 한번 거듭나기만 하면, 구원이 다 된 것으로 생각할지도 모른다. 그러나 그 중생은 다만 구원의 시작일 뿐 완성은 아니다. 따라서 모든 성도들은 물세례를 통해 중생한 다음에도 부단히 구원의 완성을 향해 나아가야 할 것이다.

우리가 구원의 완성에 도달하려면, 반드시 그 마음 속에 그리스도의 형상(인격)을 이루어야만 한다(갈 4:19). 그러기 위해서는 일시적인 물세례보다 연속적인 말씀세례를 받음으로써, 우리는 항상 나의 옛 사람과 그 행위를 벗어버리고 새 사람으로 거듭나야 할 것이다(롬 6:6, 엡 4:22~24, 골 3:9~10).

그러면 중생을 바라는 우리의 마음가짐은 어떠해야 하는가? 그것은 바로 하나님과 주님에 대한 간절한 믿음과 사랑에서 우러나오는 통회의 마음이어야 한다(시 34:18). 이러한 통회의 마음이 없으면, 아무리 주의 이름으로 세례를 받아도 우리는 중생할 수 없다. 그러므로 개과천선을 다짐하는 통회의 마음은 바로 중생의 한 필수적 요소임을 알아야 한다(시 32:5, 눅 18:13~14).

위에서 중생은 어디까지나 하나님과 주님에 대한 절대적인 믿음과 순종으로써 이루어짐을 논했거니와, 일부 성적 타락론자들은 이와 달리 혈통으로써 이루어진다고 한다. 즉 그들은 인간이 성적으로 타락했기 때문에, 그가 중생하려면 반드시 인류의 참 부모로 오시는 재림주의 선한 혈통을 이어받아야 된다고 주장한다.

그러나 이러한 그들의 주장은 전적으로 그릇된 것임을 알아야 한다. 왜냐하면 인간은 애당초 성적으로 타락한 일이 없으며, 또 혈통적(성적)인 중생은 원리적으로 불가능한 것이기 때문이다.

맺는 말

예수님은 인류의 무거운 죄를 대속하시기 위해 십자가의 길을 가셨다. 그러나 주님의 십자가 고난은 결코 예정된 섭리의 결과가 아니었다. 그것은 어디까지나 당시 유대인들의 불신과 무지에 의해 초래된 불행한 결과였다(고전 2:8, 살전 2:15~16). 특히 예수님에 대한 세례 요한의 불신은 주님으로 하여금 십자가의 길을 가시게 한 결정적인 요인이 되었다. - 본장 제3절 〈예수님에 대한 세례 요한의 불신〉 참조.

그럼에도 불구하고, 대부분의 성도들은 아직도 십자가의 예정설을 그대로 믿고 있으니, 이 얼마나 그릇된 믿음인가? 요컨대, 이러한 예정설의 주장은 그 성격상 살아계신 주님을 다시금 십자가에 못박는 것이나 다름없는 지극히 어리석은 범죄행위가 아닐 수 없다(히 6:5~6).

그러므로 우리는 이제 각성하여 다시는 그러한 신앙의 오류를 범하지 않도록 해야 한다. 그러기 위해서는 무엇보다도 비성서적으로 왜곡된 종래의 문자적인 신앙과 교리를 날카롭게 비판하지 않으면 안된다. 이성적인 비판의 눈초리로 날카롭게 쏘아보면, 허다한 모순점들이 드러날 것이기 때문이다. 그런데 아직도 많은 성도들은 종래의 문자적인 신앙과 교리를 그대로 믿고 따름으로써, 그 많은 모순점들을 은폐시키고 있으니, 이 얼마나 딱한 노릇인가?

이와 같은 맹목적인 신앙은 과거 유대인들의 말로를 보아 스스로 자기 무덤을 파는 어리석은 신앙으로 볼 수 있거니와, 이러한 옛 신앙을 그대로 고집할 때에 주님은 다시 「새 술은 새 부대에 넣으라」(눅 5:38)고 책망하실 것이 아닌가?

그러므로 우리는 이제라도 새 술은 새 부대에 넣을 줄 아는 지혜로운 성도가 되어야 할 것이다.

✝ 너희는 이렇게 기도하라. 하늘에 계신 우리 아버지여 이름이 거룩히 여김을 받으시오며, 나라가 임하옵시며, 뜻이 하늘에서 이룬 것 같이 땅에서도 이루어지이다(마 6:9~10).

✝ 너희는 먼저 하나님의 나라와 그의 의를 구하라(마 6:33).

✝ 나더러 주여 주여 하는 자마다 천국에 다 들어갈 것이 아니요, 다만 하늘에 계신 내 아버지의 뜻대로 행하는 자라야 들어가리라(마 7:21).

✝ 기독교는 내세민을 위한 종교인가? 아니다. 기독교는 현세와 내세를 모두 위한 종교다. 그러므로 긷고교가 추구하는 하나님의 나라(천국)는 이 땅에서도 반드시 이루어져야만 한다.

✝ 기독교의 존재이유는 바로 고통받는 민중과 사회를 해방하고, 이 땅에 하나님의 나라와 민중의 나라를 건설하는 데 있다.

종교가 성립되기 위해서는 무엇보다도 사후의 세계가 인정되어야 할 것이다. 왜냐 하면 내세가 없는 종교란 무의미하기 때문이다. 따라서 모든 종교인들은 한결같이 내세를 소망하게 마련이다. 사실상 얼마나 많은 사람들이 그 세계를 동경해 왔던가!

이와 같이 종교와 신앙은 어디까지나 사후의 세계를 떠나서는 성립될 수 없는 것이다. 여기서 사후의 세계란 인간이 육신을 벗고 가서 머무는 영적 세계를 말하는 것으로서, 이 세계를 기독교에서는 〈천국〉이라 하고, 불교에서는 〈극락〉이라고 한다. 그러면 이렇듯 인간이 소망하는 천국은 과연 내세에만 있는 것인가? 아니다. 천국은 내세뿐만 아니라, 오늘날 우리가 생존하고 있는 현세에도 반드시 있어야 한다. 천국이 본래 인간을 위한 곳일진대, 그 천국이 어찌 내세에만 있겠는가?

지금까지 모든 성도들은 일방적으로 내세의 천국만을 소망해 왔다. 그러나 이러한 일방적인 내세관은 매우 그릇된 것임을 알아야 한다. 왜냐하면 하나님의 뜻은 결코 현세를 무시하고 내세만을 위한 것이 아니기 때문이다. 일찍이 예수님도 「뜻이 하늘에서 이룬 것같이 땅에서도 이루어지도록 기도하라」(마 6:9~10)고 말씀하시지 않았던가?

기독교는 바로 내세의 천국을 가기 위한 종교인 동시에 현세의 천국을 이루기 위한 종교이기도 하다. 따라서 오늘의 모든 성도들은 이 사실을 깊이 자각하고 하나님과 주께서 원하시는 〈지상천국〉을 건설하기 위해, 모두가 한결같이 떨쳐나서야 할 것이다.

제1절 종래의 천국론과 그 문제점

종래의 천국론을 보면 그 대부분이 허황된 이야기로 묘사되어 있음을 알 수 있다. 가장 소망스럽고 진실해야 할 천국을 이렇듯 허황된 이야기로 묘사한다는 것은 매우 부끄럽고 안타까운 일이 아닐 수 없다. 그러면 이제 종래의 천국론에서 묘사한 천국의 모습을 간단히 살펴보기로 하자.

1. 기독교의 천국관

지금까지 많은 성도들이 믿어 온 천국의 모습은 마치 동화 속의 요술세계처럼 기묘하기만 하다. 그들은 한결같이 천국을 에덴동산의 재현으로 보았다. 따라서 그들이 말하는 천국에서는 에덴동산의 진풍경들이 그대로 재현하게 된다.

예컨대, 천국에는 에덴동산에 있었다는 생명나무들이 달마다 12가지 실과(생명과)를 맺고 있으며, 그 사이로는 수정같이 맑은 생명수가 끊임없이 흐른다고 한다. 그러기 때문에 구원받은 성도들은 천국에서 항상 그것들을 먹고 마시며, 영생의 복락을 누린다고 한다.

그러나 지옥에는 반대로 무서운 마귀들이 있고, 또 끝없이 타오르는 불못이 있기 때문에, 구원받지 못한 죄인들은 모두 그 속에서 영원히 불의 형벌을 받는다고 한다.

지난 1979년 3월에 5일반 동안이나 천국을 상세히 보고 왔다는 미국의 콜레박사에 의하면, 지금 천국에서는 우리 성도들이 가서 살게 될 호화로운 맨션을 짓고 있는데, 이러한 맨션이 완공되면 주님이 오신다고 한다. 그리고 어느 시한부 종말론자의 주장에 따르면, 지옥에는 유황불지옥 외에 무서운 뱀들이 우글거리는 뱀지옥이 있고, 또 혹독한 추위로 벌을 주는 냉동지옥도 있다고 한다.

위에서 보는 바와 같이, 종래의 천국관과 지옥관은 그 대부분이 허황된 이야기로 가득차 있어 말하기조차 부끄럽다. 만일 어느 종교가 이러한 엉터리 내세관을 계속 주장한다면, 그 종교는 도리어 세상의 웃음거리 조롱거리가 되고 말 것이다.

2. 천주교의 천국관

천주교의 가장 큰 소망과 목표는 바로 〈4기지은〉이 이루어지는 천국을 가는 데 있다. 그들이 말하는 4기지은이란 부활한 육신의 상처 않음과, 빛남과, 빠름과, 사마침의 네 가지 큰 은혜를 말하는 것인데, 그들은 한결같이 말세가 되면 죽은 모든 사람들이 하나님의 능력에 의해 다시 육신을 쓰고 무덤에서 부활하여 공심판을 받는다고 주장한다. 그리고 그 공심판에서 구원받은 성도들은 모두 4기지은을 입어 영원히 상치 않고 빛날 것이며, 또한 육신을 쓴 채로 시간과 공간을 초월하여 광대무변한 우주를 자기의 임의대로 다닐 수 있다는 것이다. 또 사마침이라는 것은 물질의 투과를 말하는 것으로서, 모든 존재물을 임의대로 통과할 수 있다는 것이다.

참으로 놀라운 이야기가 아닐 수 없다. 하나의 신화로 본다 해도 지나치게 표현된 신화가 아닐 수 없으며, 하나의 동화로 본다 해도 건전한 것이라고는 할 수 없겠다. 어느 누가 천국을 그러한 곳이라고 설파했는지, 아마도 그는 천국을 하나의 요술 세계로 잘못 알았던 모양이다. 그렇지 않고서야 어찌 그러한 표현을 했으리요.

가상해서, 천주교에서 말하는 천국이 사후에 그대로 이루어진다면, 그 세계에서는 신기한 것들을 눈이 아프도록 많이 보게 될 것이다. 수천수만의 인간들이 발광체인양 몸에서 찬란한 빛을 발하며 아득한 무한대공을 자유로이 비행할 것이요, 또 수많은 인간의 무리들이 인어인양 물 속을 내왕할 뿐만 아니라, 땅을 파는 두더지와 같이 이산 저 산을 마음대로 뚫고 다닐 것이니, 이 어찌 신기한 일이 아니리오.

그러나 우리는 그러한 내세의 천국을 가기 위해 천주교의 신앙을 따라가고 싶지는 않다. 멋대로 둔갑하는 4기지은을 입고 분별없이 날뛰는 내세의 천국인은 더구나 되고 싶지 않다. 우리는 어디까지나 인간다운 인간이 되고 싶은 것이다.

그러므로 우리는 천주교에서 말하는 발광체형의 인간이나 새와 같이 창공을 날아다닐 수 있는 비행형의 인간은 원하지 않는다. 또한 물 속과 땅 속을 멋대로 통과할 수 있다는 투과형의 인간은 더욱 바라지 않는다. 생각해보라. 이성이 마비된 광신도가 아니라면, 어느 누가 그러한 괴물인간이 되기를 바라겠는가?

요컨대 천주교가 주장하는 〈사기지은〉은 하나님을 요술쟁이로 만들고 또 천국을 동화속의 요술세계로 만드는 매우 잘못된 교리다. 그렇다면 천주교는 마땅히 그 낡은 교리를 모두 버리고, 다시는 그 교리로 세상을 미혹하지 말아야 할 것이다.

3. 이슬람교의 천국관

이슬람교는 기독교와 비슷한 내세관을 가지고 있는데, 그들이 신봉하는 〈코란〉경에 보면, 다음과 같은 이야기들이 있다. 즉 천국에는 그 중앙에 생명나무를 비롯하여 생명수가 흐르는 강이 있으며, 또 젖과 꿀이 흐르는 시냇물도 있다고 한다. 그 뿐만 아니라, 그곳에는 온갖 종류의 과일과 꽃들이 피어 이고, 또 아름다운 여자들이 항상 노래를 부르며 남자들을 환영해 준다고 한다.

그러나 지옥에는 반대로 그 중앙에 자쿰이란 죽음의 나무가 있고, 그 나뭇가지에는 뱀들이 칭칭 감겨서 사람들을 해한다고 한다. 그 뿐만 아니라, 그곳에는 무서운 마귀들이 창과 쇠사슬을 들고, 항상 죄인들을 찌르고 결박하여 혹심한 고통을 준다고 한다.

4. 불교의 극락관

불교의 내세관에도 역시 허황된 이야기로 가득 차 있다. 그들의 주장에 따르면, 인간은 누구나 육도윤회의 굴레에서 벗어나야만 아름다운 극락에 갈 수 있다고 한다. 여기서 육도란 지옥계·아귀계·축생계·아수라계·인간계·천상계를 말한다 (불교의 윤회설은 매우 잘못된 교리다).

극락은 부처님이 계신 곳으로서, 생로병사의 고통이 전혀 없는 별천지라고 한다. 그곳은 땅이 칠보로 되어 빛날 뿐만 아니라, 산과 골짜기가 없고, 바다와 강이 없으며, 크고 작은 보배 연못이 있다. 그 연못에는 아름다운 연꽃들이 항상 피어난다고 한다. 또 그곳은 해와 달이 없기 때문에, 낮과 밤의 구별이나 계절의 변화도 없이 항상 밝고 따뜻하기만 하다.

그 뿐만 아니라, 극락에는 금은보화가 가득하고 오곡백과가 풍성하여, 의식주에 대한 걱정이 전혀 없다. 누구나 칠보로 단장한 궁전에서 호화로운 옷을 입고, 날마다 산해진미를 먹으며, 영원한 복락을 누린다고 한다.

그런데 극락에는 여자들이 허용되지 않기 때문에 남자들만이 산다고 한다. 그래서 이곳으로 오는 여인들은 도중에서 모두 남성으로 탈바꿈 한다고 한다.

한편 지옥은 열지옥과 한지옥으로 구분되는데, 전자는 뜨거운 불로 다스리는 지옥이요, 후자는 매서운 추위로 다스린느 지옥이라고 한다. 그러면 이제 열지옥의 하나인 규환지옥의 모습을 보자.

규환지옥은 살생·강도·간통·음주한 자들이 가는 지옥이라고 한다. 여기서는 뻘겋게 단 쇠판자 위를 달리는 형벌을 비롯하여, 온갖 종류의 고통이 뒤따른다. 엄청나게 큰 가마솥에는 항상 기름이 끓고 무서운 옥졸(마귀)들은 죄인들을 무더기로 그 기름가마 속으로 내던진다.

한편에서는 화젓가락으로 죄인들의 입을 억지로 벌리고, 용암처럼 녹은 구리물을 부어 넣는다. 입과 혀는 물론 내장까지 타들어가 죄인들은 애처롭게 울부짖지만, 도와줄 자는 아무도 없다고 한다.

제2절 민중신학의 천국관

* 너희는 먼저 하나님의 나라와 그의 의를 구하라(마 6:33).
* 기독교의 존재 이유는 바로 고통받는 민중과 사회를 해방하고 이 땅에 하나님의 나라와 민중의 나라를 건설하는 데 있다.

천국은 요술세계가 아니다

예로부터 모든 신앙인들은 한결같이 사후의 천국을 동경해 왔거니와, 도대체 그들이 생각하고 그려 본 천국의 모습은 어떠한 것이었는지 궁금하기만 하다. 우리가 교회를 열심히 다니는 것도 역시 사후에 천국을 가려는 데 그 목적이 있음은 두말할 나위도 없다. 그런데 필자는 그들이 애써 가려는 천국에서 도리어 실망과 회의가 느껴지니 웬일인가?

천국은 그 본질상 누구나 한결같이 소망할 수 있는 복된 곳이어야 하며, 결코 실망의 대상으로 보여서는 안될 것이다. 만일 최대의 소망과 목표가 실망의 대상으로 보여진다면, 아무리 그 목표를 얻기 위한 수단과 방법이 좋다고 할지라도, 그것은 아무런 가치도 소용도 없음을 우리는 알아야 한다.

가령 어느 교회가 비록 화려한 전통과 훌륭한 교리를 갖추고 있다 하더라도, 그들이 최종적인 목표로 삼고 있는 천국에서 실망과 회의를 느끼게 된다면, 우리는 부득이 그 교회를 떠날 수밖에 없는 일이다. 그리고 보면 교리도 중요하지만 그 소망과 목표가 우선 진실하고 마음에 들어야 할 것이다. 그런데 지금까지 모든 종교는 도리어 허황된 내세관을 만들어 세상을 미혹해 왔으니, 이 얼마나 부끄럽고 안타까운 일인가?

기독교는 〈진리〉의 종교다(요 8:32). 그러므로 기독교는 언제나 그 진리를 바르게 전해야 한다. 천국도 마찬가지다. 기독교가 진리의 종교라면, 그 천국도 언제나 바르게 전해야 할 것이다.

일찍이 예수님은 「너희는 먼저 하나님의 나라와 그의 의를 구하라」(마 6:33)고 말씀하셨고, 또 「뜻이 하늘에서 이룬 것 같이 땅에서도 이루어지도록 기도하라」(마 6:10)고 가르치셨다. 이러한 주님의 말씀으로 보아, 기독교신앙의 최종목표는 바로 〈천국건설〉에 있음을 알 수 있다.

그러면 인간이 본래 이루고 살아가야 할 천국은 어떠한 세계인가? 천국이라면 흔히 동화책에서나 볼 수 있는 요술세계처럼 환상적으로 생각하기 쉽다. 그러나 천국은 결코 그러한 환상의 세계가 아니다. 그 세계는 바로 온 인류가 하나님을 모시고 인간답게 살아가는 선의 세계를 가리키는 바, 이것을 좀더 구체적으로 설명하면 다음과 같다.

① 천국은 온 인류가 하나님을 모시고 믿음으로 살아가는 〈신앙사회〉이다.
② 천국은 온 인류가 하나님의 뜻과 말씀대로 살아가는 〈진리사회〉이다.
③ 천국은 온 인류가 나라의 주인이 되어 살아가는 정의로운 〈민주사회〉이다.
④ 천국은 온 인류가 한 국민이 되어 동일한 사상과 언어를 가지고 살아가는 〈통일사회〉이다.
⑤ 천국은 온 인류가 한 가족이 되어 서로 돕고 사랑하고 위하며 살아가는 〈가족사회〉이다.
⑥ 천국은 온 인류가 인류 도덕과 미풍양속을 지키며 살아가는 〈윤리사회〉이다.
⑦ 천국은 온 인류 상호간에 전쟁과 폭력 및 착취와 억압이 없는 〈평화사회〉이다.
⑧ 천국은 온 인류 상호간에 인종과 인권 및 빈부와 귀천의 차별이 없는 〈평등사회〉이다.
⑨ 천국은 온 인류가 하나는 전체를 위하고, 전체는 하나를 위해 살아가는 〈공동체사회〉이다.

⑩ 천국은 온 인류가 사랑과 진실을 꽃피우며 살아가는 정의로운 〈양심사회〉
  이다.

⑪ 천국은 온 인류가 안락한 사회환경을 이루고 살아가는 풍요로운 〈복지
  사회〉이다.

⑫ 천국은 온 인류가 찬란한 정신문화를 꽃피우며 살아가는 아름다운 〈예
  술사회〉이다.

위에서 언급한 바와 같이, 천국은 바로 인간이 인간답게 살아가는 사회요,
반대로 지옥은 인간이 인간답게 살아갈 수 없는 사회를 말한다. 다시 말해,
천국은 선하고 의로운 세계요, 지옥은 악하고 불의한 세계를 가리킨다.

그런데 인간은 불행히도 타락함으로써 하나님을 중심으로 한 천국을 이루
지 못하고, 도리어 사탄을 중심으로 한 지옥을 이루고 말았다. 그리하여 인
류는 지금까지 이러한 지옥(죄악세계)에서 그 본래의 아름다운 인간성을 상
실한 채, 오늘도 고달픈 삶을 이어가고 있는 것이다.

※ 지금까지 우리 성도들은 오로지 천국에 가기만을 소망해 왔다. 그러나
  우리가 진정으로 천국에 가기를 원한다면, 우리는 먼저 그 천국을 건설
  할 생각부터 해야할 것이다. 이것이 바로 우리 성도들의 올바른 신앙자
  세이며, 또 올바른 사고방식이 아니겠는가?

우리는 지금 모든 것이 급변하는 새로운 과학시대를 맞이하고 있다. 그러
므로 이제는 모든 성도들이 그 새로운 과학시대가 요구하는 〈과학적인 신
앙〉으로 다시 무장해야 하며, 그러기 위해서는 종래의 비이성직이고 비과학
적인 신앙에서 속히 벗어나야 할 것이다.

제3절 천국건설의 우선순위

* 너희는 먼저 하나님의 나라와 그의 의를 구하라(마 6:33)
* 내가 천국 열쇠를 네게 주리니, 네가 땅에서 무엇이든지 매면 하늘에서
  도 매일 것이요, 네가 땅에서 무엇이든지 풀면 하늘에서도 풀리리라(마
  16:19)
* 진실로 너희에게 이르노니, 무엇이든지 너희가 땅에서 매면 하늘에서
  도 매일 것이요, 무엇이든지 땅에서 풀면 하늘에서도 풀리리라(마
  18:18)

하나님의 창조이상은 바로 온 인류가 하나님을 모시고 서로 사랑하고 위하며 행복하게 살 수 있는 영원한 천국을 건설하는 데 있다.(마 6:33). 그런데 천국에는 〈지상천국〉과 〈천상천국〉이 있다. 전자는 현세의 천국이요. 후자는 내세의 천국이다. 그러면 이 중에서 어느 천국이 먼저 실현되어야 하는가? 그것은 바로 현세의 지상천국이다. 이제 그 이유를 알아보기로 하자.

창세시에 하나님은 인간을 천상이 아닌 이 지상에 창조하셨다. 그리고 「너희는 생육하고 번성하여 땅에 충만하라」 (창1:128)고 축복하셨다. 그러므로 인간에 대한 하나님의 모든 섭리는 반드시 이 지상에서 먼저 그 완결을 보아야 한다(롬9:28). 따라서 현세의 지상천국이 내세의 천상천국에 앞서 실현되어야 함은 두말할 나위도 없다」 (마6:33. 계5:10, 계11:15). 만일 하나님의 창조이상이 사후의 천상세계에서만 실현될 수 있다면, 하나님은 무엇 때문에 이 지상세계를 창조하셨겠는가?

「내가 말하였으매 정녕 이룰 것이요, 내가 경영하였으매 정녕 행하리라」 (사46:11)고 하신 말씀대로, 우리의 하나님은 어디까지나 예언과 약속을 이

루시는 전능의 하나님이시다(사14:24).결코 못 이루실 에덴 (천국)을 계획하시고 섭리하실 무능의 하나님은 아니시다. 그렇다면 하나님이 어찌 인간에게 약속하신 그 축복의 말씀을 스스로 포기하실 것인가?

그러므로 하나님은 인간에게 허락하신 그 축복의 이상(목적)을 반드시 이 지상에 다시금 찾아 이루셔야 한다. 만일 다시 찾아 이루시지 못한다면, 하나님은 창조주로서의 위신을 만우주 앞에 세우실 수 없을뿐더러, 하나님의 창조위업도 모두 수포로 돌아가고 말 것이다. 따라서 하나님의 창조 이상이 이 지상에서 먼저 실현되어야 함은 너무도 당연한 결론이 아닐 수 없다.

위에서 지상천국은 반드시 천상천국에 앞서 실현되어야 함을 논했거니와, 사실상 현세의 지상천국이 먼저 실현된다면, 내세의 천상천국은 자동적으로 이루어질 것이요, 또한 지상천국에서 육신을 벗고 간 사람은 천상천국에 가지 말라고 해도 자연히 가게 될 것이니, 진정 우리가 바라보고 염려해야 할 곳은 천상이 아닌 바로 이 지상인 것이다(마16:19,마18:18)

그런데 오늘날 대부분의 성도들은 도리어 이 지상세계를 외면하고, 다만 사후의 천상세계만을 일방적으로 추구하고 있는 딱한 실정에 있다. 그들은 이 지상에서 하나님의 창조이상을 이룬다는 것을 아예 생각조차 무모한 것으로 믿는다. 천국건설은 오직 내세의 천상세계에서만 가능한 사후지사로 여기고 있는 것이다. 그 결과 오늘의 인류사회에는 현실경시의 퇴폐적인 풍조가 만연하게 되었으니, 이 얼마나 안타까운 일인가?

그러므로 오늘의 모든 신앙인들은 이제라도 모름지기 하늘만을 향하던 머리를 돌리고 발길을 돌려, 이 지상을 바라보도록 해야 한다. 밭에서 알곡을 구해야만 창고에서도 알곡을 구할 수 있듯이, 이 지상에서 먼저 천국이 건설되어야만 비로소 저 세계(영계)에서도 천국은 온전히 실현 될 수 있는 것이다.

이러한 천국건설의 우선순위로 보아, 종교의 제1차적인 사명은 무엇보다도 지상천국의 건설에 있음을 알 수 있다. 그러나 애석하게도 이러한 본연의 사명을 다한 종교는 지금까지 하나도 없었다. 그들이 무질서 하게 내세운 주의 주장은 도리어 우리에게 가중된 위기와 혼란만을 가져다 주었으니, 종교계의 분열은 그 중 대표적인 것이라고 하겠다.

특히 오늘의 기독교는 갈수록 더욱 분열을 거듭함으로써, 사실상 모든 이념 분쟁의 온상(원인)이 되기에 이르렀고, 이러한 종교계의 분열상은 마침내 모든 신앙인으로 하여금 비신앙적인 불신까지 낳게 하였다. - 현재 한국의 기독교는 1백여 개의 교파로 갈라졌고, 세계의 기독교는 1만여 개의 교파로 분열되어, 서로 분쟁하고 있는 안타까운 실정에 있다.

그러나 오늘의 인류에게도 한 가닥 희망은 있다. 〈새 진리〉의 탄생이 바로 그것이다. 이 진리야 말로 비운에 잠긴 현대 인류에게 새로운 천국 건설의 길을 반드시 마련해 줄 것이기 때문이다. - 제1장 〈진리론〉 참조. 따라서 오늘의 모든 종교는 지난날의 인습적인 파쟁과 분열을 어서 속히 끝내고(마12:25), 새 시대가 요구하는 새 진리를 따라 하나님의 소망이자 인류의 소망인 지상천국건설에 앞장서야 할 것이다.

하나님의 간절하신 소망은 교회의 건물이 크고 좋음에 있는 것도 아니요, 또 지난날의 역사와 전통이 길고 화려함에 있는 것도 아니다(삼상16:7). 오직 바라시는 뜻은 온 인류가 하나로 통일되어 서로 사랑하고 위하며 행복하게 살 수 있는 천국을 건설하는 데 있다(마6:33 엡1:10). 따라서 이러한 천국건설은 바로 오늘의 인류가 가장 긴급히 해결하고 가야 할 역사적인 과제가 아닐 수 없다. 그렇다면 이러한 역사적이고 인류적인 대과업을 놓고, 우리가 어찌 서로의 교파와 주의 주장만을 옹졸하게 따질 수 있겠는가?

진실로 우리는 이제 서로의 교파와 주의 주장만을 옹졸하게 따지는 어리석음을 조속히 피하고 모두가 한자리에 모여 보자. 그리고 허심탄회하게 인류의 영원한 미래와 천국건설을 위한 우리의 긴급한 사명이 무엇인가를 논의해 보자. 그리하여 하나님의 영원한 창조이상인 지상천국건설을 더욱 앞당기도록 하자. 이것이 바로 하나님과 주님의 뜻이 아니겠는가?

제4절 지옥을 해방하라

*나 주 여호와가 말하노라. 내가 어찌 악인이 죽는 것을 조금인들 기뻐하랴. 또 그가 돌이켜 그 길에서 떠나서 사는 것을 어찌 기뻐하지 아니 하겠느냐(겔18:23).
*나 주 여호와가 말하노라, 죽는 자의 죽는 것은 내가 기뻐하지 아니하노니, 너희는 스스로 돌이키고 살지니라(겔18:32)

기독교는 사후세계를 천국과 지옥으로 나누어 설명한다. 그런데 종래의 신학은 한결같이 천국이 영원하듯 지옥도 영존해야 할 것으로 가르쳐 왔다. 즉 지옥은 하나님을 배반한 불신자(죄인)들이 가서 영원한 불의 형벌을 받는 곳이라는 것이다.

그러면 이러한 종래의 주장대로 과연 지옥은 영존해야 하는가? 아니다. 지옥은 결코 영존할 수 없으며, 또 영존해서도 안 된다. 이러한 결론은 하나님의 창조 목적과 구원섭리의 목적을 보더라도 쉽게 얻을 수 있다. 그러면 이 문제를 성서에 기초해서 간단히 알아보기로 하자.

하나님의 피조세계를 창조하시게 된 동기와 목적은 바로 이것을 보시고 영원히 기쁨을 누리시기 위함이었다. 즉 무형으로 계시는 하나님은 유형의 실체대상을 통해서 자신의 기쁨을 영원히 상대적으로 느끼시기 위하여 피조세계를 창조하신 것이다.-제5장 4절〈창조의 기본 목적〉참조.

그런데 하나님의 기쁨은 창조된 피조물이 온전한 선의 실체대상이 되어야만 오게 된다. 피조물의 창조가 끝날 대마다 하나님이 그것을 보시기에 좋았더라(창1:5~31)고 한 창세기의 기록은 바로 이 사실을 나타낸다. 따라서 하나님의 슬픔은 창조된 피조물이 온전한 선의 실체대상이 되지 못할 때 오게 된다. 하나님의 땅 위에 사람지으셨음을 한탄하사 마음에 근심하신 것은(창6:6)인간이 타락함으로써 하나님이 기뻐하실 수 없는 악의 실체대상이 되었기 때문이다.

그러면 지옥이란 무엇인가? 지옥은 바로 하나님의 창조이상과는 정반대의 동기와 목적에 의해 이루어진 악의 세계이다. 따라서 하나님이 이러한 지옥을 보시고 기뻐하실 수는 없다. 왜냐 하면 하나님의 기쁨은 어디까지나 선의 결과를 통해서만 오는 것이기 때문이다. 그렇다면 하나님은 이렇듯 자신의 슬픔을 자아내게 하는 지옥을 영원히 그대로 두실 것인가?

지옥이 존재하는 한 하나님은 영원히 기쁘실 수 없다(렘14:17, 겔18:23,32). 따라서 지옥은 반드시 해방되어야 한다. 자녀를 구하시려는 것이 아버지의 심정이거늘 당신의 사랑하는 자녀들을 지옥의 오랜 고통에서 구해 주시지 않을 것인가?

일찍이 사도 베드로는 주님은 승천하신 후 옥에 있는 영들에게도 복음을 전파하셨다고 증거하였다(벧전3:18~20).이 말씀대로 하나님의 구원섭리는 부단히 지옥에도 작용하고 있음을 알아야 한다(벧전4:6).종래의 주장대로 만일 지옥이 영존해야 한다면 주님은 어찌하여 옥에 있는 영들에게도 복음을 전파하셨단 말인가?

하나님의 구원섭리는 바로 인간해방을 위한 섭리이다. 따라서 하나님의 구원섭리는 지옥까지도 완전히 해방시켜야 한다. 즉 인간의 타락으로 인하여 이루어진 지상지옥과 천상지옥을 지상천국과 천상천국으로 완전히 회복시켜야 한다. 그래야만 하나님의 창조 목적은 모두 이루어질 것이다. 하나님이 타락한 인간들을 그대로 버려 두시지 않고, 부단히 구원섭리를 전개하시는 이유는 여기에 있다. 이러한 견지에서 하나님의 구원섭리는 바로 지옥해방을 위한 섭리라고도 말할 수 있다(눅4:17~19,요일3:8).

만일 지옥이 영존한다면, 하나님은 도리어 지옥을 원리적인 세계로, 또 사탄을 원리적인 존재로 인정하신다는 모순된 결과가 나오게 된다. 더구나 사탄은 지옥의 창조주로 자처할 수도 있다. 왜냐하면 지옥은 어디까지나 사탄으로 인하여 초래(결과)된 것이기 때문이다. 그러므로 지옥은 결코 영존할 수 없으며, 또 영존해서도 안된다.

성서에서 지옥을 영존하는 것으로 비유함은 그만큼 지옥의 고통이 크고 오래다는 것을 보여 주기 위함이요, 결코 지옥이 영존하기 때문은 아니다. 만일 성서의 문자대로 지옥이 영존한다면, 하나님의 창조목적과 구원섭리의 목적은 결국 무위로 돌아가게 되며, 또한 인간사회에서 벌어지는 선악의 투쟁도 그대로 영속될 수밖에 없을 것이다.

◉ 지옥은 반드시 해방되어야 한다.

일찍이 예수님은 제자들에게 「너희는 먼저 하나님의 나라와 그의 의를 구하라」 (마6:33)고 말씀하셨고, 또 뜻이 하늘에서 이룬 것 같이 땅에서도 이루어지도록 기도하라고 가르치셨다(마6:10). 이 말씀대로 하나님의 구원섭리의 최종목표는 바로 이 지상에 영원한 〈천국〉 을 건설하는데 있다.

그러면 우리는 어떻게 해야만 천국을 건설 할 수 있는가? 이 지상에 아름다운 천국을 건설하려면, 우리는 먼저 사탄이 지배하는 지옥을 모두 해방시켜야 한다. 왜냐 하면 천국과 지옥은 서로 공존할 수 없으며. 또 공존해서도 안되기 때문이다(고후6:14~16). 그럼에도 불구하고, 지금까지 모든 성도들은 도리어 그 지옥이 영존해야 할 것으로 믿어 왔으니, 이 얼마나 안타까운 일인가?

지옥이란 말은 예루살렘의 남서쪽에 있는 〈힌놈의 골짜기〉 에서 유래 되었다고 한다. 이 골짜기(게헨나)는 지난 날 타락한 이스라엘 백성들이 그의 자녀들을 몰록신에게 번제로 바치던 가증한 곳이었고, 또 쓰레기와 시체를 태우던 더러운 곳이었다(왕하23:10, 대하28:3, 렘32:35). 이러한 힌놈의 골짜기는 이미 사라졌지만, 그곳에서 유래된 지옥도 역시 깨끗이 사라져야 함은 너무나 당연한 일이 아닐 수 없다.

위에서 필자는 지옥해방의 필요성을 강조했거니와 사탄이 지배하는 지옥은 반드시 해방되어야 한다. 왜냐하면 지옥의 어둠을 몰아내지 않고는 천국의 찬란한 새 아침이 밝아올 수 없기 때문이다. 이에 필자는 오늘의 모든 성도들이 하나님과 주님이 바라시는 천국건설과 지옥해방을 위해 모두가 한결같이 떨쳐 나서기를 간절히 호소하는 바이다.

인간은 타락한 존재다. 그 결과 인간은 불행히도 지상천국이 아닌 지상지옥에서 살아가게 되었다. 기독교는 바로 이러한 지상지옥을 지상천국으로 만들기 위해 부름받은 종교다. 오늘의 기독교는 이 사실을 속히 깨달아야 할 것이다. 그리고 이제는 하나님과 주님이 바라시는 〈지옥해방〉을 위해, 모두가 적극적으로 나서야 할 것이다.

제 8 장

말 세 론

✟ 이 천국복음이 모든 민족에게 증거되기 위하여 온 세상에
전파되리니, 그제야 끝이 오리라(마24:14).

✟ 네가 이것을 알라. 말세에 고통하는 때가 이르리니 사람들은
자기를 사랑하며, 돈을 사랑하며, 쾌락을 사랑하기를 하나님
사랑하는 것보다 더하며, 경건의 모양은 있으나 경건의 능력은
부인하는 자니, 이 같은 자들에게서 네가 돌아서라
(딤후3:1~5).

✟ 이제 이 세상의 심판이 이르렀으니, 이 세상 임금이 쫓겨나리
라(요12:31).

예나 지금이나 말세는 모든 신앙인들의 큰 관심사가 되고 있다. 그런데 그들은 한결같이 말세를 공포의 대상으로 보고 있다. 특히 성서의 문자에 사로잡혀 온 기독교 성도들은 항상 「지금이 말세」라는 절박감 속에서 자기 신앙을 이끌어 가고 있다.

그 뿐만 아니라, 사이비 종교의 교주들은 흔히 시한부 말세설을 조작하여 선량한 성도들을 유혹하는 경우도 많다. 그러나 예수님은 「그 날과 그 때는 아무도 모르나니, 하늘의 천사들도 아들도 모르고 오직 아버지만 아시느니라」(마24:36)고 말씀하셨으니, 때에 관한 성급한 판단은 지극히 무모하고 위험한 일이 아닐 수 없다(살후2:3~4).

한편 말세에는 주님의 〈공중재림〉과 성도들의 〈공중휴거〉가 있으며, 그 시기는 바로 1999년 또는 2000년이라고 주장하는 거짓 목자들도 많다. 그러나 이러한 사이비 종말론자들은 그들이 아무리 소리 높이 외친다 해도, 결국은 모두가 거짓으로 판명될 것이다.

이와 같이 말세는 우리의 신앙과 매우 밀접한 관계가 있거니와, 이 말세를 잘못 이해하고 판단할 경우 우리는 그릇된 신앙(이단신앙)에서 벗어날 수 없다. 오늘의 모든 성도들은 이 사실을 깊이 명심하고, 어서 속히 올바른 말세관을 세우도록 해야 한다. 그러기 위해서는 지난날의 문자적인 신앙에서 조속히 벗어나야 할 것이다. 그러면 먼저 종래의 말세론에서 주장하는 내용들이 무엇인가를 간단히 살펴보기로 하자.

제1절 종래의 말세론과 그 문제점

오늘날 모든 기독교회에서 주장하고 있는 말세론은 대체로 다음과 같다. 즉 끝날이 이르면 성서의 문자 그대로 하늘과 땅이 모두 불에 타서 없어지고(벧후 3:12), 해와 달이 빛을 잃고 별들이 하늘에서 떨어지며(마 24:29). 또한 천사장의 나팔소리와 함께 죽은 자들이 무덤에서 일어나고, 살아 있는 성도들은 모두 저희와 함께 구름 속으로 들려 올라가 공중에서 주님을 영접하게 된다는 것이다(살전4:16~17).

그 뿐만 아니라, 말세에는 불심판을 비롯하여 선인과 악인을 가르는 대심판이 있는데, 그 대심판에서 구원받은 성도들은 천국에 가서 영원한 복락을 누리지만, 구원받지 못한 죄인들은 모두 지옥에 가서 영원한 불의 형벌을 받는다는 것이다(마25:11).

한편 말세에는 대환란을 비롯하여 핵전쟁과 아마겟돈 전쟁이 벌어지고, 또 온갖 무서운 천재지변이 계속 일어나기 때문에, 이 지구상에 남아 있는 사람들은 거의 모두가 죽게 된다고 한다. ― 혹자는 이 지구가 다른 행성과의 충돌로 그 마지막 최후를 장식하게 될 것이라고 주장하기도 한다.

참으로 해괴한 말세관이다. 아무리 생각해도 동화 속의 옛날 이야기를 듣는 기분이다. 말세란 본래 그러한 희비극이 연출되는 때인가? 물론 이러한 종래의 말세관이 끝날에 그대로 이루어질 것인지는 알 수 없으나. 만일 그대로 이루어진다면 생각만 해도 끔찍한 일이요. 또한 불안과 공포의 대상이 아닐 수 없다.

생각컨대, 성서의 문자대로 땅의 체질이 뜨거운 불에 녹아지고 하늘의 별들이 떨어져야만 말세가 말세다울 것도 아니요, 또 그래야만 이른바 대심판을 할 수 있는 것도 아닌데, 하나님이 어찌하여 그러한 사리에 어긋나는 파괴적인 행위로 말세를 장식하실 것인가? 아무리 찾아보아도 말세에 피조물이 파멸되어야 할 이유는 발견할 수가 없다.

그러므로 결론부터 말한다면, 하나님은 말세에 피조물을 멸하시지 않을 것이 분명하다. 하나님은 어디까지나 창조의 하나님이시요, 결코 파괴의 하나님은 아니시기 때문이다. 지금까지 인류역사에는 여러번의 말세가 있었거니와, 만일 하나님의 말세에 굳이 피조물을 멸하서야 할 필요가 있었다면, 이 우주 만물은 이미 오래 전에 파멸되었을 것이다. ― 종래의 말세론에서 제기되는 문제점들은 편의상 본론에서 자세히 논하기로 한다.

제2절 민중신학의 말세관

* 죄를 짓는 자는 마귀에게 속하나니, 마귀는 처음부터 범죄 함이니라. 하나님의 아들이 나타나신 것은 마귀의 일을 멸하려 하심이니래(요 일 3:8)
* 너희는 믿지 않는 자와 명예를 같이 하지 말라. 의와 불법이 어찌 함께 하며, 빛과 어둠이 어찌 사귀며, 그리스도와 벨리알이 어찌 조 화되며, 믿는자와 믿지 않는 자가 어찌 상관하며, 하나님의 성전과 우상이 어찌 일치가 되리요(고후6:14~16).

예로부터 말세에 대한 해석과 예언은 많이 있었지만, 그 대부분이 허황된 것이었다. 이는 그들이 신봉하는 경전을 문자적으로 해석함에 그 원인이 있거니와, 이로 인한 신앙적 병폐는 한 두 가지가 아니었다. 예컨대 사이비 종교의 교주들은 말세를 제멋대로 풀이한 결과 그들의 말세 예언은 매번 빗나갔으며, 그 때마다 그들은 그 예언을 다시금 수정 발표하는 추태를 보여 왔다. 성서의 참 뜻은 그 문자의 표면에 있지 않고, 그 이면에 있음을 그들은 왜 모르는가?

그러므로 우리가 올바른 말세관을 세우려면, 무엇보다도 그 문자에 사로잡혀서는 안 된다. 그리고 하나님의 구원섭리에 대한 올바른 인식이 앞서야 한다. 그래야만 비로소 우리는 말세를 올바로 이해하고 판단 할 수 있다.

그러면 이제 말세의 참뜻이 무엇인지를 성서에 기초해서 알아보기로 하자.

인간은 본래 하나님만을 모시고 살도록 창조되었다. 인간은 바로 하나님의 자녀이기 때문이다. 그러므로 인간이 타락하지 않고 완성되면 인간은 반드시 하나님을 중심으로 한 가정과 사회와 국가와 세계를 이루고 살게 된다. 이처럼 인간이 하나님을 모시고 그의 뜻대로 사는 선의 세계(이상세계)를 〈천국〉이라고 한다. 이러한 천국에는 현세의 지상천국과 내세의 천상천국이 있다. 그런데 인간은 불행히도 하나님을 불신하고 타락함으로써 반대로 사탄을 중심으로 한 가정과 사회와 국가와 세계를 이루고 말았다. 사탄을 이 세상의 신 또는 임금이라고 하는 이유는 여기에 있다(요12:31,고후4:4).이처럼 인간이 하나님을 불신하고 사탄의 종이 되어 우상들을 섬기면서 사는 악의 시계(타락세계)를〈지옥〉이라고 한다. 이러한 지옥에는 현세의 지상지옥과 내세의 천상지옥이 있다.

이와 같이 인간은 타락함으로써 하나님의 창조목적과는 정반대의 세계를 이루어 놓았다. 그 결과 인류역사는 하나님을 중심으로 한 선의 역사로 출발하지 못하고, 도리어 사탄을 중심으로 한 악의 역사로 출발하게 되었다. 이에 하나님은 그러한 악의 세계와 악의 역사를 선의 세계와 선의 역사로 회복하시기 위해 구원섭리를 전개하셨던 것이다.

그러면 말세는 무엇이며, 또 어느 때인가? 하나님의 구원섭리로 보아 말세는 사탄이 지배하는 죄악세계의 종말을 의미하며, 그 시기는 주님의 말씀대로 복음의 진리가 땅 끝까지 전파 될 때가 된다(마24:14).그리고 말세는 구원섭리의 시발점인 아담시대로부터 이미 시작된 것으로 보아야 한다. 왜냐하면 하나님의 구원섭리는 바로 선으로 악을 치는 심판의 섭리이기 때문이다(롬12:21,요일3:8).

그런데 하나님은 구약과 신약과 성약의 3시대를 통해서 구원섭리를 전개하시므로,말세도 역시 3시대의 말세로 구분된다. 구약말세는 아담으로부터 시작되고,신약말세는 예수님으로부터 시작되며, 성약말세는 주님의 재림으로부터 시작된다. 이러한 3시대의 말세를 통해서 하나님은 사탄세계를 심판하시는 것이다.

한편 하나님은 개인과 가정으로부터 민족과 국가와 세계의 순으로 사탄 세계를 심판하여 구원하시므로, 이에 따라 말세도 역시 그 범위가 확대된다. 이것을 3시대로 구분하면 구약시대는 민족적인 말세시대가 되고, 신약시대와 성약시대는 세계적인 말세시대가 된다.

이러한 3시대의 말세섭리로 보아, 우리는 사탄세계의 종말이 멀지 않았음을 분명히 알 수 있거니와, 오늘의 모든 성도들은 그 날을 앞당기기 위해 하나님의 복음을 더욱 열심히 전파해야 할 것이다(마 24:14, 막16:15, 딤후 4:1~2).

위에서 논한 바와 같이, 말세는 바로 사탄을 중심으로 한 악의 세계가 하나님을 중심으로 한 선의 세계로 교체되어 나아가는 역사적인 대전 환기를 말하며, 그것은 결코 종래의 주장대로 모든 피조물을 멸하는 때가 아니다. 그러므로 말세는 종래에 믿어 왔듯이 불안과 공포의 때가 아니요, 오히려 소망과 기쁨의 때임을 알아야 한다. 생각해 보라, 사탄이 지배하는 죄악세계를 멸하는 때가 바로 말세라면, 우리 성도들이 그 말세를 두려워할 이유가 어디 있겠는가? 여기서 다루지 못한 문제들은 다음의 각 절에서 자세히 논하기로 한다.

제3절 피조물의 파괴문제

* 여호와께서 그 향기를 흠향하시고 그 중심에 이르시되, 내가 다시는 사람으로 인하여 땅에 저주하지 아니하리라... 내가 전에 행한 것 같이 모든 생물을 멸하지 아니하리라(창8:21).
* 한 세대는 가고 한 세대는 오되 땅은 영원히 있도다(전1:4).
* 그 성소를 산의 높음 같이, 영원히 두신 땅 같이 지으셨으며(시78:69).

오늘날 대부분의 성도들은 성서의 문자대로 말세에는 하나님이 반드시 모든 피조물을 멸하실 것으로 굳게 믿고 있다(마24:29,벧후3:12).그러나 이러한 그들의 말세관은 매우 그릇된 것임을 알아야 한다. 말세는 결코 죄 없는 피조물을 멸하는 때가 아니기 때문이다. 생각해 보라. 타락한 죄악 세계를 회복하기 위한 말세에 굳이 피조물의 파괴가 뒤따라야 할 필요가 어디 있겠는가?

일찍이 하나님은 아담과 하와를 부르시고, 「너희는 생육하고 번성하여 땅에 충만하라.그리고 만물을 주관하라」 (창1:28)고 축복하셨으니,이는 그들을 세워 죄 없는 선의 세계(천국)를 이루시기 위함이었다. 따라서 그들이 타락하지 않고 완성하여 선의 자녀를 번식하였다면, 하나님의 나라는 이미 그 때부터 이루어졌을 것이다. 그러나 하나님의 이러한 축복의 이상은 불행히도 그들이 타락함으로써 오늘에 이르기까지 한번도 실현된 적이 없었으니,이는 역사와 현실이 잘 말해 주는 사실이다. 그러면 하나님은 그 축복의 말씀을 다시 이루시지 않고 영원히 포기 하실 것인가? 아니다, 우리의 하나님은 어디까지나 전능하신 하나님으로서, 한번 세우신 약속은 기필코 이루시는 분이다. 「내가 말하였으매 정녕 이룰 것이요, 내가 경영하였으매 정녕 행하리라」 (사 46:11)고 하신 말씀대로, 예언과 약속을 이루시는 하나님이시라면(사 14:24),어찌 인간에게 약속하신 그 축복의 말씀을 영원히 포기하실 수 있겠는가? 타락한 우리 인간도 그 초지만은 관철코자 하거늘, 하물며 창조주되시는 하나님에게 있어서랴.

그러므로 만일 하나님이 그 축복의 이상(목적)을 그대로 다시금 이루시지 않는다면, 하나님은 창조주로서의 위신을 만우주 앞에 세우실 수 없다. 그런데 이러한 축복의 이상은 반드시 피조물이 있어야만 그 실현이 가능하므로, 이러한 면에서도 하나님은 말세에 피조물을 멸하실 수 없는 것이다(창 8:21, 창9:11~13).

그 뿐만 아니라, 인간을 제외한 모든 피조물은 이미 하나님의 뜻대로 생존·운행 되고 있으므로(마 6:26~30), 하나님은 말세에 땅을 멸하시고 하늘의 별들을 떨어뜨리실 필요가 전혀 없는 것이다. 오직 만물보다 거짓되고 부패한 인간만이(렘 17:9) 타락 전 상태로 회복되기만 하면, 하나님의 뜻은 자연히 이루어질 것인데, 하나님이 무엇 때문에 굳이 피조물을 멸하실 것인 가? 만일 하나님이 말세에 피조물을 멸하신다면, 이는 오히려 부당하고도 무 의미한 창조의 낭비가 아닐 수 없다.

또 우리가 아는 바와 같이, 타락은 어디까지나 인간 자신이 범한 일이므 로, 타락의 모든 책임은 바로 인간에게 있다. 따라서 종래의 주장대로 말세 에 무서운 재난이 있다면, 그 재난은 모두 인간이 당해야 할 일이요, 결코 죄 없는 만물이 당해야 할 일은 아니다.

한편 우리는 하나님의 구원섭리역사를 보더라도, 끝날에 피조물이 멸하 지 않으리라는 것을 분명히 알 수 있다.

하나님은 노아의 홍수 때에도 「끝날이 이르렀으니 저희와 땅을 멸하리 라」(창 6:13)고 말씀하시어 그 때를 말세로 표시하셨으나, 실제로 피조물을 멸하시지는 않았다. 그리고 예수님 당시에도 그 때를 말세로 표시하여, 모 든 것을 심판한다고 하셨으나(요5:22, 말4:1) 역시 피조물은 멸하시지 않았으 니, 이러한 선례로 보아 하나님이 말세에 반드시 피조물을 멸하신다고는 아 무도 장담할 수 없는 일이 아닌가?

전도서에도 「한 때는 가고 한 때는 오되 땅은 영원히 있도다」(전 1:4)하 여 피조물의 불변을 말하였고(시 78:69), 또 로마서에도 「피조물이 간절히 바라는 것은 하나님의 참 아들들이 나타나는 것이라」(롬 8:19~21)고 하였 으니, 만일 피조물이 성서의 문자 그대로 파멸되어 없어진다면, 어찌하여 하 나님의 참 아들들이 나타나기를 고대하며, 또 하나님의 참 아들들은 나타나 서 무엇할 것인가?

위에서 논한 바와 같이, 말세에 피조물이 파멸될 수 없는 것이라면, 「하 늘과 땅을 멸하리라」(벧후 3:12)고 한 성서의 기록은 무엇을 의미하는가? 이 문제를 정확히 해명하려면, 우리는 먼저 하늘과 땅의 실상부터 알아야 한다.

일찍이 사도 바울은 사탄을 가리켜 「공중권세를 잡은 자」(엡 2:2)라고
하였다. 따라서 여기서 말한 하늘은 바로 그러한 공중권세를 잡은 사탄들이
지배하는 악한 영계를 가리킨다. 그리고 땅은 그들이 지배하는 이 지상의
죄악세계를 의미한다(요 12:31, 고후 4:4).

그러므로 하나님이 말세에 하늘과 땅을 멸하신다는 것은 바로 새로운 선
의 세계를 이루시기 위해 사탄이 지배하는 악한 영계와 또 지상의 죄악 세
계를 멸하시는 것을 의미하며, 말세는 이렇듯 선으로 악을 치는 심판의 때
를 말하는 것이다.

이와 같이 말세는 모든 피조물을 멸하는 때가 아니라, 그것은 바로 인류
역사를 부단히 주름잡아 왔던 낡은 하늘과 낡은 땅(악의 세계)을 멸하고, 새
하늘과 새 땅(신의 세계)을 이루기 위한 역사적인 대전환기를 의미하는 것
이다(벧후 3:13, 계 22:1, 사 66:22).

제4절 해와 달과 별들의 추락문제

* 요셉이 다시 꿈을 꾸고 그 형들에게 고하여 가로되, 내가 또 꿈을 꾼즉
해와 달과 열한 별이 내개 절하더라 하니라. 그가 그 꿈으로 부형에게
고하매 아비가 그를 꾸짖고 그에게 이르되, 너의 꾼 꿈이 무엇이냐, 나와
네 모와 네 형제들이 참으로 가서 땅에 엎드려 네게 절하겠느냐, 그 형
들은 시기하되 그 아비는 그 말을 마음에 두었더라(창37:9~11).

성서의 문자는 말세에 해와 달이 빛을 잃고, 하늘의 별들이 땅에 떨어 질
것으로 기록되어 있기 때문에(마24:29), 대부분의 성도들은 아직도 그것을
사실처럼 믿고 있다. 그러나 전술한 바와 같이, 말세가 모든 피조물을 멸하
는 때가 아니라면, 이 문제도 역시 문자 그대로 풀이해서는 안된다. 만일
종래의 주장대로 말세에 해와 달이 빛을 잃고 하늘의 별들이 모두 땅에 떨

어진다면, 이는 모든 피조물의 완전파멸을 의미하는 것으로서 인류가 생존하는 이 지구도 그 참화를 면치 못할 것이다.

우리가 밤마다 헤아리고 즐기는 저 수많은 별들의 그 대부분이 지구의 수천 수만 배의 크기와 무게를 지니고, 광대무변한 우주를 운행하고 있다는 것은 이미 주지의 사실인데, 이러한 무한대의 천체가 다만 하나라도 지구를 향해 떨어진다면, 어찌 이 지구가 온전할 것인가?

그러므로 이 말씀은 어디까지나 비유적인 것으로 보아야 할 것이다. 예수님도 많은 것을 비유로 말씀하셨거니와(마13:34), 성서의 중요한 그 대부분이 비유와 상징으로 기록되어 있는데, 유달리 이 말씀만은 문자 그대로 믿어야 할 말씀이라고 고집할 수는 없지 않은가? 그러면 이 문제를 다음과 같이 나누어 알아보기로 하자.

① 해가 어두워지는 현상

요한복음 1장 9절에 보면, 예수님을 참 빛으로 비유하였고, 또 예수님 자신도 「나는 세상의 빛이라」(요8:12)고 말씀하셨다. 한편 말라기서 4장 2절에 보면, 장차 오실 메시아를 의로운 태양으로 비유하였고, 또 누가복음 1장 78절에도 역시 그리스도를 태양으로 표시하였다.

이와 같이 성서는 예수님을 태양으로 비유하였고, 또 누가복음 1장 78절에도 역시 그리스도를 태양으로 표시하였다.

이와 같이 성서는 예수님을 태양으로 비유했으니, 그 이유는 무엇인가? 이는 마치 태양이 만물을 비추어 소생시키듯. 예수님은 진리와 생명의 빛으로 만민을 비추어 구원하실 인류의 구주로 오셨기 때문이다(요3:16). 예수님을 참 빛으로 비유함도(요1:9)역시 주님은 해와 같은 분으로 오셔서 진리와 생명의 빛을 발하셨기 때문이다.

그러나 말세에 빛을 잃고 어두워지는 태양은, 반대로 세상을 미혹하는 적그리스도를 비유한 것으로 보아야 한다. 왜냐하면 예수 그리스도는 어제나 오늘이나 영원토록 동일한 분으로서(히13:8), 그가 발하신 진리와 생명의 빛은 결코 어두워 질 수 없기 때문이다.

그러면 말세에 해가 어두워진다는 것은 무엇을 말함인가? 이는 마치 일식 때 태양이 달에 가려져 어두워지듯, 말세에는 주님의 새 진리가 나타나 적 그리스도가 발하는 거짓 진리의 빛을 가림으로써 그 빛이 어두워짐을 뜻한다. —제 1장 〈진리론 참조〉

예나 지금이나 적 그리스도들은 마치 사탄이 자신을 광명의 천사로 가장하듯(고후 11:13~15), 항상 자신을 참 그리스도로 가장하여 세상을 미혹하지만, 그들의 종말은 결국 무서운 심판으로 끝날 것이다.

일찍이 예수님은 「많은 사람이 내 이름으로 와서 나는 그리스도라 하여 많은 사람을 미혹케 하리라」 (마24:5)고 말씀하셨고, 또 「거짓 그리스도와 거짓 선지자들이 일어나 큰 이적과 기사를 보여 할 수만 있으면 택하신 자들도 미혹케 하리라」 (마24:24)고도 말씀하셨다.

이러한 주님의 말씀은 그대로 적중되어, 오늘날 세계 도처에는 많은 적 그리스도와 거짓 선지자들이 일어나 신성한 주님의 교회를 더럽히고 있다. 오늘의 한국 교계만을 보더라도 자칭 재림주요, 재림부처요, 재림 공자요 하는 이단자들이 속출하여, 선량한 양떼(성도)들을 마구 미혹하는 안타까운 실정에 있다.

② 달이 빛을 잃는 현상

위에서 논한 바 태양을 바로 인류의 구주로 오신 예수님으로 비유했다면, 달은 누구를 비유했을까? 이에 대한 답은 해와 달의 상호 관계에서 쉽게 알 수 있으니, 그 관계를 먼저 알아보자.

아는 바와 같이, 태양계는 바로 태양을 중심으로 이루어졌다. 이러한 관점에서 태양의 분신체는 지구요, 지구의 분신체는 달이라고 말할 수 있다. 바꾸어 말하면, 달의 모체는 지구요, 지구의 모체는 태양이 되므로, 달은 결국 태양의 분신체로볼 수 있다.

한편 태양은 발광체이므로 스스로 빛을 내지만, 달은 암체이므로 스스로 빛을 내지 못한다. 달은 오직 태양의 빛을 받아 전달(반사)해 줄뿐이다. 또 달은 지구와 더불어 항상 태양의 주위를 돌며, 밤에는 그를 대신해 어둠의 세계를 비추는 사명을 한다.

이러한 해와 달의 상호관계로 보아, 달은 바로 주님의 대신사명자인 목자(성직자)들을 비유한 것으로 볼 수 있다. 그러나 말세에 빛을 잃는 달은 반대로 온갖 불법을 행하는 거짓 선지자들과 거짓 목자들을 비유한 것으로 보아야 한다.(마7:22~23)

그러면 말세에 달이 빛을 잃는다는 것은 무엇을 말함인가? 이는 마치 월식 때 달이 지구의 그림자에 가려져 어두워지듯, 말세에는 주님의 새 진리가 나타나 거짓 선지자들과 거짓 목자들이 발하는 거짓 복음의 빛을 가림으로써 그 빛이 사라짐을 뜻한다.―제 1장 〈진리론 참조〉.

오늘의 종교계를 보라! 양의 가죽을 쓴 이리떼(거짓 목자)들이 얼마나 많은가? 그들은 자칭 주님의 종이요, 목자요 하면서 도리어 선량한 양떼(성도)들을 마구 노략질하고 있다(마7:15~16, 렘23:30~32).

그러므로 주님의 참된 목자들은 바로 이러한 거짓 목자들을 멀리 추방함으로써, 어린 양 떼들을 끝까지 지키고 보호해야 한다. 이것이 바로 태양(주님)의 찬란한 빛을 받아 어둠의 세계를 밝히는 달(목자)의 사명이 아니겠는가?

③ 별들이 떨어지는 현상

위에서 논한 바 해와 달을 바로 예수님과 목자들로 비유했다면, 별들은 또 누구로 비유되었을까? 그들은 바로 주님을 모시고 따르는 독실한 성도들을 가리킨다.

창세기에 보면, 하나님은 믿음의 조상 아브라함을 부르시고, 「네 자손이 하늘의 별과 같이 번성하리라」 (창15:5,창22:17)고 축복하신 말씀이 있다. 이 말씀에서 별들은 장차 믿음의 자녀들이 크게 번성함을 나타내기 위해 사용된 것임을 알 수 있다. 그런데 아브라함은 믿음의 조상이므로, 그의 믿음을 계승한 성도들은 모두 믿음의 자녀가 된다(갈3:7). 이러한 관점에서 별들은 바로 믿음의 자녀된 성도들을 가리킨다고 할 수 있다. 그러나 말세에 떨어지는 별들은 반대로 가중한 적 그리스도와 거짓 선지자들과 거짓 목자들을 믿고 따르는 거짓 성도들로 보아야 한다. 그러면 말세에 별들이 떨어진다는 것은 무엇을 말함인가? 이는 바로 비성서적이고 반기독교적인 이단 신앙에 빠진 거짓 성도들이 말세에 주님의 심판을 받음으로서, 그들이 모두 멸망의 자리로 떨어짐을 의미한다(마7:22,마25:41).

위에서 논한 바와 같이, 하늘에서 빛나는 해와 달과 별들은 각각 예수님과 목자들과 성도들을 비유하거니와, 이 사실은 창세기에 있는 요셉의 꿈 이야기에서도 재확인할 수 있다. 그러면 이제 그 꿈의 내용을 간단히 살펴보기로 하자. 창세기 37장9절 이하에 보면, 야곱의 열두 아들 중 열 한번째인 요셉이 꿈을 꾼 기록이 있다. 그 내용인즉, 요셉이 꿈을 꾸니 해와 달과 열한 개의 별이 모두 자기에게 절하더라는 것이다. 그런데 야곱은 요셉의 이러한 꿈 이야기를 듣고 책망하여 이르기를, 「너의 꾼 꿈이 무엇이냐,나와 네 어머니와 네 형제들이 참으로 가서 땅에 엎드려 네게 절하겠느냐」 (창37:10)고 하였다.

야곱은 이 말씀에서 해와 달과 별들이 각각 부모와 형제들로 비유했는데, 이 꿈은 후일 요셉이 애굽의 총리대신이 되었을 때, 그의 열 한 형제들이 모두 그에게 가서 절을 함으로써 그대로 들어맞았다.

그러면 이렇듯 해와 달과 별들로 비유된 부모와 형제들은 또 누구를 비유했을까? 그들은 바로 인류의 구주이신 예수님과 그의 대신 사명자인 목자들과 그의 영적 자녀인 성도들을 비유한 것으로 볼 수 있다. 신앙적인 관점에서, 예수님은 타락한 인간들을 하나님의 자녀로 거듭나게 하시는 인류의 영적인 아버지가 되고, 목자들은 주님의 대신 사명자로서 마치 어머니가 그 자녀들을 지성껏 보살피듯 항상 성도들을 위해 헌신 봉사하는 영적인 어머니가 되며, 성도들은 모두 믿음으로 맺어진 영적인 형제들이 된다. 그러나 말세에 빛을 잃고 떨어진다는 해와 달과 별들은, 반대로 온갖 불법을 행하는 적 그리스도와 거짓 목자들과 거짓 성도들을 비유한 것임을 알아야 한다. 이 사실은 「주께서 여섯째 인을 떼실 때에 해와 달이 빛을 잃고 하늘의 별들이 떨어졌다.」(계6:12~13)는 〈계시록〉의 말씀에도 잘 나타나 있다.

그런데 성적 타락론자들은 해와 달을 예수님과 성신으로 보고, 그 관계를 부부의 관계로 풀이하기도 한다. 즉 예수님은 성신의 남편이요, 성신은 그의 아내라는 것이다. 그러나 이러한 그들의 주장은 전적으로 잘못된 것이 아닐 수 없다. 왜냐 하면 예수님과 성신의 관계는 결코 부부의 관계가 아니기 때문이다. 그 뿐만 아니라, 그들은 해와 달이 빛을 잃는 다는 것을 예수님과 성신의 진리말씀이 빛을 잃는 것으로 풀이하고 있다. 그들은 말하기를 말세에는 재림예수와 재림성신이 새 진리말씀을 가지고 오시므로, 초림예수와 초림성신이 주신 오늘의 복음 말씀은 자연히 그 빛을 잃게 된다고 한다. 그러나 일찍이 예수님은 「내가 곧 길이요, 진리요, 생명이라」(요14:6)고 말씀하셨고, 또 성신을 진리의 영으로 증거하셨으니(요16:13), 어찌 예수님과 성신의 진리말씀이 그 빛을 잃을 수 있겠는가? 요컨대, 성적 타락론자들은 그들의 비성서적인 성신론부터 먼저 수정한 후에, 이문제를 다시 검토해야 할 것이다.

제5절 불심판의 문제

*내가 네 입에 있는 나의 말로 불이 되게 하고 이 백성으로 나무가 되게 하리니, 그 불이 그들을 사르리라(렘5:14).

*나 여호와가 말하노라. 내 말이 불같지 아니하냐, 반석을 쳐서 부스러 뜨리는 방망이 같지 아니하냐(렘23:29).

*혀는 곧 불이요, 불의의 세계라. 혀는 우리 지체 중에서 온몸을 더럽히고 생의 바퀴를 불사르나니(약3:6).

말세에 불심판이 있으리라는 것은 이미 널리 알려진 이야기로서, 이제는 오히려 당연한 것처럼 생각하기에 이르렀다. 특히 기독교 성도들은 성서의 말씀을 문자 그대로 믿음으로써, 말세에는 틀림없이 상상도 못할 천재지변이 있을 것으로 믿고 있다(벧후3:10~12).

한편 이러한 불심판은 지금 뿐만 아니라, 2천년전의 유대인들도 그대로 믿었었다. 말라기서 4장 1절에 보면「교만한 자와 행악하는 자는 다 초개와 같아서 이르는 날에 저희를 불로 심판한다」고 하였고, 또 베드로후서3장 12절에도「그날에는 하늘이 불에 타서 없어지고, 체질이 뜨거운 불에 녹아진다」고 하였으며, 또한 예수님도「내가 불을 땅에 던지러 왔다」(눅 12:49)고 말씀하셨기 때문에, 당시 유대인들은 그가 심판주로 요서서(요 5:22, 요9:39), 모든 것을 불로 심판하실 줄로 알았던 것이다. 그러나 예수님이 실제로 불심판을 하신 흔적은 찾아볼 수가 없으니, 결국 불심판에 관한 성서의 기록은 어디까지나 비유의 말씀으로 보아야 할 것이다.

이미 논한 바와 같이, 하나님은 말세에 피조물을 멸하시는 것이 아니므로, 우리는 여기서 말하는 불도 어디까지나 물질의 연소에 의해 생기는 물리적 현상의 불이 아님을 알아야 한다. 그러면 말세의 불심판은 무엇을 의미하는가? 이 문제는 야고보서에서 밝혀질 것이다. 즉 야고보서 3장 6절에 보면「혀는 곧 불이라」고 기록하여, 불심판은 곧 혀의 심판이요, 혀의 심판은 곧 말씀심판임을 드러내고 있다. 이 밖에도 성서는 불을 말씀으로 비유했으니(렘5:14, 렘23:29, 신33:2, 눅12:49). 말세의 불심판은 어디까지나 말씀심판(진리심판)으로 보아야 타당할 것이다.

「그 입의 막대기로 세상을 치며, 입술의 기운으로 악인을 죽이리라」(사 11:4)고 하였으니, 그 입의 막대기와 입술의 기운이 바로 말씀을 의미함이 아니고 무엇이겠는가?

「그 때에 불법한 자가 나타나리니 주 예수께서 그 입의 기운으로 저들을 죽이시리라」(살후2:8)고 한 것도 역시 주께서 장차 말씀으로 심판하실 것을 의미하는 것이다.

「내가 진실로 너희에게 이르노니, 내 말을 듣고 또나를 보내신 이를 믿는 자는 영생을 얻었고, 심판에 이르지 아니하나니, 사망에서 생명으로 옮겼느니라」 (요5:24)고 하신 예수님의 말씀을 보더라도, 끝날의 심판은 곧 말씀심판임을 분명히 알 수 있는 것이다(계2:26~27,계19:15).

이밖에도 끝날에 말씀심판이 있으리라는 것은, 요한복음 12장 48절에 「나를 저버리고 내 말을 듣지 아니하는 자들을 심판할 이가 있으니, 곧 나의 한 그말이 마지막 날에 저들을 심판하리라」 고 하신 주님의 말씀과, 또 베드로후서 3장 7절에 「이제 하늘과 땅은 그 동일한 말씀으로 불사르기 위하여 간수하신 바 되었다」 고 한 베드로의 증언을 보더라도 쉽게 알 수 있다(마12:36, 히4:12).

만일 끝날에 하나님이 문자 그대로 불심판을 하신다면, 도리어 하나님의 구원섭리는 모두 무위로 돌아가고 말 것이다.

요한 1서1장10절에 보면 「만일 우리가 죄를 범하지 않았다고 한다면, 이는 곧 하나님을 거짓말하는 자로 만드는 것이니라」 고 기록하여, 인간은 누구나 구주가 요구되는 죄인이 아닐 수 없다는 것을 명시하였다. 그런데 말라기서 4장 1절에는 이렇듯 죄인된 인간을 모두 불로 심판하여 멸한다고 하였으니, 어찌 인간을 대한 하나님의 구원섭리가 무위로 돌아가지 않을 것인가? 따라서 이러한 면에서도 말세의 불심판은 어디까지나 말씀심판이 되어야 한다.그러면 하나님은 어찌하여 인간을 말씀(진리)으로 심판하시는가?이는 인간이 타락함으로써 하나님의 말씀대로 살지 못하였기 때문이다. 요한복음 1장 1절 이하에 보면, 인간을 비롯한 모든 만물은 바로 하나님의 말씀으로 창조되었다고 하였다.(요1:1~3).

이처럼 말씀으로 창조된 인간에게 하나님은 또다시 「너희는 생육하고 번성하여 땅에 충만하라」 (창1:28)는 말씀으로 축복하였으니, 인간은 모름지기 하나님의 말씀대로 살아서 그 말씀의 목적을 이루어야 할 것이다. 그런데 인간은 불행히도 타락함으로써 도리어 그 말씀을 잃어 버리고 말았던 것이다.

그러므로 하나님은 타락한 인간에게 다시금 말씀(성서)을 주시어 인간으로 하여금 그 말씀의 목적을 다시 이루도록 섭리하셨던 것이다. 우리가 하나님의 말씀을 믿고 행해야만 구원의 은사를 받을 수 있는 이유는 바로 여기에 있다.

이와 같이 하나님의 구원섭리의 목적은 타락한 인간으로 하여금 다시 말씀의 목적을 이루게 하시려는 데 있으므로, 그 목적을 위한 심판도 역시 말씀으로 하시지 않을 수 없는 것이다. 즉 인류의 구세주로 오신 예수님은 우리 인간이 어느 정도 하나님의 말씀대로 살아서 그 말씀의 목적을 이루었는가를 심판하시는 것이다(마12:35~37, 요12:48).

위에서 필자는 말세에 관한 여러 가지 문제들을 성서에 기초해서 밝혀 보았다. 그 결과 말세는 어디까지나 무차별한 파괴로써 끝나는 때가 아니라, 그것은 바로 사탄을 중심으로 한 낡은 죄악세계가 하나님을 중심으로 한 새로운 선의 세계로 교체되어 나아가는 섭리 과정의 하나임을 알았다. 따라서 말세는 종래 기독교 성도들이 믿어 오듯이 불안과 공포의 때가 아니라, 오히려 우리 모두가 바라고 기뻐해야 할 때임을 알아야 한다.

이와 같이 말세는 문자 그대로 모든 피조물을 멸하는 때가 아니고, 그것은 바로 새로운 선의 세계를 이루기 위해 낡은 죄악세계를 종결짓는 때이므로, 이 때는 오히려 소망의 때요, 기쁨의 때인 것이다.

그러므로 우리는 이제 모름지기 말세를 소망하고 기다릴 줄 아는 지혜로운 성도가 되어야 하며, 또 그러한 말세를 앞당기기 위해 주께서 명하신 복음전파에 더욱 힘써야 할 것이다(마24:14, 막16:15).

제6절 성도들의 휴거문제

지금까지 종래의 신학은 한결같이 성도들의 〈휴거〉를 가르쳐 왔다. 그리하여 오늘날 대부분의 성도들은 주님의 재림시에 있다는 휴거만을 손꼽아 기다리고 있다. 이러한 성도들의 휴거에 대해 여의도 S교회의 조목사는 다음과 같이 말하고 있다.

「예수님이 구름을 타고 공중에서 재림하실 때에, 주님을 잘 믿던 사람들은 갑자기 그 귀에 성령의 부르심을 듣고 모두 공중으로 들려 올라 갈 것입니다. 그 때는 부부가 자다가 일어나 보면 어느 한 사람이 온데간데 없어지고, 공중에서는 갑자기 비행기 조종사가 사라지고, 학교에서는 선생과 학생 중 몇 사람이 없어지며, 교회에서는 목사나 성도들이 자취를 감출 것입니다」

한편 시한부 종말론을 주장하는 어느 교회의 목사는 다음과 같이 성도들의휴거 날자까지 밝히고 있다.

「예수님의 공중강림과 성도들의 휴거가 눈앞에 다가오고 있습니다. 당신이 인정을 하든 안하든, 이제 얼마 있지 않아 지상최대의 증발(실종)사건인 휴거가 발생합니다, 금년 10월28일 24시에 예수님이 공중에 강림하시며, 그 동안 예수님만을 사랑하고 주님 오시기를 고대하며 준비해 온 성도들을, 구름 속으로 끌어 올려 주를 영접하게 하실 것입니다.」

「그 날은 휴거되는 성도들에게는 그리스도의 신부가 되는 최고의 영광과 환희의날이 될 것이지만, 이 땅에 남아 있는 자들에게는 애통의 날이요, 저주의 날이 될 것입니다. 휴거 이후엔 인류역사상 한 번도 경험해 보지 못한 대환란이 시작됩니다. 이것은 7년 안에 전 인류의 대부분이 사멸하는, 성경에 예언된 하나님의 무서운 진노의 심판기간을 말합니다.」

이와 같이 시한부 종말론자들은 예수님의 공중재림과 성도들의 휴거시기를 1992년 10월28일로 못 박아 놓고, 그 날이 오면 이 지구상에는 7년 대환란과 아마겟돈 전쟁이 일어나는 등, 온갖 무서운 재난이 몰아 닥친다고 주장했다.—일부 교회에서는 그 종말의 시기를 1999년으로 보기도 했다.

그러면 이러한 종래의 육적 휴거론은 과연 올바른 것인가? 아니다. 그것은 성서에도 사리에도 모두 맞지 않는 그릇된 주장이다. 왜냐 하면 성도들의 육적인 공중휴거는, 그 본질상 전적으로 불가능한 것이기 때문이다. 이 사실은 지금까지 시한부 종말론자들이 주장해 온 휴거가, 모두 불발로 끝났음을 보더라도 분명히 알 수 있다.

일찍이 예수님의 공중재림과 성도들의 공중휴거를 강력히 주장한 사람은 바로 사도 바울이었다. 그는 당시 데살로니가 교회에 보낸 서신에서 다음과 같이 말함으로써, 모든 성도들로 하여금 주님의 공중재림과 성도들의 공중휴거를 믿게 하였다.

*주께서 호령과 천사장의 소리와 하나님의 나팔로 친히 하늘로 쫓아 강림하시리니, 그리스도 안에서 죽은 자들이 먼저 일어나고, 그 후에 우리 살아남은 자도 저희와 함께 구름 속으로 끌어 올려 공중에서 주를 영접하게 하시리니, 그리하여 우리가 항상 주와 함께 있으리라(살전4:16~17).

이러한 사도 바울의 말씀을 보고, 지금까지 모든 성도들은 주님의 공중재림과 성도들의 공중휴거를 문자 그대로 믿어 왔다. 그러나 그것은 어디까지나 잘못된 생각임을 알아야 한다. 왜냐 하면 여기서 그가 말한 주님의 재림과 성도들의 부활 및 휴거는, 모두 영적으로 말한 것이기 때문이다. 생각해 보라, 그의 말대로 혈과 육은 하나님의 나라를 유업으로 받을 수 없는 것이 사실인데(고전15:50), 그가 어찌 육적인 휴거를 말했겠는가? 따라서 종래의 육적인 휴거론은 모두 영적인 휴거론으로 바꾸어야 할 것이다.

성도들의 영적인 휴거는 그 성격상 말세에만 이루어지는 것이 아니다. 주께서 부르시면, 예나 지금이나 언제든지 시간과 공간을 초월하여 이루어질 수 있는 것이 바로 영적인 휴거이다. 이 사실은 성서에도 잘 나타나 있으니, 이제 그 몇가지 예를 살펴보기로 하자.

사도행전에 보면, 예수님이 감람산 위에서 제자들이 보는 가운데, 영적으로 휴거하여 승천하신 기록이 있다(행1:9~12). 그렇다면 우리는 주님의 재림도 역시 영적인 재림으로 보아야 한다. 왜냐 하면 영적으로 부활하시고 영적으로 휴거하여 승천하신 주님이, 육적으로 재림하실 수는 없기 때문이다.

—제9장 〈부활론〉 및 제13장 〈재림론〉 참조. 따라서 이러한 주님의 영적인 휴거와 승천 및 영적인 재림을 보더라도, 우리는 성도들의 휴거를 어디까지나 영적인 휴거로 보아야 타당할 것이다. 고린도후서에 보면 사도 바울이 주님의 부르심을 받고 영적으로 휴거하여 낙원까지 다녀 온 기록이 있다(고후12:1~4). 당시 그의 육신은 지상에 그대로 남아 있었지만, 그의 영은 성령에 이끌려 낙원으로 가서 많은 계시를 받고 왔으니(고후12:7), 이것이 바로 영적인 휴거가 아니고 무엇이겠는가? 한편 계시록에 보면, 사도 요한도 주님의 부르심을 받고 영적으로 휴거하여 하늘나라에 다녀온 기록이 있다(계1:9), 그의 영은 성령에 이끌려 천국으로 가서 장차 이루어질 수 많은 환상들을 보고 왔으니, 이것을 어찌 육적인 휴거라고 말할 수 있겠는가? 이와같이 성서에서 말하는 성도들의 휴거는 어디까지나 영적으로만 가능하며, 육적으로는 전혀 불가능 하다. 만일 육적인 휴거가 가능하다면, 휴거된 성도들은 마치 공중에 떠다니는 구름처럼 모두가 공중에 떠서 살아야 한다는 지극히 비과학적인 결과만이 나오게 된다. 그럼에도 불구하고, 지금까지 우리 성도들은 성서에도 사리에도 모두 맞지 않는 육적인 휴거만을 고대하여 왔으니, 이 얼마나 안타까운 일인가?

그러므로 오늘의 모든 성도들은 모름지기 종래의 육적인 휴거신앙에서 신속히 벗어나야 한다. 그리고 온갖 비성서적인 유언비어를 일삼는 사이비 종말신앙에서도 속히 벗어나야 한다. 그러한 거짓 신앙으로는 결코 우리의 영원한 생명과 구원을 보장할 수 없으며, 또한 이 지상에 하나님의 뜻을 이룰 수도 없기 때문이다. 따라서 오늘의 모든 성도들은 이제 더 이상 그러한 거짓 신앙에 미혹되는 일이 없도록 항상 깨어 있어야 할 것이다.

제7절 사이비 종말론

* 오늘의 세계가 멸망한다 하더라도 나는 내일을 위해 한 그루의 사과나무를 심겠다(스피노자).

예나 지금이나 세상이 시끄럽고 혼란하면 할수록, 인간의 불안과 공포를 부추기는 사이비 종말론이 난무하게 된다. 지구의 환경오염이 급속히 확산되고 중동전쟁이 일어나는 등 오늘의 시대상황이 매우 불안해서인지, 요즘 시점에선 종말론에 관한 책들이 잘 팔린다고 한다. 그러나 우리 성도들은 그 대부분의 종말론들이 매우 비성서적이고 허황된 내용으로 가득 차 있음을 지혜롭게 깨달아야 한다. 이러한 사이비 종말론에 대해 지난 1991년 2월 22일자 〈조선일보〉는 다음과 같은 비판적인 기사를 실어 독자들의 경각심을 높여 주었다.

세기말이면 등장하곤 했다는 종말론이 최근 다시 고개를 들면서 빠른 속도로 번져 가고 있다. 종말을 외치는 사람들의 목소리는 그 어느 때보다 긴박하고, 주장하는 내용도 구체적이다. 기독교에서 중요한 의미로 받아들여지고 있는 천년단위가 두 번째 막바지로 접어드는 연대기적 시점에다, 걸프전쟁, 전지구적 차원에서의 공해문제 등이 종말론을 더욱 증폭시키는 역할을 하고 있다.

어떤 식으로든 종말을 믿는 기독교도들은 물론이거니와, 비신도들도 불안할 정도다. 특히 책은 종말론을 전파하는 좋은 수단이 되고 있다. 80년대 후반 간간이 등장하곤 했던 관련서는 90년대를 고비로 급증, 현제 30종에 육박한다. 그 중 몇 종은 불티나게 팔리고 있다(중략).

종말론의 시나리오는 현실적이고 구체적이다. 어느 날 갑자기 많은 사람들이 한꺼번에 실종된다. 남편과 자녀들은 사라지고 부정한 아내만 홀로 남는 가정이 생기고, 어떤 교회는 신도들의 절반이 실종되며, 또 어떤 교회는 목사만 남겨진다.

「The Rapture」를 번역한 휴거(예수가 참된 신도를 공중으로 들어오리는 것)상황이다. 이 초유의 사건이 언론에 대서측필되고, 이후 대환란이 찾아온다. 지구에 남겨진 사람들 중 절반은 환란중 전쟁 등으로 죽고, 7년 대환란의 대미인 아마겟돈전쟁을 끝으로 예수가 지상에 재림, 천년왕국이 건설된다. 그 시기는 대략 1999년이다.

이미 4종의 종말론서를 출간한 모씨는 99년으로부터 7년을 뺀 92년에 휴거가 있을 것이라며, 앞으로 남은 1년여 동안이 최후의 선택기간 이라고 주장하기도 한다. 이러한 종말론은 천국과 지옥의 모습을 제시해 줌으로써 더욱 강력해지는데, 국내외인들의 천국여행기 역시 이미 여러 종 나와 있는 상태다. 지난 86년 10월 첫 출간돼 우리나라에 천국현상을 증폭시킨 펄시 콜레박사의 「내가 본 천국」은, 저자가 5일 12시간 동안 직접 가보았다는 천국의 모습을 손에 잡힐 듯 그려내고 있다. 이 책에 따르면 천국은 영혼이 깃들여 살 맨션공사가 한창 진행중이며, 그 크기는 영혼을 구해 낸 숫자에 비례한다는 것, 예수도 큰 맨션에 살고 있더라는 저자의 목격담이다. 또한 다이아몬드 에메랄드 등 각종 보석은 공장에서 대량 생산돼 거대한 파이프를 타고 쏟아져 내리고 있고, 한쪽에서는 지상에서의 각 영혼의 동정을 세세히 기록하는 「기록실」이 지구 반 정도의 크기로 설치돼 있었다고 한다.

천국가는 길은 북극 우주공간을 꿰뚫은 길로 가는데 6시간 걸리며, 천국의 크기는 지구의 80배 규모, 이곳에서 하나님을 비롯, 예수·모세·바울 등과 돌아가신 어머니도 만나 보았고, 또 케네디 대통령의 경우 천국 바깥에 마련된, 부끄러운 구원을 받은 영혼을 다시 훈련시키는 곳에 대기하고 있더라는 것이 콜레의 보고내용이다. 지옥의 끔찍함은 필설로 형용할 수 없게 묘사돼 있다. 우리가 사는 방 밑에 많은 독방감옥이 있다는 지옥은, 두 팔과 두 다리, 심장들의 모양으로, 죄악의 종류에 알맞은 각종 고문이 영원히 계속되고 있다고 한다. 이 비참한 지옥을 피하고 천국에 가기 위해서는 예수를 믿어야 하며, 선택의 시기는 이미 임박했다는 것이 최근 종말론서들의 골자다. 기독교사에서 종말론의 역사는 유구하다. 전문가에 따르면 서구의 경우 종말론은 초대교회 당시에도 있었다는 것, 서기 195년 종말설을 비롯, 1천년설에 이르기까지 많은 설들이 중세시대 이전에 존재했고, 근대의 경우 1648년설을 시발로 18~19세기에는 종말임박설이 지대한 관심을 끌었다. 미국독립전쟁, 프랑스대혁명,1844년,1868년,1934년,1972년,1988년도 나름대로 계시를 받았다는 사람들이 종말을 주장했던 해였다. 우리나라의 경우도 이에 못지 않았다. 월간 「현대종교」 에 따르면 모 수도원에서는 60년 3월28일 오전 3시에 예정시간에 맞추어 휴거 예정자가 흰옷으로 갈아입고 기다린 적까지 있었고, 89년 12월22일 설, 90년 5월 둘째주설 등이 있어 왔다는 것, 90년의 경우 휴거설을 주장한 모교 회는 아예 정문에다 붉은 글씨로 「휴거 5월 둘째주」 라는 포스터를 써붙이고, 세계에서 1천 2백 22명, 한국에서는 25명이 휴거되며, 그 중에는 데레사수녀, 펄시콜레 등이 끼여 있다고 주장하기도 했다고 한다. 물론 이 수많은 계시중 맞은 것은 하나도 없었다.

　우리가 사는 시대가 20세기의 말기임에는 틀림없다. 그러나 그 종말의 시기를 못 박아 사람들을 몰아내는 것은 모독적이고 건방진 것이며 비성서적인 해석으로, 전적으로 배격해야 한다는 것이 미국의 종교학자 제임스 칼라스교수의 지적이다.

⊙ 2012년 지구종말설의 허상

　2012년은 종말론자들의 해인가? 요즘 종말론자들은 제철을 만난 듯 〈 지구의 종말이 다가왔다 〉고 한껏 목청을 높이고 있다. 그런데 일부 사이비 종말론자들은 그들이 주장하는 2012년 지구종말설의 근거를 어이없게도 고대 마야인들이 사용하던〈 마야달력 〉에서 찾고 있다. 그러나 결론부터 말한다면 그들의 주장(예언)은 모두가 빗나갈 것이며, 결코 그대로 적중하지 않을 것이다. 그들에 의하면 고대 마야인들은 매우 정교한 달력을 사용해 왔는데, 그 달력은 2012년 12월 21일을 끝으로 모두 끝났다고 한다. 이처럼 마야인의 달력이 2012년에 끝나는 이유는 바로 그 해에 지구가 멸망하기 때문이라는 것이다. 그러나 이러한 그들의 주장에 대해 독일계 마야 전문가인 그로네마이어 박사는 다른 견해를 보이고 있다. 그에 의하면 2012년 12월 21일은 멸망의 날이 아니라, 그 날은 5125년을 한 주기로 하는 마야의 마지막 날이자 또다른 주기의 시작일 뿐이라는 것이다. 필자도 마이어박사의 견해를 따르고 싶다. 마야 달력에 나오는 2012년 12월 21일은 그 성격상 결코 지구종말의 날로 볼 수 없기 때문이다. 생각해 보라, 온 인류가 대대로 살아가야 할 이 지구촌의 운명이 어찌 고대인의 달력에 의해 좌우될 수가 있겠는가? 필자는 사이비 종말론자들이 주장하는 2012년 지구종말설에 대해 더 이상 논쟁을 하고 싶지 않다. 머지 않아 그들의 주장은 모두가 거짓으로 드러날 것이며, 또 그들도 스스로 지구종말설의 오류를 인정하게 될 것이기 때문이다. 2012년 12월 21일!그 날도 빛나는 태양은 다시 떠오를 것이며, 또 인류가 생존하는 지구도 역시 그 운행을 멈추지 않을 것이다.

✝ 죽은 자의 부활을 의논할진대 하나님이 너희에게 말씀하신 바, 나는 아브라함의 하나님이요, 이삭의 하나님이요, 야곱의 하나님이로다 하신 것을 읽어보지 못하였느냐? 하나님은 죽은 자의 하나님이 아니오, 산 자의 하나님 이시니라(마22:31~32).

✝ 문득 두 사람이 예수와 함께 말하니, 이는 모세와 엘리야라. 영광 중에 나타나서 장차 예수께서 에루살렘에서 별세하실 것을 말씀할새(눅9:30~31).

✝ 죽은 자의 부활도 이와 같으니 썩을 것으로 심고 썩지 아니할 것으로 다시 살며, 육의 몸으로 심고 신령한 몸으로 다시 사나니, 육의 몸이 있는 즉 또 신령한 몸이 있느니라(고전 15:42~44).

부　활은 기도교신앙의 가장 핵심적인 교리이다. 사실상 부활이 없는
기독교 신앙은 생각할 수 없다(고전 15:13~15). 그런데 인간의 부
활문제는 그 자체가 매우 난해하고 까다롭기 때문에, 예로부터 많은 논쟁을
일으켜 왔다. 이러한 부활논쟁은 예수님 당시에도 있었거니와, 아직도 계속
되는 안따까운 실정에 있다. 이와 같이 부활은 기독교 신앙의 핵심적인 교
리가 되고 있지만, 종래의 신학은 이에 관한 명확한 교리를 세우지 못하였
다. 그들이 제시한 부활관들은 그 대부분이 비성서적이고 비과학적인 것들
이었다. 그 결과 우리 성도들은 예나 지금이나 허다한 신앙의 오류를 범하
게 되었다.

특히 이단종파에 빠진 신도들은 거짓된 부활교리에 속아 이미 죽은 교주
의 무덤을 지키며 그의 부활을 기다리는 경우가 많다. 예컨대, 천부교(구 전
도관)와 새일교의 추종자들은 그들의 교주가 속히 무덤에서 부활 하기를 아
직도 손꼽아 기다리고 있다고 한다.

그러면 종래의 신학은 어째서 올바른 부활관을 세우지 못하게 되었는가?
그것은 바로 성서를 문자적으로 풀이함에 그 원인이 있었다. 그러므로 우리
가 올바른 부활관을 세우려면, 무엇보다도 성서의 문자에 사로 잡혀서는 안
된다. 성서의 참 뜻은 어디까지나 그 문자의 표면에 있지 않고 그 이면에
있거니와, 오늘의 모든 성도들은 이 사실을 깊이 자각하고 어서 속히 올바
른 부활관을 세우도록 해야 할 것이다.

제1절 종래의 부활론과 그 문제점

말세에 이르러, 죽은 모든 사람들이 육신을 쓰고 다시 산다는 것이 종래의 〈부활론〉이요, 인간이 노쇠하여 흙으로 돌아가 묻히게 되는 것도 모두가 타락의 결과라는 것이 종래의 〈사망론〉이다. 즉 말세가 되면, 죽은 모든 사람들이 하나님의 능력에 의해 무덤을 열고 다시 부활하여(요5:28~29, 살전4:16), 하나님으로부터 대심판을 받는다는 것이며, 또 인간의 육신은 영혼과 같이 영생 불멸할 것이었는데, 인간조상 아담과 하와의 타락으로 인해 비로소 죽게 되었다는 것이다(창2:17), 이에 대하여 종래의 신학과 웨스트민스터 신앙고백은 다음과 같이 말하고 있다.

「우리가 바라는 부활은 몸의 부활이다」(칼빈).

「성경에 의하면 몸의, 부활이 있을 것이다. 즉 완전히 새로운 피조물이 아니라, 근본적인 의미에서는 현재의 몸과 동일한 몸의 부활이라는 것이다. 하나님께서는 모든 사람을 위하여 새로운 몸을 창조하시는 것이 아니라, 지금 무덤에 있는 몸을 부활시키실 것이다」(루이스 벌코프 신학자).

「부활이란 부활체가 우리의 현재 신체와 동일한 것을 의미한다. 하나님은 각 사람을 위하여 새 신체를 창조하시는 것이 아니라, 땅에 묻힌 그 신체를 다시 살리실 것이다」(박형룡 박사 : 신학자).

「살아 있는 자는 마지막 날에 죽지 아니한 채 변화할 것이고, 죽은 자는 모두가 다른 측성을 가졌다고 할지라도 다른 몸이 아닌 똑같은 몸을 가지고 부활을 하게 되며, 부활한 육신들은 자신들의 영혼과 다시 영원토록 연합을 하게 될 것이다」(신앙고백서32장2).

「부활에 대하여 우리가 무엇을 믿어야 합니까? 우리는 마지막 날에 의인과 악인이 다 같이 죽은 자의 일반적 부활이 있을 것이라고 믿어야 합니다. 그 때에 살아 남아 있는 자는 즉시로 변화될 것입니다. 그리고 무덤에 있는 죽은 자의 그 몸 자체가 그 때에는 저희 영혼과 영원히 다시 합하여 그리스도의 능력으로 일어날 것입니다」(대요리문답87).

이와 같이 종래의 신학과 신앙고백은, 한결같이 무덤 속에 있는 육신(시체)의 부활을 주장하고 있다. 그러나 이러한 종래의 부활론은 많은 문제점을 내포하고 있기 때문에, 이것을 악용할 경우 매우 불행한 결과를 초래하게 된다 예컨대, 일부 사교집단의 교주들은 종래의 부활론을 교묘히 이용(악용)하여 자칭 부활한 재림주로 행세하면서 무고한 신도들의 재산을 착취하거나, 아니면 순진한 여성 신도들을 농락하는 등 온갖 반기독교적이고 반사회적인 행패를 서슴없이 자행하고 있다. 이러한 병폐들은 종래의 부활론에서 제기되는 문제점들을 시정하지 않는 한 끝나지 않을 것이다.

그러면 종래의 부활론에서 제기되는 문제점들은 무엇인가? 그 문제점들은 여러 가지 있지만, 그 중 대표적인 것은 인간의 부활을 외적인 〈육신부활〉로 보는 데 있다. 즉 인간의 육신은 비록 인간 조상의 타락으로 인해 죽게 되었으나, 말세에는 하나님의 크신 능력에 의해 무덤 속에서 기적적으로 다시 살아난다는 것이다. 그러나 이러한 종래의 부활관은 어디까지나 비성서적이고 비과학적인 것이 아닐 수 없다. 만일 종래의 신학이 하나님의 창조원리를 보다 바르게 인식했다면, 결코 그러한 허황된 부활관은 나오지 않았을 것이다. 물론 종래의 문자적인 신앙에서 보면, 인간의 육신 부활은 능히 가능한 일로 보일는지도 모른다. 그러나 우리는 하나님의 창조원리로 보아, 인간의 육신부활은 성서에도 사리에도 모두 맞지 않는 그릇된 것임을 알 수 있다. ― 제 4장〈참조론〉참조.

한편 종래의 신학은 인간의 육신부활과 함께 성도들의 육적인 휴거도 끈질기게 주장하고 있다. 그러나 이것 역시 하나님의 창조원리로 보아 매우 비성서적이고 비과학적인 주장임을 알 수 있다. 인간의 외적인 육신은 애당초 부활할 수도 휴거할 수도 없거니와, 가장 올바르고 진실해야 할 기독교 신앙에 이러한 허황된 교리가 아직도 그대로 남아 있다는 것은 실로 부끄럽고 안따까운 일이 아닐 수 없다. 그러면 이제 부활의 참뜻이 무엇인가를 성서에 기초해서 알아보기로 하자.

제2절 삶과 죽음에 대한 이중개념

* 그가 가로되 나로 먼저 가서 내 부친을 장사하게 허락하옵소서. 가라사대 죽은자 들로 자기의 죽은 자들을 장사하게 하고 너는 가서 하나님의 나라를 전파하라(눅9:59~60).
* 네가 살았다 하는 이름은 가졌으나 죽은 자로다(계3:1).
* 일락을 좋아하는 자는 살았으나 죽었느니라(딤전5:6).

〈부활〉이라는 것은 다시 산다는 말이다. 그리고 다시 살아야 함은 죽었기 때문이므로, 지금까지 많은 성도들은 인간의 부활을 육신의 재생으로만 믿어왔다. 그러나 결론부터 말한다면, 부활은 결코 분해된 육신(시체)의 재결합으로 볼 수 없다. 인간의 육신은 애당초 노쇠하면 흙으로 돌아가게 되어 있기 때문이다(창3:19,전12:7). 성서에도 이르기를 사람이 한번 죽음은 하늘이 정하신 것이라고 하였거니와(히9:27). 이 사실은 심령과학에서도 그대로 시인되고 있다.

그러면 지금까지 많은 성도들이 인간의 부활을 육신의 재생으로만 믿어온 이유는 무엇인가? 그것은 바로 그들이 인간의 삶과 죽음에 두 가지 개념이 있음을 깨닫지 못하였기 때문이다. 따라서 우리 성도들이 부활의 실상을 정확히 이해하려면, 먼저 생(生)과 사(死)에 대한 두 가지 개념부터 자세히 알아야 할 것이다. 창세기 2장 17절에 보면, 하나님은 인간조상 아담과 하와에게 「너희가 선악과를 따먹는 날에는 정녕 죽으리라」고 말씀하셨다. 이 말씀을 문자 그대로 풀이하면, 선악과를 따먹고 타락한 직후의 아담과 하와는 이미 죽은 입장이요, 또 당연히 죽었어야 할 것이다. 그러나 우리가 성서를 통해 아는 바와 같이, 그들은 타락한 직후에도 죽지 않았으며, 오히려 930세나 오래 살지 않았던가(창5:5) 이 사실에 비추어 인간의 삶과 죽음에는 서로 뜻을 달리하는 두 가지 개념이 있음을 알 수 있다. 그 뿐만 아니라, 마태복음 8장 21절 이하에 보면, 부친을 장사하기 위해 먼저 자기 집에 가려고 하는 제자에게, 「죽은 자는 저희 죽은 자들로 하여금 장사케 하고 너는 나를 좇으라」(마8:22)고 하신 예수님의 말씀이 있다. 이 말씀에서도 우리는 생과 사에 두 가지 개념이 있음을 발견하게 된다(요5:25,엡2:1,골2:13 계3:1).

한편 위의 사실은 예수님이 말씀하신 탕자의 비유에서도 재확인 할 수 있다
(눅15:11~32). 여기에 보면, 회개하고 돌아온 탕자를 가리켜 그의 부친은 「내 아들이 죽었다가 다시 살아났으며, 내가 잃었다가 다시 얻었노라」(눅 15:24)고 말하였다. 이러한 탕자의 비유에서도 우리는 생과 사에 두 가지 개념이 있음을 분명히 알 수 있다.

이와 같이 인간의 삶과 죽음에는 서로 뜻을 달리하는 두 가지 개념이 있다. 첫째는 육적인 생사의 개념이요, 둘째는 영적인 생사의 개념이다. 후자는 영적인 생명의 유지와 정지를 뜻하는 개념이다. 그러면 이러한 양자의 개념 중 어느 것이 신앙적인 관점에서 본 생사의 개념일까? 그것은 바로 육적인 생사의 개념이 아니고, 영적인 생사의 개념이다. 따라서 이러한 영적이 개념에서 본 삶은 하나님과 일체가 되어 그의 뜻대로 살고 있는 상태를 의미하며, 죽음은 반대로 하나님을 불신하고 사탄과 일체가 되어 그의 뜻대로 살고 있는 상태를 의미한다. 일찍이 예수님이 살아 있는 사람들을 가리켜 〈죽은자〉 라고 말씀하신 것은(눅9:60,요5:25), 그들이 생명의 구원의 중심인 그리스도를 불신하고, 도리어 사탄의 종이 되어 살고 있었기 때문이다 (요14:6,계3:1,딤전5:6). 위에서 논한 바와 같이, 인간의 삶과 죽음에는 서로

뜻을 달리하는 두 가지 개념— 육적인 개념과 영적인 개념 —이 있다. 이러한 이중 개념에 따라 인간의 부활에도 역시 두 가지 형태가 있다. 그 하나는 〈 영체부활 〉이요, 다른 하나는〈 심령부활 〉이다. 그러면 먼저 영체부활에 대해 알아보기로 하자.

제3절 인간의 영체부활

* 죽은 자의 부활도 이와 같으니, 썩을 것으로 심고 썩지 아니할 것으로 다시 살며, 육의 몸으로 삼고 신령한 몸으로 다시 사나니, 육의 몸이 있은 즉 또 신령한 몸이 있느니라(고저15:42~44).
* 형제들아 내가 이것을 말하노니, 혈과 육은 하나님의 나라를 유업으로 받을 수 없고, 또한 썩은 것은 썩지 아니한 것을 유업으로 받지 못하느니라(고전15:50).

예로부터 인생은 무상하다는 말이 있거니와, 인간은 누구나 삶의 길을 가다가 마침내는 죽음의 길을 가고 만다. 이것은 어느 누구도 막을 수 없는 대자연의 원리이다(창3:10,전1:4,히9:27,왕상2:1~2).

그러나 이 지상에서의 삶만이 인생의 전부는 아니며, 또 죽음도 인생의 비극적이 종말은 아니다. 왜냐 하면 인간은 본래 그 육신을 벗으면, 반드시 새 사람으로 부활하도록 창조되었기 때문이다.

이미〈 창조론 〉에서 논한 바 있거니와, 인간은 바로 영과 육으로 된 이중적인 존재다. 그리고 이 피조세계도 역시 유형과 무형의 두 세계로 되어 있다.

유형세계(자연계)는 인간이 육신을 쓰고 사는 세계요, 무형세계(영계)는 인간이 육신을 벗고 영인으로 가서 사는 세계다(요14:1~3). 이러한 영적 세계를 사도 바울은 하늘에 있는 〈본향〉이라고 말했거니와(히11:16, 빌3:20). 우리는 바로 그 영원한 본향을 가기 위해 새 사람으로 부활하는 것이다.

일찍이 사도 바울은 부활에 대해 말하기를 「죽은 자의 부활도 이와 같으니, 썩을 것으로 심고 썩지 아니할 것으로 다시 살며, 육의 몸으로 심고 신령한 몸으로 다시 사나니, 육의 몸이 있은즉 신령한 몸이 또 있느니라」 (고전 15:42~44)고 밝히 증거하였다. 이 말씀대로 인간은 누구나 그 육신을 벗으면 반드시 신령한 몸으로 다시 사는 바, 이것을 〈영체부활〉이라고 한다. 이러한 부활의 원리로 보아 인간의 생리적 죽음은 결코 인생의 종말이 아니라, 그것은 도리어 새로운 인생의 출발임을 알 수 있다. 그러면 이제 이러한 영적 부활에 관한 사도 바울의 증언을 좀더 들어보기로 하자.

* 그리스도께서 죽은 자 가운데서 다시 살아나셨다고 전파되었거늘, 너희 중에서 어떤 이들은 어찌하여 죽은 자 가운데서 부활이 없다 하느냐? 만일 죽은 자의 부활이 없으면 그리스도도 다시 살지 못하셨으리라(고전15:12~13).

* 만일 그리스도께서 다시 살지 못하셨으면 우리의 전파하는 것도 헛것이요, 또 너희 믿음도 헛것이며, 또 우리가 하나님의 거짓 증인으로 발견되리니, 이는 우리가 하나님이 그리스도를 다시 살리셨다고 증거하였음이라, 만일 죽은 자가 다시 사는 것이 없으면, 하나님이 그리스도를 다시 살리시지 아니하셨으리라(고전15:14~15).

* 만일 죽은 자가 다시 사는 것이 없으면 그리스도도 다시 사신 것이 없었을 터이요, 그리스도께서 다시 사신 것이 없으면 너희의 믿음도 헛되고 너희가 여전히 죄 가운데 있을 것이요,,또한 그리스도 안에서 잠자는 자도 망했으리니, 만일 그리스도 안에서 우리의 바라는 것이 다면 이성 뿐이면, 모든 사람 가운데 우리가 더욱 불쌍한 자리라(고전15:16~19).

이러한 사도 바울의 증언에서도 우리는 부활의 진실성과 확실성을 재확인 할 수 있다. 그런데 지금까지 많은 성도들은 이 부활을 다만 외적인 육신 부활로 믿어 왔다. 그러나 이러한 육신 부활은 그 본질상 전혀 불가능한 일임을 알아야 한다. 물질로 구성된 인간의 육신은 영계에서 아무런 필요도 없으며, 또 생존 할 수도 없기 때문이다. 기록된 바 「혈과 육은 하나님의 나라를 유업으로 받을 수 없다」(고전15:50)고 하였으니, 어찌 인간의 육신 부활이 가능하겠는가? 일찍이 예수님은 부활이 없다고 주장하는 사두개인들에게 「죽은자의 부활을 의논할진대 하나님이 너희에게 말씀하신 바 나는 아브라함의 하나님이요, 이삭의 하나님이요, 야곱의 하나님이로라 하신 것을 읽어보지 못하였느냐? 하나님은 죽은 자의 하나님이 아니요, 산 자의 하나님이시니라」(마22:31~32)고 말씀하셨다. 이 말씀에서 주님은 이미 육신을 벗고 영계에 가 있는 아브라함과 이삭과 야곱을 부활한 자(산자)로 발씀하심으로써, 사후 인간의 부활은 모두 영적인 부활임을 보여주셨다(눅9:30).

그런데 마테복음 27장 52절 이하에 보면, 「예수의 부활 후에 자던 성도들이 무덤에서 많이 살아 나와서 거룩한 성에 들어가 많은 사람에게 보이니라」고 기록하여, 이미 죽은 성도들이 실제로 육신을 쓰고 다시 살아난 것처럼 여기게 하고 있다. 그러나 만일 성서의 문자대로 많은 성도들이 다시 육신을 쓰고 무덤에서 살아 나왔다면, 그들에 관한 그 후의 기록이 성서에 없을 리가 없으며, 또 그들이 다시 육신을 벗고 무덤으로 되돌아갔을 리도 없다. 그 뿐만 아니라, 예수님은 비록 십자가에 돌아가셨지만, 그 후의 기독교 성도들에게 온 수많은 박해도 없었어야 한다. 죽었던 성도들이 문자 그대로 많이 살아 나왔다면, 그들은 분명히 예수님이 바로 메시아였다는 것을 증거했을 것이니, 당시 유대인들이 어찌 그들의 증언을 아니 믿었을 것이며, 더구나 그 성도들을 박해했을 것인가? 따라서 여기서 말한 성도(인간)의 부활은 어디까지나 실제의 부활(육신부활)이 될 수 없는 것이다. 한편 요한복음 11장43절 이하에 보면, 예수님이 죽은 나사로를 다시 살리신 기록이 있다. 이것을 보고 많은 성도들은 인간의 육신 부활을 사실처럼 믿으려고 한다. 그러나 이것은 다만 일시적인 육신의 소생일 뿐 진정한 부활로 볼 수는 없다. 왜냐 하면 주께서 살리신 그 나사로도 역시 다시 육신을 벗고 영계로 갔기 때문이다. 예나 지금이나 사람은 때로 죽었다가 다시 소생하는 경우가 많이 있거니와, 이것을 어찌 부활이라고 말할 수 있겠는가? 성서를 떠나 과학적인 면에서 보더라도, 우리는 인간의 육신 부활을 부인하지 않을 수 없다. 이는 하나님이 창조하신 피조세계에 물질로 된 생명체로서 영원히 생존하는 피조물은 하나도 없기 때문이다. 이처럼 물질로 된 생명체로서 영생하는 것이 하나도 없을진대, 오직 인간의 육신만이 예외일 수는 없지 않은가? 위에서 논한 바와 같이, 인간의 부활은 어디까지나 영적인 부활이요, 결코 육적인 부활은 아니다. 사도 바울도 「혈과 육은 하나님의 나라를 유업으로 받을 수 없다」(고전15:50)고 하였으니, 우리가 어떻게 육적인 부활을 시인할 수 있겠는가? 만일 종래의 주장대로 인간이 사후에 다시 육신을 쓰고 부활하여 이 지상에서 영원히 산다면, 하나님은 인간이 육신을 벗고 영인으로 가서 살도록 마련된 영계를 아예 창조하시지 않았을 것이다.

제4절 인간의 심령부활

* 우리가 알거니와 우리 옛 사람이 예수와 함께 십자가에 못박힌 것은 죄의 몸이 멸하여 다시는 우리가 죄에게 종 노릇하지 아니하려 함이니, 이는 죽은 자가 죄에서 벗어나 의롭다 하심을 얻었음이니라(롬6:6~7).
* 너희는 유혹의 욕심을 따라 썩어져 가는 구습을 좇는 옛 사람을 벗어버리고, 오직 심령으로 새롭게 되어 하나님을 따라 의와 진리의 거룩함으로 지으심을 받은 새 사람을 입으라(엡4:22~24).

위에서 필자는 인간의 삶과 죽음에 두 가지 개념, 즉 영적인 개념과 육적인 개념이 있음을 논하였다. 그리고 인간의 부활에도 역시 두 가지 형태, 즉 영체부활과 심령부활이 있음을 밝혔다.—본장 제2절 〈삶과 죽음에 대한 이중개념〉 참조, 그러면 이제 영체부활에 이어 심령부활의 실상이 무엇인지를 성서에 기초해서 알아보기로 하자.

인간의 심령부활은 바로 영적인 생사의 개념에서 본 부활이다. 그리고 영적인 생사의 개념은 바로 하나님을 중심으로 한 신앙적인 관점에서 본 개념이다. 이러한 영적인 개념으로 보아 심령부활의 성사 여부는 오직 하나님에 대한 신앙 여하에 달려 있음을 알 수 있다. 따라서 우리 성도들은 항상 올바르고 독실한 신앙생활을 하기 위해 노력해야 할 것이다.

인간은 본래 하나님의 자녀로 지음받은 고귀한 존재였다. 그런데 인간은 불행히도 하나님을 불신하고 타락함으로써, 도리어 사탄의 종이 되고 말았다(요8:44), 그 결과 인간은 하나님과 더불어 미와 사랑을 주고 받을 수 있는 생명의 회로를 상실하게 되었으니(사59:1~2). 이것이 바로 영적인 개념의 죽음인 것이다.

그러므로 누구든지 믿음과 순종으로 하나님의 자녀가 되어 그 생명의 회로를 다시 회복하면, 그는 영적으로 산 자가 되고, 반대로 불신과 불순종으로 사탄의 종이 되어 그 생명의 회로를 잃으면, 그는 영적으로 죽은 자가 되고 만다. 이처럼 신앙인에게는 그 신앙(믿음)만이 유일한 생명(영적생명)의 원천이 되며, 또 모든 가치판단의 기준이 된다. 그러면 인간의 〈심령부활〉은 무엇을 의미하는가? 그것은 바로 하나님에 대한 불신과 불순종으로 말미암아 죽었던 옛 심령이, 믿음과 순종으로 말미암아 새 심령으로 다시 소생함을 의미한다(엡4:22~24, 골3:9~10). 이러한 심령 부활의 성서적 근거는 바로 「의인은 그 믿음으로 말미암아 살리라」 (합2:4)고 하신 하나님의 말씀에 두고 있거니와, 사실상 믿음과 순종으로 사는 사람은 죽어도 산 자요(요11:25), 반대로 불신과 불순종으로 사는 사람은 살아도 죽은 자와 마찬가지다(계3:1)」

　이와 같이 인간의 삶과 죽음에 대한 영적인 개념은 바로 믿음을 중심으로
한 개념이므로, 아무리 현재 살아있는 사람이라 할지라도 그가 하나님을 불
신하고 사탄의 뜻을 따르게 되면 그는 영적으로 보아 죽은 자가 아닐 수
없다. 그러나 이미 죽은 사람이라 할지라도 그가 영계에 가서도 계속 하나
님을 신봉한다면, 그는 어디까지나 살아 있는 자가 되는 것이다.

　예수께서 「나를 믿는 자는 죽어도 살겠고」 (요11:25)라고 하신 말씀은,
누구든지 주님을 믿고 그의 뜻대로 사는 자는 비록 죽는다 하더라도 그는
영적으로 살아있는 사람이 되기 때문에 하신 말씀이다(계14:13).

　「무릇 살아서 나를 믿는 자는 죽지 아니 하리니, 이것을 네가 믿느냐」

　(요11:26)고 하신 말씀도, 살아서 예수님을 믿고 따르는 자는 현세는 물론
내세에서도 그의 영혼이 하나님의 사랑 가운데서 영존하기 때문에 하신 말
씀이다. 만일 성서의 문자대로 주님을 믿는 자는 모두 육신을 쓰고 지상에
서 영원히 산다면, 예로부터 주님을 득실히 믿어 온 모든 성도들은 아직도
그대로 살아 있어야 할 일이 아닌가?

　「무릇 자기 목숨을 보존하고자 하는 자는 잃을 것이요, 잃는 자는 살리
라」 (눅17:33)고 하신 말씀도 역시 목숨을 보존하기 위해 하나님을 불신하
고 반대한 자는 그가 비록 살아있다 하더라도 그는 죽은 자요, 이와 달리
하나님의 뜻을 위해 자기 목숨을 희생한 자는 그가 설혹 죽는다 할지라도
그의 영혼은 하나님의 은혜와 사랑 가운데서 영존하게 되기 때문에 하신 말
씀이다. 「내 말을 듣고 나를 보내신 이를 믿는 자는 영생을 얻었고 심판에
이르지 아니하나니, 사랑에서 생명으로 옮겼느니라」 (요5:24)고 하신 말씀
을 보아도 인간은 누구나 하나님과 주님을 믿고 순종해야만 그 심령이 사방
에서 생명으로 부활할 수 있음을 분명히 알 수 있다. 한편 요한복음 5장에
보면 「죽은 자들이 하나님의 아들의 음성(말씀)을 들을 때가 오나니 곧 이
때라, 듣는 자는 살아나리라」 (요5:25)고 하신 말씀과,또 「무덤 속에 있는

자들이 모두 그의 음성을 들을 때가 오나니, 선한 일을 행한 자는 생명의 부활로, 악한 일을 한 자는 심판의 부활로 나오리라」(요5:28~29)고 하신 주님의 말씀이 있다. 이 말씀을 보고, 오늘날 대부분의 성도들은 장차 무덤 속의 시체들이 주님의 음성을 듣고 다시 살아날 것으로 굳게 믿고 있다.

그러나 여기서 〈무덤〉이란 말은 어디까지나 비유로 하신말씀이었다.즉 예수님은 자기를 반대하는 불신자들과, 또 그들이 머물고 있는 죄악의 자리를 각각 죽은 자와 무덤으로 비유하셨던 것이다. 만일 이 말씀이 비유가 아니라면, 무덤 속의 시체들이 어떻게 주님의 음성(말씀)을 들을 수 있으며, 또 부활할 수 있겠는가? 예나 지금이나 죽은 자(시체)는 살 수도 말할 수도 없음을 알아야 한다(전9:5,사26:14,시146:4).

그러면 주께서 말씀하신 무덤에서의 부활은 무엇을 의미하는가? 무덤이라면 흔히 죽은 사람의 시체가 묻힌 실제의 무덤만을 생각하기 쉽다. 그러나 이것은 어디까지나 육적인 생사의 개념에서 보는 무덤이요, 영적인 생사의 개념에서 보는 무덤은 곧 하나님을 불신하고 사탄의 뜻 을 따르는 불신자들이 머물고 있는 죄악의 자리(죽음의 자리)를 가리킨다(롬6:23, 겔37:11~13). 따라서 죽은 자들이 무덤에서 부활한다는 것은 이미 영적으로 죽은 불신자들이 자기가 머물던 죄악의 자리에서 떠나 믿음과 순종의 자리로 다시 돌아옴으로써, 그 심령이 사망에서 생명으로 다시 소생함을 의미한다(요5:24, 겔33:14~16).

위에서 필자는 영적인 생사의 개념에서 본 심령부활의 실상을 논하였다. 그런데 이러한 심령부활은 언제나 자기신앙의 정도에 따라 이루어진다. 그러기 때문에 우리가 날마다 기도하고 회개함으로써 죄와 허물을 벗으면 벗을수록 우리의 심령은 그만큼 부활하여 새 사람이 된다(엡4:22~24, 골3:9~10). 기독교 신앙을 부활신앙이라고 하는 이유도 여기에 있거니와, 사실상 인간은 믿음으로 그 심령이 부활해야만 그리스도의 형상(인격)을 닮은 새 사람으로 거듭날 수 있는 것이다(갈4:19).

제5절 심령부활의 3단계 과정

* 하나님의 나라는 사람이 씨를 땅에 뿌림과 같으니….땅이 스스로 열매를 맺되 처음에는 싹이요(제1단계), 다음에는 이삭이요(제2단계), 그 다음에는 이삭에 충실한 곡식이라(제3단계), 열매가 익으면 곧 낫을 대나니, 이는 추수 때가 이르렀음이니라(막 4:26~29).

위에서 우리는 부활의 참 뜻이 무엇인지를 알았다. 그러면 인간의 심령부활은 어떻게 하여 이루어지는가? 그것은 바로 다음과 같은 3대원칙에 따라 이루어진다.

첫째로, 심령부활은 구약과 신약과 성약의 3시대를 통해서 이루어진다. ―제 14장〈섭리론〉참조. 둘째는, 3시대를 통해서 주시는 하나님의 말씀(진리)을 믿고 행함으로써 이루어진다(약1:18, 벧전1:23), 셋째는, 소성·중성·완성의 3단계 성장과정을 통해서 이루어진다.―제 4장〈창조론〉참조. 이러한 3시대의 심령부활은 오직 인류의 구주로 오시는 메시아를 통해서만이 완성된다(요11:25). 그러면 이러한 부활의 3대원칙에 따라 이루어지는 3시대의 심령부활이 어떠한 것인지를 간단히 알아보기로 하자.

1. 지상인의 심령부활

① 구약시대의 심령부활

하나님의 부활섭리는 이미 구약시대로부터 시작되었다. 구약시대는 아담으로부터 예수님이 오실 때까지의 섭리기간을 말한다. 이 시대는 하나님이 인간의 심령을 소성급까지 부활시키는 시대이므로,〈소성부활섭리시대〉라고 한다. 이 시대의 사람들은 하나님의 주신 구약말씀(율법)을 믿고 행함으로써, 그 심령이 소성급까지 부활하여〈소생령〉을 이룬다. 이러한 소생령을 이룬 사람들이 육신을 벗으면, 그들은 모두 소성급의 영계인〈성소〉에 가서 살게 된다. 그러나 이러한 소생령을 이루지 못한 불신자들은 모두 음부(하데스)로 가서 무서운 고통을 받게 된다.(눅16:19~24, 민16:30~33).

② 신약시대의 심령부활

신약시대는 예수님으로부터 그가 재림하실 때까지의 섭리기간을 말한다. 이 시대는 하나님이 인간의 심령을 중성급까지 부활시키는 시대이므로,〈중성부활섭리시대〉라고 부른다. 이 시대의 사람들은 하나님이 주신 신약말씀(복음)을 믿고 행함으로써, 그 심령이 중성급까지 부활하여〈중성령〉을 이룬다. 이러한 중생령을 이룬 사람들이 육신을 벗으면, 그들은 모두 중성급의 영계인〈낙원〉에 가서 살게 된다. 그러나 이러한 중생령을 이루지 못한 불신자들은 모두 연옥으로 가서 무서운 부응을 받게 된다(잠11:31, 롬2:6~8).

③ 성약시대의 심령부활

성약시대는 주님의 재림으로부터 하나님의 구원섭리가 모두 끝날 때까지의 섭리기간을 말한다. 이 시대는 하나님이 인간의 심령을 완성급까지 부활시키는 시대이므로,〈완성부활섭리시대〉라고 한다. 이 시대의 사람들은 하나님이 주시는 성약말씀〈새 복음〉을 믿고 행함으로써, 그 심령이 완성급까지 부활하여〈완생령〉을 이룬다. 그리고 이러한 완생령을 이룬 사람들이 육신을 벗으면, 그들은 모두 완성급의 영계인〈천국〉에 가서 살게 된다. 그러나 이러한 완생령을 이루지 못한 불신자들은 모두 지옥으로 가서 무서운 형벌을 받게 된다(마10:28, 마18:9).

2. 영인들의 심령부활

　하나님의 부활섭리는 지상인 뿐만 아니라, 영인에게도 마찬가지로 해당된다(벧전3:18~19, 벧전4:6). 따라서 영인들도 그 심령이 부활하려면, 반드시 부활의 3대원칙에 따라야 한다. 그러면 이제 영적인 3시대의 심령부활이 어떻게 이루어지는가를 간단히 알아보기로 하자.

① 영적 구약시대의 심령부활

　영적 구약시대는 아담으로부터 예수님까지의 영적 섭리기간을 말한다. 이 시대는 하나님이 영인들의 심령을 소성급까지 부활시키는 시대이므로, 〈 영적 소성부활섭리시대 〉라고 한다. 이시대의 영인들이 소성급까지 부활하려면, 그들은 하나님이 주신 구약말씀(율법)을 믿고 행하는 동시에, 지상에서 더하지 못한 자기 사명까지 아울러 완수해야 한다. 영인들의 부활이 지상인의 부활보다 더욱 어려운 이유는 여기에 있다.

② 영적 신약시대의 심령부활

　영적 신약시대는 예수님으로부터 그가 재림하실 때까지의 영적 섭리기간을 말한다. 이 시대는 하나님이 영인들의 심령을 중성급까지 부활시키는 시대이므로, 〈영적 중성부활섭리시대〉라고 부른다. 이 시대의 영민들이 중성급까지 부활하려면, 그들은 하나님이 주신 신약말씀(복음)을 믿고 행하는 동시에, 지상에서 다 하지 못한 자기 사명까지 아울러 완수해야 한다.

③ 영적 성약시대의 심령부활

　영적성약시대는 주님의 재림으로부터 하나님의 구원섭리가 모두 끝날 때까지의 영적 섭리기간을 말한다. 이 시대는 하나님이 영인들이 심령을 완성급까지 부활 시키는 시대이므로, 〈 영적 완성부활 섭리시대 〉라고 한다. 이

시대의 영인들이 완성급 까지 부활하려면, 그들은 하나님이 주시는 성약말씀(새 복음)을 믿고 행하는 동시에, 지상에서 다 하지 못한 자기 사명까지 아울러 완수해야 한다.

위에서 논한 바와 같이, 인간의 심령부활은 구약과 신약과 성약의 3시대를 통해서 주시는 하나님의 말씀(진리)을 충실히 믿고 행함으로써 이루어진다. 그리고 우리 성도들이 가야 할 영적인 세계는 성소와 낙원과 천국의 3단계로 구분된다. 사도 바울이 영계를 3단계의 하늘로 구분한 이유는 여기에 있다. 그는 셋째 하늘을 낙원이라고 말했는데(고후23:2~4). 여기서 그가 말한 낙원은 셋째 낙원인 천국을 가리킨다. 그리고 이미 영계에 가 있는 성도들이 성소에서 낙원으로, 또 낙원에서 천국으로 다시 옮겨 가려면, 그들은 반드시 부활의 3대원칙을 따라야만 한다.

제6절 예수님의 부활문제

* 그리스도께서 한번 죄를 위하여 죽으사.... 육체로는 죽임을 당하시고 영으로는 살리심을 받으셨으니, 저가 또한 영으로 옥에 있는 영들에게 전파하시니라(벧전3:16~19).

* 이 아들로 말하면 육신으로는 다윗의 혈통에서 나셨고, 성결의 영으로는 죽은 가운데서 부활하여 능력으로 하나님의 아들로 인정되셨으니, 곧 우리 주 예수 그리스도시니라(롬1:3~4).

누가복음에 보면, 예수님은 부활하신 후 제자들에게 나타나신 일이있다(눅24:36~39). 이때에 제자들은 주님의 모습을 직접 보고서야 그의 부활을 믿게 되었다고 하였다. 이러한 성서의 기록을 보고, 지금까지 대부분의 성도들은 예수님이 실제로 육신을 쓰고 부활하신 것처럼 믿어 왔다.

그러나 결론부터 말한다면, 예수님의 부활은 육적인 부활이 아니고 영적
이 부활이었다. 이 사실은 기록된 바, 「살리는 것은 영이니 육은 무익하니
라」(요6:63)고 하신 예수님의 말씀과, 또 「주께서 육체로는 죽임을 당하시
고 영으로는 살리심을 받으셨다」(벧전3:18)고 한 베드로의 증언을 보더라
도 잘 알 수 있다(롬1:3~4,히12:2,눅23:43).

종래의 주장대로 만일 예수님이 실제로 육신을 쓰고 부활하셨다면, 어떻
게 잠긴 문을 그대로 들어가 제자들에게 보이실 수 있으며(요20:19), 또 굳
이 지상의 제자들을 떠나 영계로 승천하실 필요가 어디 있었겠는가?

창조원리에 의하면 하나님은 이 피조세계를 유형과 무형의 두 세계로 창
조하셨다. 유형세계는(현계)는 인간이 욕심을 쓰고 사는 세계요,무형세계
(영계)는 인간이 육신을 벗고 영인으로 가서 사는 세계이다. 제4장〈창조
론〉참조. 그런데 예수님은 이러한 두세계 중 이미 이 지상을 떠나 영계로
가시지 않았던가?

그렇다면 우리는 부득이 예수님의 육신부활을 부인할 수 밖에 없다. 인간
의 육신은 영계에서 아무런 필요도 없으며, 또 생존할 수도 없기 때문이다
(고전 15:50). 만일 주께서 문자 그대로 육신부활을 하셨다면,어떻게 그 육
신을 쓴체로 영인만이 생존하는 영계로 가실 수 있었겠는가?

누가 복음에 보면, 예수님은 최후의 운명을 마치시는 순간 십자가 상에서
「아버지여 내 영혼을 아버지 손에 부탁하나이다」(눅23:46)하고 유언하였
다. 이 말씀대로 예수님은 자신의 육체가 아닌 영혼만을 하나님에게 부탁하
셨으니, 주님의 영적인 부활은 어느 모로 보나 자명한 일이 아닐 수 없다(행
16:7, 고후3:17).

예수님이 제자들에게 자신의 생전 모습을 보여 주셨다고 해서, 일방적으
로 그의 육신부활을 고집한다는 것은 너무도 경솔하다. 그 까닭은 예수님이
아니라도 일정한 조건만 성립되면, 사람은 누구나 죽은 후에 자신의 생전

모습을 충분히 보여줄 수 있다는 사실이 과학적으로 계속 밝혀지고 있기 때문이다.

심령과학에 의하면, 멕토플라즘이란 영적인 물질로써 형성된 죽은자의 물질화영은 산 자의 동일한 모습으로 나타나기 때문에, 그를 직접 보거나 만질 수 있고. 또 사진도 찍을 수 있다고 한다. 그리고 그의 음성과 표정도 역시 생전과 같다고 하며, 심지어는 그 물질화영에서 따뜻한 체온까지 느낄 수 있었다고 한다. 그 좋은 예로서 우리는 딥브씨의 증언을 직접 들어보자. 이 사람은 영국의 대물리학자인 쿠룩스 교수가 주도한 심령 실험회에 참석한 후 다음과 같이 증언하였다.

「어느 날 밤 열린 심령 실험회에서 나는 허락을 받고 물질화된 킹 영의 팔을 만져 보였다. 그녀의 팔은 대리석이나 초와 같이 매끄럽고 체온도 산 사람과 꼭 같았다. 그런데 이상하게도 그녀의 팔에는 뼈가 없었으므로, 나는 그 까닭을 물었다. 킹 영은 빙그레 웃더니 1~2분이 지난 뒤에 다시 팔을 내밀었다. 이에 그 팔을 잡아 보니, 이번에는 분명히 뼈가 있는 것 같은 감촉이 있었다.」

이러한 과학적 심령현상에 비추어 보더라도, 예수님이 제자들에게 자신의 생전 모습을 보여 주셨다는 것만으로 그의 부활을 육신 부활로 단정한다는 것은 아무래도 타당치 않다. 그러면 당시 예수님이 제자들에게 자신의 영체부활을 육신부활로 믿게 하신 이유는 무엇인가? 그것은 바로 큰 슬픔과 실의에 잠겨있는 그들을 위로하고 격려하시기 위함이었다.

당시 제자들은 모든 것을 버리고, 오직 주님만을 하늘같이 믿고 따랐다(마19:27). 이러한 그들에게 있어, 예수님의 비참한 죽음은 실로 청천벽력과도 같은 것이었다. 그들은 모두 슬픔과 실의에 빠져 어찌할 바를 몰랐다. 어쩌면 자기들의 운명도 스승의 운명처럼 비참하게 되지 않을까 공포심마저 일어났다. 이러한 불안과 공포는 언제 그들의 믿음을 빼앗아 갈는지도 모르는 일이었다. 이렇듯 당시 제자들의 처지는 어느 모로 보나 막다른 상황이었다.

이에 예수님은 할 수 없이 제자들로 하여금 자신의 영체부활을 육신 부활로 믿게 하실 수 밖에 없었다. 부활하신 예수님에게 가장 큰 문제는 무엇보다도 제자들의 불신을 막는 일이었기 때문이다. 다행히 제자들은 주님의 영체부활을 육신부활로 굳게 믿음으로써 그들의 믿음을 잃지 않게 되었고, 그 결과 그들은 로마제국의 그 모진 박해 속에서도 초대교회를 훌륭히 이끌어 갈 수 있었다. 예수님이 제자들에게 자신의 영체부활을 육신부활로 믿게 하신 이유는 바로 이렇듯 그들을 위로하고 격려하심으로써 그들의 믿음을 굳게 세워주시기 위함이었다.

한편 예수님이 그의 제자들이 보는 앞에서 구운 생선을 잡수셨다고 하여 (눅24:42). 그의 육신부활을 내세우는 성도들도 많이 있다. 그러나 이것만으로 주님의 육신부활을 주장한다는 것은 너무도 무리하다. 성서에는 하늘의 천사들이 지상의 음식을 먹었다는 기록이 많이 있다. 그 예로 아브라함을 찾아온 천사들이 그가 요리한 고기를 먹었다는 기록이 있으며(창18:8),심지어는 인간이 하늘의 천사와 더불어 밤새도록 씨름까지 했다는 기록도 있다 (창32~35). 그러면 이것도 모두 천사들이 육신부활을 했기 때문이란 말인가?

구약 외경에 보면 천사 라파엘이 도비트와 도비아에게 나타나, 「당신들은 내가 먹고 마시는 것을 보았지만 내가 정말 먹은 것은 아닙니다. 그저 그렇게 보였을 뿐입니다」 (도비트12:19)라고 한 말이 있다. 이 내용을 보더라도 예수님이 구운 생선을 잡수셨다는 것만으로는 그의 육신부활을 입증할 수 없다.

또 어떤 성도들은 예수님의 시체가 무덤에 없었다는 것을 이유로 (눅24:3), 그의 육신부활을 주장하기도 한다. 그러나 이것 역시 충분한 이유는 못된다. 당시의 긴박한 상황으로 보아 예수님의 시체가 반드시 무덤에 남아 있으란 법도 없거니와, 만일 오늘날에도 무덤의 시체가 없어지면 모두 육신

부활한 것으로 단정할 것인가?

신명기 34장 6절에 보면, 「모세가 죽은 후 그의 시체를 장사지냈으나, 그가 묻힌 곳을 아는 자가 없다」고 기록되어 있다. 그러나 이것이 곧 모세의 육신부활을 의미하는 것이라고 말할 수는 없지 않은가? 따라서 이러한 관점에서 보더라도 무덤의 시체유무를 놓고 육신부활의 실제여부를 따진다는 것은 어느모로 보나 유치한 사고방식이 아닐 수 없다.

그러면 주님의 시체는 도대체 어디로 갔단 말인가? 그 시체는 이미 영적으로 부활하신 주께서 천사들을 보내어 은밀히 다른 곳으로 옮기신 것으로 보아야 한다. 이는 당시 무덤의 현장에 천사들이 먼저 와서 무덤의 돌을 옮긴 사실만을 보더라도 분명히 알 수 있다.(마28:2) 일찍이 모세의 시체도 천사들이 옮긴 사실이 있거니와(유1:9), 우리는 주님의 시체도 역시 천사들이 와서 옮긴 것으로 보아야 할 것이다.

요한복음에 보면, 부활하신 주님은 잠긴 문을 그대로 통과하여 제자들에게 나타나신 일이 있다(요20:26). 이처럼 부활하신 주님은 자유자재로 운행하실 수 있으므로, 그 주님은 무덤에서도 역시 인봉한 돌문을 그대로 통과하여 나오실 수 있다. 따라서 부활하신 주님은 굳이 천사들을 보내 무덤의 들문을 열게 하실 필요가 전혀 없다. 이 사실에 비추어, 당시 무덤의 현장에 천사들이 먼저 와서 그 들문을 열었다는 것은, 그 천사들이 바로 주님의 시체를 은밀히 다른 곳으로 옮겼음을 나타내는 유력한 증거가 아닐 수 없다.

종래의 주장대로 만일 주님의 시체가 실제로 무덤에서 살아 나왔다면, 주님은 어찌하여 그 시체의 부활장면을 천사들에게만 보여 주셨단 말인가? 또 제자들은 어찌하여 부활하신 주님을 직접 보면서도 그를 다른 사람으로 오인했으며(눅24:15~16, 요20:14~15), 또 사도들은 어찌하여 주님의 부활을 영적인 부활로 증거 했단 말인가(롬1:4, 벧전3:18~19). 요컨대, 주님의 시체 부활설을 어느 모로 보다 부당하고 불합리한 주장이 아닐 수 없다. 그러면 당시 천사들이 먼저 와서 주님의 시체를 옮긴 이유는 무엇인가?그것은 바로 주님의 거룩한 시체를 처음부터 안전히 보호하기 위함이었다(요20:16~17). 당시 상황으로 보아 주님의 시체를 무덤에 그대로 방치할 경우, 사탄의 앞잡이들은 언제든지 그 시체를 몰래 훔쳐다가 온갖 범행을 저지를 수 있었기 때문이다.

이상으로 우리는 인간의 부활문제를 성서적인 면에서 밝혀 보았다. 그 결과 종래의 기성신학에서 한결같이 내세우고 있는 인간의 육신부활과 사후 영계에서의 영원한 육신생활은 어디까지나 부인할 수 밖에 없다는 결론을 얻게 되었다. 일찍이 사도 바울도 「혈과 육은 하나님의 나라를 유업으로 받을 수 없다」(고전15:50)고 증거했거니와, 애당초 인간의 육신은 영생을 목표로 창조된 것이 아니거늘, 하나님이 구태여 무덤 속의 썩은 육신(시체)들을 다시 맞추어 살리실 필요가 어디 있겠는가? 더구나 매장이 아닌 화장의 경우에는 무덤도 없고 시체도 없는데, 어떻게 그 시체들이 무덤에서 다시 살아난단 말인가?

진정코 인간이 육신을 쓰고는 영원히 살 수 없는 것이다. 그러므로 아직도 비성서적이고 비과학적인 육신부활을 그대로 믿는 성도들이 있다면, 그들은 이제 지난날의 그릇된 신앙에서 속히 벗어나야 할 것이다.

◉ 사이비 부활신앙의 비극 !!!

예나 지금이나 죽은 자는 말이 없다. 그 이유는 간단하다. 죽은 자는 다시 살아날 수 없기 때문이다. 이처럼 인간의 육체적 부활은 그 본질상 불가능 하다. 이것은 그 누구도 바꿀 수 없는 대자연의 원리다. 그런데 아직도 많은 성도들이 인간의 육체적 부활을 문자 그대로 믿고 있다니, 이 얼마나 부끄럽고 안타까운 일인가?

지난 2012년 2월 13일자〈동아일보〉에는 매우 충격적인 기사가 실렸다. 그것은 잘못된 신앙으로 어린 3남매를 숨지게 한 어느 목회자의 슬픈 이야기였다.

그는 어린 3남매가 감기에 걸리자 그 감기귀신을 쫓아내야 한다며 그들의 손을 묶은 채 먹이지도 않고 매질까지 했다고 한다. 그로 인해 3남매가 죽자 그는 죽은 애들을 다시 살린다며 부인과 함께 그 시신 곁에서 10일간이나 기도를 하다가 경찰서로 연행되었다고 한다. 그 후 3남매의 시신은 모두 화장을 했다고 하니, 그 부모의 심정은 어떠했을까?

위에서도 알 수 있듯이, 인간의 육신부활(시체부활)은 그 본질상 불가능하다. 그렇다면 종래의 신학은 그들이 주장하는〈 육신부활설 〉을 모두 버려야 할 것이다. 만일 종래의 신학이 그러한 엉터리 주장을 계속한다면, 기독교는 더 이상 발전할 수 없으며, 결국은 세상을 속이는 거짓 종교가 되고 말 것이다.

지금 세계의 모든 교회들은 큰 위기를 맞고 있다. 한국교회도 마찬가지다 그 이유는 바로 온갖 거짓신앙이 판을 차고 있기 때문이다. 지난 2월 전남 보성에서 발생한 그 사건은 바로 이러한 거짓신앙이 초래한 비극이었다. 그렇다면 우리는 반드시 그러한 거짓 신앙들을 모두 추방해야 하며, 그러기 위해서는 오늘의 모든 교회가 전면적인 신앙개혁과 교회개혁에 속히 나서야 할 것이다.

◉ 천주교의＜화체설＞은 진리인가?

천주교는 성경을 거꾸로 보는가? 지금 천주교에서는 온갖 허황된 교리가 진리로 행세하며 판을 치고 있다. 천주교가 주장하는〈 화체설 〉은 그 중의 하나이다. 그러면 화체설이란 무엇인가?

천주교의 화체설은 그 내용이 너무나 유치해서 말하기조차 부끄럽다. 그들은〈 주의 만찬 〉을 빙자하여, 성찬시 사제들이 축도한 떡과 포도주는 그 즉시 예수님의 살과 피로 변한다고 하는데, 이것이 바로 화체설이다. 그러면 이러한 화체설의 주장은 실제로 가능한 일인가? 아니다. 그것은 영원히 불가능 하다. 성찬시에 사용하는 떡과 포도주는 그 본질상 사제들이 아무리

기도를 한다 해도 결코 주님의 살과 피로 변할 수 없는 것이다.

예수님이 제자들과의 만찬에서 떡과 포도주를 자신의 살과 피로 말씀하신 것은(마26:26~28), 어디까지나〈비유〉로 하신 말씀이었다(마13:34). 그런데 천주교는 그 말씀을 아직도 비유가 아닌 실상으로 왜곡하며 화채설까지 주장하고 있으니, 이 얼마나 안타까운 일인가?

요컨대 오늘의 천주교는 더 이상 허황된 교리로 세상을 미혹하지 말고, 이제는 그 낡은 화채설의 굴레에서 속히 벗어나야 할 것이다.

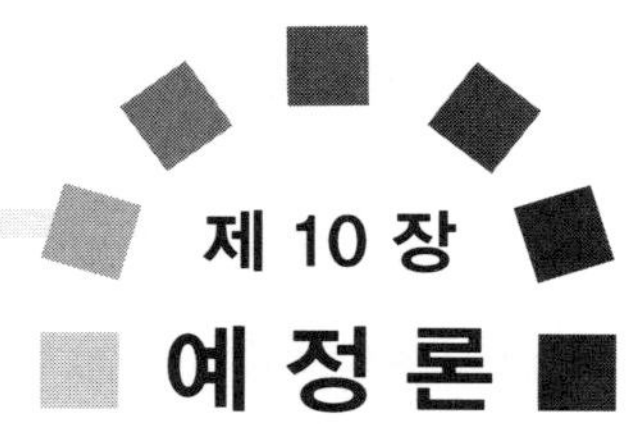

✟ 가령 내가 악인에게 말하기를 너는 죽으리라하였다 하자.
  그러나 그가 돌이켜 자기의 죄에서 떠나서 법과 의대로 행하
  여 다시는 죄악을 짓지 아니하면, 그의 본래 범한 모든 죄가
  기억되지 아니하리니, 그가 정녕 살리라(겔33:14~16).

✟ 가령 내가 의인에게 말하기를 너는 살리라 하였다 하자.
  그러나 그가 그 의를 스스로 믿고 죄악을 행하면,
  그 모든 의로운 행위가 하나도 기억되지 아니하리니,
  그가 그 지은 죄악 중에서 죽으리라(겔33:13).

✟ 예정설을 주장한 칼빈은 수많은 성도들을 이단자로 몰아 처
  형한 살인자였다(그는 교수형도 모자라 화형까지 사용했다).
  그러면 이러한 칼빈의 추악한 범죄행위(살인행위)도 모두가
  하나님의 <예정>에서 비롯된 것인가?

인간을 비롯한 자연계에서 일어나는 모든 일들은 오직 하나님의 예정된 섭리에 의해서만 이루어진다는 것이 바로〈예정설〉이다. 이러한 예정설은 기독교 신학에서 매우 큰 비중을 차지하고 있거니와, 특히 장로교신앙의 기초가 되는 칼빈의 예정설은 유명하다. 그에 의하면, 인간의 구원은 오직 하나님이 주시는 신앙으로써 이루어지는 데, 이 신앙은 인간이 창조되기 전부터 이미 예정되어 있는 자들에게만 은총으로 주어지는 것이라고 한다.

그뿐 아니라 예정설은 인간의 불행한 타락까지도 하나님의 예정으로 돌린다. 왜냐하면 하나님의 절대적인 예정이 없는 한, 인간의 타락이나 구원은 모두 불가능하기 때문이라는 것이다. 이러한 견지에서 종래의 칼빈신학은 바로 예정신학 이라고 말해도 좋을 것이다. 그러나 이러한 예정설을 그대로 인정하고서는 도리어 해결할 수 없는 문제들이 성서에는 너무도 많이 있다. 그러기 때문에 예로부터 예정설에 대한 신학적 논쟁은 많은 물의를 일으켜 왔거니와, 이러한 논쟁은 아직도 계속되고 있는 딱한 실정에 있다. 더구나 이러한 논쟁의 결과로 교회가 본의 아닌 분열을 하는 경우가 있음은 실로 안타까운 일이 아닐 수 없다. ─예정론자들은 종교계의 분열까지도 하나님의 예정으로 돌린다. 필자는 칼빈의 예정설을 기독교가 용납해서는 안 될 매우 잘못된 교리로 본다. 예정설의 주장대로 하나님이 인간의 모든 불행과 멸망까지 예정하신다면 우리는 결코 그 하나님을 참 하나님으로 볼 수 없기 때문이다. 그러면 이제 종래의 예정설에서 제기되는 문제점과 그 해결 방안이 무엇인가를 성서에 기초해서 알아보기로 하자.

제1절 종래의 예정론과 그 문제점

* 하나님께서는 영원한 선택에 의해 어떤 사람은 구원에, 또 어떤 사람은 멸망에 이르도록 예정하셨다(칼빈).

칼빈의 예정설은〈선택〉과〈유기〉란 미명 아래 인간에 대한 예정문제를 다음과 같이 풀이한다. 즉 하나님은 인류를 구원하시되 그 중 구원으로 예정된 자들만 구원하시고, 멸망으로 예정된 자들은 모두 버리신다는 것이다. 여기서 전자(구원)를 선택이라 하고 후자(버림)를 유기라고 하는데, 이 내용을 좀 더 구체적으로 설명하면 다음과 같다.

① 하나님은 먼저 어떤 사람은 구원하시고, 또 어떤 사람은 멸망하도록 내버려 두심으로서 자신을 영광스럽게 하려고 작정하셨다.

② 그 목적을 이루기 위한 수단으로 하나님은 이미 선택되고, 혹은 유기된 자들을 창조하기로 작정하셨다.

③ 지금까지 세우신 계획의 완성을 위해 하나님은 인간에게 타락을 허용하기로 작정하였다.

④ 마지막으로, 하나님은 선택된 자들을 위해서는 구원의 길을 열어주시고 영원한 영광으로 인도하시되, 유기된 자들을 위하여는 그들의 죄 때문에 영원히 멸망하도록 작정하였다.

위에 열거한 내용이 바로 선택과 유기를 내세우는 예정설의 주요 골자이다. 그런데 이러한 예정설의 주장을, 웨스트민스터 신앙고백서는 다음과 같이 기록하고 있다. 「하나님이 자신의 영광이 드러나도록 작정을 하심으로써, 어떤 사람과 천사들은 영생에 이르도록 예정이 되었고, 다른 사람과 천사들은 영원한 죽음에 이르도록 선정이 되었다」 (신앙고백서3장3).

「이렇게 예정이 되고 선정이 된 이들 천사들과 사람들은, 특별히 그리고 변함이 없도록 계획이 되어 있으며, 이들의 숫자도 확실하고 분명하기에 증감이 될 수가 없는 것이다」 (신앙고백서 3장4).

「하나님의 작정이 무엇입니까? 하나님의 작정은 지혜와 자유와 거룩함으로써 자기 뜻을 결정하시는 행위인 데, 그것으로써 하나님 자신의 영광을 위하여 영원부터 일어나는 모든 일들, 특히 천사들과 사람들에 관한 것을 불변하게 예정하신 것입니다」 (대요리문답 12).

위에서 보는 바와 같이, 하나님은 자신의 영광을 위해 만세전부터 모든 것을 미리 작정하시고 섭리하신다는 것이, 바로 선택과 유기를 주장하는 예정설의 기본입장이다. 그런데 지금까지 많은 성도들은 이 예정설을 문자 그대로 믿어 왔다. 즉 그들은 인생의 영고성쇠와 행·불행은 물론 인간의 타락과 구원 및 국가의 흥망성쇠에 이르기까지의 모든 문제들이, 오직 하나님의 예정 가운데서만 이루어지는 것으로 믿어 온 것이다. 그 결과 그들은 하나님의 예정구원만을 믿고, 자기신앙을 게을리 하는 등 많은 신앙의 오류를 범하게 되었다.

물론 성서에 이러한 예정설을 입증할 만한 문자적인 근거가 전혀 없는 것은 아니다. 그러나 다른 한편으로는 이것을 부인할 만한 성서적 근거가 너무도 많이 있다. 그렇다면, 우리는 이 중에서 어느 것을 믿고 버려야 할 것인가? 이에 대한 답은 다음의 여러 가지 성서적 논증에서 자세히 얻어질 것이다.

제2절 인간의 책임분담

* 나더러 주여 주여 하는 자마다 천국에 다 들어갈 것이 아니오, 다만 하늘에 계신 내 아버지의 뜻대로 행하는 자라야 들어가리라(마7:21)
* 너희는 나를 불러 주여 주여 하면서도 어찌하여 나의 말하는 것을 행하지 아니하느냐(눅6:46).
* 이와같이 행함이 없는 믿음은 그 자체가 죽은 것이니라(약 2:17).

성서상에 나타난 하나님의 섭리역사를 보면, 하나님은 언제나 자신의 섭리의 뜻(목적)을 인간을 통해 상대적으로 이루심을 알 수 있다. 그러면 하나님은 왜 그처럼 자신의 뜻을 스스로 이루시지 않고, 반드시 인간을 통해 상대적으로 이루시려 하는가? 이제 그 이유를 다음에서 알아 보기로 하자.

이미 〈창조론〉에서 논한 바 있거니와, 인간은 바로 무형의 주체로 계시는 하나님의 성상과 형상을 닮아 지음 받은 유형의 실체대상이다. —제4장 〈창조론〉참조. 따라서 인간은 누구나 「하늘 아버지의 온전하심 같이 너희도 온전하라」(마 5:48)고 하신 예수님의 말씀대로 온전한 인간이 됨으로써, 무형의 주체로 계시는 하나님 앞에 완전한 실체대상이 되어야 한다(벧후 3:14).

그런데 인간이 그와 같이 완전한 실체대상이 되려면, 반드시 하나님의 상대적인 섭리에 동참하여, 그의 신성과 아울러 창조성까지도 닮아야 한다. 그래야만 인간은 비로소 하나님이 친히 임재하실 수 있는 성전이 되어(고전 3:16), 그를 직접 모실 수 있는 하나님의 자녀가 되며, 또한 만물을 원리적으로 주관할 수 있는 참다운 만물의 주관자가 될 수 있는 것이다.

일찍이 하나님은 인간에게 「만물을 주관하라」(창1:28)고 축복하심으로써, 인간을 피조세계의 주관자(주인)로 세우셨다. 그런데 이 축복은 어디까지나 인간이 그 만물을 원리적으로 주관할 수 있는 주관성을 갖추어야 한다는 조건하에 허락된 것임을 알아야 한다. 왜냐 하면 인간이 만물과 동등한 입장에서는 그를 원리적으로 주관할 수 없기 때문이다. 예컨대, 인간이 하나님과 동등한 존재라고 한다면, 인간은 하나님으로부터 주관 받아야 할 아무런 이유도 없는 것이다. 그러므로 인간이 피조세계의 원리적 주관자가 되려면, 반드시 하나님의 창조성을 닮아 그 주관성을 갖추지 않으면 안 된다. 로마서 8장 19절 이하에 기록된 바, 피조물이 하나님의 참 아들이 나타나기를 고대한다고 한 것은, 인간이 타락함으로 인하여 그 주관성을 상실한 거짓 주관자가 되었기 때문이다. 그런데 인간이 피조세계에 대한 원리적 주관

성을 갖추려면 반드시 이에 따르는 섭리적 책임분담을 스스로 완수해야만
한다. 인간은 본래 그 자신의 섭리적 책임분담을 완수해야만 비로소 완성하
도록 창조되었기 때문이다. ―제 4장 〈 창조론 〉 참조. 따라서 인간이 그 부여
된 책임분담을 완수한다는 것은 참으로 중대한 일이 아닐 수 없다

　이와 같이 하나님은 언제나 자신의 섭리의 뜻을 인간을 통해 상대적으로
이루시되, 그 섭리는 어디까지나 인간의 책임분담을 전제로 한 섭리이므로,
만일 인간이 그 섭리에 대하여 주어진 책임분담을 다 하지 못한다면, 아무
리 하나님의 크신 뜻이라 해도 그 뜻은 결코 이루어질 수 없는 것이다. 하나
님의 구원섭리가 오랜 역사를 두고도 완결되지 못한 채 번번히 그 연장을
거듭하여 온 이유는 바로 여기에 있거니와, 이러한 인간의 섭리적 책임분담
을 수학적인 표현으로 설명하면 다음과 같다.

　가령 하나님이 어떠한 섭리의 목적을 두시고 벽돌 100개를 쌓으시려고
할 때, 이것을 인간이 쌓았다는 입장에 세우시기 위해 하나님은 그 중 95개
만 쌓으셨다고 하자. 이 때에 인간이 하나님의 뜻도 이루고 전체의 벽돌을
쌓았다는 입장에도 서기 위해서는 반드시 그 나머지 5개의 벽돌을 마저 쌓
지 않으면 안된다. 즉 5개의 벽돌은 인간이 하나님의 뜻을 이루어 드리기
위해 쌓아 올려야 할 인간의 책임분담인 것이다.

　하나님과 인간의 책임분담은 수학적으로 그 비례를 따질 수 없지만, 편의
상 인간이 이루어야 할 작은 책임분담을 5%로써 표시한다면, 하나님이 이
루어주실 큰 책임분담은 95%로 표시할 수 있을 것이다.

　그러면 하나님이 인간에게 이러한 섭리적 책임분담을 주신 목적은 무엇
인가? 그것은 바로 인간의 책임분담인 5%로써 이루어지는 100% 완성의 모
든 가치를 인간 자신의 것으로 세워 주시기 위함이었다. 성서에 나타난 예
수님의 교훈은 모두가 이러한 책임분담이 있다는 것을 우리에게 보여주고
있다.

　일찍이 예수님은 유대인들에게 「나더러 주여 주여 하는 자마다 천국에

다 들어갈 것이 아니요, 다만 하늘에 계신 내 아버지의 뜻대로 행하는 자라야 들어가리라」 (마7:21)고 말씀하셨고, 또 「내 말을 듣고 나를 보내신 이를 믿는 자는 영생을 얻었고 심판에 이르지 아니하나니, 사망에서 생명으로 옮겼느니라」 (요5:24)고 말씀하심으로써, 하나님과 주님에 대한 믿음과 순종은 인간의 가장 큰 책임분담임을 가르치셨다. 하나님도 우리에게 십계명을 주시어 지키게 하셨거니와(출20장, 신5장). 예수님도 「네가 생명에 들어가려면 계명들을 지키라」 (마19:17)고 말씀하심으로써, 인간이 자신에게 주어진 책임분담으로 하나님의 계명들을 충실히 지킬 것을 강조하셨다. ─마태복음 5장, 6장, 7장에 있는 예수님의 산상교훈 참조.

병든 자를 고치실 때에도 예수님은 「내 믿음이 너를 구원하였다」 (막5:34)고 말씀하시어, 믿음은 바로 인간자신이 세워야 할 책임분담임을 명시하셨고, 또 죄를 사하실 때에도 역시 그러하였다(마2:3~5).

야고보서에도 이르기를 「행함이 없는 믿음을 죽은 것이라」 (약2:26)고 하였고, 또 「믿음의 기도는 병든 자를 구원하리니, 주께서 저를 일으키시리라」 (약5:15)고 말함으로써, 인간에게 반드시 그가 해야 할 책임분담이 있음을 보여주었다.

한편 요한복음 3장 16절에 보면, 하나님은 타락한 인류를 구원하시기 위해 이 땅에 독생자를 보내셨다고 하였다. 그러나 누구든지 저를 믿어야만 멸망치 않고 영생을 얻으리라고 하였으니, 만일 우리가 5%의 책임분담으로 그를 믿지 못한다면, 우리는 결코 하나님의 책임분담인 95%의 은사(구원)를 받을 수 없는 것이다.

이와 같이 하나님은 언제나 인간을 통해 상대적인 섭리로써 그 뜻을 이루고자 하시므로, 우리는 반드시 이에 대한 섭리적 책임분담을 완수하지 않으면 안된다(마7:21, 눅6:46). 그러면 다음으로 우리는 예정설의 부당성에 대하여 알아보기로 하자.

제3절 예정설의 부당성

* 내가 언제든지 어느 민족이나 국가를 뽑거나 파하거나 멸 하리라 한다고 하자 그러나 나의 말한 그 민족이 그 악에서 돌이키면, 내가 그에게 내리기로 생각하였던 재앙에 대하여 뜻을 돌이키리라(렘18:7~8).
* 내가 언제든지 어느 민족이나 국가를 건설하거나 심으리라 한다고 하자. 그러나 만일 그들이 나 보기에 악한 것을 행하여 내 목소리를 청종하지 아니하면, 내가 그에게 유익케 하리라 한 선에 대하여 뜻을 돌이키리라 (렘18:9~10).

위에서 논한 바와 같이, 하나님의 모든 섭리가 인간의 책임분담을 전제로 한 섭리라고 한다면, 우리는 예정설이 어디까지나 하나님의 섭리에 어긋나는 그릇된 주장임을 알게 된다. 성서에도 이르기를 「누구든지 저를 믿는 자마다 멸망치 않고, 영생을 얻으리라」 (요3:16)고 하였거니와(벤후3:9), 어찌 인간의 부모 되시는 하나님께서 그의 자녀들을 혹은 구원으로 혹은 멸망을 불공평하게 예정하시고 섭리하실 것인가(마18:14, 딤전2:4, 겔18:32). 종래의 주장대로 모든 것이 하나님의 예정 가운데서만 되어진다면, 우리가 주님을 믿고 따르는 것도 허사이며, 또 날마다 기도하고 회개하는 것도 모두 허사일 것이다. 생각해 보라. 우리가 이미 예정된 길을 걷고 있다면, 구태여 믿고 기도하고 회개해야 할 필요가 어디 있겠는가?

성서에는 하나님이 그 자신의 뜻을 돌이키신 일과(출32:13~14, 렘18:7, 암7:3), 또 인간이 불신의 길로 나아갈 때마다 노하시고 책망하신 일들이 많이 기록되어 있다(창6:13, 민11:1 렘7:20), 이 사실을 보면, 하나님의 구원섭리는 결코 그의 단독적인 예정만으로 이루어지는 것이 아님을 분명히 알 수 있다. 하나님은 아담을 부르시고 그에게 선악과를 따먹지 말라고 간곡히 당부하셨다(창2:17). 그러나 그가 하나님을 불신하고 선악과를 따먹을 때는 강제로 막지 않으셨으니, 이는 그가 스스로 지켜야 할 책임분담이 있었기 때문이다. 하나님은 노아를 세우시어 방주를 짓고 40일 홍수심판이 끝날 때까지 그가 가야 할 길을 자세히 보여주었다. 그러나 노아가 포도주에 취해 옷을 벗을 때나(창9:20), 또 그의 둘째아들 함이 범죄 할 때는 아무런 간섭도 하시지 않았으니(창9:25)이는 그 심판이 끝날 때까지가 하나님이 하실 95%의 책임분담이요, 나머지 5%는 노아 가정이 이루어야 할 책임분담이었기 때문이다. 하나님은 애굽에서 이스라엘 민족을 구원하시기 위해 모세를 그들의 영도자로 세우지고, 그가 해야 할 일들을 자세히 가르쳐 주셨다. 그러나 그가 가데스에 있는 므리바 샘에서 하나님의 뜻을 거역할 때는 그대로 방임하셨으니(민20:12~24), 이것도 역시 책임분담의 한계가 있었기 때문이다. 예수님 당시에도 하나님은 이미 메시아의 강림을 예고하셨고(말4:5), 또 그가 강림하신 후에도 역시 동방박사와 목자, 특히 세례요한등의 인물을 세워 증거하심으로써 하나님의 책임분담인 95%의 섭리는 다 끝났던 것이다. 그러므로 당시 유대인들은 응당 오신 메시아를 믿고 따름으로써, 나머지 5%의 책임분담을 완수해야 할 것이었다. 그러나 그들은 도리어 메시아를 불신하고 그를 십자가에 못 받음으로써, 그들의 책임분담을 다하지 못하였던 것이다.

「볼지어다 내가 문 밖에 서서 두드리노니, 누구든지 내 음성을 듣고 문을 열면 내가 그에게로 들어가 그와 더불어 먹고 그는 나와 더불어 먹으리라」 (계3:20)고 하신 말씀을 보더라도, 주께서 두드리고 계시는 그 문을 열고 닫는 것은 어디까지나 우리의 책임분담임을 알 수 있는 것이다.

예수님도 「구하라 주실 것이요, 찾으라 만날 것이요, 두드리라 그러면 곧 열어 주시리라」 (마7:7)고 말씀하셨으니, 구하는 것, 찾는 것, 두드리는 것은 모두 우리의 책임분담으로 해야 할 일이다. 그래야만 하나님은 비로소 우리에게 주실 수도, 만나게 하실 수도, 열어 주실 수도 있는 것이다. 만일 모든 것이 하나님의 예정 가운데서만 되어진다면, 인간으로서 힘쓸 일은 하나도 없지 않은가? 한편 성서를 보면, 하나님은 인간에 대한 자신의 섭리가 이그러질 때마다 후회하신 기록이 많이 있다. 그 예로 하나님은 인간의 타락을 보시고 한탄하셨고(창 6:6), 또 사울을 세워 왕을 삼으신 것을 후회하셨으며(삼상 15:11), 또 예루살렘을 멸하려 하실 때에도 역시 하나님은 그 재앙 내리심을 후회하셨다고 하였다(삼하 24:16).

만일 피조세계에서 벌어지는 모든 일들이 하나님의 예정대로만 되어진다면, 하나님은 어찌하여 예정대로 되어 가는 자신의 섭리 결과를 보시고 한탄 하시며 후회하실 것인가? 이와 같이 전능하신 하나님도 자신의 섭리가 어그러질 때에는 항상 서러워하셨고(렘 14:17), 또 예수님도 유대인들이 불신의 길로 나아갈 때에는 언제나 안타깝게 여기셨으니(눅 19:41~44), 이러한 면에서도 우리는 종래의 예정설을 애써 부인하지 않을 수 없다. 만일 예정설의 풀이대로 인간을 대한 하나님의 예정이 인간에게 주어진 책임분담을 전제로 한 부분적인 예정이 아니고 전체적인 예정이라면, 이는 도리어 예정의 의미를 상실한 무의미한 예정이 되고 말 것이다.

제4절 예정설에 관한 성구해명

* 나 주 여호와가 말하노라, 내가 어찌 악인의 죽는 것을 조금인들 기뻐하랴. 또 그가 돌이켜 그 길에서 떠나서 사는 것을 어찌 기뻐하지 아니 하겠느냐(겔18:23).
* 나 주 여호와가 말하노라, 죽는 자의 죽는 것은 내가 기뻐하지 아니하나니, 너희는 스스로 돌이키고 살지니라(겔 18:32).

하나님은 인간을 예정하심에 있어서, 항상 선의 결과만을 예정하실 뿐 악의 결과는 결코 예정하시지 않는다. 인간은 바로 하나님이 가장 사랑하시는 그의 자녀이기 때문이다. 그런데 종래의 예정설은 선의 결과는 물론 악의 결과까지 모두 하나님의 예정으로 돌린다. 이러한 예정설의 입장에서 보면, 하나님은 인류의 자애로운 어버이가 아니라, 오히려 인간에게 온갖 불행과 재난을 안겨 주는 무자비한 폭군이 되고 만다. 따라서 종래의 예정설은 성서에도, 사리에도 모두 맞지 않는 그릇된 학설임을 알 수 있다. 그러면 이제 하나님과 인간의 책임분담을 중심으로 예정설을 세워주는 성구에 대해 알아보기로 하자.

먼저 로마서 8장 29절과 30절에 보면, 하나님은 사람을 택하심에 있어서 「미리 아신 자들을 정하시고, 또 미리 정하신 그들을 부르시고, 부르신 그들을 또한 의롭다 하시고, 의롭다 하신 그들을 또한 영화롭게 하신다」고 하였다. 일견해서, 모든 것은 하나님의 절대적인 예정 가운데서만 이루어지는 것처럼 여겨지는 말씀이다. 그러나 하나님의 모든 섭리가 인간에게 주어진 책임분담을 전제로 한 상대적인 섭리라는 사실을 이해한다면, 이 성구도 역시 예정만을 드러낸 말씀이 아님을 쉽게 알 수 있다.

하나님이 미리 아신 자들을 미리 정하시고, 또 미리 정하신 그들을 부르심은 인간의 책임분담을 무시해서가 아니라, 이는 하나님만이 하실 수 있는 책임분담이기 때문이다. 하나님은 전지 하시므로, 어떤 사람이 구원섭리에 요구되는 필요한 조건을 갖추고 있는지를 미리 아신다. 그러므로 하나님은 자신의 책임분담으로 미리 아신 사람을 95%로 예정하여 부르실 수 있다. 그러나 하나님의 책임분담만으로는 그가 아무리 하늘 앞에 부름을 받았다 할지라도 의롭다 함을 입어 영화로운 데까지 이룰 수는 없다. 하늘 앞에 부름받은 그가 의롭다 함을 입어 영화롭게 되려면, 그는 반드시 부여된 5%의 책임분담을 완수하지 않으면 안된다. 그래야만 하나님의 목적하신 100%의 전체적인 섭리의 뜻은 이루어질 수 있는 것이다. 다만 이 성구에는 인간의 책임분담에 관한 내용이 생략되어 있기 때문에 모든 것은 하나님의 절대적인 예정에 의해서만 되어지는 것 같이 여겨질 따름이다.

다음으로 로마서 9장 15절과 16절에 보면, 「이르시되 내가 긍휼히 여길 자를 긍휼히 여기고, 불쌍히 여길 자를 불쌍히 여기리라 하셨으니, 그런 즉 원하는 자로 말미암음도 아니오, 달음박질하는 자로 말미암음도 아니오, 오직 긍휼히 여기시는 하나님으로 말미암음이니라」고 한 말씀이 있다.

이 말씀도 문자적으로 보면 모든 것이 예정 가운데서만 되어지는 것처럼 여겨지나, 이것도 역시 책임분담을 중심으로 보면 쉽게 이해될 수 있는 문제이다. 이미 언급한 바와 같이, 하나님은 전지하시므로 구원섭리의 목적을 이루시는 데 있어서 필히 요구되는 인물이 누구인지를 잘 알고 계신다. 그러므로 하나님은 미리 아시는 그 사람을 택하여 긍휼히 여기실 수도 혹은 불쌍히 여기실 수도 있는 것이다. 이와 같이 하나님이 어느 인간을 택하여 그를 긍휼히 여기시고, 혹은 불쌍히 여기심은 어디까지나 하나님만이 하실 수 있는 책임분담이기 때문에, 이것은 인간이 원함으로 될 일도 아니요, 또는 달음박질함으로 될 일도 아니다. 그러므로 하나님에게 주어진 책임분담에 대해서는 인간이 관계할 바가 아니며, 인간은 다만 자기의 책임분담만을 완수하면 된다. 이 성구는 바로 이러한 사실을 우리에게 교시하고자 하신 말씀이었다.

한편 로마서 9장 21절에 보면, 「토기장이가 진흙 한 덩이로 하나는 귀히 쓸 그릇을 만드는 권한이 없느냐」고 하였다. 이는 바로 토기장이의 비유를 들어 하나님의 책임분담을 설명한 말씀이다. 즉 하나님의 책임분담은 누구도 침범할 수 없는 절대적인 것이기 때문에, 마치 토기장이가 진흙 한 덩이를 가지고 하나는 귀한 그릇으로, 하나는 천한 그릇으로 만들듯 섭리를 하시더라도, 여기에 대해서는 조금도 불평할 수 없다는 것을 보여주신 것이다. 본래 인간은 하나님의 자녀로 창조된 귀한 존재였으나, 타락으로 인하여 마치 쓰레기와 같이 무가치한 인간이 되고 말았다. 그러므로 하나님이 이러한 인간을 설혹 어떻게 취급하신다 하더라도 사실상 인간으로 서는 아무런 불평도 할 수 없는 것이다. 물론 그렇다고 해서 하나님이 인간에게 주어진 책임분담을 마음대로 무시하실 수 있다는 것은 아니다. 여기서는 다만 하나님의 책임분담만을 강조했을 뿐이다. 그러나 아무리 하나님의 섭리가 절대적인 것이라해도 인간에게 주어진 책임분담이 있는 한 그것은 결코 토기장이식의 섭리가 될 수는 없다.

또 로마서 9장 10절 이하에 보면, 하나님은 태중에서부터 야곱을 선택 하셨다는 말씀이 있다(롬 9:10~13). 이 성구도 역시 하나님의 책임분담을 강조한 말씀이다. 하나님은 장차 민족 형성의 기반을 닦으심에 있어서, 야곱이 에서보다 가장 적임자임을 미리 아시고, 그를 선택하셨다(창 25:23). 그리하여 하나님은 에서보다 야곱을 더욱 아끼고 사랑하시게 되었다. 하나님이 에서를 미워하심은 그가 하늘이 선택하신 야곱을 사랑하지 않고 오히려 죽이려 하였고(창 27:41~42) 또 그의 후손들도 역시 야곱의 후손들을 항상 괴롭히며 하늘의 섭리에 어긋나는 길을 갔기 때문이다. 그러나 아무리 야곱이 태중에서부터 택함을 받았다 하더라도, 후일 그가 그 자신의 책임분담을 다 하지 못한다면, 그는 오히려 책임분담을 다했을 때의 에서보다 못한 입장에 설 수밖에 없다. 왜냐 하면 인간에 대한 하나님의 지속적인 선택여부는 어디까지나 그들 자신의 책임분담 수행여하에 달려있기 때문이다. 이와 같이 하나님의 모든 섭리가 인간의 책임분담을 필요로 하는 상대적인 섭리라는 사실을 이해한다면, 모든 것이 하나님 한 분만의 단독적인 섭리로써 이루어진다고 믿는 예정설은 결코 타당치 않음을 쉽게 알 수 있을 것이다. 하나님이 인간을 대하여 섭리하심에 있어서 100%의 전담섭리를 하시지 않고 95%의 분담섭리를 하심은, 하나님도 인간에게 부여하신 5%의 책임분담을 무시하실 수 없다는 원리적 조건이 있기 때문이기도 하지만, 또 다른 이유의 하나는 자신의 섭리에 절대성과 완전성을 부여하시려는 데 있다. 본래 하나님의 뜻과 섭리는 영원하고 절대적인 것이지만, 이를 대하는 인간은 항상 불완전함으로, 하나님은 부득이 95%의 분담섭리로써 인간을 예정하시는 것이다.

그러나 아무리 인간이 뜻 성사를 위한 95%의 예정으로 하늘 앞에 부름을 받았다 할지라도, 부름받은 그가 자신의 책임분담을 다하지 못한다면, 하늘은 부득이 이룰 수 있는 다른 한 사람을 세워 섭리하실 수밖에 없음을 알아야 한다. 하나님의 뜻은 영원 불변한 것이기 때문에, 하나님은 그 뜻을 부단히 계승·완성하시지 않을 수 없는 것이다. 그러므로 하나님이 어느 한 교회를 택하여 섭리하실 때에도 만일 그 교회가 이에 대한 5%의 책임분담을 다 하지 못한다면, 하나님은 부득이 이룰 수 있는 다른 한 교회를 택하여 섭리하실 수밖에 없다. 이러한 하나님의 책임분담적인 섭리로 볼 때에, 오늘날 천주교회에서 강력히 주장하고 있는 베드로의 수위권이나 오랜 역사와 전통 등은 모두 크게 내세울 만한 자랑거리가 못될 것이다. 왜냐 하면 천주교회에 대한 하나님의 예정은 어디까지나 95%의 부분적인 예정이기 때문이다. 따라서 이에 대한 섭리의 뜻을 100%로 이루어 드리기 위해서는 나머지 5%의 책임분담을 천주교회가 완수하지 않으면 안된다. 만일 하나님이 이러한 천주교회의 책임분담을 무시하시고 자신의 전담 섭리로써 그 뜻을 이루신다면, 하나님은 구태여 그 교회를 세우실 필요조차 없는 것이다. 또 아무리 애당초, 예수님이 베드로를 택하셨다 하더라도, 그의 후계자들이 부여된 5%의 책임분담을 완수하지 못한다면, 하늘은 역시 그들만을 붙들고 섭리하실 수 없는 것이다. 이와 같이 인간이 부여된 그 자신의 책임분담을 다 하지 못한다면 그가 아무리 하늘 앞에 부름을 받았다 할지라도 하늘은 자신의 뜻을 이룰 수 있는 대신사명자들을 세워 부단히 그 뜻을 계승·완성하사지 않을 수 없는 것이니, 이는 성서에 나타난 전체의 섭리역사가 입증하는 사실이다.

일찍이 하나님은 아담을 부르시고 그에게 축복하심으로써(창 1:28), 그 축복의 이상(목적)을 이루고자 하셨으나, 그의 타락으로 말미암아 그 이상은 깨어지고 말았다. 그리하여 하나님은 아담의 대신자로 노아를 부르시고 그에게 축복하심으로써(창 9:1~2), 그 축복의 이상을 다시금 이루고자 하셨다. 그러나 노아가정의 타락으로 인하여(창 9:20~25), 그 뜻은 다시 아브라함에게로 옮겨지게 되었다(창 12:1~3). 한편 하나님은 모세를 부르시고 그를 이스라엘 민족의 영도자로 세우셨으나, 그는 불행히도 불신으로 인하여 그 민족을 약속의 땅으로 인도할 수 없게 되었다(민 20:12~24, 신 34:1~5). 그리하여 하나님은 모세의 대신자로 여호수아를 세우시어, 그로 하여금 이스라엘 민족을 가나안 복지로 인도케 하셨던 것이다. 이와 같이 하나님은 언제나 자신의 섭리의 뜻을 인간을 통해 상대적으로 이루시되 택함을 받은 그 사람들이 책임분담을 다하지 못할 때에는 부득이 이룰 수 있는 대신사명자들을 세우시어 섭리해 오셨다. 그러므로 오늘의 천주교회가 예수님이 친히 세우신 교회라고 하여 막연히 자랑만 할 수는 없는 일이요, 이는 오히려 하늘 앞에 두렵고 초조한 일이 아닐 수 없다. 왜냐 하면 하늘의 크신 은사를 받으면 받을 수록, 이에 대해 주어지는 책임도 따라서 커지기 때문이다.

에덴동산의 아담과 하와는 하나님의 자녀로서 하늘의 크신 은사를 충만히 받았으나, 그들은 타락함으로 인해 반대로 실낙원의 쓰라린 운명을 겪게 되었다. 그리고 선민으로 택함을 받았던 이스라엘 민족도 역시 하늘의 크신 은사를 받음으로써 애굽의 종살이에서 벗어나 가나안으로 들어가게 되었으나, 그들은 선민으로서의 사명을 다하지 못함으로 인하여 도리어 광야에서 무참히 죽어갔던 것이다.

한편 이스라엘 신앙의 목적체되시는 메시아를 직접 모실 수 있었던 과거의 유대민족을 보더라도 그들은 다른 어느 민족보다도 영화로운 민족이었으나, 결국은 오신 메시아를 십자가에 못박음으로써, 그들은 오히려 메시아를 맞을 수 없었던 이방의 민족보다 더욱 비참한 민족이 되고 말았다. 이러한 놀라운 역사적인 사실들을 생각할 때 오늘의 천주교회가 하늘의 극진한 은사 가운데 세워졌다고 하여 어찌 안심할 수 있으며, 더구나 베드로의 수위권을 신앙의 이유로 삼을 수 있겠는가?

예수님은 물론 베드로에게 천국의 열쇠를 주고 가셨지만(마16:18~19), 그의 후계자들이 부여된 섭리적 책임분담을 다하지 못하면, 그들은 결코 그 열쇠의 참다운 주인이 될 수 없다. 그러므로 오늘의 천주교회는 공연히 베드로의 수위권을 자랑하기에 앞서, 하늘이 부여하신 본래의 교회사명을 충실히 다해 왔는가를 스스로 돌이켜 냉철히 반성해 보아야 할 것이다.

이미 논한 바 있거나와, 하나님의 창조이상은 먼저 이 지상으로부터 실현되어야 한다. 만일 하나님의 창조이상이 지상이 아닌 천상에서만 이루어질 수 있다면, 하나님은 애당초 인간을 천상에 창조하실 일이지, 어찌하여 이 지상에 창조하여 놓으시고 축복의 말씀까지 해 주신단 말인가(창 1:28).

그러므로 우리는 이제 잃어버린 하나님의 창조이상을 이 지상에서 먼저 찾아 이루도록 해야 한다. 밭에서 알곡을 구해야만 창고에서도 알곡을 구할 수 있듯이, 먼저 지상의 에덴이 이룩된다면 천상의 에덴은 자연히 이루어질 것이니, 진정 우리가 바라보고 염려해야 할 곳은 천상이 아닌 바로 이 지상인 것이다.

이와 같이 하나님의 뜻은 반드시 이 지상에서 먼저 실현되어야 한다. 그런데 천주교회는 바로 이러한 하나님의 뜻을 이루어 드리기 위해 하늘 앞에 부름 받았다. 즉 천주교회는 인간의 타락으로 인하여 굳게 잠겨진 천국의 문을 열기 위해, 하나님의 책임분담인 95%의 예정으로 하늘 앞에 먼저 부름 받은 것이다. 그러나 아무리 천주교회가 하늘 앞에 먼저 부름을 받았다 할지라도, 이에 대한 5%의 섭리적 책임분담을 다 하지 못한다면, 하늘은 부득이 이룰 수 있는 다른 한 교회를 택하여 섭리하실 수밖에 없는 것이다.

그러므로 오늘의 천주교회는 이제 지난날의 화려했던 역사와 전통만을 자랑하지 말고, 부여된 5%의 섭리적 책임분담을 완수함으로써 하나님의 뜻을 어서 속히 이루도록 해야 할 것이다. 그러나 오늘의 모든 교회가 다 그러하듯, 천주교회도 역시 낡고 부패한 자본주의에 깊이 오염되고 세속화됨으로써(딤전 6:10, 약 4:4, 요일 2:15), 이 땅에 하나님의 뜻을 실현할 수 있는 충분한 능력과 생명력을 이미 상실했으니, 이는 역사와 현실이 잘 말해주는 사실이 아닌가?

이와 같이 현존한 모든 교회가 하나님의 뜻과 섭리를 책임지고 이룰 수 있는 충분한 능력과 생명력을 이미 상실했다면, 오늘의 기독교는 모름지기 새 시대가 요구하는 새로운 기독교로 거듭나기 위해, 전면적인 신앙개혁과 교회개혁을 속히 단행해야 할 것이다.

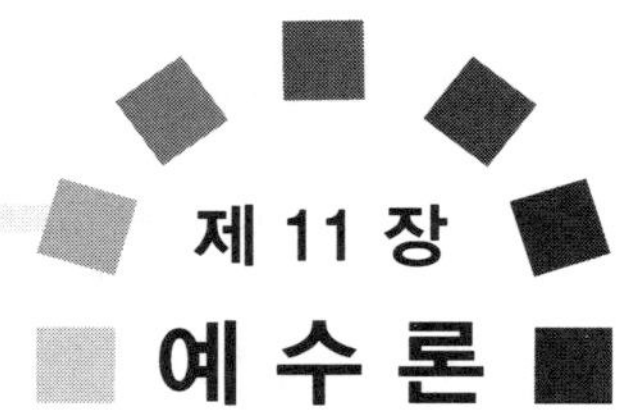

✝ 아브라함과 다윗의 자손 예수그리스도의 족보라(마1:1).

✝ 예수께서 가르치심을 시작할 때에 30세쯤 되시니라. 사람들
의 아는 대로는 요셉의 아들이니(눅3:23).

✝ 빌립이 나다니엘을 찾아 이르되 모세가 율법에 였고
여러 선지자가 기록한 그 사람을 우리가 만났으니,
요셉의 아들 나사렛 예수니라(요1:45).

✝ 그 부모(요셉과 마리아)가 보고 놀라며, 그 모친은 가로되 얘
야 어찌하여 우리에게 이렇게 하였느냐, 보라 네 아버지와
내가 근심하여 너를 찾았노라(눅2:48).

✝ 예수님은 요셉의 아들로 태어나셨다. 그러므로 마리아는
그 요셉을 예수님의 아버지라 하였고, 또 예수님도 그 요셉
을 아버지로 모시고 순종하며 사셨다(눅2:48∼51).
그런데 누가 예수님을 아버지가 없는 사생자로 만들어,
그 주님의 가슴에 못을 박고 있는가?

예수님은 바로 혼 인류의 구주(베시아)로 오신 분이시다(요3:16). 때문에 예수님을 믿지 않고는 어느 누구도 구원받을 수 없다(요 14:6). 그런데 그 믿음은 어디까지나 올바른 믿음이어야 한다. 그릇된 믿음은 결코 우리를 영원한 생명의 길로 인도할 수 없기 때문이다. 따라서 올바른 예수론의 수립이야 말로 자기구원을 앞당기는 지름길이 될 것이다.

그런데 지금까지 종래의 신학은 우리에게 올바른 예수론을 세워 주지 못하였다. 그 결과 우리 성도들은 참다운 기독교 신앙을 할 수 없게 되었다. 물론 종래의 신학도 우리에게 예수론을 제시해 왔지만, 그 대부분이 비성서적이고 비과학적인 것들이었다. 예컨대 종래의 신학은 예수님을 논할 때 그의 인성보다 신성을 더욱 강조함으로써, 그 주님을 무조건 전지전능의 신으로 믿게 하였다. 그러나 우리는 예수님이 스스로 자기자신을 그러한 절대자로 자처하신 일이 한번도 없었음을 기억해야 한다.

예로부터 우상숭배자들은 그들이 추종하는 자들을 신으로 떠받드는 경우가 많았다. 그러나 그들이 아무리 높이 추켜세운다 해도 사람이 어찌 신으로 둔갑할 수 있겠는가? 예수님의 경우도 마찬가지다. 우리가 아무리 예수님을 하나님으로 믿고 섬긴다 해도, 그 주님은 결코 전지전능의 신이 될 수 없음을 오늘의 모든 성도들은 속히 깨달아야 할 것이다.

그러면 먼저 종래의 예수론에서 제기되는 문제점들이 무엇인가를 간단히 살펴보기로 하자.

제1절 종래의 예수론과 그 문제점

인류의 구주로 오신 예수님은 하나님이신가 인간이신가? 이 물음에 대해 종래의 신학은 한결같이 예수님을 인간이 아닌 하나님이라고 주장한다. 예수님은 비록 인간의 육신을 쓰고 오셨지만, 그 심상은 어디까지나 하나님과 동일한 하나님이라는 것이다. 이러한 기성신학의 주장을 웨스트민스터 신앙고백서는 다음과 같이 기록되고 있다. 삼위중에서 제2위가 되시는 하나님의 아들은, 참되시고 영원하신 하나님으로서 아버지와 동일하시고 동등한 본체의 소유자 이시며, 때가 차매 동정녀 마리아에게서 그녀의 몸을 통하여 성령으로 잉태되어 세상에 오셨다. 하나님의 아들은 참 하나님이시오, 참 인간이시며 하나님과 사람사이에 단 하나인 그리스도시오, 유일한 중보자이시다」(신앙고백서8장2).

「은혜 언약의 중보자는 누구입니까? 은혜 언약의 유일하신 중보자는 성부 하나님과 동질이며, 동등이신 영원한 하나님의 아들 주 예수 스리스도 이신데, 때가 이르러 사람이 되셨고, 옛날이나 지금이나 계속하여 완전한 다른 두 성품을 가진 하나님과 사람으로서 영원히 한 인격이십니다」(대요리문답 36).

「하나님의 아들이신 그리스도가 어떻게 사람이 되셨습니까? 하나님의 아들이신 그리스도는 참된 몸과 이성 있는 영혼을 취하심으로 사람이 되셨는데, 성령의 능력으로 동정녀 마리아에게 잉태되어 그의 본질을 가지고 그에게서 났으나 죄는 없습니다」(대요리문답 37).

위에서 보는 바와 같이, 종래의 신학과 신앙고백은 한결같이 예수님을 하나님이라고 주장한다. 그러나 성서는 이와 달리 예수님을 어디까지나 〈인간〉으로 기록하고 있다(본론 참조). 그럼에도 불구하고 지금까지 대부분의 신앙인들은 예수님을 무조건 하나님으로 믿어 왔다. 즉 그들은 예수님을 전지전능의 신으로 오인해 왔던 것이다. 그 결과 그들은 허다한 신앙의 오류를 범하게 되었으니, 이 얼마나 안타까운 일인가?

종래의 신학이 예수론과 삼위일체론에 대해 명확한 해답을 구하지 못한 것은 바로 이렇듯 예수님을 하나님으로 오인한 데 그 원인이 있었다. 그 뿐만 아니라, 오늘의 모든 성도들이 주님의 재림을 공중재림으로 착각하고 있는 이유의 하나도 역시 여기에 있다. —13장〈재림론〉참조.

물론 성서에 예수님을 하나님으로 여기게 하는 문자적 근거가 전혀 없는 것은 아니다. 그러나 한편 이것을 부인할 만한 성서적 근거도 너무나 많이 있다. 그렇다면 우리는 이 중에서 어느 것을 믿고 버려야 하겠는가? 이에 대한 답은 극히 자명하고 간단하다. 우리는 모름지기 성서의 가르침에 따라 예수님을 하나님이 아닌 인간으로 보아야 할 것이다.

일찍이 예수님도 자신을 〈다윗의 자손〉이라고 증거하셨거니와(계22:16), 사실상 예수님은 어디까지나 인간이시요, 하나님은 결코 아니시다(행13:22, 딤후2:8), 그러면 이러한 성서적 결론을, 우리는 본론에서 좀더 자세히 알아보기로 하자.

제2절 완성한 인간의 가치성

* 사람이 만일 온 천하를 얻고도 제 목숨을 잃으면 무엇이 유익하리요, 또 사람이 무엇을 주고 제 목숨을 바꾸겠느냐? 인자가 아버지의 영광으로 그 천사들과 함께 오리니, 그 때에 각 사람의 행한대로 갚으리라(마16:26~27).
* 너희가 하나님의 성전인 것과 하나님의 성령이 너희 안에 거하시는 것을 알지 못하느뇨, 누구든지 하나님의 성전을 더럽히면 하나님이 그 사

람을 멸망하시리라, 하나님의 성전은 거룩하니 너희도 그러하니래(고전 3:16~17).

◉ 완성한 인간의 가치는 하나님적인 절대가치다.

성서에 나타난 예수님의 인간성을 바르게 이해하려면, 우리는 먼저 하나님의 창조목적을 완성한 인간의 가치가 어떠한 것인가를 알아야 할 것이다. 그렇다면 이제 그 가치 〈창조본연의 가치〉를 다음의 몇 가지 관점에서 논해 보기로 하자.

첫째, 인간은 하나님의 영원한 사랑의 대상이라는 관점에서 그 가치를 논해 보자. 하나님과 인간 사이에는 영적인 부자의 관계가 있다. 인간은 바로 하나님의 성상과 형상을 닮아 그의 분신적 대상인 자녀로 지음 받았기 때문이다.—제 4장 〈창조론〉참조..

그러므로 하나님의 창조목적을 완성한 인간은 누구나 하나님적인 절대가치를 갖게 된다. 인간이 창조주이신 하나님의 분신적 대상으로 지음받은 자녀일진데, 그가 지니는 가치가 어찌 하나님적인 절대가치가 아닐 수 있겠는가?

한편 하나님과 인간과의 상대적 관계는 비유컨데 마음과 몸의 관계와 같다. 무형의 마음을 닮아 난 유형의 실체가 몸이듯이, 무형의 하나님을 닮아 난 유형의 실체가 바로 인간이기 때문이다. 그리고 마음과 몸에 있어서, 몸은 그 마음과 일체를 이루어야 하듯이, 하나님과 인간에 있어서도 인간은 반드시 하나님과 불가분의 일체를 이루어야 하기 때문이다.

이와같이 인간이 완성하여 하나님과 불가분의 일체를 이루게 될때에 인간은 비로소 하나님을 내 아버지로 직접 모실 수 있는 성전을 이루고(고전 3:16), 또 그의 신성을 지니게 된다. 이러한 인간이 바로 예수님이 말씀하신 바, 하늘 아버지의 온전하심 같이 온전한 인간인 것이다(마5:48).

위에서 논한 바와 같이, 인간은 하나님의 성상과 형상을 닮아 지음받은 그의 분신적 실체로서, 하나님을 내 아버지로 모시는 그의 영원한 사랑의 대상(자녀)이기 때문에, 완성한 인간이 지니는 창조본연의 가치에는 실로 하나님적인 가치가 있다.

둘째, 인간은 하나님의 영원한 기쁨의 대상이라는 관점에서 그 가치를 논해 보자. 하나님이 피조세계를 창조하신 목적은 그를 통하여 영원한 기쁨을 누리시고자 하심에 있었다. 이 사실은 성서에도 잘 나타나 있다. 그 예로 창세기 1장 5절 이하의 기록을 보면, 피조물의 창조가 끝날 때마다 『하나님이 그 지으신 모든 것을 보시니, 보시기에 심히 좋았더라』(창 1:5~31)고 한 말씀이 있다. 이 말씀을 보면, 하나님은 언제나 기뻐하시기 위해 모든 피조물을 창조하셨음을 알 수 있다. 그러므로 인간을 중심으로 한 이 피조세계가 존재하는 기본목적은 바로 하나님에게 무한한 기쁨을 돌려 드리는 데 있는 것이다. 이미 언급했거니와, 인간은 무형으로 계시는 하나님의 성상과 형상을 닮아 창조된 그의 분신적 실체 대상이다. 하나님은 바로 이러한 실체 대상인 인간을 통하여 자신의 성상과 형상에 대한 실체적인 기쁨을 상대적으로 느끼신다. 특히 인간은 하나님의 자녀로 지음받았기 때문에, 하나님은 인간을 통해서만 최대의 기쁨을 느끼실 수 있다. 그런데 인간은 모든 존재가 다 그러하듯 저마다 각이한 성상과 형상을 갖추고 있기 때문에, 하나님에게는 인간 하나하나가 모두 자신의 영원한 기쁨을 위한 실체대상이 된다. 왜냐 하면 어느 한 개체가 지니고 있는 성상과 형상에 대한 상대적 기쁨은 그 개체를 떠나서는 또 있을 수 없기 때문이다. 그러므로 창조목적을 완성한 인간은 누구나 하나님 일에 유일무이한 가치적 존재가 된다.

셋째, 인간은 피조세계의 주관자라는 관점에서 그 가치를 논해 보자. 일찍이 하나님은 인간 조상 아담과 하와에게 『만물을 주관하라』(창1:28)고 축복하심으로써, 인간을 피조세계의 주관자(주인)로 세우셨다(롬8:19).

인간이 피조세계를 원리적으로 주관할 수 있는 근거는 바로 여기에 있다. 그러면 이러한 인간과 피조세계와는 서로 어떠한 관계가 있는지를 간단히 알아보기로 하자.

인간과 피조세계와의 상대적 관계는 바로 하나님과 인간과의 관계와 같다. 인간이 하나님의 성상과 형상을 닮아 창조되었듯이, 피조세계는 바로 인간의 성상과 형상을 본으로 하여 창조되었기 때문이다.

그러므로 인간과 피조세계는 서로가 동일한 요소를 갖추고 존재한다. 그리고 완성한 인간은 피조세계의 참다운 주관자가 되어 그를 원리적으로 주관하게 된다. 즉 인간은 그 영혼으로 무형세계를 주관하고, 그 육신으로는 유형세계를 주관한다. 이처럼 인간은 유형과 무형의 두 세계를 직접 주관할 수 있도록 창조되었기 때문에, 인간은 바로 이 두 세계를 잇는 화동의 중심체(매개체)가 된다.

한편 인간의 성상과 형상을 본으로 하여 창조된 것이 바로 피조세계이기 때문에, 인간은 또한 피조세계를 축소한 기본형이 된다. 즉 인간의 영혼은 무형세계를 축소한 기본형이 되고 그 육신은 유형세계를 축소한 기본형이 된다. 인간을 소우주라고 하는 이유는 바로 여기에 있다.

위에서 논한 바와 같이, 완성한 인간이 지니는 창조본연의 가치는 실로 온 천하를 주고도 바꿀수 없도록 고귀한 것이다. 그러기에 예수님도 이르시되 『사람이 온 천하를 얻고도 제 목숨을 잃으면 무엇이 유익하겠느냐』 (마 16:23)고 말씀하셨던 것이다.

제3절 예수님의 인간성

* 하나님이 약속하신 대로 이사람(다윗)의 씨(혈통)에서 이스라엘을 위하여 구주를 세우셨으니 곧 예수라(행13:23).
* 한사람(아담)의 순종치 아니함으로 많은 사람이 죄인 된 것 같이, 한사람

(예수님)의 순종하심으로 많은 사람이 의인이 되리라(롬5:19).

* 하나님은 한 분이시오, 또 하나님과 사람 사이에 중보도 한 분이시니, 곧 사람이신 그리스도 예수라(딤전2:5).

◉ 완성한 아담(인간)의 가치는 예수님의 가치와 동일하다

위에서 우리는 하나님의 창조목적을 완성한 인간의 가치가 어떠한 것인가를 몇가지 관점에서 알아보았다. 그러면 다음으로 우리는 완성한 아담(인간)의 가치와 예수님의 가치가 서로 동일하다는 것을 논하여, 예수님의 인간성을 밝혀 보기로 하자.

로마서 5장 14절에 보면, 아담은 장차 오실 자(그리스도)의 표상이라고 하였다. 그리고 고린도전서 15장 45절과 47절에 보면, 예수님을 마지막 아담이라고 하였고, 또 아담과 예수님을 각각 첫째 사람과 둘째 사람으로 표시하였다. 이 사실에 비추어, 하나님의 창조목적을 완성한 아담의 가치는 예수님의 가치와 동일함을 알 수 있다.

이와 같이 예수님이 제2의 아담으로서 그의 가치가 완성한 아담의 가치와 동일하다면, 주님은 어디까지나 인간이실 수 밖에 없다. 아담은 바로 인간이기 때문이다. 만일 종래의 주장대로 예수님이 하나님이시라면, 성서는 결코 그 주님을 제2의 아담이나 둘째 사람으로 표시하지 않았을 것이다. 일찍이 예수님도 그 자신을 항상 사람의 아들(인자)로 부러셨거니와(마12:8, 눅18:8), 이러한 주님의 인간성은 그의 인간적인 출생과정과 성장과정에서도 재확인할 수 있다. 기록된 바, 예수님은 다윗의 자손으로 오셨고(마1:1, 행13:23,딤후2:8,계22:16), 또 마리아의 몸을 통해서 나셨으며(눅2:5~7), 또 인간의 경우와 조금도 다름없이 성장하셨으니(눅2:40,눅2:52), 우리가 어찌 그의 인간성을 부인할 수 있겠는가?

만일 예수님이 바로 전지전능의 하나님이시라면, 그 주님은 어디까지나 인간적인 출생과정을 통해서 오시지 않았어야 한다. 왜냐하면 하나님은 인생이 아니시며(민23:19,삼상15:29), 또 영적으로 존재하시는 분이시기 때문이다(요4:24).

누가복음 9장 35절에 보면, 하나님은 예수님을 가리켜 「이는 나의 아들 곧 택함을 받은 자니 너희는 그의 말을 들으라」고 말씀하셨고, 또 사도 바울도 이르기를 『하나님이 약속하신 대로 이 사람(다윗)의 씨(혈통)에서 이스라엘을 위하여 구주를 세우셨으니 곧 예수라』(행13:23)

고 밝히 증거 하였다(요7:42, 롬1:3~4). 이 말씀대로 예수님은 어디까지나 하나님이 다윗의 후손 가운데서 선택하여 구주로 세운 분이시다(마12:18,히3:2, 벧전2:4, 행2:36, 행3:22, 행5:30~31). 그렇다면 우리가 어떻게 예수님을 하나님과 동일한 분으로 볼 수 있겠는가?

한편 요한복음 10장 34절 이하에 보면, 예수님은 유대인들에게 이르시되 『너희 율법에 기록된 바 내가 너희를 신이라 하였노라하지 아니하였느냐, 성경은 폐하지 못하나니 하나님의 말씀을 받은 사람들을 신이라 하였거든 하물며 아버지께서 거룩하게 하사 세상에 보내신 자가 나는 하나님의 아들이라 하는 것으로 너희가 어찌 참람하다 하느냐』(요 10:34~36)고 말씀하셨다. 이 말씀에서 알 수 있듯이, 하나님의 말씀(진리)을 받은 사람들은 그 가치로 보아 능히 신적인 존재로 부를 수 있다.(출 4:16, 출 7:1, 사 41:8), 그러나 인간은 그 본질상 결코 신이 될 수 없음을 알아야 한다.

이와 마찬가지로 인류의 구주로 오신 예수님도 그 절대적 가치로 보아 능히 하나님적인 존재로 볼 수 있다. 그러나 아무리 예수님의 가치가 크다 해도 그것은 어디까지나 하나님이 부여하신 가치이므로(마 28:18, 요 17:2, 계 2:27) 주님은 결코 인간을 초월한 하나님이 되실 수 없다(요14:28,행 3:13, 행 4:30). 그러기에 예수님도 자신을 가리켜 말씀하실 때에는 항상 〈하나님의 아들〉이나 〈사람의 아들〉로 부르셨고(마 16:17, 눅 18:8), 또 하나님도 예수님을 가리켜 『너는 내 사랑하는 아들이라』(눅 3:22)고 말씀하셨던 것이다(눅 9:35).

이와 같이 예수님은 바로 하나님의 아들이신 동시에 사람의 아들이시기 때문에, 우리는 그 주님을 하나님으로 부를 수 없다. 일찍이 사도 요한은 이르기를 『그 이름을 믿는 자들에게는 하나님의 자녀가 되는 권세를 주셨다』(요 1:12)고 하였고, 또 사도 바울도 이르기를 『무릇 하나님의 영으로 인도함을 받은 그들은 곧 하나님의 아들이라』(롬 8:14)고 하였으니, 우리는 예수님이 하나님의 아들로 오셨다고 해서 그 주님을 무조건 하나님으로 볼 수는 없지 않은가?

예수님은 부활하신 후 막달라 마리아에게 『너는 내 형제들에게 가서 이르되 내가 내 아버지 곧 너희 아버지, 내 하나님 곧 너희 하나님께로 돌아간다 하라』(요 20:17)고 말씀하셨다. 이 말씀대로 하나님은 그 본질상 우리 모두의 하나님이 되시고 아버지가 되신다.

그러므로 〈하나님의 아들〉이란 칭호는 결코 예수님에게만 해당되는 것이 아니다. 인간은 본래 하나님의 자녀로 지음받은 존재이기 때문에, 구원받은 성도들은 모두가 하나님의 아들과 딸이 될 수 있는 것이다.(갈 3:26). 따라서 예수님이 하나님의 아들이라는 이유만으로, 그를 전지전능의 하나님으로 가르쳐 온 종래의 신학은 모두 수정되어야 할 것이다.

우리가 예수님을 신이 아닌 인간으로 본다고 해서, 그의 가치가 조금이라도 격하되는 것은 아니다. 예수님은 비록 전지전능의 신이 아닌 인간이시지만, 그는 창조목적의 완성자로서 온 인류의 구주로 오셨기 때문에(요 14:6) 그의 절대적 가치성은 조금도 변할 수 없는 것이다(히 13:8).

위에서 밝힌 바와 같이, 예수님은 어디까지나 하나님의 창조목적을 완성한 〈인간〉으로 오신 분이시다. 그러면 이제 이 사실을 입증할 수 있는 성서적 근거를 좀더 찾아보기로 하자. 먼저 디모데전서 2장 5절에 보면, 『하나님은 한 분이시오, 또 하나님과 사람사이에 중보도 한 분이시니, 곧 사람이신 그리스도 예수라』고 하였고, 또 로마서 5장 19절에 보면, 『한 사람(아담)의 순종치 아니함으로 인하여 많은 사람이 죄인된 것과 같이, 한 사람

(예수님)의 순종하심으로 인하여 많은 사람이 의인이 되리라』고 기록하여, 예수님은 어디까지나 인간이심을 밝히고 있다(행 3:22, 신 18:15~18).

한편 고린도전서 15장 21절에도 「사망이 사람(아담)으로 말미암았으니 죽은자의 부활도 사람(예수님)으로 말미암는도다」고 하였으며, 또 사도행전 17장 31절에도 「이는 정하신 사람으로 하여금 천하를 공의로 심판할 날을 작정하시고」라고 기록하여, 예수님은 역시 인간이심을 드러내고 있다. 이밖에도 주님을 인간으로 기록한 예는 성서에 너무도 많이 있다.

이와 같이 성서는 예수님을 시종일관 〈인간〉으로 기록하였고, 또 예수님 자신도 그렇게 말씀하셨으니(눅 18:8 요 8:40, 계 22:16), 우리는 어디까지나 그 주님을 인간으로 볼 수밖에 없는 것이다. 그러면 다음으로 타락한 인간과 예수님 사이에는 어떠한 다른 점이 있는지를 간단히 살펴보기로 하자. 이미 앞에서 논한 바와 같이, 창조목적을 완성한 인간의 가치는 실로 하나님적이며 우주적인 것이다. 그러나 타락한 인간은 이렇듯 완성한 인간이 지니는 모든 가치를 하나도 갖추지 못하고 있다. 그런데 예수님만은 창조목적의 완성자로 오셨기 때문에, 그 모든 가치를 갖추고 계신다. 예수님과 타락한 인간이 다른 점은 바로 여기에 있다.

예수님은 하나님과 일체를 이루어(요 10:30), 영원한 기쁨의 대상이 되고 있으나, 타락한 인간은 하나님과 분리됨으로써 도리어 슬픔의 대상이 되고 있으며(창 6:6), 또 예수님은 피조세계의 참 주인이 되고 있으나(요 3:35, 엡 1:22), 인간은 타락함으로써 만물보다도 못한 거짓 주인이 되고 있다(렘 17:9, 롬 8:19~22).

한편 예수님은 인류의 구주로 오셨으나(요 3:16), 반대로 타락한 인간은 그에게 구원받아야 할 죄인이 되고 있으며(요일 1:10), 또 주님에게는 아무런 타락성도 없으나(요일 3:5), 타락한 인간에게는 원죄를 비롯한 모든 타락성이 그대로 남아있다.(시51:5, 롬5:12).

이와 같이 인간은 불행히도 타락함으로써 창조본연의 모든 가치를 상실하고 있다. 하지만 인류의 구주로 오신 예수님을 믿고 새 사람으로 중생함으로써(요3:3~5, 엡4:24), 원죄를 비롯한 모든 타락성을 벗게 되면, 인간은 누구나 예수님과 같이 창조목적을 완성한 인간으로 회복하게 된다. 비유컨데, 돌감람나무인 우리 인간은 참감람나무이신 예수님에게 접붙임됨으로써(롬11:17), 그와 같이 참감람나무(완성인간)가 될 수 있는 것이다. 이렇듯 우리 인간이 돌감람나무에서 참감람나무로 완전히 회복되면, 예수님과 우리는 그 본연의 가치에 있어서 조금도 다름이 있을 수 없다. 오직 다름이 있다면, 예수님은 처음 익은 열매로서(고전 15:23) 우리의 머리가 되시고(엡 1:22), 우리는 다음 익은 열매로서 그의 몸과 지체가 되는 것뿐이다(고전 12:27).그러기에 사도 요한은 이르기를 「그(예수님)가 나타나시면 우리도 그와 같을 줄을 안다」 (요일 3:2)고 하였고, 또 예수님도 우리를 형제로(마28:10), 혹은 친구로(요 15:14) 혹은 포도나무의 가지로 비유하셨던 것이다(요 15:5).

제4절 하나님의 유일성

* 나 여호와가 말하노라.... 나의 전에 지음을 받은 신이 없었고 나의 후에도 없으리라(사43:10).
* 나 여호와가 말하노라, 나는 처음이요 마지막이라. 나 외에 다른 신이 없느니라(시44:6).
* 영생은 곧 유일하신 참 하나님과 그의 보내신 자 예수 그리스도를 아는 것이니이다(요17:3).

◉ 하나님은 오직 한 분이어야 한다.

인과법칙에 따라 사물의 원인을 계속 추구하면, 마침내 한 원인에 도달하게 된다. 이 마지막 원인을 존재계의 제1원인이라고 하는데, 이 제1원인을 우리는 〈신〉 또는 〈하나님〉 이라고 부르는 것이다. ―제1권 〈민중사상〉 참조.

위에 논리에서 존재계의 제 1원인은 오직 〈하나〉 임을 알 수 있다. 제1원인은 그 본질상 둘이 있을 수 없으나, 만일 있다면 그 중 하나는 제2원인이 되어야 할 것이다. 이와 같이 존재계의 제 1원인은 오직 하나이므로, 그 제 1원인이 되시는 하나님도 역시 오직 한 분만이 계실 뿐이다. 이 사실은 하나님 자신의 말씀에서도 분명히 알 수 있거니와(사44:6, 사45:5), 또 주님과 사도들의 말씀에서도 재확인할 수 있다(요 5:44, 요17:3, 엡4:6, 딤전2:5). 따라서 예수께서 하나님이 아니심은 두말할 나위도 없다. 만일 종래의 주장대로 예수님이 하나님이시라면, 하나님은 한 분이 아니오, 두분이라는 모순된 결과만이 나오게 된다.

그런데 성서에는 예수님을 하나님으로 여기게 하는 기록이 몇 군데 있다. 이 기록만을 보고 대부분의 기독교 성도들은 예수님을 하나님으로 오인하고 있는 것이다. 그러면 이제 그 기록을 하나하나 들어 논해 보기로 하자.

먼저 요한복음 14장 9절 이하의 기록을 보면, 빌립이 예수님에게 하나님을 보여 달라고 하였을 때, 주님은 그에게 「나를 본 자는 아버지를 보았거늘 어찌하여 아버지를 보이라 하느냐」 고 하신 말씀이 있다.

일견해서 예수님이 하나님처럼 여겨지는 말씀이다. 그러나 예수님은 그 말씀에 이어 「나는 아버지 안에 있고 또 아버지께서 내 안에 계심을 믿으라」 (요14:10~11)고 말씀하심으로써, 예수님이 빌립에게 하신 그 말씀은 어디까지나 주님이 하나님과 영적으로 완전히 일체를 이루고 계시기 때문에 하신 말씀이었음을 우리에게 보여주고 있다.

이미 상논한 바와 같이, 예수님은 바로 창조목적의 완성자로서 하나님과 완전히 일체를 이루고 계신 분이시다(요10:30). 때문에 예수님은 그 절대적 가치나 신성으로 보아 능히 하나님으로 비유할 수도 있다. 이러한 견지에서 주님을 본 것은 곧 하나님을 본것이 될 수도 있다. 이는 마치 다음의 사례와도 같은 것이다. 즉 인간에게 있어서, 몸은 무형의 마음을 닮아 난 것으로서, 그 마음과 불가분의 일체를 이루고 있기 때문에, 몸은 바로 제2의 마음이라고도 할 수 있다. 이에 몸을 본 것은 곧 마음을 본것이 된다고도 말할 수 있다.

이와 마찬가지로 무형의 하나님을 대신함으로써 제2의 하나님이라고도 할 수 있는 예수님을 본 것은 곧 하나님을 본 것과도 같은 것이다. 그뿐 아니라 인간은 본래 하나님의 형상을 닮아 지음받은 존재이기 때문에(창 1:27), 예수님은 빌립에게 나를 본 것은 곧 아버지를 본 것이나 다름이 없다고 말씀하셨던 것이다.

하나님은 무형의 영적 존재이시다(요4:24), 그러기 때문에 인간은 원칙적으로 그 무형의 하나님을 육안으로 볼 수 없다. 이는 마치 우리가 눈으로 그 무형의 마음을 볼 수 없는 것과 마찬가지다. 그럼에도 불구하고, 빌립은 예수님에게 하나님을 직접 보여 달라고 터무니 없는 고집을 부렸으니, 그를 바라보시던 주님의 심경은 얼마나 답답하셨겠는가?

예수님이 빌립에게 「나를 본 자는 아버지를 보았거늘 어찌하여 아버지를 보이라 하느냐」 고 하신 말씀에는 그의 무지와 어리석음에 대한 책망도 담겨져 있음을 알아야 한다(딤전 6:16, 요일 4:12).

다음으로 요한복음 1장 10절에 보면, 「그가 세상에 계셨으며, 세상은 그(예수님)로 말미암아 지은 바 되었으며 세상이 그를 알지 못하였다」

고 한 말씀이 있다. 이 말씀도 문자적으로 보면, 예수님이 하나님처럼 여겨지는 말씀이다. 그러나 이것도 역시 예수님이 이 세상을 직접 창조하신 전지전능의 하나님이라는 뜻에서 한 말씀은 아니었다. 그러면 이 말씀을 다음과 같은 몇 가지 관점에서 살펴 보기로 하자.

첫째, 예수님은 무형의 하나님을 대신한 제2의 하나님이라는 관점에서 살펴보자. 이미 전술한 바와 같이, 창조목적을 완성한 인간에게는 실로 하나

님적이며 우주적인 가치가 있다. ―본장 제2절 〈완성한 인간의 가치성 〉참
조. 그런데 예수님은 바로 이러한 창조목적의 완성자로서, 하나님과 영적으
로 완전히 일체를 이루고 계신 분이시다(요10:30). 그러기 때문에, 예수님은
그 절대적 가치나 신성으로 보아 능히 제2의 하나님이라고도 말할 수 있다.
이처럼 예수님이 무형의 하나님을 대신한 제2의 하나님, 즉 제2의 창조주로
도 볼 수 있다면, 우리는 주님의 그 가치성을 더욱 높여 이 세상이 그로 말
미암아 지은 바 되었다고 해도 좋을 것이다. 일찌기 사도 바울도 이르기를
「누구든지 그리스도 안에 있으며 새로운 피조물이라, 이전 것은 지나갔으
니 보라 새것이 되었도다」 (고후 5:17)고 말씀하지 않았던가?

　둘째, 예수님은 피조세계의 참 주인이라는 관점에서 살펴보자. 하나님은
장차 지으신 인간을 본으로 하여 먼저 피조세계를 창조하시고, 다음으로 인
간을 창조하셨다. 그리고 인간에게 「만물을 주관하라」 (창1:28)고 축복하
심으로써, 인간을 피조세계의 주관자(주인)로 세우셨다. 하지만 인간이 그
피조세계를 원리적으로 주관하려면 인간은 반드시 그 자신에게 주어진 책임
분담으로 하나님의 창조목적을 완수함으로써 그 피조세계에 대한 주관자격
을 갖추어야 한다. 그래야만 비로소 인간은 피조세계의 참주인이 될 수 있
는 것이다. ―제 4장 〈창조론〉 참조.

　인간이 피조세계의 참 주인이라 함은, 곧 인간이 그 피조세계를 만든창조
주의 입장에 서 있다는 것을 의미한다. 왜냐 하면 만든자가 아니고서는 원
칙적으로 그 만든 것의 참된 주인노릇을 할 수 없기 때문이다. 그러므로 인
간이 피조세계의 참 주인이 되려면, 무엇보다도 하나님의 창조목적을 완수
함으로써 적어도 그 피조세계를 만든 창조주의 입장에 서지 않으면 안된다.
그런데 하나님의 창조목적을 완수함으로써 피조세계의 참 주인이 되신 분은
오직 예수님밖에 없으니, 이러한 견지에서 이 세상이 그로 말미암아 지은
바 되었다고 해서 나무랄 사람은 없을 것이다. 이 피조세계는 바로 완성한
인간을 본으로 하여 창조된 것인데, 그 완성한 인간이 오직 예수님밖에 없

다면, 결국 이 세상은 그로 말미암아 지은 바 되었다고도 말할 수 있지 않겠는가?

셋째, 예수님은 피조세계의 구원을 위한 재창조의 사명자라는 관점에서 살펴보자. 본래 하나님의 창조이상은 바로 이 지상에 선하고 아름다운하나님의 나라(천국)를 이루시는 데 있었다(마6:33). 그런데 인간의 타락은 불행히도 이러한 하나님의 창조이상으로 모두 수포로 돌아가게 하고 말았다. 즉 인간은 타락함으로써 하나님의 창조이상과는 정반대로 사탄이 지배하는 죄악세계(지옥)를 이루었던 것이다. 그리하여 하나님은 땅 위에 사람지으셨음을 한탄하시게 되었고(창6:6), 심지어는 피조물까지도 하나님의 참아들이 나타나기를 고대하여 탄식하게 되었다(롬8:19~22).

그러면 하나님은 이렇듯 수포로 돌아간 자신의 창조이상을 또 다시 이루시지 않고 그대로 버려 두실 것인가? 아니다. 하나님은 어디까지나 예언과 약속을 이루시는 분이시니(사14:24), 기필코 그 이상을 다시 찾아 이루셔야 한다. 못 이루실 에덴을 계획하시고 섭리하실 하나님은 결코 아니시다. 만일 하나님이 그 이상을 다시 찾아 이루시지 않는다면 하나님은 결국 무능하고 실패한 하나님이 되고 말 것이다.

이와 같이 인간의 타락은 하나님의 창조이상을 모두 수포로 돌아가게 하였고, 또한 이 세상의 주인을 하나님이 아닌 사탄으로 바꾸어 놓았다(요12:3, 고후4:4). 그 결과 사탄은 하나님을 대신하여 피조세계를 자기 마음대로 주관하게 되었다. 그런데 예수님은 이렇듯 사탄이 주관하는 이 피조세계를, 하나님만이 주관하실 수 있는 새로운 피조세계로 구원하시기 위한 재창조의 사명자로 오셨으니, 이러한 의미에서 이 세상은 그 주님으로 말미암아 지은 바 되었다고 해도 좋을 것이다(고후5:17).

한편 요한 복음 8장 58절에 보면, 「아브라함이 나기 전부터 내가 있느니라」 고 하신 예수님의 말씀이 있다. 이 말씀을 보고 많은 성도들은 예수님이 실제로 아브라함이 나기 전부터 계셨던 줄로 알고 있다. 그러나 이것으니 어디까지나 문자적 견해임을 알아야 한다. 혈통적인 면에서 본다면, 애수님은 오히려 아브라함의 후손이 된다.

그렇다면 예수님은 어찌하여 아브라함이 나기 전부터 내가 있었다고 말씀하셨던가? 예수님의 이 말씀은 어디까지나 그가 구주의 입장에서 하신 말씀이었다. 즉 예수님은 타락한 인류를 구원하실 인류의 참 조상으로 오셨으므로, 이러한 입장에서 본다면 주님은 분명히 아브라함의 선조가 되기 때문에 그와 같이 말씀하셨던 것이다.

예수께서 하나님이 아니시라는 사실은 다음과 같은 말씀에서도 재확인할 수 있다. 먼저 누가복음의 말씀을 보면, 예수님은 최후의 운명을 마치시는 순간 십자가 위에서 「아버지여 내 영혼을 아버지 존에 부탁하나이다」(눅23:46)하고 안타깝게 말씀하셨으니, 만일 예수님이 하나님이시라면, 도대체 누가 누구에게 그 영혼을 부탁한단 말인가(마27:46, 요15:10).

다음으로 로마서 8장 34절의 말씀을 보면, 예수님은 승천하신 후에도 항상 우리를 위해 기도하신다고 하였으니, 만일 예수님이 하나님이시라면, 도대체 누가 누구에게 기도를 한단 말인가(마4:1~2, 마26:39, 눅6:12). 한편 빌립보서 2장 8절의 말씀을 보면, 예수님은 죽기까지 복종하여 십자가의 길을 가셨다고 하였으니, 만일 예수님이 하나님이시라면, 도대체 누가 누구에게 죽기까지 복종한단 말인가(히5:7~10).

그뿐 아니라 누가복음에 보면, 예수님은 난지 8일만에 할례를 받으셨고(눅2:21), 또 요단강에서 세례도 받으셨다고 하였으니(눅3:21), 만일 예수님이 하나님이시라면 그가 어떻게 인간의 할례와 세례를 받으실 수 있단 말인가?

위에서 상논한 바와 같이, 예수님은 어느모로 보나 하나님이 되실 수 없다. 예수님도 자신을 인자(人子)로 부르시어 스스로 하나님이 아니심을 밝히셨거니와, 만일 우리가 인간이신 주님을 하나님이라고 계속 그대로 고집한다면, 이는 도리어 하나님을 모독하는 어리석은 범죄행위가 되고 말 것이다.

제5절 예수님의 탄생문제

* 아브라함과 다윗의 자손 예수그리스도의 족보라(마 1:1).
* 하나님이 약속하신대로 이 사람(다윗)의 씨(혈통)에서 이스라엘을 위하여 구주를 세우셨으니 곧 예수라(행 13:23).
* 나 예수는 교회들을 위하여 내 사자를 보내어 이것들을 너희에게 증거하게 하였노라. 나는 다윗의 뿌리요, 자손이니 곧 광명한 새벽별이라(계 22:18).
* 빌립이 나다나엘을 찾아 이르되, 모세가 율법에 기록하였고, 여러 선지자가 기록한 그 이를 우리가 만났으니, 요셉의 아들 나사렛 예수니라(요 1:45)

   일찍이 예수님이 이르시되 「영생은 곧 유일하신 참 하나님과 그의 보내신 자 예수 그리스도를 아는 데 있다」 (요 17:3)고 말씀하셨다. 이 말씀대로 하나님과 주님에 대한 올바른 인식은 바로 영원한 생명과 구원에 이르는 지름길이 된다. 따라서 우리 성도들이 예수님의 탄생문제를 보다 정확히 안다는 것은 매우 중차대한 일이 아닐 수 없다.

   종래의 신학은 예수님을 전지전능의 하나님으로 오인함으로써, 그의 탄생을 무조건 〈아버지가 없는 탄생〉으로만 가르쳐 왔다. 그러나 결론부터 말한다면, 예수님의 탄생은 어디까지나 〈아버지가 있는 탄생〉이어야 한다(신 23:2, 신22:23~24, 히13:4), 아버지가 없는 인간의 탄생은 그 본질상 있을 수도 없거니와, 또 있어서도 안 되기 때문이다. 그러면 이 문제를 다음과 같이 나누어 알아보기로 하자.

1. 예수님의 혈통문제

누가복음 9장 35절에 보면, 하나님이 예수님을 가리켜 「이는 나의 아들 곧 택함을 받은 자니, 너희는 그의 말을 들으라」 고 하신 말씀이 있다. 이 말씀대로 예수님은 바로 하나님에게 특별히 〈택함〉을 받아 인류의 구주로 오신 분이었다(행 3:22~23, 행 13:23, 행 5:30~31, 벧전2:4).
이는 마치 아브라함이 하나님에게 특별히 소명되어 믿음의 조상이 된 경우와도 같다(창 13:18~19). 종래의 주장대로 만일 예수님이 바로 전지전능의 하나님이라면, 도대체 누가 누구에게 택함을 받는단 말인가?

그리고 사도행전에 보면, 사도들은 예수님을 가리켜 하나님의 「거룩한 종」 이라고 하였다(행 3:13, 행 4:27, 행 4:30). 이 말씀을 보더라도, 예수님은 어디까지나 하나님이 아닌 인간이심을 분명히 알 수 있다. 종이란 말은 그 성격상 하나님에게는 결코 사용할 수가 없기 때문이다. 만일 예수님이 하나님과 동일한 분이라면, 도대체 누가 누구에게 종이된단 말인가?

한편 계시록에 보면, 예수님은 그 자신을 가리켜 「다윗의 자손이라」 (계 22:16)고 밝히 증거하셨다. 이처럼 주께서 다윗의 자손으로 오셨다면, 우리는 더욱 그의 인간성을 부인할 수 없다. 생각해 보라. 예수님 자신이 증거한 그의 인간성을 우리가 어떻게 부인할 수 있겠는가?

이와 같이 예수님은 그가 증거하신대로 다윗의 자손, 즉 인간의 자손으로 오신 분이시요, 결코 하나님으로 오신 분은 아니었다. ―본장 제3절〈예수님의 인간성〉 참조 따라서 예수님의 혈통은 그 본질상 오직 인간의 혈통일 수밖에 없음을 알아야 한다(마1:1, 요7:42, 행13:23, 롬1:3~4, 계22:16),
위에서 논한 바와 같이, 예수님은 어디까지나 인간의 혈통을 따라 인자로 오신 분이었다. 그러기 때문에 일찍이 사도 요한은 이 사실을 부인하는 자들을 적 그리스도로 규정까지 하였다(요일 4:3~3, 요이1:7), 오늘날 대부분의 성도들은 주님을 사모한 나머지 그를 무조건 창조주 하나님으로 믿고 있지만, 우리는 이러한 신격화만이 주님을 진정으로 위하는 길이 아님을 속히 깨달아야 할 것이다.

2. 마리아의 성령잉태 문제

지금까지 많은 성도들은 〈성령잉태〉의 참 뜻을 이해하지 못함으로써, 예수님의 탄생을 다만 신비적인 것으로 오해하였다. 그러나 예수님은 결코 신화나 전설속의 인물이 아니므로, 우리는 주님의 탄생도 역시 신비적인 것으로 볼 수 없음을 알아야 한다.

고대인들은 흔히 위대한 조상이나 인물들을 우상화 내지 신격화함으로써, 그들의 탄생과 생애를 공연히 불가사의한 것으로 묘사하는 경우가 많았거니와, 현대인을 자처하는 오늘의 우리마저 그러한 그릇된 전철을 되풀이해서야 되겠는가?

일찍이 사도 바울은 이르기를 「아브라함의 씨가 다 그의 자녀가 아니라 오직 이삭으로부터 난 자라야 네 씨라 칭하셨으니, 곧 육신의 자녀가 하나님의 자녀가 아니라 오직 약속의 자녀가 씨로 여기심을 받느니라」 (롬 9:7~8)고 하고, 또 「아브라함이 두 아들이 있으니, 하나는 여종에게서 육체를 따라났고 자유하는 여자에게서는 약속으로 말미암았느니라」 (갈 4:22~23)고 하였으며, 또 「형제들아 너희는 이삭과 같이 약속의 자녀라, 그러나 그 때에 육체를 따라 난 자가 성령을 따라 난자를 핍박한 것 같이 이제도 그리하도다」 (갈 4:28~29)라고 하였다.

이 말씀에서 사도 바울은 아브라함의 두 아들 중 사라에게서 난 이삭만을 〈성령으로 난 자〉라고 하였으니, 그 이유는 무엇인가? 그것은 바로 그 이삭만이 하나님(성령)의 섭리적인 뜻과 약속에 따라 잉태하여 난 자였기 때문이다(롬9:7~9), 따라서 누구든지 하나님의 뜻과 약속에 따라 난 자이면, 그

는 바로 〈성령으로 잉태하여 난 자〉가 되는 것이다(요1:12~13, 요 3:3~5)
이와 같이 사도 바울은 사라가 낳은 이삭을 가리켜 〈성령으로 난 자〉라고
증거했거니와, 우리는 리브가가 낳은 야곱과(창 25:21), 또 라헬이 낳은 요
셉도 성령으로 잉태하여 난 자로 볼 수 있다(창30:22~24).

그 뿐만 아니라, 한나가 낳은 사무엘과(삼상 1:19~20), 또 엘리사벳이 낳은
세례요한도 역시 성령으로 잉태하여 난 자로 보아야 한다. 왜냐하면 그들은
모두 하나님(성령)의 섭리적인 뜻과 약속에 따라 난 자들이기 때문이다. ―
당시 그들의 모친은 자녀를 낳지 못하였다.

그러면 마리아의 경우는 어떠한가? 마리아도 역시 하나님의 섭리적인 뜻과
약속에 따라 예수님을 잉태했으므로(눅 1:31~33, 행13:22~23), 그녀가 낳은
주님도 역시 성령으로 잉태하여 난 자가 되신다. 종래의 신학은 바로 이러
한 마리아의 잉태만을 성령잉태로 가르치고 있지만, 이는 인간탄생의 원리
도 모르는 매우 그릇된 학설이 아닐 수 없다.

위에서 논한 바와 같이, 〈성령잉태〉는 바로 하나님(성령)의 섭리적인 뜻과
약속에 따라 잉태함을 의미한다. 따라서 이러한 잉태는 비단 마리아에게만
국한되는 일이 아님을 알아야 한다. 사도 바울의 말씀대로 하나님의 뜻 가
운데 부름받은 약속의 자녀들은 모두가 성령으로 잉태하여 난 자들이 되기
때문이다.(롬 9:7, 갈 4:28~29)

3. 예수님의 처녀탄생 문제

　지금까지 대부분의 성도들은 한결같이 예수님의 처녀탄생을 〈아버지가
없는 탄생〉으로 믿어 왔다. 그러나 우리는 이러한 주님의 처녀탄생을 전적
으로 부인하지 않을 수 없다. 왜냐하면 배우자가 없는 처녀의 임신과 출산
은 원리적으로 불가능하기 때문이다.

선지자 모세도 이르기를 「사생자는 여호와의 총회에 들어오지 못하리라」 (신 23:2)고 하였으니, 우리가 어떻게 주님의 처녀탄생을 그대로 받아들일 수 있겠는가?

이와 같이 그리스도의 처녀탄생이 원리적으로 불가능하다면, 선지자 이사야는 어찌하여 주님의 처녀탄생을 예언했는가(사 7:14). 그것은 바로 적 그리스도의 출현을 미리 막기 위함이었다.

예나 지금이나 이단자들은 자기를 그리스도로 내세우기가 일쑤이다(마 24:4~5). 이는 마치 사탄이 자기를 광명의 천사로 가장하는 것과도 같다(고후 11:14). 이러한 이단자들의 속성으로 보아, 만일 선지자 이사야가 주님의 탄생을 달리 예언했다면, 이미 그 때부터 수 많은 적 그리스도들이 나타나 세상을 미혹했을 것이다.

선지자 이사야는 적 그리스도의 출현을 미리 막기 위해 주님의 처녀 탄생을 예언했지만, 이미 선포된 그 예언을 버릴 수는 없는 일이었다. 그러나 인간탄생의 원리로 보아 주님의 처녀탄생은 원리적으로 불가능하므로, 하나님은 그 예언을 외형적으로나마 이루시기 위해 특별히 마리아를 선택하셨던 것이다.

당시 마리아는 요셉과 약혼한 처녀였다(눅 1:27). 이러한 그녀에게 천사 가브리엘은 그리스도의 잉태에 관한 놀라운 소식을 전하였다(눅 1:32~33). 그러나 당시 마리아는 요셉과 약혼만 했을 뿐 아직 그와 동거하기 전이었기 때문에, 그 천사의 말에 난색을 보였다(눅 1:34). 이에 천사는 그녀의 친족 엘리사벳도 이미 성령으로 잉태했음을 알리고(눅 1:36), 그녀도 역시 하나님의 뜻에 순종할 것을 권유하였다. 마침내 마리아는 하나님의 뜻에 순종하기로 결심하였고, 그 결과 한 아기를 잉태하게 되었다.

그러면 마리아가 잉태한 그 아기는 과연 누구의 아기였을까? 당시 마리아는 이미 성숙한 처녀였기 때문에, 인간탄생의 원리를 잘 알고 있었다. 또 그녀는 자기가 하나님의 뜻에 순종할 경우, 누구의 아기를 잉태해야 하는지도 역시 잘 알고 있었다. 그것은 바로 자기의 영원한 배우자 요셉의 아기를 갖는 일이었다.

당시의 사회는 엄격한 율법사회였다. 음란한 여인은 돌로 쳐죽였으며(신 22:23~24), 또 사생자는 여호와의 총회에 들어오지 못하도록 규정하였다(신 23:2). 이러한 율법사회에서 이미 정혼한 마리아가 타인의 아기를 갖는다는 것은 상상조차 할 수 없는 일이었다.

마리아가 요셉의 아기를 잉태했다는 것은 천사 가브리엘이 그녀를 요셉의 아내로 부른 사실에서도 재확인할 수 있다(마 1:20). 만일 마리아가 타인의 아기를 잉태했다면 그녀는 결코 요셉의 아내가 될 수 없기 때문이다. - 종래의 주장(성령잉태설)에 따르면 마리아는 도리어 신의 부인과 신의 어머니로 둔갑하게 된다.

요셉은 일시나마 마리아와의 관계를 끊으려 하였고, 또 그녀와 동거하기를 두려워했으나(마 1:19~20), 이는 그녀가 타인의 아기를 잉태하였기 때문이 아니었다. 그는 의로운 사람이라 마리아와의 혼전 관계를 갈수록 의롭지 못한 일로 여기게 되었고, 또 그로 인하여 늘 마음 속에 부끄러움과 죄책감을 느끼게 되었기 때문이다.

위에서 논한 바와 같이, 선지자 이사야가 그리스도의 처녀탄생을 예언한 것은(사 7:14), 바로 적 그리스도의 출현을 미리 막기 위함이었으며, 또 마리아가 약혼한 처녀의 입장에서 요셉의 아기를 잉태한 것은(마 1:18) 바로 선지자의 예언을 그대로 이루기 위함이었다.

이처럼 마리아는 요셉의 아기를 잉태하여 낳았기 때문에, 그녀는 요셉을 예수님의 아버지라 하였고(눅 2:48), 또 사도들과 유대인들도 주님을 요셉의 아들로 증거했던 것이다(마 13:55, 요 1:45, 눅 3:23, 눅 4:22).

◉ 마리아의 소망

누가 마리아의 가슴에 못을 박고 있는가? 누가 예수님을 아버지가 없는 사생자로 만들어 마리아의 가슴에 멍이 들게 하는가? 누가 예수님을 전지전능의 하나님으로 신격화 하여, 마리아를 신의 어머니로 만들고 있는가?

　　종래의 신학은 마리아의 성령잉태를 곡해하여, 「예수님에게는 어머니만 있고 아버지는 없다」고 주장한다. 그러나 이것은 인간탄생의 원리에 전적으로 어긋나는 엉터리 주장이 아닐 수 없다. 인간은 그 본질상 아버지와 어머니가 모두 있어야만, 이 세상에 태어날 수 있기 때문이다. 따라서 예수님에게도 육신의 아버지가 있어야 함은 두말할 나위도 없다.

　　아는바와 같이 예수님의 어머니는 바로 마리아이다. 그리고 마리아의 남편은 요셉이다. 그런데 누가복음에 보면, 마리아는 그 요셉이 바로 예수님의 아버지라고 하였다(눅 2:48). 그러므로 당시 유대인들은 모두 예수님을 요셉의 아들로 보았다(마 13:55~56). 생각해 보라. 생모인 마리아가 예수님을 요셉의 아들이라고 하는데, 누가 그 사실을 부인할 수 있겠는가? 그렇다면 우리도 역시 마리아의 그 말을 믿고 이제는 모두가 요셉을 예수님의 아버지로 인정해야 할 것이다. 이것이 바로 요셉을 사랑했던 마리아의 간절한 소망이 아니겠는가?

✝ 나 여호아가 말하노라, 나는 처음이요 마지막이라,
  나외 다른 신은 없느니라(사 44:6)

✝ 영생은 곧 유일하신 참 하나님과 그의 보내신 자
  예수 그리스도를 아는 것이니이다(요 17:3)

✝ 하나님은 한 분이시오, 또 하나님과 사람 사이에 중보도
  한 분이시니, 곧 사람이신 그리스도 예수라(딤전 2:5).

✝ 진리라는 미명아래 삼위일체론이 기독교를 지배하던 시대는
  이미 끝나다. 그러므로 오늘의 모든 신학자들과 목회자들은
  예수님을 신격화한 그 삼위일체론의 신학적 오류에 대해
  더 이상 침묵하지 말라.

✝ 기독교는 다신론 반대하고 오직 한 하나님만을 믿 는 종교다.
  그런데 그 기독교에서 누가 사람을 전지전능의 하나님으로
  둔갑시킨 삼위일체론을 진리라고 주장하는가? 그들은 차라
  리 기독교를 떠나라. 그리고 다시는 그러한 허황된 교리로
  세상을 미혹하지 말라.

삼위일체론은 바로 기독교신앙의 토대를 이루는 가장 핵심적인 교리다. 그러므로 오늘날 전세계의 모든 성도들은 한결같이 이 삼위일체론을 만고불변의 진리로 굳게 믿고 있다. 만일 어느 누가 이 삼위일체론에 조금이라도 이의를 달고 나선다면, 그는 그 즉시 이단자란 누명을 쓰고 온갖 비난과 핍박을 받게 된다. 때문에 우리 성도들은 지금까지 삼위일체의 교리 앞에 무조건 믿음으로 순종해 왔다.

한편 교회의 지도자들은 삼위일체론을 만든 후, 이것을 기준으로 신앙의 정통성과 이단성을 판단해 왔다. 즉 그들은 삼위일체론에 근거한 신앙만을 정통신앙으로 인정하고, 그것을 반대하는 신앙은 모두 이단신앙으로 정죄해 왔던 것이다.

그러나 기독교가 신봉하는 성서에는 삼위일체란 말이 하나도 없으며, 예수님도 제자들에게 삼위일체란 말씀을 하신 적이 전혀 없음을 알아야 한다. 따라서 우리 성도들은 종래의 삼위일체론을 문자 그대로 믿어야 할 아무런 이유가 없으며, 또 교회도 역시 성서에 없는 삼위일체론을 놓고 신앙의 정통성과 이단성을 판단하는 일은 없어야 할 것이다.

민중신학은 여호와 하나님만을 유일하신 참 하나님으로 믿는다(사 44:6, 요 17:3, 신 6:4). 그러므로 민중신학은 종래의 삼위일체론을 반대하고, 오직 유일신론만을 주장한다(본론참조). 종래의 삼위일체론은 하나님을 1위신(유일신)이 아닌 3위신(복합신)으로 보기 때문이다. 따라서 오늘날 모든 교회에서 주장하는 삼위일체론은, 반드시 수정되어야 할 것이다.

그러면 이제 천주교와 개신교에서 주장하는 삼위일체론을 먼저 살펴보고, 이어 그 삼위일체론에서 제기되는 문제점들이 무엇인가를 알아보기로 하자.

제1절 천주교의 삼위일체론

천주교는 유일신을 신봉하던 기독교에 다신론적인 삼위일체론을 이끌어 들임으로써, 기독교발전에 막대한 지장을 초래케 하였다. 그들은 성서에도 없는 삼위일체론을 만들어 놓고 그것을 모든 성도들에게 믿도록 강요함으로써, 기독교 신앙을 마치 다신교 신앙처럼 변질시키고 말았다.

그런데 이러한 천주교의 삼위일체론은 그들이 종교회의에서 채택한 각종 교리신조에 잘 나타나 있으니, 이제 그것들을 중심으로 천주교의 삼위일체론을 살펴보기로 하자.

1. 니케아 신조(325년)

저는 유일 무이하고 전능하시며, 천지와 모든 보이는 것과 보이지 않는 것을 창조하는 하나님 아버지를 믿사오며, 유일하신 주 예수 그리스도를 믿습니다. 그는 하나님의 독생자시며, 온 우주에 앞서 나셨고, 참 신이시며 참 빛이시며, 참 신가운데 신이시며, 하나님에게서 나셨고, 창조함을 받지 않으셨고 성부 하나님과 같은 본질이시며, 그로 말미암아 모든 만물이 창조되었고, 모든 인간들과 우리의 구원을 위하여 하늘에서 내려오셨고, 성령으로 동정녀 마리아에게서 인간으로 나셨고, 우리를 위하여 본디오 빌라도에게 십자가에 달려 죽으셨습니다.

그는 고난을 받으시고 장사함을 받으셨으나, 제3일째 되는 날 성서에 기록된 말씀에 따라 다시 살아나셨고, 하늘에 올라가서 성부의 오른편에 앉으셨으며, 장차 산 자와 죽은 자들을 심판하러 영광 중에 다시 오실 것인데, 그의 나라는 영원 무궁합니다.

저는 성령을 믿습니다. 그는 주이시며, 생명을 주시는 분이시며, 성부와 성자에게서 생기시고, 성부와 성자와 더불어 예배와 영광을 받으시며, 그에게 관하여 이미 예언자들이 말씀하셨습니다.

저는 유일하고 거룩한 그리스도와 사도의 교회를 믿사오며, 죄사함을 위한 유일한 세례를 인정하며, 죽음에서의 부활을 고대하며, 장차 볼 영원한 나라의 생명을 믿습니다. 아멘

2. 아다나시우스 신조(420~450년)

구원받으려는 이는 누구나 우선 그리스도의 정통신앙을 가지는 것이 필요합니다. 누구든지 이 신앙을 완전하고 순결하게 지키지 않으면, 틀림없이 영원한 멸망을 받을 것입니다.

이 정통신앙이란 이런 것입니다. 즉 삼위로 일체이시고, 일체 가운데 삼위이신 유일하신 하나님을 믿는 것입니다. 이 삼위를 혼동하거나 한 본질을 분리함 없이, 성부의 한 위가 계시고, 성자와 다른 한 위가 계시며, 또 성령의 다른 한 위가 계십니다. 그러나 성부와 성자와 성령은 다 하나이시며, 그의 영광도 같으시며, 그의 존엄도 동일하게 영원하십니다.

성부께서 계신 것 같이 성자도 그러하시며, 성령도 그러하십니다. 곧 성부께서 창조함을 받지 않으신 것 같이, 성자도 창조함을 받지 않으셨으며, 성자도 창조함을 받지 않으셨습니다.

성부께서 다 이해할 수 없는 분이신 것 같이, 성자도 다 이해할 수 없는 분이시고, 성령도 다 이해할 수 없는 분이십니다. 성부께서 영원하시 것 같이, 성자도 영원하시며 성령도 영원하십니다. 그러나 그들은 세 영원한 분들이 아니시며, 한 영원한 분이십니다.

이와 같이 성부도 전능하시고, 성자도 전능하시며, 성령도 전능하십니다. 그러나 세 전능자가 아니라, 한 전능자이십니다. 이처럼 성부도 신이시고 성자도 신이시며, 성령도 신이십니다. 그러나 그들은 세 주가 아니시며, 한 주이십니다.

성부는 만들어지지 않으셨으니, 곧 창조함을 받지도 않으시고 나지도 않으셨습니다. 성자는 성부에게서만 나시고, 만들어지셨거나 창조 되신 것이

아니며, 낳으신 것입니다. 성령은 성부와 성자에게서 생기셨으며, 만들어지셨거나 창조되셨거나 나신 것이 아니고, 나오신 것입니다.

그러므로 한 성부이시고 세 성부가 아니시며, 한 성자이시고 세 성자가 아니시며, 한 성령이시고 세 성령이 아니십니다. 그리고 이 삼위에 있어서 어느 한 위가 다른 한 위의 선(先)이나 후(後)가 될 수 없으며, 어느 한 위가 다른 한 위보다 크거나 자을 수도 없습니다.

삼위의 전부가 동일하게 영원하시며 같이 동등하심으로, 상술한 것과 같이 모든 것에 있어서, 삼위로서의 일체와 일체로서의 삼위가 예배를 받으시는 것입니다.

그러므로 구원을 받으려는 이는, 삼위일체에 관하여 이와 같이 믿지 않으면 안 될 것입니다. 동시에 영원한 구원을 위하여, 우리 주 예수 그리스도의 화신(化身)을 정확히 믿는 것이 필요합니다.

바른 신앙이란 하나님의 아들이신 우리 주 예수 그리스도께서, 신이시며 인산이신 것을 믿고 고백하는 것입니다. 성부의 본질에서 나신 신이시며, 온 우주에 앞서 나셨으며, 인간으로서는 성모 마리아의 본질로부터 나셔서 세상에 오신 것입니다.

그의 신성으로서는 성부와 동등하시며, 그의 인성으로는 성부보다 낮은 것 입니다. 신이시며 인간이실지라도, 그는 둘이 아니시며, 한 그리스도이십니다. 이성 있는 영과 육신이 한 사람인 것 같이, 신이시며 인간이신 그도 한 그리스도이십니다.

그는 우리의 구원을 위하여 고난을 받으시고, 음부에 내리신지 삼일만에 죽은 자 가운데서 다시 살아나셨고, 하늘에 오르사 전능하신 하나님 우편에 앉아 계시다가, 저리로부터 산자와 죽은 자를 심판하러 오실 것입니다.

그가 오실 때 모든 사람들은 그들의 몸으로서 부활할 것이며, 각자가 행한 행위의 연고를 자세히 진술할 것입니다.

선을 행한 사람은 영원한 생명에 들어갈 것이나, 악을 행한 사람은 영원한 불에 들어갈 것입니다. 이것이 곧 정통신앙입니다. 진실되고 굳게 믿지 않는 사람은, 구원을 받지 못하는 것입니다. 아멘.

3. 칼케돈 신조(451년)

　우리는 교부들을 따라서 모든 사람이 한 분이신 유일한 성자 우리 주 예수그리스도를 고백하도록 가르치는 일에 하나가 되었다. 그는 하나님으로서, 또한 사람으로서 완전하시며, 그는 실제로 하나님이시며, 또 실제로 사람이시며, 이성적인 영혼과 몸을 가지고 계신다.

　그의 신성에 관한 한 그는 성부와 동일한 본질을 타고 나셨고, 또 그의 인성에 관한 한 그는 다만 죄를 제외하고는 그는 모든 면에서 우리와 같으시다. 시간이 시작되기 전에 그의 신성은 성부에게서 독생하셨고, 그리고 지금 마지막 날에 와서 우리와 우리의 구원을 위하여 동정녀 마리아에게서 나셨으니, 그의 인성면에서 마리아는 하나님의 어머니이시다(이하 생략).

4. 카톨릭교회 교리(1215년)

종규(宗規)제 1조

　우리는 영원하시며, 헤아릴 수 없으며, 불변하시며, 다 이해할 수 없으며, 전능하시고 형언할 수 없는 유일하고 참된 하나님, 성부 성자 및 성령을 믿는다. 그는 세 품격이면서도 완전히 하나인 단일 본질 본체 혹은 본성을 가지신다. 성부는 아무에게나 나오시지 않았고, 성자는 성부에게만 나오셨고, 성령은 성부와 성자 두 분에게서 같은 모양으로 나오셨다. 시작도 없고, 또 영원히 끝이 없으시다. 성부는 탄생시키고, 성자는 탄생하시고, 성령은 발생하신다. 동일한 본질이시며 동등하시며, 동일하게 전능하시고 동일하게 영원하시다. 우주의 하나의 원리이시며, 보이는 것과 보이지 않는 것, 영적인 것과 육체적인 것을 다 지으신 창조주이시다(이하 생략).

5. 천주교 교리문답

문: 천주는 누구시뇨?

답: 천주는 만선만덕을 갖추신 순전한 신이요, 만물을 창조하신 자니라.

문: 천주는 몇이 계시뇨?

답: 천주 다만 하나 계시니라

문: 하나이신 천주 몇 위(位)를 포함하여 계시뇨?

답: 하나이신 천주 세 위를 포함하여 계시니, 곧 성부 성자 성신이시니라.

문: 세 위 서로 관계가 어떠하시뇨?

답: 세 위 서로 관계가 실로 오묘하니, 성부는 성자를 낳으시고, 성자는
    성부께 낳음을 받으시고, 성신은 성부와 성자에게서 발하시느니라.

문: 세 위 서로 높고 낮음과 먼저 계시고 후에 계신 분별이 있느뇨?

답: 높고 낮음도 없고 먼저 계시고 후에 계심도 없어, 도무지 온전히같으
    사 한가지로 다만 한 천주시니라

문: 구세주는 누구시뇨?

답: 구세주는 예수 그리스도시니, 천주 성자로서 사람이 되신 자시니라.

문: 천주 성자 어떻게 사람이 되시뇨?

답: 천주 성자 영혼과 육신을 취하사, 동정녀 마리아 몸에서 나심으로 사
    람이 되시니라.

문: 천주 성자 사람이 되신후는 천주 아니시뇨?

답: 천주 성자 강생하실 때에 천주성을 버리지 아니하셨으니, 사람이 되
    신 후에도 천주시니라.

제2절 개신교의 삼위일체론

개신교는 천주교의 삼위일체론을 그대로 이어받음으로써, 개신교도 역시
기독교 발전에 막대한 지장을 초래케 하였다. 일찍이 루터와 칼빈은 종교개

혁의 기치를 높이 들고 나섰으나, 그들은 천주교의 삼위일체론을 모두 그대로 인정하고 감으로써, 우리 성도들은 아직도 다신론적인 신앙의 탈을 벗지 못하게 되었다.

그런데 이러한 개신교의 삼위일체론은 그들이 공식적으로 채택한 각종 교리신조에 잘 나타나 있으니, 이제 그것들을 중심으로 개신교의 삼위일체론을 살펴보기로 하자.

1. 아우그스부르크 신앙고백(1530년)

제1조 하나님

우리는 니케아 공회의 교령에 따라, 참된 하나님이라 불리는 참된 하나님이신 한 신적 본질이 있으며, 이 하나님의 신적 본질에는 능력이 동등하며 다같이 영원한 세 품격이 있으니, 곧 성부 하나님 성자 하나님, 성령 하나님을 이의 없이 믿으며 가르치는 바이다. 이 세 품격은 동일한 신적 본질이시니 영원하시고, 분열이 없고, 끝이 없고, 무한한 능력과 지혜와 선을 가지시며, 보이는 것과 보이지 않는 모든 것의 창조자 이시며 보존자 이시다. 품성이라는 말은 교부들이 이 교리에 관련하여 사용한대로, 어느 한 다른 품격의 일부이거나 혹은 특질이 아니고, 오직 품격 자체가 고유한 것으로 이해되어야 한다. 따라서 이 신앙조항에 반대되는 모든 이단들은 배격되어야 한다(이하 생략).

2. 슈말칼트 신조(1537년)

제1부 하나님의 존엄성에 관한 주요조항

① 성부 성자 성령이신 하나님은 신적 본질과 본성이 동일하되, 서로 다른 세 품격을 가지고 계시며, 천지를 창조하신 유일하신 하나님이시다.

② 성부는 아무에게서도 나신 분이 아니며, 성자는 성부에게서, 성령은 성부와 성자에게서 나오신 분이다.

③ 성부도 아니고 성령도 아니고, 다만 성자가 사람이 되셨다.

④ 성자가 사람이 되신 것, 그는 남자의 협력 없이 성령으로 잉태되어서 깨끗하고 거룩한 처녀 마리아에게서 나셨다. 그 후에 고난을 받으시고 돌아가서 장사되어 음부에 내려가서, 죽은 자 가운데서 다시 살아나셔서 하늘에 오르사 하나님 우편에 앉아 계시며, 산 자와 죽은자를 심판하러 오실 것이다. 이것은 사도 신조와 아다나시우스 신조와 공용 아동교리문답이 가르치는 바이다. 이러한 조항은 우리가 쌍방에서 고백하는 것으로서 논쟁도 싸움도 없는 것이므로, 여기에 대해서는 더 이상 논할 필요가 없다.

3. 벨기에 신앙고백(1561년)

제8조 동일신성의 삼위일체에 관하여

이 진리와 하나님의 말씀에 따라 우리는 단 한분의 하나님을 믿는데, 그는 하나님 단일 신성을 가지신 삼위이며, 그 삼위의 교환할 수 없는 특질, 곧 성부 성자 및 성령은 실질적으로 참으로 그리고 영원히 구별된다. 성부는 보이는 것과 보이지 않는 모든 것의 원인이며, 기원이시다. 성자는 말씀이니, 성부의 지혜이며 형상이시다.

성령은 성부와 성자에게서 나온 영원한 능력이시다. 그럼에도 불구하고, 이 구별에 의하여 하나님이 셋으로 분리되지 않았으니, 성서가 우리에게 가르치는 바대로 성부 성자 및 성령은 각각 자기 품격을 가지시며, 그들의 특질에 의하여 구별된다. 그러나 이러한 모양으로 삼위는 단 한분의 하나님이시다. 그리하여 성부는 성자가 아니며, 성자는 성부가 아니며, 또한 성령은 성부도 아니고 성자도 아니다.

그럼에도 불구하고 이렇게 구별된 삼위는 나누어지거나 서로 혼돈되지 않는다. 성부는 육신을 입지 않으셨고, 성령도 또한 그러하고 성자만이 육신을 입으셨기 때문이다. 성부는 성자 없이, 또한 성령 없이 계신 적이 없었다. 왜냐 하면 삼위는 다 같이 영원하고 동일한 본질을 가지셨기 때문이다. 진리와 능력과 선과 자비에 있어서 삼위는 한 분이시기 때문이다. 첫째되는 분도 나중되는 분도 없다.

4. 웨스트민스터 신앙고백(1643~1647년)

「하나님의 단일체 안에는 동일한 본질 권능 및 영원성을 가진 삼위, 즉 아버지 하나님, 아들 하나님, 성령 하나님이 계신다. 아버지는 나시거나 유출된 분이 아니시고, 이들은 영원히 아버지에게서 나셨으며, 성령은 영원히 아버지와 아들에게서 나오신다」 (신앙고백서2장3).

「하나님 한분 외에 다른 하나님이 있습니까? 살아계시고 참되신 하나님은 오직 한 분입니다」 (대요리문답 8).

「하나님의 신격에 몇 위가 계십니까? 하나님의 신격에는 성부 성자, 성령 삼위가 있습니다. 그리고 이 삼위는 참되시고 영원하신 한분 하나님이시며, 각위의 고유성은 다를지라도 그 본질은 같으시며, 그 능력과 영광에 있어서도 동등합니다」 (대요리분답 9).

「하나님의 신격에 몇 위가 계십니까 하나님의 신격에 삼위가 계시는데, 성부와 성자와 성령이십니다. 이 삼위는 한 하나님이시며, 그 본체는 하나요 권능과 영광은 동등입니다」 (소요리문답 6).

위에서 보는 바와 같이, 기독교가 주장하는 삼위일체론은 하나님과 주님을 모독하는 매우 잘못된 교리다. 그러므로 오늘의 기독교는 그 잘못된 교리로 더 이상 하나님과 주님을 모독하지 말아야 할 것이다. 그리고 오늘의 모든 성도들은 그 낡은 삼위일체론의 굴레에서 속히 벗어나야할 것이다(출 20:7, 마12:31-32).

제3절 민중신학의 유일신론

* 나 여호와가 말하노라, 나는 처음이요, 마지막이라, 나 외에 다른 신이 없느니라(사44:6).
* 영생은 곧 유일하신 참 하나님과 그의 보내신 자 예수 그리스도를 아는 것이니이다(요17:3).
* 민중신학은 다신론과 그 다신론에 오염된 삼위일체론을 모두 반대하고, 하나님은 오직 한 분이라는 유일신론만을 주장한다.

삼위일체론을 해체하라!!

지금까지 기독교는 삼위일체론에 사로잡혀 하나님을 성부와 성자와 성령의 3위신으로 오인해 왔다. 그리고 그 3위 신을 다음과 같이 애매모호하게 풀이한다.

즉 그들은 성부와 성자와 성령을 동일한 하나님으로 보면서도, 성부는 성자를 낳고 성령은 성부와 성자에게서 나왔다는 것이다.

그러므로 삼위일체론은 처음부터 많은 논쟁을 일으켜 오다가, 서기 325년 니케아 종교회의에서 로마교회(천주교회)가 당시 알렉산드리아의 부감독이던 아다나시우스의 주장(성부와 성자의 동질설)을 공인함으로써, 기독교의 정통교리로 둔갑하게 되었다. 이처럼 삼위일체론은 로마교회의 그릇된 신관으로부터 나오게 되었으며, 개신교는 이것을 그대로 이어받았던 것이다.

1. 하나님은 오직 한 분이시다

종래의 신학은 한결같이 삼위일체론(3신론)을 주장한다. 그러면 이러한 그들의 다신론적인 신관은 과연 올바른 것인가? 아니다. 그것은 하나님의 유일성에 전적으로 어긋나는 매우 비성서적이고 비합리적인 견해가 아닐 수

없다. 성서에도 삼위일체란 말은 전혀 없거니와, 이제 그 오류를 지적하면
다음과 같다.

첫째, 종래의 신학은 성자이신 예수님을 전지전능의 하나님으로 보았다.
그러나 이미 논한 바와 같이, 예수님은 어디까지나 하나님이 아닌 인간으로
오신 분이었다. —제11장 제3절 〈 예수님의 인간성 〉참조.

일찍이 사도 요한은 주님의 인간성을 부인하는 자들을 미혹하는 자와 적
그리스도로 규정했거니와(요일 4:2~3, 요이 1:7). 우리 성도들은 이렇듯 인
자로 오신 예수님을 무조건 신격화하는 것만이 주님을 위하는 길이 아님을
속히 깨달아야 할 것이다.

둘째, 종래의 신학은 성령을 성부와 다른 존재로 보았다. 그러나 성령은
결코 성부와 다른 존재가 아니요, 바로 성부 자신이심을 알아야 한다. 예수
님의 말씀대로 성부이신 하나님은 〈 거룩한 영 〉으로 존재하신다(요 4:24).
이처럼 하나님은 영적으로 존재하시기 때문에, 우리는 그 하나님을 〈 성
령 〉으로 부를 수도 있다. 따라서 성부와 성령은 그 호칭만 다를 뿐, 그 본
질은 전혀 다름이 없는 〈 동일한 존재 〉로 보아야 한다.

한편 사도 바울의 증언대로 성자이신 예수님도 승천하신 후에는 〈 거룩
한 영 〉으로 존재하신다(고후3:17, 행16:7, 갈4:6). 때문에 성령은 때로 그리
스도의 영을 나타내기도 한다. 그러나 하나님의 영과 그리스도의 영은 그
본질상 반드시 구별되어야 한다(막10:18, 요14:28, 고전11:3, 딤전2:5).

위에서 논한 바와 같이, 종래의 삼위일체론에는 성자이신 예수님을 하나
님으로, 또 성령을 성부와 다른 존재로 보는 근본적인 오류가 있다. 따라서
우리 성도들은 이제 하나님을 3위신이 아닌 1위신(유일신)으로 보아야 한다
(시 44:6, 사 44:24, 요 17:3, 엡 4:5, 딤전 2:5). 만일 종래의 주장대로 예수
님을 하나님으로, 또 성령을 성부와 다른 존재로 본다면 하나님은 한 분이
아니요, 세 분이라는 다신론적인 결과만이 나오게 된다.

누가 복음에 보면, 「이는 나의 아들 곧 택함을 받은 자니, 너희는 그의
말을 들으라」(눅9:35)고 하신 하나님의 말씀이 있다. 이 말씀에서 하나님

은 예수님을 가르켜 다윗의 후손 중에서 〈택함을 받은 자〉라고 말씀하셨으니, 우리가 어떻게 예수님을 인간이 아닌 하나님으로 볼 수 있겠는가(마1:1, 마12:18, 요7:42, 계22:16, 행3:22, 행13:23, 롬1:3~4).

요한 복음에 보면, 「영생은 곧 유일하신 참 하나님과 그의 보내신 자 예수 그리스도를 아는 것이니이다」(요17:3)라고 하신 예수님의 말씀이 있다. 이 말씀에서 예수님은 그 자신을 제외한 하나님만을 유일하신 참 하나님이라고 말씀하셨으니, 우리가 어떻게 예수님까지 하나님이라고 말할 수 있겠는가(요5:44, 요15:10,, 눅6:12, 빌2:8, 히5:7~10).

* 이스라엘아 들으라, 우리 하나님 여호와는 오직 하나인 여호와시니(신 6:4).
* 만세의 왕 곧 썩지 아니하고 보이지 아니하고 홀로 하나이신 하나님께 존귀와 영광이 세세토록 있어지이다(딤전1:17).
* 하나님은 복되시고 홀로 한 분이신 능하신 자이며, 만왕의 왕이시며, 만주의 주시오(딤전 6:15).
* 우리 구주 홀로 하나이신 하나님께 우리 주 예수 그리스도로 말미암아 영광과 위엄과 권력과 권세가 만고 전부터 이제와 세세에 있을지어다 아멘(유1:25).

위의 말씀에서도 알 수 있듯이, 하나님은 어디까지나 홀로 하나이신 분이요, 결코 셋이 모여 하나를 이루신 분은 아니다(슥14:9). 종래의 주장대로 하나님이 만일 셋이 모여 하나를 이루신 분이라면, 우리가 어떻게 그 분을 유일신으로 부를 수 있겠는가?

과거 우상숭배자들은 그들의 신을 2위신으로 봄으로써, 그 신을 남신과 여신으로 구분해서 믿었다. 그 예로 고대 가나안인들은 남신 바알과 여신 아스다록을 섬겼고(삿2:13, 왕상11:5), 고대 이집트 인들은 남신 오시리스와 여신 이시스를 믿었으며, 고대 바벨론인들은 남신 마르도크와 여신 이쉬타

르를 믿었다. 그리고 고대 그리스인들은 남신 제우스와 여신 비너스를 섬겼고, 고대 인도인들은 남신 시바와 여신 옴마를 섬겼다.

이 밖에도 고대 신화에는 남신과 여신이 무수히 등장하거니와, 이러한 우상숭배자들의 다신론적인 신판이 전적으로 잘못된 것이라면, 우리도 역시 하나님을 3위신(복합신)으로 오인해서는 안될 것이다.

요컨대, 우리의 하나님은 오직 1위신(유일신)으로 존재하신다. ─제11장 제4절 〈 하나님의 유일성 〉참조. 하나님은 그 본질상 2위신이나 3위신으로 계실 수도 없거니와, 또 그러한 다신론적인 존재로 계실 필요도 없다. 오늘의 모든 삼위일체론자들은 이 사실을 밝히 깨달아야 한다.

2. 삼위일체론은 잘못된 교리다

성서에는 삼위일체라는 말이 전혀 없다. 그런데 천주교는 그 말을 만들어 그것을 기독교의 정통교리로 둔갑시켰다. 그리고 개신교도 그 교리를 믿고 불변의 진리로 받아들였다. 그 결과 기독교는 유일신의 종교에서 3위신의 종교로 변질되었고, 또 누구든지 그 교리를 반대하면 그들은 모두 이단자란 누명을 쓰고 교회에서 쫓겨나게 되었다.

그러나 우리가 아무리 이단의 누명을 쓰고 쫓겨난다 해도, 우리는 반드시 그 삼위일체론을 버려야만 한다. 그것은 애당초 잘못된 교리이며 잘못된 신관이기 때문이다. 어느 종교를 막론하고 신관이 잘못된 종교는 참 종교라고 말할 수 없으며, 그 신앙도 역시 참 신앙이라고 말할 수 없다. 그렇다면 오늘의 기독교는 무엇보다도 먼저 그 신관부터 다시 세워야 할 것이다.

기독교는 바로 한 하나님과 한 주님과 한 성경을 믿는 종교다. 그러므로 기독교는 그 본질상 삼위일체론을 주장할 수 없으며, 또 주장해서도 안된다. 그럼에도 불구하고 기독교는 아직도 그 낡은 교리와의 악연을 끊지 못하고 있으니, 이 얼마나 안타까운 일인가?

필자는 삼위일체론을 주장하는 자들에게 묻고 싶다

성경에 삼위일체라는 말이 있는가? 하나님은 유일신인가 3위신인가? 하나님이 유일신이라면, 기독교는 왜 3위신을 주장하는가? 예수님은 하나님인가 인간인가? 피조물인 인간도 하나님이 될 수 있는가? 예수님이 하나님이라면, 주님은 왜 자신을 인자(人子)로 부르셨는가? 마리아는 신의 어머니인가 인간의 어머니인가? 요셉과 마리아는 왜 예수님을 하나님으로 부르지 않았는가? 예수님은 정말 하나님의 아들인가? 하나님은 그 아들(예수)을 어떻게 낳으셨는가? 하나님에게 아들이 있다면, 하나님의 딸도 있는가? 성부와 성자(예수)에게서 나왔다는 성령의 정체는 무엇인가?

기독교는 유일신의 종교인가 3위신의 종교인가? 기독교는 왜 삼위일체론을 버리지 못하는가? 기독교는 삼위일체론이 있어야만 존재하는가? 삼위일체론에는 정말 아무런 문제점이 없는가? 누구든지 삼위일체론을 인정하면 정통이고, 반대하면 모두가 이단인가? 성경에 예수님이 자신을 하나님이라고 주장한 사실이 있는가? 예수님이 하나님이라면, 그는 왜 날때부터 할례를 받으시고 피난을 가셨는가? 가독교는 왜 인자로 오신 예수님을 자꾸만 하나님으로 추켜 세우는가? 기독교는 왜 한 하나님을 셋으로 갈라놓고, 그것을 정통이라고 우겨대는가? 그것은 결국 하나님과 주님을 모독하는 무서운 범죄행위가 아닌가?

하나님은 오직 1위신(유일신)으로 존재하신다. 하나님은 결코3위신(성부신·성자신·성령신)으로 존재하시는 분이 아니시다. 그러므로 하나님은 언제나 「나 외에는 다른 신이 없다」(사 44:6)고 말씀하셨고, 또 예수님도 「영생은 곧 유일하신 참 하나님을 아는 데 있다」(요17:3)고 말씀하셨던 것이다.

이처럼 하나님은 언제나 자신의 〈 유일성 〉을 말씀하셨고(사45:5),또 예수님도 오직 여호와 하나님만을 〈 참 하나님 〉으로 규정하셨다(요5:44, 눅18:19). 그럼에도 불구하고 삼위일체론은 우리 성도들에게 유일신이 아닌 3위신만을 믿으라고 강요하고 있으니, 이것을 어찌 기독교의 정통교리라고 말할 수 있겠는가?

십계명에 보면, 「너는 나 외에는 다른 신들을 네게 있게 말지니라.... 너는 너의 하나님 여호와의 이름을 망령되이 일컫지 말라. 나 여호와는 나의 이름을 망령되이 일컫는 자를 죄없다 하지 아니하리라」(출20:3~7)고 하신 하나님의 말씀이 있다. 이 말씀을 보더라도 우리는 종래의 삼위일체론을 반대하지 않을 수 없다. 왜냐하면 그것은 하나님의 계명과 하나님의 유일성에 전적으로 어긋나는 잘못된 교리이기 때문이다. 그렇다면 우리 성도들은 모름지기 그 삼위일체론을 당장 걷어치우고, 이제는 모두 새로운 유일신관으로 다시 무장해야 할 것이다.

오늘의 모든 성도들이여! 이제는 모두 비성서적이고 반계명적인 삼위일체론의 굴레에서 속히 벗어나라(마19:17, 계18:4), 그리고 이제는 모두 하나님을 3위신이 아닌 유일신으로 다시 영접하라(신6:4, 딤전 2:5).이것만이 구시대의 낡은 교리인 삼위일체론으로부터 기독교를 해방하고, 이 지상에 하나님의 나라를 앞당겨 건설하는 지름길이 될 것이다.

3. 삼위일체론은 만고불변의 진리인가?

예수님을 신격화한 삼위일체론! 그 교리의 주장대로 예수님은 정말 전지전능의 하나님인가? 아니다. 그 주장은 한마디로 엉터리 주장이 아닐 수 없다. 왜냐하면 신이 인간이 되고, 또 인간이 신이 된다는 것은 그 본질상 모두 불가능 하기 때문이다. 그런데 누가 아직도 그 삼위일체론을 진리라고 주장하는가?

종래의 주장대로 만일 예수님이 하나님이라면, 그 주님을 낳고 기른 마리아와 요셉은 모두 하나님보다 더 높은 〈 신의 어머니 〉와〈 신의 아버지 〉로 둔갑하게 된다. 그런데 우리가 어찌 그 주님을 하나님으로 불 수 있겠는가?

이 세상에서 마리아보다 예수님의 생애를 더 잘 아는 사람은 아무도 없다. 마리아는 예수님을 직접 낳아 키우셨을 뿐만 아니라, 그가 십자가에 달리실 때까지 그를 지켜 본 어머니이기 때문이다.

그러므로, 만일 예수님이 전지전능의 하나님이라면, 마리아는 누구보다도 먼저 그 사실을 앞장서 증거하고 나섰을 것이다. 그러나 성경에는 마리아가 예수님을 하나님으로 증거한 사실이 전혀 없다. 더구나 당사자인 예수님도 역시 자신을 하나님으로 증거한 사실이 전혀 없다. 설사 그러한 증거가 있다해도, 예수님이 사람으로 태어나신 이상 그 주님은 결코 전지전능의 하나님으로 둔갑할 수 없다. 그렇다면 오늘의 기독교는 더 이상 삼위일체론에 매달리지 말고, 이제는 예수님에 대한 신격화놀음(우상화놀음)을 즉시 중단해야 할 것이다.

생각해 보라. 사람을 신으로 떠받드는 신격화놀음은 하나님을 모독하는 무서운 범죄행위인데, 기독교가 그러한 신격화놀음을 되풀이해서야 되겠는가? 따라서 오늘의 기독교는 모름지기 예수님을 신격화한 삼위일체론의 굴레에서 속히 벗어나야 할 것이다.

이미 논한 바와 같이 삼위일체론은 하나님의 유일성을 거부하고 예수님을 하나님으로 둔갑시킨 매우 잘못된 교리다. 그럼에도 불구하고 그 교리는 정통과 진리라는 미명아래 기독교를 제멋대로 지배하며, 그 기독교를 비성서적이고 반계명적인 다신교(3신교)로 변질시키고 말았으니, 이 얼마나 안타까운 일인가?

오늘의 모든 신학자들과 목회자들이여! 이제는 그 낡은 삼위일체론의 신학적 오류에 대해 더 이상 침묵하지 말라. 그리고 이제는 모두가 그 교리의 허구성과 비진리성을 당당히 밝히고 나서라. 이것만이 오늘의 기독교가 그 낡은 삼위일체론의 굴레에서 속히 벗어나는 지름길이 될 것이다. ─제 11장 〈 예수론 〉참조.

※ 기독교를 변질시킨 삼위일체론!! 그 교리의 주장대로 神도 인간으로 태어날 수 있는가? 아니다. 신은 그 본질상 결코 인간으로 태어날 수 없다. 신이 인간으로 태어날 경우 그 신은 인간의 자식이 되고, 그 인간은 신의 부모가 되는 가장 비윤리적이고 비도덕적인 결과를 초래하게 된다. 그런데 우리가 어떻게 신의 인간탄생을 주장하는 삼위일체론을 진리라고 말할 수

있겠는가? 만일 기독교가 이러한 허황된 교리를 진리라고 계속 주장한다면 그 기독교는 결국 세상의 웃음거리 조롱거리가 되고 말 것이다.

요컨대 삼위일체론은 하나님과 주님을 모독하고, 또 그것을 믿는 모든 성도들을 죄인으로 만드는 매우 잘못된 교리다 (출20:7, 마12:32). 그러므로 오늘의 모든 성도들은 그 사악한 삼위일체론의 굴레에서 속히 벗어나야만 한다. 그리고 이제는 모두가 하나님과 주님의 뜻에 합당한 〈유일신론〉으로 다시 무장해야 할 것이다(출 20:3, 요 17:3).

제4절 삼위일체론에 대한 교리논쟁

예수님을 전지전능의 하나님으로 둔갑시킨 삼위일체론은 처음부터 기독교의 교리가 된 것은 아니었다. 그것이 기독교의 교리로 확립되기까지에는 수많은 논쟁이 있었다. 이러한 논쟁의 와중에서 서기 325년 니케아 종교회의는 소집되었고, 여기서 로마교회(천주교)가 삼위일체론을 지지하고 나섬으로써, 그것은 갑자기 기독교의 정통교리로 둔갑하게 되었다. 한마디로 삼위일체론은 수많은 논쟁의 산물이었다.

그러면 이제 삼위일체론이 확립되기까지 어떠한 교리논쟁이 있었는가를 잠시 살펴보기로 하자. 여기서는 니케아 종교회의에서 벌어진 논쟁, 즉 그리스도의 창조설을 주장하는 아리우스파와, 성부 성자의 동질설을 주장하는 아다나시우스파의 논쟁만을 간단히 소개하기로 한다. 그리고 다음에 소개하는 내용은 신학자 니이브의 저서 「기독교 교리사」 (서남동역)에서 간추려 옮긴 것임을 미리 밝혀 두는 바이다.

알렉산드리아의 감독 알렉산더는 단호히 아리우스의 견해에 반대 하였으며, 서기 321년에 알렉산드리아에 대규모의 종교회의를 열어 아리우스를 파문하고 추방해 버렸다. 그러나 아리우스에게도 동조자들이 없지 않았다. 유력한 니코메디아의 유세비우스를 위시해서, 많은 사람들이 공공연하게 그를 지지하였다.

이러한 형편을 전해 들은 콘스탄틴 황제는, 이 문제를 사소한 교회분쟁으로 처리해 버리려고 하였다. 그러나 그의 고문 감독이었던 코르도바의 호시우스는 그와 생각이 달랐다. 이 논쟁의 중대성을 인식하도록 황제를 납득시킨 것은 호시우스였다고 생각된다.

그래서 서기 325년 콘스탄틴은 니케아에 최초의 세계적 종교회의를 소집하게 되었는데, 거기에는 약 300명에 달하는 감독들과 그밖에 그들의 많은 수행원들이 참가하였다. 알렉산더도 이 회의에 참석하기 위해서 길을 떠났는데, 아리우스주의 논쟁이 있어서 정통주의의 강력한 수호자요 보루가 된 그의 부감독 아다나시우스도 그와 함께 동행하게 되었다.

회의가 시작되자 감독들은 세 파로 나뉘었다. 동질론자들은 숫자적으로는 약했으나 강한 신념을 가지고 있었으며, 알렉산더와 아다나시우스에 의하여 영도 되었다. 아리우스파는 니코베디아의 유세비우스에 의하여 영도 되었으며, 나머지는 상황을 잘 이해하지 못하는 자들과 주로 화평을 희망하는 자들로 이루어져 있었는데, 가이사랴의 유세비우스도 여기에 속하였다. 우선 니코메디아의 유세비우스는 아리우스파의 신조를 회의에 제출하였으나 부결되고 말았다. 그 다음에는 가이사랴의 유세비우스가 한 신조를 제출하였는데, 이 신조에는 그리스도가 〈창조된 형상〉이라고 불리워져 있었다. 이 신조는 아리우스파에게는 물론 대다수의 감독들에게 만족할 만한 것이었다. 그러나 아다나시우스와 알렉산더는 거기에 찬동하지 않았다. 마침내 호시우스의 제의로 동질이라는 말을 삽입하기로 합의를 봄으로써, 이 신조가 채택되었다.

그러므로 새로이 제정된 이 신앙고백은, 가이사랴 신조로부터 생겨난 셈이었다. 새 신조의 특징적인 구절들을 들어보면, 〈지음을 받지 않고〉〈아버지의 본질로부터 나셨으며〉〈아버지와 동일한 본질이신〉 등이다. 이 신조의 마지막에는 다음과 같은 저주의 구절이 첨가되어 있다. 즉「그러나 그가 존재하지 않는 때도 있었다고 말하는 자 그가 실제하지 않는 사물로부터 혹은 그 밖에 어떤 다른 인물이나 존재로부터 지음을 받았다고 말하는자. 그리고 하나님의 아들이 변할 수 있다고 말하는 자들을 거룩한 카톨릭 교회는 저주한다」(중략)

니케아의 승리는 완전한 것 같았으나 항구적인 것은 못되었다. 니케아 회의에서 동질론에 찬성투표한 사람들은 대부분 그 진정한 의미를 충분히 이해하지 못하고 있었다. 그리하여 니케아 종교회의 이후 60년 간은 분쟁이 그치지 않았다.

아다나시우스는 328년에 알렉산드리아의 감독이 되었으며, 한동안은 모든 일이 무사하였다. 그러나 335년 두로에서 열린 종교회의에서는 니코메디아의 유세비우스가 황제에게 아다나시우스를 고소하였으며, 그 결과로 아다나시우스는 파면을 당하였다. 그리하여 그 후에도 아다나시우스는 누차 추방을 당했다가 다시 돌아오곤 하였다. 373년에 아다나시우스가 죽던 때에는 그가 평생을 바쳐 옹호해 오던 주장은 완전히 패배한 것처럼 보였다. 동질론의 입장에서 보면, 이와 같은 60년 동안은 실로 암흑시기였다(이하생략).

제 13 장

✝ 인자가 아버지의 영광으로 그 천사들과 함께 오리니,
그 때에 각 사람의 행한대로 갚으리라(마16:27)

✝ 또 제자들에게 이르시되, 때가 이르리니 너희가 인자의 날
하루를 보고자 하되 보지 못하리라. 사람이 너희에게 말하
되, 보라 저기 있다 보라 여기있다 하리라. 그러나 너희는
가지도 말고 쫓지도 말라(눅17:22~23).

✝ 내가 너희에게 실상을 말하노니, 내가 떠나가는 것이 너희에
게 유익이라. 내가 떠나가지 않으면 <보혜사>가 너희에게
로 오시지 아니 할 것이요, 가면 내가 그를 너희에게로 보
내리니, 그가 와서 세상을 책망하시리라(요17:7~8).

✝ 주님은 정말 구름을 타고 오시는가? 아니다. 그것은 한마디
로 불가능하다. 구름은 어디까지나 지상의 물이 증발해서
생긴 수증기에 불과하기 때문이다. 그런데 누가 아직도 주님
은 구름을 타고 오신다고 주장하는가?

성 서의 문자는 주님이 다시 오실 것을 분명히 기록하였으므로(마 16:27, 요 14:3), 예수님의 승천 이후 그의 재림은 오늘에 이르기까지 모든 성도들의 가장 큰 소망으로 남아져 왔다. 따라서 오시는 주님을 맞이한다는 것은 우리의 영원한 생명과 직결되는 문제로서, 예나 지금이나 모든 성도들의 지대한 관심사가 되었다.

이와 같이 우리의 간절한 소망이 다시 오시는 주님을 맞이하는 데 있다면, 우리는 마땅히 주님이 재림하시는 그 시기와 형태와 장소에 대하여 밝히 알아야 할 것이다. 그래야만 우리는 비로소 오시는 주님을 온전히 맞이하여 모실 수 있기 때문이다.

그러나 예수님의 재림이 언제 어디로부터 어떻게 이루어질 것인지에 대해서는 저마다 자기 나름대로 점치고 있을 뿐, 아직도 미지의 문제로 내려오고 있다. 이에 우리 성도들은 기다림에 지친 나머지, 주의 재림은 더 이상 기다릴 수 없다는 체념까지 토로하기에 이르렀으니, 이 얼마나 안타까운 일인가?

주님의 재림시기는 그 성격상 정확히 알 수 없는 일이지만, 그 예측만은 충분히 가능하다고 본다. 만일 그러한 예측까지 불가능하다면, 우리 성도들이 어떻게 주님의 재림을 끝까지 믿고 기다릴 수 있겠는가?

그러면 이제 주께서 재림하시는 그 〈 형태 〉와 〈 시기 〉를 성서에 기토해서 자세히 알아보기로 하자. ─먼저 종래의 재림론에서 제기되는 문제점부터 간단히 살펴보기로 한다.

제1절 종래의 재림론과 그 문제점

종래의 재림론에서는 예수님의 재림형태를 공중재림으로 본다. 즉 주님이 다시 오실때는 성서의 문자대로 하늘의 구름을 타고 큰 능력과 영광으로 오신다고 하며, 그 때에 지상의 성도들은 모든 구름 속으로 들려 올라가 공중에서 주님을 영접하게 된다고 한다. 이에 대해 종래의 신학은 다음과 같이 말하고 있다.

「그리스도의 재림은 비록 인격적이고 육체적이며 가시적인 것이기는 하더라도, 그의 초림과는 매우 다른 것이 될 것이다. 그는 낮아지셨을 때의 몸으로 오시는 것이 아니라, 영광의 몸에 왕의 옷을 입고 오실 것이다. 하늘 구름이 그의 마차가 될 것이며, 천사들이 그의 호위자가 되고 천사장은 그의 전령이 되며, 하나님의 성도들은 그의 영광스러운 수행자들이 될 것이다 (루이스 벌코프 : 신학자)

「그리스도의 강림은 공동체적인 종말론의 중추적인 사건이다. 그것은 높이 들리우신 주님이요, 구주이신 예수 그리스도께서, 육체적이고 모든 사람이 볼 수 있게 이 땅에 돌아오시는 것이다. 이 때 그는 구름을 타고 능력과 큰 영광으로 나타나실 것이고, 호령과 천사장의 소리와 하나님의 나팔로 친히 하늘로 좇아 강림하실 것이다」 (존 머레이 : 신학자)

이와 같이 종래의 신학은 한결같이 주님의 육적인 공중재림을 주장하고 있다. 이에 따라 오늘날 대부분의 성도들은 오로지 하늘만을 우러러 주의 재림을 고대하며, 공중에서 주님을 영접하게 되기를 손꼽아 기다리고 있다.

그런데 일부 신흥종교에서는 이러한 공중재림의 부당성을 지적하고 반대로 육체적 지상재림을 주장하기도 한다. 즉 주님이 다시 오실 때에는 하늘의 구름을 타고 오시는 것이 아니라, 지상에서 여인의 몸을 빌어 육신을 쓰고 오신다는 것이다. 그런데 이러한 육체적 지상 재림을 주장하는 교주마다 그 대부분이 재림주로 자처하고 있으니 웬일인가?

한편 종래의 재림론에서는 예수님의 재림장소를 지금의 이스라엘 나라로 보는 경우가 많다. 그 까닭은 과거 예수님이 유대나라에 오셨었기 때문이다. 그러나 여기에도 많은 문제점들이 있음을 잊어서는 안된다. 그뿐 아니라, 종래의 재림론에서는 예수님의 재림시기를 전혀 알 수 없는 것으로 본다(마24:36). 그리하여 오늘의 모든 성도들은 언제나 막연히 주님의 재림을 기다릴 수 밖에 되었다. 그런데 일부 사이비 기도교단에서는 이른바 시한부 말세론을 조작하여 주의 재림시기를 재멋대로 정해 놓고, 선량한 양떼들을 부단히 미혹하는 경우가 많다.

위에서 필자는 종래의 재림론에서 주장하는 내용들을 간단히 소개했거니와, 여기에는 많은 문제점들이 내재하고 있음을 알아야 한다. 따라서 이러한 문제점들이 시정(해결)되지 않는 한 우리는 올바른 신앙을 기대할 수 없다.

그러면 이제 종래의 재림론에서 제기되는 문제점들과 그 해결방안이 무엇인가를 본론에서 자세히 알아보기로 하자.

제2절 메시아의 재림형태

* 갈릴리 사람들아 어찌하여 서서 하늘을 쳐다보느냐, 너희 가운데서 하늘로 올리우신 이 예수는 하늘로 가심을 본 그대로 다시 오시리라(행 1:11).

* 이 아들로 말하면 육신으로는 다윗의 혈통에서 나셨고, 성결의 영으로는 죽은 가운데서 부활하여 능력으로 하나님의 아들로 인정되셨으니, 곧 우리 주 예수 그리스도시니라(롬1:3~4)

*그리스도께서도 한번 죄를 위하여 죽으사... 육체로는 죽임을 당하시고 영으로는 살리심을 받으셨으니, 저가 또한 영으로 옥에 있는 영들에게 전파하시니라(벧전 3:18~19).

성서의 문자는 예수님이 하늘의 구름을 타고 재림하실 것으로 기록하였다(마 24:30, 계 1:7). 그러기 때문에, 오늘날 대부분의 성도들은 하늘만을 우러러 주님의 공중재림을 고대하고 있다.

그러나 결론부터 말한다면, 주님은 결코 하늘의 구름을 타고 오실 수 없음을 알아야 한다. 주님의 공중재림은 하나님의 창조원리에도 어긋나거니와, 또 여기서 말한 구름은 어디까지나 비유로 하신 말씀이기 때문이다. 그러면 이 문제를 다음과 같이 나누어 살펴보기로 하자.

1. 주님의 재림은 오직 영적인 재림이어야 한다.

이미 〈창조론〉에서 상론한 바 있거니와, 하나님은 이 피조세계를 유형세계 〈자연계〉와 무형세계(영계)로 창조하셨다(고전 15:44, 고후 4:16, 엡 3:16). 여기서 유형세계란 인간이 육신을 쓰고 사는 세계요, 무형세계란 인간이 육신을 벗고 영인으로 가서 사는 세계이다. 그런데 예수님은 이러한 두 세계 중 이미 이 지상을 떠나 영계로 가셨던 것이다.

이와 같이 예수님이 지상에서 육신을 벗고 영계로 가셨다면, 주님의 재림은 어디까지나 〈영적인 재림〉이어야 한다(행 26:14~16). 일찍이 변화산에서 예수님에게 나타난 모세와 엘리야도 영적으로 재림하지 않았던가(눅 9:30).

종래의 신학은 예수님의 부활과 승천을 문자 그대로 보기 때문에, 그가 다시 오실 때에도 역시 육신을 쓰고 오실 줄로 믿고 있지만, 이는 매우 그릇된 생각이 아닐 수 없다. 예수님의 부활은 바로 육적인 부활이 아닌 영적이 부활이었기 때문이다(요 6:63, 행 16:7, 벧전 3:18).

이미 〈부활론〉에서 밝힌 바와 같이, 인간의 육신은 애당초 노쇠하면 흙으로 돌아가 묻히게 되었으므로(창 3:19, 히 9:27). 그 육신은 결코 부활하거나 승천할 수 없다. —제9장 〈부활론〉참조. 따라서 예수님도 육신을 쓰고 부활하실 수 없음은 두말할 나위도 없다.

만일 종래의 주장대로 예수님이 실제로 육신을 쓰고 부활하셨다면, 주께서 어떻게 그 육신을 쓴 채로 영인만이 생존하는 영계로 가실 수 있었으며, 또 굳이 지상의 제자들을 떠나 승천하실 필요가 어디 있었겠는가?

그러므로 예수님의 재림은 그 본질상 반드시 육적인 재림이 아닌 영적인 재림이어야 한다. 지상에서 육신을 벗고 영인으로 승천하신 주님이시니(고후 3:17, 벧전 3:18). 그의 재림이 영적인 재림이어야 함은 너무도 당연한 일이 아닐 수 없다.

종래의 신학은 예수님의 육적인 재림만을 가르치고 있지만, 그러한 육적인 재림은 애당초 원리적으로 불가능한 일임을 깨달아야 한다. 인간의 육신은 영계에서 아무런 필요도 없고 또 생존할 수도 없으므로(고전 15:50), 주님은 결코 영계에서 육신을 쓰고 계시다가 재림하실 수는 없는 것이다.

요한복음 16장 7절 이하에 보면, 예수님은 제자들에게 「내가 너희에게 실상을 말하노니… 죄에 대하여라 함은 저희가 나를 믿지 아니함이요, 의에 대하여라 함은 내가 아버지께로 가니 너희가 다시 나를 보지 못함이요」 (요 16:7~10)라고 말씀하셨다. 이 말씀대로 우리가 승천하신 주님을 다시 보지 못함은, 그가 영적으로 재림하시기 때문임을 알아야 한다(눅 17:22, 요8:21). 만일 육신을 쓰고 오시는 주님이라면, 우리가 어찌하여 그 주님을 다시 볼 수 없겠는가?

한편 예수님의 영적인 재림은 그가 승천하신 후 지금까지 한 번도 육신을 쓰고 오신 일이 없다는 사실에서도 재확인 할 수 있다. 종래의 주장대로 예수님이 실제로 육신을 쓰고 오신다면, 그의 재림은 이미 오래 전에 실현되었어야 하기 때문이다. 종래의 신학은 주께서 지금까지 오시지 않음을 아직 때가 되지 않았기 때문이라고 주장하지만, 이는 공연한 핑계에 지나지 않는다.

생각해 보라. 우리 성도들은 과거 2천년간이나 주님의 재림을 애타게 기다려 왔는데, 그래도 부족해서 여전히 때만을 찾고 기다려야 하겠는가? 그러나 아무리 때를 찾고 기다린다해도 예수님이 영적으로 부활하여 승천하신

이상, 주님은 결코, 육신을 쓰고 다시 오실 수 없음을 알아야 한다(히 10:12~13).

위에서 논한 바와 같이, 예수님의 재림은 어디까지나 육적인 재림이 아닌 영적인 재림이어야 한다. 만일 종래의 주장대로 예수님이 육신을 쓰고 다시 오신다면, 주님의 재림과 승천은 부단히 계속(반복)될 수 밖에 없다는 지극히 부당한 결론이 나오게 된다. 왜냐 하면 인간은 지상에서 육신을 쓰고 영원히 생존할 수 없기 때문이다.

요컨대 예수님의 영적인 재림을 육적인 재림으로 끝까지 오인한다면, 우리는 재림의 실상을 영원히 밝힐 수 없을 것이다.

2. 주님의 재림은 육적인 공중재림이 아니다.

예수님이 하늘의 구름을 타고 오신다는 성서의 기록은 여러 군데 있다. 그 중 유력한 성구로서 사도행전 1장 11절을 보면, 「갈릴리 사람들아 어찌하여 서서 하늘만 쳐다보느냐. 너희 가운데서 하늘로 올리우신이 예수는 너희가 하늘로 가심을 본 그대로 다시 오시리라」고 기록하여, 예수님의 육적인 공중재림을 사실처럼 여기게 하고 있다.

그러면 여기에서 「본 그대로 다시 오시리라」고 한 말씀은 무엇을 의미하는가? 그것은 바로 예수님의 〈영적인 재림〉을 의미한다. 당시 제자들이 본 것은 주님의 영적인 승천이었기 때문이다(벧전 3:18, 고후 3:17). 그리고 주님이 하늘로 가신다는 것은 우리가 감각할 수 있는 공간적인 하늘로 가심을 말함이 아니고, 그것은 지극히 높고 참되고 선한 영계로 가심을 의미한다. 인간이 육신을 벗은 후 가야 할 곳은 오직 영계뿐이기 때문이다.

그런데 종래의 신학은 이 말씀을 억지로 왜곡하여, 주님의 육적인 공중재림으로 풀이되고 있다. 그러나 이것은 성서에도 사리에도 모두 맞지 않는 매우 그릇된 생각임을 알아야 한다.

물론 성서에 예수님의 공중재림을 기록한 말씀이 전혀 없는 것은 아니다.

마태복음 24장 30절이나 계시록 1장 7절의 기록을 문자 그대로 풀이하면, 주님은 틀림없이 구름을 타고 오실 것처럼 보인다. 그러나 주님은 도적같이 오신다고도 하였으니(살전 5:2), 만일 하늘의 구름을 타고 천사들의 나팔소리와 함께 오시는 주님이라면, 어떻게 도적같이 임하실 것인가?

성서적인 면을 떠나 과학적인 면에서 보더라도, 예수님의 육적인 공중재림은 부인하지 않을 수 없다. 과학적인 면에서 구름의 생성과정을 보면 먼저 물이 있어야 하고, 이물은 다시 빛(열)에 의하여 증발되어야 한다. 그래야만 비로소 구름은 존재하게 된다.

그런데 마태복음 24장 29절에 보면, 주님이 재림하실 그 때에는 해와 달이 빛을 잃는다고 하였으니, 만일 이것이 사실이라면 이 지구는 어떻게 될 것인가? 두말할 나위도 없이 이 지상의 모든 존재물은 냉각되어 얼어 버릴 것이다. 따라서 물의 증발에 의한 구름의 생성은 도저히 불가능하게 된다. 더구나 대기권 밖은 물도 구름도 없는 진공상태가 아닌가?

그렇다면 주께서 어떻게 하늘의 구름을 타고 재림하실 수 있겠는가?

그 뿐만 아니라, 예수님의 육적인 공중재림은 지구의 구조상으로 보더라도 역시 부당하다. 아는 바와 같이, 지구는 구형으로 되어 있으며, 또 태양을 중심으로 부단히 공전과 자전 운행을 한다. 따라서 지구에서 바라보는 하늘은 일정한 곳을 정해서 말하기가 어렵다. 지구는 구형이므로, 하늘은 동서남북 어디에나 해당하기 때문이다. 그렇다면 주님은 어느 하늘의 어느 구름을 타고 재림하신단 말인가?

한편 누가복음 17장 20절에 이하에 기록되어 있는 말씀도 역시 예수님이 구름을 타고 재림하셔서는 이루어질 수 없으며, 반드시 영적인 재림을 하셔야만 그대로 이루어질 것이다. 그러면 이제 여기에 기록된 성구들을 하나하나 들어 그 내용을 살펴보기로 하자.

◉ 하나님의 나라는 볼 수 있게 임하는 것이 아니요(눅 17:20)

종래의 주장대로 예수님이 실제로 하늘의 구름을 타고 재림하신다면, 하나님의 나라는 누구나 다 볼 수 있게 임할 것이다. 그러나 주님은 영적으로 재림하시기 때문에 그 나라는 볼 수 있게 임할 수 없는 것이다.

◉ 하나님의 나라는 너희 안에 있느니라(눅 17:21)

하나님의 나라는 인류의 구주로 오신 예수님을 믿고 모시는 사람들의 마음 속으로부터 먼저 이루어진다. 그리고 이들이 사회와 국가를 형성하게 되면, 하나님의 나라는 점차 볼 수 있게 나타날 것이다. 따라서 하나님의 나라는 지금까지 많은 성도들이 생각해 오듯이, 주께서 구름을 타고 오심으로써 일시에 이루어지는 것이 아님을 알아야 한다.

◉ 인자의 날 하루를 보고자 하되 보지 못하리라(눅 17:22)

성서의 문자 그대로 예수님이 하늘의 구름을 타고 재림하신다면, 그날은 누구나 쉽게 볼 수 있을 것이다. 그러나 예수님은 어디까지나 영적으로 재림하시기 때문에, 그날 하루를 보고자 해도 볼 수 없는 것이다(요 16:10, 요 8:21, 히12:14). 특히 하늘만을 바라보며 인자의 날을 고대하고 있는 성도들은 영적인 재림으로써 이루어지는 인자의 날이 아무리 온다해도, 그 날을 인자의 날로 깨닫지 못할 것이다.

◉ 사람이 너희에게 말하되 보라 저기 있다 보라 여기 있다 하리라. 그러나 너희는 가지고 말고 좇지도 말라(눅 12:23)

이 말씀도 역시 주님이 구름을 타고 오서서는 그대로 이루어질 수 없을 것이다. 만일 예수님이 실제로 하늘의 구름을 타고 재림하신다면, 반드시 하늘만을 바라보고 있으라고 권고하실 일이지, 어찌하여 지상에서 여기도 저기도 가지 말라고 교훈하실 것인가?

일찍이 예수님도 지적하셨듯이, 주님의 재림시에는 이 지상에 많은 거짓 선지자들이 나타나게 된다(마 24:23~24). 그들은 저마다 재림주로, 혹은 선지자로 자처하면서 이미 택하신 성도들까지도 마구 유혹할 것이다. 예수님은 바로 이러한 일들을 염려하시어 그와 같이 권고하셨던 것이다.

만일 주께서 하늘의 구름을 타고 천사들의 나팔소리와 함께 재림하시는 것이 사실이라면, 지상에서 여기도 저기도 가지 말라고 권고하신 주님의 말씀은, 마치 장님에게 앞을 보지 말라는 식의 어리석은 교훈이 되고 말 것이다.

◉ 번개가 하늘 아래 이 편에서 번뜻하여 하늘 아래 저 편까지 비침같이 인자도 자기날에 그러하리라(눅 17:24)

종래의 주장대로 예수님이 육신을 쓰고 공중에서 재림하신다면, 반드시 시간과 공간의 제약을 많이 받게 되므로, 그의 재림은 결코 번갯불의 비침같이 신속히 이루어질 수는 없다. 그러나 주님은 영적으로 재림 하시기 때문에, 그의 재림은 마치 번갯불의 비침같이 신속히 이루어지게 된다(마 24:26~28).

◉ 인자도 자기 날에 그러하리라. 그러나 그가 먼저 많은 고난을 받으며 이 세대에게 버린 바 되어야 할지니라(눅 17:25)

이 말씀은 장차 예수님이 유대인들의 불신으로 인하여 십자가의 길을 가시게 됨을 예고하신 말씀이다. 이 말씀대로, 주님은 과연 그 세대에게 버린 바 되어 십자가의 길을 가셔다. 그러나 예수님이 가신 십자가의 길은 결코 예정된 섭리의 길이 아니었다. 겟세마네 동산에서 올리신 주님의 안타까운 기도를 보라(마 26:36~46), 주님은 십자가의 쓴 잔을 마시게 되지 않기를 얼마나 애타게 기도하셨던가?

이미〈구원론〉에서 상세히 논하였거니와, 예수님이 가신 십자가의 길은 결코 제1차적인 섭리의 길이 아니었으며, 그것은 어디까지나 유대인들의 돌이킬 수 없는 불신으로 인하여 초래된 제2차적인 섭리의 길이었다. —제 6장〈구원론〉참조.

그런데 혹자는 주께서 고난을 받으신다는 이 말씀을 장차 재림시에 이루어질 말씀으로 풀이하기도 한다. 그러나 이 말씀은 예수님이 십자가의 고난을 받으시기 전에 하신 말씀이므로, 이것은 어디까지나 당시 유대인들의 불신으로 인하여 초래될 십자가의 고난을 마음에 두고 하신 말씀으로 보아야 할 것이다(막8:31, 눅 22:14~15).

위에서 논한 바와 같이, 예수님의 재림이 바로 육적인 공중재림이 아닌 영적인 재림이라면, 구름을 타고 오신다는 성서의 기록은 무엇을 의미하는가? 이 문제를 올바로 해명하려면, 우리는 먼저 〈 구름 〉의 정체부터 알아야 할 것이다.

이사야서 19장 1절에 보면, 하나님은 구름을 타고 다니신다고 하였고, 또 시편 18장 10절에 보면, 하나님은 바람으로 비유된 그룹(천사)을 타고 날으신다고 하였으며, 또 시편 104편 3절 이하에 보면, 하나님은 구름으로 자기 수레를 삼으시고, 바람으로 자기 사자(천사)를 삼으신다고 하였다(히1:7), 이러한 말씀으로 보아, 여기서 말한 구름은 바로 하나님을 모시고 받드는 천사들을 비유한 것임을 알 수 있다. 그런데 구름은 지상에 있지 않고 항상 하늘에만 있으므로, 이 구름은 어디까지나 〈 영적인 천사 〉들을 비유한 것으로 보아야 한다(히1:14).

한편 구름은 성서에서 많은 군중으로 표시되었고(히 12:1), 또 우리의 실제 언어생활에 있어서도 구름은 흔히 허다한 무리를 뜻할 때 사용되고 있음을 볼 수 있다. 그러므로 예수님이 하늘의 구름을 타고 재림하신다는 것은, 곧 주께서 영계에 있는 수많은 천사들과 더불어 영적으로 재림하신다는 것을 의미하는 것이다(마 16:27, 마25:31, 막 8:38).

그러면 예수님은 어찌하여 구름을 타고 재림하실 것으로 말씀하셨던가? 여기에는 다음과 같은 두 가지 큰 이유가 있었다.

첫째는, 거짓 그리스도의 미혹을 막기 위함이었다. 만일 예수님이 자신의 영적인 재림을 사실대로 예언하셨다면, 거짓 그리스도의 미혹에 의한 혼란을 막을 길이 없었을 것이다.

이미 예수님이 미천하게 태어나셨으므로, 조금만 영통을 하는 사람이면 비록 미미한 자들일지라도 저마다 재림주의 화신으로 자처하고 나섰을 것이니, 이 혼란을 어떻게 하였을 것인가? 그러나 다행히 모든 성도들은 예수님이 구름을 타고 오실 줄로 알고 하늘만을 우러러 보았기 때문에, 그 많은 혼란을 면해 온 것이다.

둘째는, 많은 고난 가운데 있는 성도들을 위로하고 격려하시기 위함이었다. 성서를 보면, 예수님은 구름을 타고 오신다는 말씀 외에도 자기의 재림이 그 당시에 곧 있을 것으로 말씀하여 제자들을 격려하신 사례가 많이 있다(마 10:23, 마 16:28).

이와 같이 예수님이 제자들로 하여금 그의 재림이 곧 있을 것으로 믿게 하심은, 오직 그들을 위로하고 격려하시기 위함이었다. 당시 로마 제국의 학정과 유대교의 핍박 가운데서도 오히려 성령의 충만한 은혜를 받으며, 초대교회를 창건 할 수 있었던 원동력은 항상 곧 다시 오시는 주님을 만날 수 있다는 신념, 바로 그것이었다.

또 그들이 생명을 아끼지 않고 열심히 복음운동을 전개할 수 있었던 것도 역시 그들은 오시는 주님만을 만나면 그만이라는 소망으로 인하여 항상 자극되었기 때문이다. 만일 예수께서 「곧 다시 오리라」고 하신 말씀이 없었다면, 당시의 모든 성도들이 로마제국의 학정과 유대교의 박해 속에서 어떻게 견디었을 것인가?

예수님이 구름을 타고 천사들의 나팔소리와 함께 큰 위엄과 영광 중에 재림하셔서, 모든 일을 속히 이루실 것으로 말씀하신 것은, 이처럼 많은 고난과 시련 가운데 있는 성도들을 위로하고 격려시키기 위해 하신 말씀이었던 것이다.

3. 주님의 재림은 육적인 지상재림이 아니다.

위에서 필자는 예수님의 육적인 공중재림에 대한 부당성을 논했거니와, 이와 달리 주님의 육적인 지상재림(환생)을 주장하는 신앙인들도 많이 있다. 이것은 주님이 여인의 몸을 빌어 다시 지상인으로 태어나 오신다는 것

으로서 불교의 윤회환생설과 매우 비슷하다. 그러나 이러한 육체적 지상재
림설은 어디까지나 그릇된 것임을 알아야 한다.

이미 〈창조론〉에서 논한 바 있거니와, 인간은 본래 영계에 가서 영원히
살도록 창조되었다(히 11:16, 히 13:14, 빌 2:20)그러기 때문에 일단 육신을
벗고 영계로 간 영인들은 다시 지상에서 태어날 수 없으며, 또 다시 태어날
필요도 없다. 따라서 주님의 육체적 지상재림이 불가능 함은 너무도 당연하
다. 만일 그것이 가능하다면, 주님의 육체적 재림과 승천은 부단히 계속(반
복)되어야 한다는 모순된 이론이 성립되며, 또 그때마다 주님은 항상 남의
여인을 이용해야 한다는 매우 비윤리적이고 비도덕적인 결과를 초래하게 된
다. 그러므로 누구든지 이러한 육체적 지상 재림을 그대로 계속 주장한다면,
이는 도리어 예수님을 가짜 주님으로 만드는 지극히 어리석은 행위가 되고
말 것이다.

일찍이 예수님은 이르시되, 「내가 너희에게 속히 그 원한을 풀어주리라.
그러나 인자가 올 때에 세상에서 믿음을 보겠느냐」(눅18:8)고 말씀 하셨다.
이는 장차 모든 성도들이 주님의 육적인 공중재림과 지상재림만을 고대할
뿐, 영적으로 재림하시는 주님은 도리어 불신함으로써 교회는 있으되 교회
다운 건전한 교회가 없고, 또 믿음은 있으되 믿음다운 진실한 믿음이 없을
것이 예상되므로 하신 말씀이었다.

한편 예수님은 또 이르시되,「그 때에 사람이 너희에게 말하되 보라 그리
스도가 여기 있다 혹은 저기있다 하여도 믿지 말라. 거짓 그리스도들과 거
짓 선지자들이 일어나 큰 표적과 기사를 보여 할 수만 있으면 택하신 자들
도 미혹하게 하리라」(마 24:23~24)고 말씀하셨다. 이는 장차 주님의 지상
재림을 가장한 적 그리스도를 비롯하여 많은 거짓 선지자들과 거짓 목자들
이 나타날 것을 염려하여 하신 말씀이었다.

기독교 역사를 돌이켜 보면, 역사의 매 시기마다 적 그리스도를 비롯하여
많은 거짓 선지자들과 거짓 목자들이 나타나 주님의 교회와 성도들을 부단
히 괴롭혀 왔다. 그들은 비록 주의 이름으로 선지자 노릇하며, 마귀를 쫓으

며, 여러 가지 권능을 행하였지만, 그들의 실상은 겉다르고 속다른 위선자였고, 또 양의 가죽을 쓴 이리떼였다(마 7:15).

오늘도 세계 도처에는 자칭 재림주요, 선지자요, 목자요 하면서 분별 없이 날뛰는 이단자들이 수없이 많거니와(마 24:5, 렘 23:30~32). 이러한 비성서적이고 반기독교적인 현상들은 종래의 육적인 공중재림설과 육적인 지상재림설(환생설)이 시정되지 않는 한 끝나지 않을 것이다.

위에서 논한 바와 같이, 예수님의 육적인 공중재림과 지상재림은 성서에도 사리에도 모두 맞지 않는 것으로서, 다만 우리에게 백해무익한 결과만을 안겨줄 뿐이다. 특히 육체적 지상재림을 악용할 경우, 그것은 적 그리스도의 출현을 조장하고 합리화시키는 위험한 결과를 초래하기쉽다. 그러기 때문에 이러한 육체적 지상재림은 흔히 재림주를 꿈꾸는 사이비 신흥종교의 교주들이 즐겨 사용한다. 그들은 온갖 아름다운 말과 글로 지상재림을 조작해 놓고, 자칭 재림주로 행세하면서 주님의 성도들을 끈질기게 유혹한다. 이에 필자는 우리 성도들이 그러한 유혹에 절대로 현혹되지 않기를 당부하는 바이다.

4. 주님의 재림에는 두 가지 유형이 있다.

위에서 필자는 주님의 재림형태를 논하였다. 그 결과 주님의 재림은 어디까지나 영적인 재림이어야 함을 알았다. 그런데 이러한 주님의 재림에는 두 가지 유형이 있다. 그 하나는 〈영적인 재림〉이요, 다른 하나는 〈대리적 재림〉이다. 여기서 대리적 재림이란 이미 타계한 선임자의 〈사명〉을 지상의 후임자(대리자)가 다시 계승함으로써 이루어지는 재림을 말한다. 그러면 먼저 영적인 재림에 대해 알아보기로 하자.

(1) 영적인 재림

인간은 본래 하나님을 모실 수 있는 영적인 존재로 창조되었다. 때문에 하나님과 주님은 언제나 인간의 심령 속에 영적으로 임재하실 수가 있다. 이 사실을 사도 바울은 다음과 같이 증거하였다.

* 너희가 하나님의 성전인 것과 하나님의 성원이 너희 안에 거하시는 것을 알지 못하느뇨(고전 3:16).
* 예수 그리스도께서 너희 안에 계신 줄을 너희가 스스로 알지 못하느냐? 그렇지 않으면 너희가 버리운 자니라(고후 13:5).
* 만일 너희 속에 하나님의 영이 거하시면 육신에 있지 아니하고 영에 있나니, 누구든지 그리스도의 영이 없으면 그리스도의 사람이 아니라(롬 8:9).

이 말씀대로 하나님과 주님은 우리 성도들의 심령속에 항상 영적으로 임재하시는 바, 이것을 〈영적인 재림〉 이라고 한다(롬 8:14, 갈 4:6).

일찍이 사도 바울로 다메섹으로 가다가 주님을 만났거니와(행 9:3~5)이러한 주님의 영적인 재림은 오늘도 세계 도처에서 부단히 계속되고 있음을 알아야 한다(마 18:20, 마 28:20, 막 16:20).

(2) 대리적 재림

일찍이 하나님은 선지자 말라기를 통해 메시아의 강림에 앞서 승천한 엘리야를 먼저 보내 주신다고 약속하셨다(말 4:5). 그러기 때문에, 과거 유대인들은 한결같이 엘리야의 공중재림만을 고대하였다.

그런데 예수님은 도리어 지상의 세례요한을 엘리야라고 증거하셨으니(마 17:10~13) 그 이유는 무엇인가? 그것은 바로 세례요한이 엘리야의 대신사명자로 왔기 때문이었다. 이처럼 하나님의 뜻과 섭리에 따라 엘리야의 대신사명자(대리자)로 세례요한이 온 것을 엘리야의 〈대리적 재림〉 또는 〈후계적 재림〉 이라고 한다.

이와 마찬가지로 예수님도 다시 오실 것을 분명히 약속하셨지만, 말세에

는 반드시 주님의 대신사명자가 오도록 되어 있었으니, 그가 바로 계시록
에 예언된 〈승리자〉 이다. 이 사실을 주님과 사도요한은 다음과 같이 증거
하였다.

* 이기는 자와 끝까지 내 일을 지키는 그에게 만국을 다스리는 권세를 주
  리니, 그가 철장을 가지고 저희를 다스려 질그릇 깨뜨리는 것과 같이 하
  리라. 나도 내 아버지께 받은 것이 그러하니라, 내가 또 그에게 새벽별을
  주리라(계 2:26~28).
* 이기는 그에게는 내가 보좌에 함께 앉게 하여 주기를, 내가 이기고, 아버
  지 보좌에 앉는 것과 같이 하리라. 귀 있는 자는 성령이 교회들에게 하시
  는 말씀을 들을지어다(계 3:21~22).
* 여자가 아들을 낳으니 이는 장차 철장으로 만국을 다스릴 남자라, 그 아
  이를 하나님 앞과 그 보좌 앞으로 올려 가더라(계 12:5).

이 말씀대로 주님은 장차 자신의 대신사명자로 〈승리자〉 를 세우시고,
그에게 철장(진리)으로 만국을 다스릴 권세를 주신다고 약속하셨다. 이처럼
주님의 뜻과 섭리에 따라 그의 대신사명자(대리자)로 승리자가 오는 것을
주님의 〈대리적 재림〉 또는 〈후계적 재림〉 이라고 한다. ─본장 제5절〈 새!
시대의 사명자 〉참조.

지금까지 모든 성도들은 주님의 공중재림만을 일방적으로 믿어왔다. 그
러나 주께서 약속하신 말세의 재림은 어디까지나 대리적 재림이었다. 이 사
실은 이미 엘리야의 재림이 잘 말해 주고 있거니와, 오늘의 모든 성도들은
바로 이러한 주님의 대리적 재림을 지혜롭게 깨달아야 할 것이다. 제14장
〈 섭리론 〉참조.

제3절 메시아의 재림장소

* 유대인은 주 예수와 선지자들을 죽이고, 우리를 쫓아내고 하나님을 기쁘시게 아니하고, 모든 사람에게 대적이 되어 우리가 이방인에게 말하여 구원 얻게 함을 저희가 금하여 자기 죄를 항상 채우매, 노하심이 끝까지 저희에게 임하였느니라(살전 2:15~16).
* 그러므로 내가 너희에게 이르노니, 하나님의 나라를 너희는 빼앗기고, 그 나라의 열매 맺는 다른 백성이 받으리라(마 21:43).
* 또 보매 천사가 살아계신 하나님의 인을 가지고 해 돋는 곳(동방)으로부터 올라와서,,, 큰 소리로 외쳐 가로되, 우리가 우리 하나님의 종들의 이마에 인치기까지 땅이나 바다나 나누나 해하지 말라 하더라(계 7:2~4).

위에서 주님의 재림형태에는 두 가지 유형 즉〈 영적인 재림 〉과 〈 대리적 재림 〉이 있음을 논하였다. 그렇다면 주님의 재림장소도 역시 영적인 재림과 대리적 재림의 두 장소로 나누어 고찰해야 할 것이다.

1. 영적인 재림의 장소

이미 논한 바와 같이, 예수님의 재림은 바로 영적인 재림이다. 따라서 주님의 재림은 전혀 장소의 제한을 받지 않는다. 왜냐 하면 영적인 세계 에서는 시간과 공간을 모두 초월하기 때문이다. 이처럼 예수님의 재림은 장소의 제한을 받지 않는 영적인 재림이므로, 주님은 나라와 민족을 가리지 않고 누구든지 찾아가 재림하실 수 있다. 그러나 주님은 자기의 재림을 간절히 바라는 독실한 성도들에게 먼저 재림하실 것이다(요 14:21, 히 9:28).

그런데 많은 성도들은 예수님의 재림이 유대인들에게는 결코 이루어 지지 않을 것으로 믿고 있다. 그 이유는 그들이 과거 예수님을 살해한 민족이기 때문이라고 한다. 그러나 이것은 주님의 무한하신 사랑과 은총을 헤아리지 못한 매우 옹졸한 생각이 아닐 수 없다.

일찍이 예수님은 우리에게 원수를 사랑하고 핍박받는 자들을 위해 기도하라고 가르치셨다(마 5:44). 또 내 이웃을 내 몸과 같이 사랑하고, 내 형제의 죄를 끝까지 용서해 주라고 당부하셨다(마 18:21~22). 또 우리는 잃어버린 양의 비유나 탕자의 비유에서도 주님의 무한하신 사랑을 엿볼 수 있다(눅 15:3~7, 눅 16:11~32), 더구나 우리는 십자가에 달리신 주님에게서 피보다 진한 그의 사랑을 보았다(눅 23:34).

이와 같이 우리의 주님은 무한 하신 사랑의 주님이시니, 누구든지 그 주님을 믿고 그의 품으로 돌아오는 자들은 모두 구원될 것이다. 예수님도 이르시되 「나는 의인을 부르러 오지 않고 죄인을 부르러 왔노라」 (마 9:13)고 하셨으니, 비록 큰 죄인이라도, 그가 자기의 죄를 깊이 회개하기만 하면, 주님은 그에게 재림하시어 그의 기도를 기꺼이 들어 주실 것이다.

위에서 논한 바와같이, 예수님의 재림은 바로 시간과 공간을 초월한 영적 재림이기 때문에, 우리는 주님의 재림을 맞이하기 위해 굳이 여기 저기로 찾아다닐 필요가 없다. 그렇게 찾아다니면 도리어 적 그리스도의 미혹을 당할 뿐이다.

그러기에 예수님은 이르시되 「그 때에 사람이 너희에게 말하되, 보라 그리스도가 여기 있다 혹은 저기 있다 하여도 믿지 말라. 거짓 그리스도들과 거짓 선지자들이 일어나 큰 표적과 기사를 보이어 할 수만 있으면 택하신 자들도 미혹하게 하리라」 (마 24:23~24)고 말씀하셨던 것이다.

그렇다면 예수님의 재림장소는 어디인가? 영적인 재림은 그 성격상 일정한 장소를 말할 수 없지만, 굳이 말한다면 하나님과 주님께 경건히 예배하고 기도하는 그 자리가 바로 영적인 재림의 장소라고 볼 수 있다.(마 6:6, 요4:23).

일찍이 예수님은 이르시되 「하나님은 영이시니 예배하는 자는 신령과 진정으로 예배할지니라」 (요 4:24)고 말씀하셨거니와, 주님도 영계에서는 영인으로 계시니 (고후 3:17, 벧전 3:18), 우리는 응당 신령한 예배와 기도를 통해서 그 주님을 만나야 하지 않겠는가? 그러므로 오늘의 모든 성도들은 이제 더 이상 종래의 그릇된 재림론에 사로잡히지 말고, 주님의 교훈대로 조용히 무릎을 꿇고 신경과 진정으로 경건히 예배하고 기도함으로써, 주께서 나를 기쁘게 찾아오실 수 있도록 항상 준배해야 할 것이다(요 14:21, 고후 5:8~9).

2. 대리적 재림의 장소

하나님의 창조이상은 바로 이 지상에 영원한 하나님의 나라 곧 〈 지상천국 〉 을 건설하는 데 있다(마 6:10, 마 6:33). 이것은 하나님의 소망이자 인간의 간절한 소망이다. 이러한 지상천국의 건설이 없이는 하나님도 기쁘게 안식하실 수 없고, 인간도 역시 행복하게 살아갈 수 없다 그런데 이러한 지상천국은 예수님이 이 지상에 오심으로써 일시에 이루어지는 것이 아니다. 그것은 어디까지나 오랜 섭리과정을 거쳐 하나님의 복음이 땅 끝까지 전파됨으로써, 세계인류가 모두 복음화될 때만 이루어진다. 이러한 관점에서 하나님의 구원섭리는 곧 복음화 섭리라고도 말할 수 있다(막 1:38, 눅 4:43).

일찍이 예수님은 이르시되「너희는 온 천하에 다니며 만민에게 복음을 전파하라」 (막 16:15)고 하셨고, 또「이 천국복음이 모든 민족에게 증거 되기 위하여 온 세상에 전파되리니, 그제야 끝이 오리라」 (마24:14)고 하셨으니, 이 말씀을 보더라도 지상 천국의 건설은 바로 세계 인류가 모두 복음화되어야만 이루어짐을 알 수 있다.

그런데 하나님의 복음화섭리는 구약과 신약과 성약의 3시대를 통해서 이루어진다. 구약시대는 민족적 복음화시대요, 신약시대와 성약시대는 세계적인 복음화 시대이다. 그런데 오늘 이 시대는 바로 그 마지막 단계인 성약시대가 출발해야 할 새로운 시점에 와 있음을 알아야 한다.

그러면 이러한 성약시대를 맞이하여 하나님은 어떠한 섭리를 하시겠는가? 하나님은 반드시 이 시대의 새로운 복음화 섭리를 위해 어느 한 나라와 민족을 그 섭리의 중심으로 택하여 세우시고 그들을 지상천국 건설에 앞장 서게 하실 것이다. 그러면 하늘이 선택하신 그 나라와 민족은 과연 어느 나라와 어느 민족인가?

이 문제를 논하기에 앞서, 우리는 먼저 알아야 할 것이 있다. 그것은 바로 유대민족이 다시 섭리의 중심으로 하늘 앞에 부름 받을 수 없다는 사실이다. 그들은 과거 메시아를 살해한 민족이기 때문이다. 그런데 아직도 많은 기독교 성도들은 예수님이 유대민족 가운데서 나셨으므로, 하늘이 그들을 다시 섭리의 중심으로 세우실 줄로 믿고 있다. 그러나 이것은 하나님의 근본섭리를 깨닫지 못한 매우 그릇된 생각이 아닐 수 없다.

마태복음 21장 33절 이하의 기록을 보면, 예수님은 포도원의 한 비유를 들어 유대민적이 다시 섭리의 중심으로 부름받을 수 없음을 분명히 밝히셨다. 여기에 그 본문을 소개하면 다음과 같다.

* 한 집주인이 포도원을 만들고 산울로 두루고 거기 즙 짜는 구유를 파고 망매를 짓고 농부들에게 세로 주고 타국에 갔더니, 실과 때가 가까우매 그 실과를 받으려고 자기 종들을 농부들에게 보내니, 농부들이 종들을 잡아 하나는 심히 때리고, 하나는 죽이고 하나는 돌로 쳤거늘 다시 다른 종들을 처음보다 많이 보내니 저희들에게도 그렇게 하였는지라, 후에 자기 아들을 보내며 가로되 저희가 내 아들은 공경하리라 하였더니, 농부들이 이 아들을 보고 서로 말하되 이는 상속자니 자 죽이고 그의 유업을 차지하자 하고 이에 잡아 포도원 밖에 내 쫓아 죽였느니라. 그러면 포도원 주인이 올 때에 이 농부들을 어떻게 하겠느뇨, 저희가 말하되 이 악한 자들을 진멸하고 포도원은 제 때에 실과를 바칠 만한 다른 농부들에게 새로 줄지니이다... 그러므로 내가 너희에게 이르노니 하나님의 나라를 너희는 빼앗기고 그 나라의 열매 맺는 다른 백성이 받으리라(마 21:33~43).

예수님은 이 말씀에서 집주인은 하나님으로, 포도원과 농부는 하나님의 유업과 이 유업을 맡은 이스라엘 선민으로 종들은 선지자들로, 주인의 아들은 주님으로, 그리고 열매 맺는 백성은 장차 하나님의 뜻을 이루어 드릴 이방 민족으로 각각 비유하셨다. 주님은 이 비유에서 자기를 살해하는 민족은 하나님의 나라를 빼앗기고, 그 나라는 열매 맺는 이방 민족이 받으리라고 말씀하셨으니, 유대민족이 다시 섭리의 중심으로 하늘 앞에 부름 받을 수 없음은 너무도 자명하다(마 8:11~12, 살전 2:15~16).

그러면 예수님은 어찌하여 이스라엘 민족에게 다시 오실 것으로 말씀하셨던가? 이것을 찾기 위해서는 먼저 〈이스라엘〉의 참 뜻이 무엇인지를 알아야 할 것이다.

이스라엘이란 이름은 야곱이 얍복강에서 천사와 씨름하여 〈승리했다〉는 뜻으로 받은 이름이다(창 32:28). 그리고 이스라엘 선민은 바로 하나님이 자기 백성으로 선택하신 야곱의 후손들을 말한다(사43:31). 그러나 야곱의 혈통적인 후손이라고 해서 모두 이스라엘 선민이 되는것은 아니다.

일찍이 세례요한은 유대인들에게 「속으로 아브라함이 우리 조상이라고 생각지 말라. 내가 너희에게 이르노니 하나님은 능히 이 돌들로도 아브라함의 자손이 되게 하시시라」 (마3:9)고 하여 이 사실을 드러냈으며, 또 사도 바울도 이르기를 「대지 표면적 유대인이 유대인이 아니요, 표면적 육신의 할례가 할례가 아니라, 오직 이면적 유대인이 유대인이며 할례는 마음에 할지니라」 (롬 2:28~29)고 하여, 이스라엘의 혈통적 후손만이 이스라엘이 아니라는 것을 명시하였다(롬 9:6~8).

그러므로 야곱의 후손들이 모세를 중심으로 사탄 세계인 애급을 떠날 때는 이스라엘 선민이었지만, 그들이 광야에서 하나님을 불신할 때에는 이미 이스라엘 선민이 아니었다.

이와 마찬가지로 예수님을 살해하기 전의 유대인들은 모두 이스라엘 선민의 입장에 있었지만, 그들은 불행히도 주님을 십자가에 처형함으로써 그 선민의 자격을 모두 상실했던 것이다.

그러면 예수님이 돌아가신 후 혈통적 유대인을 대신한 이스라엘 선민은 누구인가? 그는 아브라함의 혈통적인 후손이 아니라, 그의 믿음을 계승하여 온 기독교 성도들이다(갈 3:7, 요일 5:4~5). 우리가 기독교 성도들을 일러 제2의 이스라엘 선민이라고 하는 이유는 여기에 있다.

이 사실은 사도 바울이 이른바 「저희(유대인)의 넘어짐으로 구원이 이방인에게 이르러 이스라엘로 시기나게 함이니라」(롬 11:11)고 한 말씀을 보아도 잘 알 수 있으니, 이는 곧 유대인들의 불신으로 인하여 예수님이 십자가에 돌아가심으로써, 하나님의 구원섭리의 중심은 이미 이스라엘 민족으로부터 이방인에게로 옮겨졌음을 드러낸 것이다.

이미 포도원의 비유에서도 밝힌 바와 같이(마 21:33~43), 과거 예수님을 살해한 유대민족은 다시 섭리의 중심으로 하늘 앞에 부름 받을 수 없다. 그러면 새로운 성약시대를 맞이한 오늘 이 시대에 있어서, 주님의 대리적재림이 이루어질 그 나라는 과연 어느 나라인가?

성서는 우리에게 그 나라가 바로 동방(극동)에 있음을 알려 주고 있다. 그 예로 계시록 7장 2절 이하에 보면, 「한 천사가 살아계신 하나님의 인을 가지고 해 돋는 곧(동방)으로부터 올라와 택함을 받은 하나님의 종들에게 인을 쳤다」고 하였고(계 7:2~5), 또 계시록 14장 1절에는 「그 인맞은 무리와 함께 어린양(예수님)이 시온산에 섰다」고 기록하여, 주님은 장차 동방에서 한 나라를 택하시어 세계복음화섭리의 중심으로 세우실 것을 미리 보여주고 있다.

예로부터 동방나라는 한국·중국·일본 등 동양 삼국을 가리킨다. 그러면 이 세 나라 중에서 어느 나라가 바로 하나님의 인을 치는 나라가 될 것인가?

먼저 일본을 살펴보면, 일본은 대대로 천조대신(태양신)을 섬겨 온 나라로써, 후일 을사보호조약과 한일 합방이란 미명 아래 한국을 강점한 후, 한국의 기독교를 혹독히 박해한 나라였다. 그리고 중국은 현재 무신론에 입각한 공산주의 국가로서 역시 기독교를 적대시하고 있으므로, 이 두 나라는 모두 사탄편 국가가 된다. 따라서 하나님은 그러한 사탄 편 국가를 섭리의 중심으로 세우실 수는 없는 것이다.

　그러면〈한국〉은 어떠한가? 한국은 현재 유신론에 입각한 민주주의 국가이며, 또한 기독교를 비롯하여 모든 종교를 보호·육성하는 종교국가이기도 하다. 그리고 한국민족은 특히 선천적으로 경천사상과 평화사상이 강한 문화민족으로서, 예로부터 충·효·열을 높이 숭상해 온 선한 민족이다. 그러기 때문에 한국민족은 역사상 그 국력이 막강하던 때에도 자기 나라의 이익을 위해 남의 나라를 침략한 일이 한번도 없었다. 오늘날 한국교회가 세계에 자랑할 만큼 독실한 성도들로 차고 있다는 사실은 바로 이러한 한국인의 투철한 경천사상과 평화사상을 잘 말해 주는 것이라고 하겠다. 이러한 견지에서 한국은 어디까지나 하늘편 국가임을 알 수 있다.

　일찍이 한국을 가리켜 동방의 예의지국이라고도 하였거니와, 인도의 시성 타골은 그의 시에서 한국을〈동방의 등불〉이라고 예찬하였다. 여기에 그 시를 간단히 소개하면 다음과 같다.

<blockquote>
일찍이 아시아의 황금시대에
빛나던 등불의 하나인 코리아
그 등불 다시 한번 켜지는 날에
너는 동방의 밝은 빛이 되리라
</blockquote>

　한편 미국의 세계적 부흥목사인 빌리 그래할 박사는 한국종교에 관한 그의 저서〈핍박을 통한 승리〉에서 한국교회의 미래상을 다음과 같이 증거하였다.

　「서구의 심령기준이 놀라운 속도로 몰락을 당하고 있는 이 때에, 하나님께서는 섭리 가운데 한국 사람을 세우시어 꺼져 가는 서구의 기독교를 부활시키는 선교사로 쓰실 것을 나는 확신하는 바이다. 이제까지 여러 해 동안 서구의 선교사들이 동양으로 향해 흘러 들어가 그곳에서 복음을 전해 왔으나, 이제 하나님의 섭리 가운데 이 흐름이 동양에서 서양으로 전환될 것을 나는 예언하는 바이다. 그리고 오늘의 한국 기독교는 어두운 바다 위에 빛나는 생명의 등대로서 어두운 세계를 비치는 등대가 될 것이다.」

위에서 필자는 인도의 시성 타골의 예언시와 미국의 부흥목사 빌리 그래함의 예언문을 소개했거니와, 이러한 그들의 계시적 증언만을 보더라도 한국은 어느모로 보나 하늘 편 국가임이 분명하다. 따라서 새로운 성약시대를 맞이한 오늘 이 시대에 있어서, 주님의 대리적 재림이 이루어질 동방의 그 나라는 바로 〈한국〉이 된다.

이 밖에도 한국은 선지자 스가랴가 예언한대로 남과 북이 서로 갈라진 분단국가이며(슥 14:4), 또 수정같이 맑은 생수의 강―압록강과 두만강―이 동해와 서해로 흐르는 반도국가이기도 하다(슥 14:8). 이러한 지리적 조건만으로 보더라도 한국은 어디까지나 하나님이 예비하신 주님의 재림지가 아닐 수 없다.

제4절 메시아의 재림시기

* 천하에 범사가 기한이 있고 모든 목적이 이를 때가 있나니, 날 때가 있고 죽을 때가 있으며, 심을때가 있고 심은 것을 뽑을 때가 있으며(전 3:1∼2).
* 외식하는 자여 너희가 천지의 기상은 잘 분별할 줄을 알면서 어찌 이시대는 분별치 못하느냐, 또 어찌하여 옳은 것을 스스로 판단치 아니하느냐(눅 12:56∼57).
* 무화과 나무의 비유를 배우라. 그 가지가 연하여지고 잎 사귀를 내면 여름이 가까운 줄을 아나니, 이와 같이 너희도 이 모든 일을 보거든 인자가 가까이 곧 문 앞에 이른 줄 알라(마 24:32∼33).

이미 논한 바와 같이, 주님의 재림형태에는 두 가지 유형, 즉 〈 영적인 재림 〉과 〈 대리적 재림 〉이 있다. ―본장 제 2절 참조. 그렇다면 주님의 재림시기에도 역시 영적인 재림의 시기와 대리적 재림의 시기가 있어야 할 것이다.

1. 영적인 재림의 시기

이미 논한 바 있거니와, 예수님의 재림은 어디까지나 〈영적인 재림〉이다. 따라서 주님의 재림은 전혀 시간과 공간의 제한을 받지 않는다. 영적인 세계에서는 시간과 공간을 모두 초월하기 때문이다. 이처럼 예수님 재림은 시간과 공간의 제한을 받지 않는 영적인 재림이므로, 주님은 항상 자신의 뜻대로 누구에게나 즉시 찾아가 재림하실 수 있다. 그런데 이러한 주님의 영적인 일반 재림은 이미 사도 시대부터 시작되었음을 우리 성도들은 깨달아야 한다. 이 사실은 다음의 성구만을 보더라도 분명히 알 수 있다.

* 두세 사람이 내 이름으로 모인 곳에는 나도 그들 중에 있느니라(마18:20).
* 볼지어다. 내가 세상 끝 날까지 너희와 함께 있으리라(막 28:20).
* 제자들이 나가 두루 전파할새, 주께서 함께 역사하사 그 따르는 표적으로 말씀을 확실히 증거하시니라(막 16:20).
* 나의 계명을 가지고 지키는 자라야 나를 사랑하는 자니, 나를 사랑하는 자는 내 아버지께 사랑을 받을 것이요, 나도 그를 사랑하여 그에게 나를 나타 내리라(요 14:21).
* 너희가 아들인 고로 하나님이 그 아들의 영을 우리 마음 가운데 보내사 아바 아버지라 부르게 하셨느니라(갈 4:6).

이와 같이 주님은 약속하신 대로 이미 우리 가운데 오셔서 부단히 역사하고 계신다. 이러한 주님의 놀라운 재림역사가 있었기에, 기독교는 사탄과의 치열한 투쟁에서 항상 승리하고 발전할 수 있었던 것이다. 오늘도 세계 도처에서는 시공을 초월한 주님의 영적인 재림 역사가 부단히 전개되고 있음을 우리 성도들은 밝히 깨달아야 할 것이다. 그러면 오늘날 모든 성도들이 고대하는 주님의 재림시기는 언제인가? 주님의 재림은 오직 하나님과 주님만이 결정하실 문제이기 때문에, 우리는 그 시기를 알 수도 없다. 그러나 굳이 말한다면 하나님과 주님께 경건히 예배하고 기도하는 그 시간이 바로 영적인 재림의 때라고 볼 수 있다.(마 18:20, 요 4:23). 경건한 예배와 기도 생활의 필요성은 여기에 있다. 예수님도 「항상 기도하며 깨어 있으라」 (눅21:36)고 권고하셨거니와, 기도하지 않는 신앙은 죽은 신앙이다. 때문에 기도하지 않는 자에게는 주님이 기쁘게 재림하실 수 없다.

그러므로 주님의 재림을 고대하는 모든 성도들은 언제나 열심히 예배하고 기도하며, 또 주께서 명하신 계명들을 충실히 지켜야 한다.(요 14:21, 요일 3:24). 이것이 바로 주님의 재림을 앞당기는 비결이요, 또 자기의 영원한 생명을 구하는 최선의 길이다.

보라! 주님은 가셨으되 아주 가는 것이 아니고 항상 우리가 함께 계신다고 말씀하셨으니 (마28:20). 주님은 우리의 간절한 기도에 반드시 응답해 주실 것이다(마 21:22, 요 14:14).

2. 대리적 재림의 시기

예수님은 분명히 재림하실 것을 약속하셨으므로(요 14:3), 예나 지금이나 모든 성도들은 그의 재림을 한결같이 고대하고 있다. 그러나 우리는 주님의 재림시기를 정확히 알 수 없다. 그것은 오직 하나님과 주님만이 아시고 결정하실 문제이기 때문이다. 일찍이 예수님도 이르시되 「그러므로 깨어 있으라. 어느 날에 너희 주가 임할른지 너희가 알지 못함이니라」 (마 24:42)고 말씀하심으로써, 주님의 재림시기는 우리가 함부로 판단할 수 없음을 드러내셨다. 그런데 마태복음 24장 36절에 보면, 「그 날과 그 시는 아무도 모르나니, 하늘의 천사들도 아들도 모르고 오직 아버지만 아시느니라」 고 하신 예수님의 말씀이 있다. 이 말씀을 보면, 주님의 재림 시기는 그 자신도 모르시는 것처럼 여겨진다. 그러나 이 말씀은 그 재림의 성격상 부득이 하신 말씀으로 보아야 한다. 주님의 섭리적 재림의 시기는 그 시대의 사람들이 알아야 할 문제가 아니었기 때문이다.

그러나 설혹 예수님이 그의 재림시기를 모르신다 해도, 우리는 크게 염려할 것이 없다. 주님은 계속하여 「아버지만은 아신다」 고 말씀하였으니, 때가 이르면 그 날을 명시해 주실 것이다(딤전 6:15).

「주 하나님께서는 자기의 비밀을 그 종 선지자들에게 보이지 않고는 결코 행하심이 없으시리라」(암 3:7)고 하신 말씀대로, 하나님은 언제나 그 자신의 뜻을 미리 알려주시며 섭리하신다(창 18:17~18).

그러므로 하나님은 노아의 홍수시에도 미리부터 알려 주셨고, 또 소돔과 고모라를 멸하실 때에도 역시 그러하셨다. 메시아의 초림시에도 하나님은 동방박사와 목자 시몬·안나·세례요한 등의 증거자들을 세우시어, 주님의 강림을 많은 사람들에게 알려 주시지 않았던가?

이와 같이 하나님은 언제나 미리 알려 주시며 섭리하시지만, 우리가 이러한 하나님의 사전 예고만을 믿고 자기 신앙을 게을리 하는 어리석은 자가 되어서는 안 된다. 성서는 그들에게 한하여 주님이 도적 같이 일하실 것을 경고하고 있다(살전 5:2). 즉 어둠속에 있어서 보아도 알지 못하고 들어도 깨닫지 못하는 우매한 자들에게는 주님이 도적같이 임하실 수 밖에 없다는 말이다.

그러나 성서는 계속하여 「너희는 어둠에 있지 아니하매 그날이 도적같이 너희에게 임하지 못하리라」(살전 5:4)고도 하였으니, 하나님은 빛 가운데 있는 자녀들에게는 반드시 그 때를 알려주실 것이 분명하다. 「뜻밖에 그날이 덫과 같이 너희에게 임함을 피하라」(눅 21:34~36)고하신 예수님의 말씀을 보더라도 깨어 있는 성도들은 그날이 덫과 같이 임함을 능히 피할 수 있음을 알 수 있다.

그러면 오늘날 모든 성도들이 한결같이 고대하는 주님의 재림시기는 언제인가? 대리적 재림의 시기는 그 성격상 주님의 대신 사명자인 〈승리자〉와 〈두 증인〉이 출현하는 시기로 보아야 한다. ―본장 제5절 〈새 시대의 사명자〉참조, 왜냐하면 그들은 바로 주께서 약속하신 새 시대(재림시대)의 사명자들이기 때문이다(계 2:26~28, 계 12:5, 계 11:3). 따라서 우리 성도들은 누구나 계시록에 예언된 승리자와 두 증인의 출현을 고대하지 않을 수 없다.― 이에 관한 자세한 설명은 부득이 생략하기로 한다.

제5절 새 시대의 사명자

* 내가 동방에서 독수리(사명자)를 부르며, 먼 나라에서 나의 모략을 이룰 사람을 부를 것이라, 내가 말하였은즉 정녕 이를 것이요, 경영하였은즉 정녕 행하리라(사 46:11).
* 주의 성령이 내게 임하셨으니 이는 가난한 자에게 복음을 전하게 하시려고 내게 기름을 부으시고, 나를 보내사 포로 된 자에게 자유를, 눈 먼 자에게 다시 보게 함을 전파하며, 눌린 자를 자유케 하고 주의 은혜의 해(민중해방을 위한 희년)를 전파하게 하려 하심이라(눅 4:18~19).

기독교는 바로 고통받는 민중과 사회를 해방하고, 이 땅에 하나님의 나라와 민중의 나라를 건설하기 위해 부름받은 종교다. 그러면 기독교가 추구하는 하나님의 나라와 민중의 나라는 어떻게 이룰 수 있는가? 그 나라는 바로 주께서 명하신 〈세계복음화〉를 통해서 이루어진다(눅 4:43, 마 24:14, 막 16:15). 그리고 이러한 세계복음화는 구약과 신약과 성약의 3시대를 통해서 이루어진다. 그런데 지금은 바로 그 마지막 단계인 성약시대가 출발할 때임을 우리 성도들은 속히 깨달아야 할 것이다.

그러면 이러한 성약시대를 맞이하여, 하나님이 지상에서 선택하실 새로운 세계복음화 섭리의 중심인물은 누구인가? 성서는 그가 바로 〈하나님의 인〉을 치는 자임을 말해 주고 있다.

그 예로 계시록 7장 2절 이하에 보면, 한 천사(사명자)가 살아 계신 하나님의 인을 가지고 해 돋는 곳(동방)으로부터 올라와 택하신 하나님의 종들에게 인을 쳤는데, 그 인맞은 자의 수가 14만 4천이라고 기록하여(계 7:2~5), 하나님은 장차 해 돋는 동방나라에서 한 사명자(천사)를 부르시어, 그로 하여금 마지막 하나님의 인을 치게 하신다는 것을 보여주고 있다(사 41:2~4, 사 41:8~10, 사 41:14~15, 사 46:11). 여기서 인은 하나님의 새 진리말씀을 가리키며 인맞은 14만 4천의 무리는 이 땅에 하나님의 나라를 건설하기 위해 먼저 부름받은 새 시대의 사명자들을 가리킨다(계 14:1~4).

그런데 지금까지 대부분의 성도들은 주님이 직접 하나님의 인을 치시는 것으로 생각해 왔다. 그러나 계시록에 예언된 하나님의 인은 주님이 직접 치시는 것이 아니라고, 그 인은 반드시 그 주님의 대신사명자로 부름받은 새 시대의 사명자가 치는 것임을 알아야 한다.

주님의 재림시대에 하나님이 선택하실 세계복음화섭리의 중심인물은 바로 〈인치는 사명자〉로서, 그는 반드시 하나님이 주시는 새로운 진리말씀을 가지고 오실 것이다. ─제1장 〈진리론〉참조, 계시록 10장에 기록된 바, 한 천사가 들고 있는 〈작은 책〉이란 바로 이 새로운 진리말씀을 담은 책을 가리킨다(계 10:1~3). 그리고 그는 새 시대의 세계복음화를 위해 그 새로운 진리말씀을 세계만방에 널리 전파하실 것이다(계 10:7, 계 10:8~11).
그러기에 사도 요한은 「내가 또 보니 다른 천사가 공중에 날아가는데, 땅에 거하는 자들 곧 여러 나라와 족속과 방언과 백성에게 전할 〈영원한 복음〉을 가졌더라」 (계 14:6)고 증거했던 것이다.

한편 계시록 12장 5절에도 「여자가 아들을 낳으니 이는 장차 철장으로 만국을 다스릴 남자라. 그 아이를 하나님 앞과 그 보좌 앞으로 올려 가더라」로 하였다. 여기서 여자는 말세에 출현할 주님의 새 〈신부교회〉를 나타내고(계 12:17), 그 여자가 낳은 아들은 주님의 대신사명자(대리자)인 〈승리자〉를 가리킨다(계 2:26~28, 계 3:21~22). 따라서 이 말씀은 주님이 장차 여자(교회)가 낳은 한 아들(승리자)을 새 시대의 사명자(메시아)로 세우시고, 그로 하여금 철장(진리)으로 만국을 다스리게 하신다는 것을 보여준다(계 6:1~2).

그런데 일부 교회에서는 이 여자를 교회가 아닌 실제의 여인으로 보며, 또 그녀가 낳은 아들을 재림주로 가르친다. 그러나 이것은 매우 그릇된 견해가 아닐 수 없다. 왜냐하면 주님의 재림은 결코 여인의 몸을 통해서 이루어지는 것이 아니기 때문이다.

여자가 자녀를 낳아 기르는 일이나, 교회가 하나님의 자녀인 성도들을 낳아 신앙적으로 키우는 일은 그 기능상으로 보아 능히 서로 견주어 말할 수 있거니와, 사실상 교회는 자애로운 어머니의 역할을 해야만 한다. 일찍이 사도 바울도 그리스도와 교회의 밀접한 관계를 남편과 아내의 관계로 설명하지 않았던가(엡 5:30~32). 이러한 관점에서 계시록 12장에 기록된 여자는 바로 어린양의 신부인 교회를 비유한 것으로 보아야 한다(계 21:9~10).
계시록 12장 17절에도 「용(사탄)이 여자에게 분노하여 들어가서 그 여자의 남은 자손, 곧 하나님의 계명을 지키며 예수의 증거를 가진 자(성도)들로 더불어 싸우려고 바다 모래 위에 섰더라」고 하였으니, 이 여자가 곧 교회를 비유함이 아니고 무엇이겠는가?

계시록 2장과 3장에는 일곱교회에 보낸 편지와 〈승리자〉에 관한 내용이 기록되어 있다. 그런데 주님은 장차 그 승리자로 하여금 철장(진리)으로 만국을 다스리게 하신다고 하였다(계 2:26~28). 이 말씀으로 보아, 장차 만국을 다스릴 〈승리자〉는 바로 계시록 7장2절의 〈인치는 사명자〉와 계시록 12장 5절의 〈만국을 다스릴 남자〉와 같은 사명자임을 알 수 있다.
계시록에 예언된 승리자는 바로 새로운 성약시대의 메시아(사명자)를 가리킨다. 메시아는 본래 기름부음을 받은 사명자들을 가리키던 말이다(출 40:13~15, 삼상 15:1). 그런데 종래의 신학은 오직 예수님만을 메시아로 부르며, 그 주님을 전지전능의 하나님으로 신격화하고 있다. 따라서 그들이 주장하는 신관과 메시아관은 모두 수정되어야 할 것이다.

한편 계시록 11장 3절과 4절에 보면, 「내가 나의 두 증인에게 권세를 주리니 저희가 굵은 베옷을 입고 일천 이백 육십일을 예언하리라, 이는 이 땅의 주 앞에 섰는 두 감람나무와 두 촛대니」 라고 기록되어 있다. 여기서 두 감람나무와 두 촛대는 각각 두 선지자와(계 11:10) 두 교회를 가리킨다(계 1:20). 그런데 이러한 두 감람나무와 두 촛대의 사명은 바로 주님이 장차 새로운 세계복음화섭리의 중심으로 세우실 〈승리자〉(인치는 사명자)의 앞 길을 예비함에 있음을 알아야 한다.

일찍이 사도 바울은 이르기를 「하나님은 한 분이시오, 또 하나님과 사람 사이에 중보도 한 분이시니, 곧 사람이신 그리스도 예수라」 (딤전 2:5)고 말씀하였다. 이 말씀대로 예수님은 온 인류를 구원하시기 위한 새 언약의 〈중보자〉로 오셨다(히 9:15, 히 12:24). 그런데 성서에 보면, 주님의 재림시대(성약시대)에는 하나님이 또 새로운 중보자를 세우실 것으로 되어 있다. 그러면 그 새로운 중보자는 누구인가? 그는 바로 주님의 대신사명자로 부름받은 〈새 시대의 사명자〉를 가리킨다.

새 시대의 사명자는 바로 이 지상에 하나님의 나라를 건설하기 위해 부름받은 재림시대의 중보자를 말하는데, 주님은 그를 〈승리자〉와 〈보혜사〉로 부르셨다(계 2:26~27, 계 12:5, 요 14:16, 요 15:26, 요 16:7). 이처럼 주님의 재림시대에는 그의 대신사명자인 승리자(보혜사)가 구원의 중보자가 되시기 때문에, 이 시대의 사람들은 반드시 그 새로운 중보자를 통해서 하나님 앞으로 나아가야만 구원의 조건을 세울 수 있다.

위에서 논한 바와 같이, 계시록에 예언된 〈승리자〉는 새 시대의 구원섭리와 세계복음화를 위해 새로운 진리말씀을 가지고 오신다. 그리고 그는 그 새로운 진리 말씀을 세계만방에 전파하시며, 모든 성도들이 그 진리말씀에 동참하기를 간절히 호소하실 것이다(계10:11, 계14:6).

새 시대를 열망하는 모든 성도들이여! 이제는 모두 구시대의 낡은 교리인 서구신학의 굴레에서 속히 벗어나라. 그리고 이제는 그 낡은 서구신학의 대안으로 떠오른 〈민중사상〉과 〈민중신학〉으로 다시 무장화라. 그리하여 이 땅에 하나님의 나라와 민중의 나라를 속히 건설하라. 이것이 바로 민중해방과 세계해방을 위해 섭리하시는 하나님과 주님의 뜻이 아니겠는가?

◎ 마호멧은 과연 마지막 선지자인가?

서기 622년 선지자 마호멧은 아라비아의 메디나에서 이슬람교를 세웠다. 그런데 이슬람교는 그 마호멧을 마지막 선지자라고 주장한다. 그러나 하나님의 섭리로 보아 우리는 그를 마지막 선지자로 볼 수 없다. 왜냐하면 성서(계시록)에 예언된 마지막 선지자(사명자)는 반드시 구원섭리의 마지막 단계(완성단계)인 〈성약시대〉에 출현하도록 되어 있기 때문이다. 이처럼 마지막 선지자는 아무 때나 출현하는 것이 아니라, 하늘이 정하신 마지막 때가 되어야 비로소 출현할 수 있는 것이다. 오늘의 모든 이슬람 교인들은 이 사실을 지혜롭게 깨달아야 할 것이다.

지난 역사를 돌이켜 보면, 기독교와 이슬람교는 언제나 서로 대립·충돌해 왔다. 그 대표적인 것이 바로 십자군전쟁이었다. 당시 기독교와 이슬람교는 성지 예루살렘을 독차지하기 위해, 200년간이나 추악한 종교전쟁을 벌였다. 그런데 이러한 두 종교간의 충돌은 아직도 계속되고 있는 안타까운 실정에 있다.

그러면 오늘의 기독교와 이슬람교는 이제 어찌해야 하는가? 두 종교는 아직도 서로 상대방을 이단시하고 적대시해야 하는가? 그리고 두 종교는 성전이란 미명 아래 아직도 계속 싸워야만 하는가? 그것이 바로 하나님과 주님의 뜻이며, 또 마호멧의 뜻이란 말인가?

아니다. 그것은 결코 하나님과 주님의 뜻이 아니며, 또 마호멧의 뜻도 아니다. 그렇다면 오늘의 기독교와 이슬람교는 더 이상 서로를 적대시 하지 말아야 할 것이다.

◎ 유대교·기독교·이슬람교는 한 형제다!

세계의 화약고로 불리는 중동에선, 오늘도 세계평화를 위협하는 전쟁의 포성이 끊임없이 울려 퍼지고 있다. 이처럼 세계의 화약고인 중동에서 끊임없이 벌어지는 무력충돌은 그 지역에 뿌리를 둔 유대교와 기독교 그리고 이슬람교가 서로 화합하지 않는 한 그대로 계속될 것이다(마 12:25).

유대교를 비롯하여 기독교와 이슬람교는 바로 한 하나님과 한 조상(아담)을 믿는 종교다. 이 사실은 바로 전세계의 유대교인과 기독교인과 이슬람교인이 모두 한 형제라는 것을 의미한다. 그렇다면 오늘의 유대교와 기독교와 이슬람교는 모름지기 지난 날의 과오를 서로 용서하고, 이제는 모두가 한 형제로 다시 만나야 할 것이다(마 18:21~22). 우리는 지난날의 상처가 아무리 크고 아프다 해도, 형제들의 가슴에 총을 겨누는 골육상쟁은 더 이상 하지 말아야 할 것이다. 그리고 세 종교는 마침내 하나로 통일되어야 할 것이다. 필자는 그 영광스러운 통일의 날이 속히 오기를 하나님과 주님의 이름으로 간절히 기원하는 바이다.

제 14 장

섭 리 론

✝ 내가 동방에서 독수리(사명자)를 부르며, 먼 나라에서
나의 묘략을 이룰 사람을 부를 것이라. 내가 말하였은 즉,
정녕 이룰 것이요, 경영하였은 즉 정녕 행하리라(사 46:11).

✝ 너희는 이전 일을 기억하지 말며, 옛적 일을 생각하지 말라.
보라 내가 새 일을 행하리니, 이제 나타낼 것이라. 너희가
그것을 알지 못하겠느냐(사 43:18~19).

✝ 하나님의 구원섭리는 구약과 신약과 성약(成約)의 3시대를
통해서 전개된다. 구약시대는 율법시대요, 신약시대는 복음
시대요, 성약시대는 계시록에 예언된 〈새복음〉의 시대다(계
14:6). 그런데 지금은 바로 그 마지막 단계인 새로운 〈성약시
대〉가 출발할 때이다.

인간은 역사와 더불어 생존한다. 고기가 물을 떠나서 살 수 없듯이, 잠시도 역사를 떠나서 살 수 없는 존재가 바로 인간이다. 다시 말해서, 인간은 역사 속에서 태어나 그와 더불어 생존하다가, 그 역사 속에서 자기의 생을 정리해야 하는 역사적 존재인 것이다.

이와 같이 인간은 역사와 더불어 불가분의 관계를 맺고 생존하지만, 불행히도 이 역사가 본래 어디로부터 어떻게 출발해 왔으며, 또 어디를 향해 가고 있는지를 자세히 모르고 있다. 지금까지 많은 학자와 사가들이 밝혀 놓은 역사의 내용이란 다만 외적이며 평면적인 것에 불과했을 뿐, 그의 내적이며 입체적인 내용은 하나도 제대로 파헤치지 못하였다. 그 결과 인간은 항상 역사의 대수레바퀴를 역행시키는 우매한 오류를 범하기 일쑤였다.

그러면 왜 우리 인간은 그처럼 역사의 근본 내용을 알지 못하게 되었는가? 그것은 바로 인간이 타락하여 무지에 떨어짐으로써, 하나님의 구원섭리를 자세히 알지 못하였기 때문이다. 따라서 우리가 역사의 근본 내용을 바르게 이해하려면, 무엇보다도 하나님의 구원섭리에 대한 올바른 인식이 앞서야 한다. 왜냐하며 인류역사는 바로 타락한 인간을 구원하기 위한 하나님의 구원섭리역사이기 때문이다.

하나님의 구원섭리는 그 성격상 〈복귀섭리〉라고도 부른다. 그러면 이러한 하나님의 구원섭리(복귀섭리)가 역사 속에서 어떻게 전개되어 왔는가를 간단히 살펴보기로 하자. ―본 〈섭리론〉은 주로 성서에 기초해서 다룬 것임을 미리 밝혀 두는 바이다.

제1절 구원섭리의 주요법칙

하나님의 구원섭리를 바르게 이해하려면, 우리는 먼저 그 섭리에 작용하는 법칙부터 자세히 알아야 한다. 왜냐하면 하나님의 구원섭리는 항상 일정한 법칙에 따라 전개되기 때문이다. 이러한 법칙을 모를 때, 우리는 하나님의 섭리와 역사의 흐름을 잘못 판단하기 쉽다. 그러면 이제 하나님의 구원섭리에 부단히 작용하는 주요 법칙들이 무엇인지를 간단히 살펴보기로 하자. — 여기서는 6가지 법칙만을 소개하기로 한다.

1. 믿음의 법칙

인간의 타락은 하나님에 대한 믿음과 순종을 저버리고, 그를 불신하고 불순종함에 있었다. —제5장 〈타락론〉참조. 따라서 인간이 하나님 앞으로 다시 나아가려면, 반드시 하나님에 대한 믿음과 순종의 기대를 세워야 하는 바, 이것을 〈믿음의 법칙〉이라고 한다. 혹자는 믿음만을 강조하지만, 순종(행함)이 없는 믿음은 이미 그 자체가 죽은 것임을 깨달아야 한다(마 7:21, 눅 6:46, 약 2:17).

인간이 세워야 할 믿음의 기대에는 다음과 같은 두 종류가 있다. 첫째는 〈종적인 믿음의 기대〉요, 둘째는 〈횡적인 믿음의 기대〉이다. 전자는 하나님과 주님에 대한 믿음의 기대요, 후자는 인간 상호간에 대한 믿음의 기대이다.

이러한 믿음의 기대를 세우려면 반드시 믿음의 중심인물이 있어야하며, 또 그와 믿음으로 하나가 되어야 한다. 종적인 믿음의 중심인물은 메시아가 되고(요 14:6, 딤전 2:5), 횡적인 믿음의 중심인물은 교회의 성직자들이 된다(고전 12:28, 엡 4:11~12).

하나님의 뜻은 바로 이러한 믿음의 중심인물들과 하나가 됨으로써(히 13:!7, 벧전 5:5), 작게는 개인과 가정으로부터 크게는 민족과 국가와 세계에 이르는 믿음의 기대가 조성되어야만 이루어진다.

2. 탕감의 법칙

인간이 그 본래의 위치와 상태에서 이탈하게 되었을 때, 그 본래의 위치와
상태에로 다시 회복하려면, 반드시 거기에 필요한 어떠한 조건을 세워 탕감
을 받아야 한다. 이러한 탕감조건을 세워 인간이 그 본래의 위치와 상태에로
다시 회복하는 것을 〈탕감의 법칙〉이라고 한다.

인간이 세워야 할 탕감조건에는 다음과 같은 세 종류가 있다. 첫째는 동일
한 가치의 탕감조건이요(출 21:23~25), 둘째는 보다 작은 가치의 탕감조건이
요(눅 7:41~42), 셋째는 보다 큰 가치의 탕감조건이다(출 22:1~4, 민
14:33~34). 이러한 탕감조건들은 인간이 그 본래의 위치와 상태에서 떠나게
된 경로와 반대되는 경로를 통해서 세워야 한다.

3. 분립의 법칙

하나님의 구원섭리는 선악을 분립하여 선을 세우고 악을 제거함에 그 목
적이 있다(롬 12:21, 요일 3:8). 선악이 서로 공존해서는 결코 하나님의 창조
이상이 실현될 수 없으며, 또 인간의 구원도 불가능하기 때문이다(고후 6:14~16).
그러므로 하나님은 지금까지 작게는 개인과 가정으로부터 크게는 민족과 국
가와 세계에 이르기까지, 선악 분립의 섭리를 부단히 전개해 오셨다. 오늘의
민주주의 세계와 공산주의 세계는 바로 이러한 선악 분립의 대표적인 형태
로 볼 수 있다. 이처럼 선과 악을 분립하여 선을 세우고 악을 제거하는 것을
〈분립의 법칙〉이라고 한다.

인간은 본래 창조주이신 하나님만을 섬기도록 되었다. 그런데 인간은 불
행히도 타락함으로써, 두 주인(하나님과 사탄)을 섬기는 〈중간위치〉에 떨어
지게 되었다(마 6:24). 그러므로 타락한 인간은 그가 세우는 조건에 따라 두

방향으로 분립된다. 즉 선한 조건을 세우는 자는 하늘편으로 분립되고, 악한 조건을 세우는 자는 사탄편으로 분립되는 것이다. 따라서 인간은 누구나 하나님의 뜻에 합당한 선한 조건을 세우도록 항상 힘써야 할 것이다.

4. 교회중심섭리의 법칙

성서는 인간을 하나님의 성전이라고 하였거니와(고전 3:16, 고후 6:16), 이러한 개인적인 성전을 확대한 것이 바로 〈교회〉이다. 교회는 하나님의 집이요(막 11:17, 엡 2:22), 그리스도의 몸이요(요 2:21, 엡 1:23), 진리의 터전이요(딤전 3:15), 또 부르심을 받은 자들의 거룩한 신앙 공동체이다. 그러므로 하나님은 언제나 교회를 통해서 그 자신의 구원섭리를 이루시는 바, 이것을 〈교회중심섭리의 법칙〉이라고 한다.

구원섭리의 중심인물은 〈메시아〉이다. 그런데 메시아는 이 지상에서 육신을 쓰고 영원히 생존할 수 없으므로, 하나님은 그를 대신한 교회를 세워 섭리하신다. 예수님이 교회를 세우시고 사도들을 부르신 이유는 여기에 있다(마 16:18, 눅 6:13).

그러나 교회의 중심은 그 교회를 이끄는 성직자가 아니다. 성서에도 그리스도는 교회의 머리가 되신다고 하였거니와(엡 1:22, 골 1:18), 교회의 참 주인(중심)은 오직 주님이시다. 성직자는 주님의 일꾼으로서 다만 성도들을 주님 앞으로 인도할 뿐이다. 이러한 교회중심의 섭리를 3시대의 교회섭리로 구분하면, 구약시대는 율법교회 섭리시대요, 신약시대는 복음교회 섭리시대요, 성약시대는 새복음교회 섭리시대가 된다.

교회는 바로 하나님과 주님이 부단히 역사하시는 구원의 방주이다(합 2:20, 마 16:18). 이 구원의 방주를 타고 지금까지 모든 성도들은 거센 파도와 싸우며 고달픈 항해를 계속해 왔다. 그런데 우리가 고대하던 구원의 최종 항구에 무사히 닻을 내리려면, 우리는 모름지기 구시대의 방주에서 새 시대의 방주로 다시 갈아타야만 할 것이다.

5. 3시대 구원섭리의 법칙

인간을 비롯한 모든 피조물은 반드시 소성·중성·완성의 3단계 과정을 거쳐야만 비로소 완성하도록 창조되었다. ─제4장 〈창조론〉 참조. 이것을 〈3단계 성장완성의 법칙〉이라고 한다. 이 법칙에 따라 하나님의 전체 섭리는 원시섭리시대와 구원섭리시대와 천국섭리시대의 3시대로 구분되어 전개 된다. 이 중 원시섭리시대는 아담 이전의 시대요, 구원섭리시대는 아담 이후의 시대요, 천국섭리시대는 하나님의 구원섭리가 모두 끝난 이후의 시대를 말한다.

한편 하나님의 구원섭리도 3시대로 구분되어 전개된다. 구약과 신약과 성약의 3시대가 바로 그것이다. 이 중 구약시대는 인간을 종의 자리(소성급)까지 구원하는 시대요, 신약시대는 양자의 자리(중성급)까지 구원하는 시대요, 성약시대는 친자의 자리(완성급)까지 구원하는 시대이다. 이것을 〈3시대 구원섭리의 법칙〉이라고 부른다.

구약시대는 아담으로부터 예수님까지의 시대요, 신약시대는 예수님으로부터 그가 재림하실 때까지의 시대이다. 그리고 성약시대는 주님의 재림으로부터 이 지상에 하나님의 나라(천국)가 모두 이루어질 때까지의 시대이다. 종래의 신학은 하나님의 구원섭리역사를 구약과 신약의 2시대로만 구분해 왔지만, 이러한 2시대 구분은 3시대 구원섭리의 법칙에서 볼 때 올바른 것이 될 수 없다.

이와 같이 하나님은 구약과 신약과 성약의 3시대를 통하여 전인류를 구원하려 하시므로, 하나님은 반드시 그 3시대를 이끌기 위한 신앙의 중심인물들을 세워 섭리하신다. 구약시대의 중심인물은 〈아담〉이요, 신약시대의 중심인물은 둘째 아담으로 오신 〈예수〉님이요(롬 5:14, 고전 15:45~47), 성약시대의 중심인물은 셋째 아담으로 오시는 〈승리자〉가 된다(계 2:26~28, 계 12:5). 그런데 이러한 3시대의 중심인물 중 아담만은 불행히도 타락함으로써 그의 사명을 다하지 못하였다. 만일 아담이 타락하지 않았다면, 이 땅에 하나님의 나라는 이미 이루어졌을 것이다.

6. 메시아강림의 법칙

　인간구원을 위한 하나님의 구원섭리의 중심인물은 바로 〈메시아〉이다. 그런데 그 메시아가 이 지상에 오시려면, 반드시 그가 오실 수 있는 섭리적 기반을 먼저 조성해야 하는 바, 이것을 〈메시아기대〉라고 한다. 그리고 인간은 하나님에 대한 믿음과 순종을 저버리고 타락했기 때문에, 인간이 그 메시아기대를 조성하려면 반드시 〈믿음의 기대〉와 〈순종의 기대〉를 세워야 하는 바, 이것을 〈메시아강림의 법칙〉이라고 한다.

　인간이 〈메시아기대〉를 조성하기 위한 〈믿음의 기대〉를 세우려면, 첫째로 하나님이 선택하신 〈믿음의 중심인물〉이 있어야 한다. 구약시대에 부름받았던 아담·노아·아브라함 등은 바로 이러한 믿음의 중심인물 이었다(암 3:7).

　둘째는 하나님의 뜻에 합당한 〈믿음의 탕감조건〉을 세워야 한다. 예컨대 아벨의 어린양헌제·노아의 방주건조·아브라함의 이삭헌제 등은 바로 그들에 세워야 하는데, 이에 관한 자세한 설명은 편의상 본장 제15절에서 다루기로 한다.

　한편 인간이 〈메시아기대〉를 조성하기 위한 〈순종의 기대〉를 세우려면, 하나님이 세우신 믿음의 중심인물에 대해 무조건 믿고 순종하는 탕감조건을 세워야 한다(삼상 15:22, 고전 4:2, 계 2:10). 그런데 이러한 탕감조건을 세우기 위해서는 먼저 사탄으로부터 이어받은 이기심·시기심·교만심·증오심 등의 타락성을 모두 버려야 한다. 이러한 타락성을 그대로 두고서는 결코 온전한 믿음과 순종이 불가능하기 때문이다(눅 12:15, 약 4:6, 요일 4:20).

　인간이 조정해야 할 〈메시아기대〉는 아담시대와 노아시대를 거쳐 아브라함시대에 가서야 비로소 이루어졌다. 당시 아브라함은 하나님에 대한 절대적인 믿음과 순종으로 이삭헌제에 성공하여 〈믿음의 기대〉를 세웠으며(창 22장, 창 26:5), 또 이삭은 자신을 번제물로 바치려는 아브라함에 무조건 순종하여 하나님의 뜻대로 〈순종의 기대〉를 세움으로써 (창 22:6~10),그들은 마침내 〈메시아기대〉를 조성했던 것이다.

이와 같이 아브라함은 하나님이 명하신 이학헌제에 성공하여 〈메시아기대〉를 조성했지만, 하나님은 그 당시에 메시아를 보내시지 않았다. 왜냐 하면 당시 아브라함에게는 메시아기대를 조성하는데 실패했던 아담으로부터 아브라함까지의 2000년 섭리기간을 다시금 회복하기 위한 〈믿음의 탕감기간〉이 남아 있었기 때문이다. 그리하여 아담시대부터 고대하던 메시아는, 아브라함으로부터 2000년이 지난 후에야 비로소 오시게 되었던 것이다.

제2절 구약시대의 구원섭리

구약시대는 아담으로부터 예수님까지의 4천년 섭리기간을 말한다.구약시대의 섭리적 중심인물은 바로 〈아담〉이었다. 그러나 그가 타락함으로써 그의 중심사명은 노아를 거쳐 아브라함에게로 옮겨지게 되었다. 그리고 이 시대는 율법중심의 섭리시대로서 인간을 종의 자리까지 구원하는 시대였다〈히 3:5〉. 그러면 이러한 구약시대에 하나님은 어떻게 섭리해 오셨는가를 간단히 알아보기로 하자.

1. 아담가정을 중심으로 한 구원섭리

이미 〈창조론〉에서 논한 바 있거니와, 인류는 아담시대보다 훨씬 더 오래 전부터 이 지상에 살고 있었다. -제4장 〈창조론〉참조. 아담이 하늘앞에 부름받기 전 시대를 원시섭리시대라고 하거니와, 이 시대의 사람들은 그 지적 수준이 너무 어리고 낮아, 하나님. 신앙을 하지 못하고 우상숭배신앙만을 해왔다(롬1:23, 고전10:20). 여기서 우상숭배신앙이란 하나님 신앙이 아닌 다른 모든 신앙을 말한다.

그러나 아담시대에 이르러 인간의 지적 수준은 우상숭배신앙을 벗어나 하나님 신앙을 할 수 있을 정도로 높아졌다. 이에 하나님은 비로소 아담을 섭리 가운데 부르시고 그에게 축복하심으로써(창1:28), 새로운 구원섭리시대가 출발하게 되었다. 성서에서 아담을 인간의 조상으로 묘사한 이유는 바로 여기에 있다.

이와 같이 하나님은 아담을 구원섭리시대의 첫 출발자로 부르심으로써, 그를 구약시대의 섭리적 중심인물로 세우셨다. 따라서 구약시대의 사람들은 아담을 신앙의 중보자로 세우고 하나님 앞으로 나아가도록 되었다. 그러나 아담은 불행히도 타락함으로써 그러한 신앙의 중보자가 되지 못하였다.

그러면 당시 아담은 어째서 타락하게 되었는가? 이 문제를 올바로 이해하려면, 우리는 먼저 에덴동산의 생명나무와 선악나무를 비롯하여, 천사와 사탄의 정체가 무엇인가를 명확히 알아야 한다. 그리고 아담과 하와를 유혹한 뱀과 들짐승의 정체도 역시 알아야 한다.

그 뿐만 아니라, 우리는 아담시대의 사회환경도 자세히 알아야 할 필요가 있다. 왜냐 하면 인간은 바로 사회적 존재로서 항상 그 사회와 밀접한 연관을 맺고 살아가기 때문이다. 그런데 이러한 문제들은 이미 〈타락론〉에서 자세히 다루었으므로, 여기서는 그 설명을 모두 생략하기로 한다.

(1) 아담가정이 조성해야 할 메시아기대

이미 〈메시아강림의 법칙〉에서 논한 바와 같이, 이 지상에 메시아가 오시려면, 먼저 그가 오실 수 있는 섭리적 기반인 〈메시아기대〉를 조성해야 한다. 그런데 인간은 하나님에 대한 불신과 불순종으로 말미암아 타락했기 때문에, 인간이 그 메시아기대를 조성하려면 반드시 〈믿음의 기대〉와 〈순종의 기대〉를 세워야만 한다. 그러면 이제 아담 가정이 조성해야 할 메시아기대에 대해 간단히 알아보기로 하자.

◉ 믿음의 기대

인간이 메시아기대를 조성하기 위한 믿음의 기대를 세우려면, 첫째로 하나님이 세우신 〈믿음의 중심인물〉이 있어야 하고, 둘째는 하나님의 뜻에 합당한 〈믿음의 탕감조건〉을 세워야 하며, 셋째는 일정한 〈믿음의 탕감기간〉을 세워야 한다. 이러한 섭리적 원칙에 따라 아담가정이 세워야할 믿음의 기대를 설명하면 다음과 같다.

① **중심인물 :** 아담가정에서 〈믿음의 기대〉를 세워야 할 중심인물은 바로 〈아벨〉이었다〈마 23:35〉. 하나님이 아담 대신 아벨을 믿음의 중심인물로 세우신 것은, 아담이 바로 타락의 장본인이며, 또 그는 타락함으로써 두 주인(하나님과 사탄)을 대하는 선악의 모체가 되었기 때문이다.

그러면 하나님이 장자인 가인보다 차자인 아벨을 믿음의 중심인물로 세우신 이유는 무엇인가? 그것은 장자인 아담이 타락함으로써, 그가 사탄에게 빼앗긴 장자의 자리에 가인이 서 있었기 때문이다. 그뿐 아니라 사탄도 차자인 아벨보다 장자인 가인을 더 원했기 때문에, 하나님은 가인보다 아벨을 믿음의 중심인물로 세우셨던 것이다.

② **탕감조건** : 아담가정에서 아벨이 〈믿음의 기대〉를 세우기 위한 탕감조건은 바로 〈어린양헌제〉였다(창 4:4). 그런데 당시 아벨은 하나님이 명하신 어린양헌제에 성공함으로써(히 11:4), 그는 마침내 아담가정이 세워야 할 믿음의 기대를 세우게 되었다.

인간은 타락함으로써 만물보다 거짓되고 부패한 존재가 되고 말았다(렘 17:9). 때문에 주님이 오시기 전 구약시대의 사람들은 먼저 그 만물을 중보로 세우고 하나님 앞으로 나아가기 위한 〈헌제〉를 통해서 그들의 믿음을 세우도록 되었다. 하나님이 가인과 아벨에게 만물을 상징하는 제물을 바치게 하신 이유는 바로 여기에 있었다.

그런데 창세기에 보면, 하나님은 가인과 아벨의 헌제 중 아벨의 제물은 기쁘게 받으셨으나, 가인의 제물은 받지 않으셨다고 하였다(창 4:3~5). 그리고 이를 분히 여긴 가인은 그 후 그들이 들에 있을 때에 아벨을 살해했다고 하였다(창 4:8).

그러면 하나님은 어찌하여 가인의 제물은 받지 않으시고, 아벨의 제물만을 받으셨는가? 여기에는 다음과 같은 세 가지 큰이유가 있었다.

첫째는 가인과 아벨이 선악의 표시체로 분립되어 각각 하늘편과 사탄편에 서 있었기 때문이다(마 23:35, 요일 3:12). 인간조상 아담은 타락함으로써 두 주인(하나님과 사탄)을 대하는 선악의 모체가 되고 말았다(마 6:24). 하나님은 이러한 아담을 통해서는 원리적인 섭리를 하실 수 없었기 때문에(고후 6:14~16), 하나님은 그를 혈통적으로 분립하여 가인과 아벨을 각각 사탄편과 하늘편에 세우시고 섭리하셨던 것이다. 하나님이 가인의 제물보다 아벨의 제물을 기쁘게 받으신 이유는 바로 여기에 있었다.

둘째는 아벨이 가인보다 더 깊은 정성과 진실한 믿음으로 그 제물을 드렸기 때문이다. 이 사실은 성서가 잘 말해 주고 있다. 그 예로 히브리서에 보면, 「믿음으로 아벨은 가인보다 더 나은 제사를 하나님께 드림으로써 의로운 자라 하시는 증거를 얻었으니, 하나님이 그 예물에 대하여 증거하심이라」(히 11:4)고 기록하여, 하나님이 아벨의 재물만을 받으신 이유를 밝히고 있다. 이것으로 보아 진실한 믿음이 없는 행위는 무엇이든지 하나님을 기쁘시게 해 드릴 수 없음을 알 수 있다(히 11:6).

셋째는 아벨이 바로 장차 오실 그리스도의 표상이었기 때문이다. 당시 아벨은 양을 치는 목자로서 어린 양을 제물로 드렸는데(창 4:2~4), 이 어린 양도 역시 그리스도의 상징이었다(요 1:29, 벧전 1:19). 그러기 때문에, 하나님은 가인보다 아벨의 제물을 기쁘게 받으셨던 것이다.

그런데 성적 타락론자들은 가인과 아벨의 헌제를 다음과 같이 풀이하고 있다. 즉 아담은 사탄과 혈연관계를 맺었기 때문에, 하나님은 그를 분립하여 가인과 아벨을 각각 사탄편과 하늘편에 세우시고, 그들에게 제물을 드리게 하셨다는 것이다.

그러나 이러한 그들의 주장은 매우 그릇된 것이 아닐 수 없다. 왜냐하면 아담은 결코 성적으로 타락한 것이 아니기 때문이다. -제5장 〈타락론〉 참조.

만일 아담이 성적으로 타락했다면, 사탄의 피는 그 후손들에게 계속 유전되므로, 가인과 아벨의 분립은 물론 인간의 구원까지도 모두 불가능하게 된다.

요컨대, 아담은 성적으로 타락한 일이 전혀 없으며, 또 하나님이 아담을 분립하신 것도 그가 사탄의 피를 이어받았기 때문에 분립하신 것이 아니었음을 분명히 알아야 한다.

③ **탕감기간** : 여기서 탕감기간이란 인간이 믿음으로 성장하다가 처음 타락했던 그 자리(소성기 완성급)를 다시금 회복하기 위한 일정한 섭리기간을 말한다.

그런데 당시 아담가정이 〈믿음의 기대〉를 세우는 데 필요했던 탕감기간은 120년이었다(창 4:25, 창 5:3). 이 기간은 아담으로부터 가인과 아벨이 제물을 드리던 때까지의 섭리기간을 말한다. 그리고 120(4×3×10)년을 구성하는 4수와 3수와 10수는 각각 4위기대수와 3단계완성수와 하나님께로 돌아가는 10단계 귀일수를 가리킨다.

◉ 순종의 기대

인간이 메시아 기대를 조성하기 위한 순종의 기대를 세우려면, 첫째로 하나님이 세우신 〈순종의 중심인물〉이 있어야 하고, 둘째는 하나님의 뜻에 합당한 〈순종의 탕감조건〉을 세워야 한다. 이러한 섭리적 원칙에 따라 아담가정이 세워야 할 순종의 기대를 설명하면 다음과 같다.

① **중심인물** : 아담가정에서 〈순종의 기대〉를 세워야 할 중심인물은 바로 〈가인〉이었다. 가인은 이미 사탄편에 속한 자였기 때문에(요일 3:12), 하나님은 그를 순종의 중심인물로 세우셨던 것이다. 따라서 가인은 아벨이 세운 믿음의 기대 위에 순종의 기대를 또다시 세워야 할 중대한 입장에 서게 되었다.

② **탕감조건** : 아담가정에서 가인이 순종의 기대를 세우기 위한 탕감조건은 바로 〈아벨에 대한 믿음과 순종〉이었다. 왜냐하면 아벨은 하늘편에 서 있었고 가인은 사탄편에 서 있었기 때문이다. 따라서 가인이 하나님의 뜻대로 순종의 기대를 세우려면, 그가 비록 장자일지라도 그는 차자의 입장에서 아벨을 신앙의 중보자로 세우고 그에게 믿음으로 순종해야만 한다.

이미 논한 바와 같이, 아벨은 하나님이 세우신 믿음의 중심인물이었다. 그러므로 당시 가인이 하나님 앞으로 나아가려면, 그는 어디까지나 아벨을 신앙의 중보자로 세우고 그를 통해 하나님 앞으로 나아가야 할 일이었다. 이러한 신앙노정은 모든 성도들이 걸어가야 할 본보기가 된다. 그러나 가인은 도리어 아벨을 무시한 채 하나님 앞으로 직접 나아가려고 했기 때문에, 하나님은 그의 제물을 받지 않으셨던 것이다(창 4:5).

(2) 아담가정이 메시아기대를 조성하지 못한 이유

인간의 타락은 바로 아담가정에서 비롯되었다. 때문에 하나님은 그 가정이 먼저 타락의 책임을 지고 〈메시아기대〉를 조성하도록 섭리하셨다. 그러나 아담가정은 불행히도 그 메시아기대를 조성하지 못했으니, 그 이유는 무엇인가? 그것은 바로 가인이 아벨을 살해함으로써(창 4:8), 그가 순종의 기대를 세우는데 실패했기 때문이었다.

당시 아담가정을 중심한 메시아기대는 아벨이 세운 〈믿음의 기대〉위에 가인이 〈순종의 기대〉를 세우기만 하면, 하나님의 뜻대로 조성될 수 있었다. 그럼에도 불구하고 가인은 아벨을 살해함으로써, 그 순종의 기대를 세우지 못했던 것이다.

그러면 가인은 어찌하여 아벨을 살해하게 되었는가? 그것은 아담가정이 조성하는 메시아기대를 저지하기 위해, 사탄이 배후에서 가인으로 하여금 아벨을 살해하도록 그를 계속 사주했기 때문이었다. 가인은 바로 이러한 사탄의 간교한 사주함이 있었기에, 그의 사랑하는 형제까지 무참히 살해했던 것이다.

이와 같이 사탄의 사주함을 받은 가인이 그의 앞잡이가 되어 아벨을 살해 함으로써, 가인은 최초의 살인자가 되었고, 아벨은 최초의 순교자가 되었다. 그리고 사탄도 가인의 살인사건을 배후에서 조종함으로써 간교한 살인자가 되었다(요 8:44). 아담가정을 중심한 메시아기대는, 바로 이러한 가인의 살인 사건 때문에 조성되지 못했던 것이다.

2. 노아가정을 중심으로 한 구원섭리

아담이 하나님을 불신하고 타락함으로써, 그를 중심으로 이루시려던 하나 님의 구원섭리는 모두 수포로 돌아가게 되었다. 이에 하나님은 아담의 대신 사명자로 노아를 부르시고 그에게 축복하심으로써(창 9:1~2), 그를 구약시대 의 섭리적 중심인물로 세우셨다. 다시 말해 노아는 아담을 대신한 제2의 조 상으로 부름받은 사명자였다. 따라서 노아는 아담의 사명을 계승·완성해야 할 매우 중대한 입장에 서게 되었다.

(1) 노아가정이 조성해야 할 메시아기대

이 지상에 〈메시아기대〉를 조성하기 위한 하나님의 섭리는, 이미 아담가 정에서부터 시작되었다. 그러나 가인이 아벨을 살해함으로써, 그 메시아기대 는 성사되지 못하였다. 이에 하나님은 아담가정의 대신으로 노아가정을 부르 시고, 그 가정으로 하여금 또다시 메시아기대를 조성하도록 섭리하셨으니, 이제 그 섭리과정을 간단히 알아보기로 하자.

◉ 믿음의 기대

① **중심인물** : 노아가정에서 〈믿음의 기대〉를 세워야 할 중심인물은 바 로 〈노아〉였다. 당시 노아는 의인으로 불리울만큼 독실한 믿음의 소유자였 으며(창 6:9), 또 그는 가인의 후손이 아니라 아벨을 대신한 셋의 후손이었기 때문에(창 4:25), 하나님은 그를 믿음의 중심인물로 세우셨던 것이다.

② **탕감조건** : 노아가정에서 그가 믿음의 기대를 세우기 위한 탕감조건은 바로 〈방주건조〉였다. 하나님은 노아를 부르신 후 그에게 방주(배)를 짓도록 명령하셨는데(창 6:13~14), 이러한 방주건조의 목적은 하나님이 장차 있을 홍수심판에서 노아가정을 구원하시기 위함이었다.

하나님의 말씀에 순종한 노아는 온갖 어려움을 이기고 마침내 방주를 완성하였다. 이러한 방주의 완성은 오직 하나님에 대한 그의 절대적인 믿음과 순종의 결과였다. 이처럼 노아는 하나님이 명하신 방주건조에 성공함으로써, 그는 마침내 노아가정이 세워야 할 〈믿음의 기대〉를 세우게 되었다.

창세기에 보면, 하나님이 말씀하신 홍수심판의 유예기간이 120년으로 나타나 있다(창 6:3), 그런데 혹자는 그 말씀을 보고, 노아가 120년간 방주를 만들었다고 주장한다. 이것이 사실이라면, 노아는 아직 아들이 없었던 480세부터 방주를 짓기 시작한 것으로 보아야 한다. 왜냐 하면 노아는 500세에 이르러 세 아들을 두었으며(창 5:32), 또 홍수는 그가 600세 되던 해에 있었기 때문이다(창 7:6). 그러나 노아가 방주를 짓기 시작할 때는 이미 장성한 아들과 며느리까지 있었으니(창 6:13~18, 창 11:10). 어찌 그가 120년간 방주를 지은 것으로 볼 수 있겠는가?

그러면 이러한 방주로 인한 노아가정의 구원은 우리에게 무엇을 상징적으로 보여주는가? 그것은 바로 하나님이 장차 구원의 방주 역할을 하는 교회를 통해서 온 인류를 구원하실 것을 보여준다. 여기서 방주는 곧 교회를 상징하거니와, 사실상 타락한 인류는 하나님과 주님이 부단히 역사하시는 교회를 통해서만 구원받을 수 있다(합 2:20, 마 16:18).

그리고 노아의 방주는 3층으로 되어 있는데, 이는 3시대의 교회 -구약교회와 신약교회와 성약교회-를 나타낸다.

노아의 방주는 홍수로 인해 150여일을 떠다니다가, 마침내 아리랏 산정에 머물게 되었다(창 8:3~4). 그 후에 노아는 지면의 물이 얼마나 줄었는가를 알아보기 위해 먼저 까마귀를 내보내고, 다음은 비둘기를 3차에 걸쳐 내보냈다고 하였다(창 8:6~12).

그러나 이러한 노아의 행동은 단순히 지면의 물이 준 것만을 알아보기 위함이 아니었다. 만일 지면의 물이 있고 없음을 아는 데만 그 목적이 있었다면, 노아는 방주의 창문을 통하여 얼마든지 알아볼 수 있었기 때문이다. 그러면 노아의 그러한 행동은 우리에게 무엇을 상징적으로 보여주는가를 간단히 알아보기로 하자.

먼저 노아가 내보낸 까마귀를 보면, 이 까마귀는 방주를 떠나지 않고 물이 마를 때까지 그 주위를 날아다녔다고 하였다(창 8:6~7). 까마귀는 부정하고 불길한 새로서 〈사탄〉을 상징한다. 따라서 이 말씀은 하나님의 뜻이 이루어질 때까지 사탄이 구원의 방주인 교회와 그 성도들을 부단히 괴롭히고 박해할 것을 나타낸 것으로 볼 수 있다.

다음으로 비둘기에 관한 내용을 보면, 노아는 그 비둘기를 3차에 걸쳐 내보냈다고 하였다. 비둘기는 깨끗한 새로서 특히 〈평화〉를 상징하거니와, 이 지상의 평화건설(천국건설)은 바로 하나님의 영원한 창조이상이며, 또한 구원섭리의 최종목표이기도 한다. 일찍이 예수님에게 성령이 비둘기 모양으로 임하신 이유는(요 1:32~33), 그가 바로 평화건설의 사명자로 오신 분이었기 때문이다.

그러면 노아가 내보낸 3차의 비둘기는 무엇을 보여 주는가? 그것은 바로 3시대의 비둘기를 상징한 것으로서, 제1차 비둘기는 구약시대의 〈아담〉을, 제2차 비둘기는 신약시대의 〈예수님〉을 제3차 비둘기는 성약시대의 〈이긴자〉를 나타낸다(계 2:26~28, 계 12:5). 그 까닭은 3시대의 중심인물들이 모두 비둘기가 표상하는 평화건설의 사명자들이기 때문이다.

노아가 제1차 비둘기를 내보냈을 때는 지상에 물이 차 있었으므로, 그 비둘기는 발붙일 곳을 찾지 못하고 방주로 되돌아왔다고 하였다(창 8:8~9). 이는 제1차 비둘기(아담)을 중심으로 한 구약시대에는 하나님의 창조이상이 지상에 실현될 수 없음을 보여준다.

노아가 제2차 비둘기를 내보냈을 때는 지상의 물이 부분적으로 말라 있었으므로, 그 비둘기는 감람나무의 새 잎사귀를 따서 물고 왔다고 하였다(창

8:10~11). 이는 제2차 비둘기(예수님)을 중심으로 한 신약시대에는, 하나님의 창조이상이 지상에 부분적으로 실현될 수 있음을 보여준다.

현편 노아가 제3차 비둘기를 내보냈을 때는 이미 지상에 물이 모두 말라 있었으므로, 그 비둘기는 물이 마른 지상에서 새 보금자리를 꾸미기 위해 다시 돌아오지 않았다고 하였다(창 8:12). 이는 제3차 비둘기(이긴자)를 중심으로 한 성약시대에는 하나님의 창조이상이 모두 실현될 수 있음을 보여준다(사 65:17, 계 22:1).

③ **탕감기간** : 노아가정이 〈믿음의 기대〉를 세우는 데 필요했던 탕감기간은 1600년이었다. 이 기간은 아담으로부터 노아홍수까지의 섭리기간을 말한다. 그리고 1600(4×4×10×10)년을 구성하는 4수와 10수들은, 각각 4위기대수와 10단계 귀일수와 아담으로부터 노아까지의 10대수를 가리킨다.

◎ 순종의 기대

① **중심인물** : 노아가정에서 〈순종의 기대〉를 세워야 할 중심인물은 바로 〈함〉이었다(창 9:18). 아담가정에서는 장자인 가인이 순종의 중심인물이 되었으나, 그가 믿음의 중심인물인 아벨(차자)을 살해함으로써, 노아가정에서는 차자이며 아벨의 입장에 있는 함이 장자이며 가인의 입장에 있는 셈을 대신하여 순종의 중심인물이 되었다. 이는 마치 아들가정에서 장자인 르우벤이 범죄함으로써, 그의 장자권을 요셉이 대신한 경우와도 같다(대상 5:1~2).

② **탕감조건** : 노아가정에서 함이 〈순종의 기대〉를 세우기 위한 탕감조건은 바로 〈노아에 대한 믿음과 순종〉이었다. 따라서 함은 언제나 노아에게 무조건 순종해야 하며, 또 셈과 야벳도 역시 노아에게 순종의 도리를 다해야 한다.

이와 같이 함을 비롯하여 셈과 야벳이 모두 노아에게 순종해야만, 그 가정은 비로소 하나님의 뜻에 합당한 순종의 기대를 세울 수 있는 것이다. 그런데 노아 가정이 세워야 할 순종의 기대는 함의 큰 실수로 말미암아 성사되지 못하였고, 그 결과 그 가정이 조성해야 할 메시아기대도 역시 성사되지 못했던 것이다.

(2) 노아가정이 메시아기대를 조성하지 못한 이유

하나님이 노아가정을 부르신 것은, 그 가정으로 하여금 아담가정이 조성하지 못한 〈메시아기대〉를 또다시 조성하도록 하시기 위함이었다. 그러나 아담가정이 그러하듯, 노아가정도 역시 그 메시아기대를 조성하지 못했으니, 그 이유는 무엇인가? 그것은 바로 노아의 포도주사건과 함의 실수 때문이었다.

창세기 9장 20절 이하에 보면, 노아가정이 하늘 앞에 범한 큰 실수가 기록되어 있다. 여기에 그 본문을 소개하면 다음과 같다.

「노아가 농업을 시작하여 포도나무를 심었더니, 포도주를 마시고 취하여 그 장막 안에서 벌거벗은지라. 가나안의 아비 함이 그 아비의 하체를 보고 밖으로 나가서 두 형제에게 고하메 셈과 야벳이 옷을 취하여 자기들의 어깨에 메고 뒷걸음으로 들어가서 아비의 하체에 덮었으며, 그들이 얼굴을 돌이키고 그 아비의 하체를 보지 아니하였더라. 노아가 술이 깨어 그 작은 아들(함)아 자기에게 행한 일을 알고 이에 가로되, 가나안은 저주를 받아 그 형제의 종들의 종이 되기를 원하노라. 또 가로되 셈의 하나님 여호와를 찬송하리로다. 가나안은 셈의 종이 되고 하나님이 야벳을 창대케 하사 셈의 장막에 거하게 하시고, 가나안은 그의 종이 되게 하시기를 원하노라 하였더라」 (창 9:20~27).

위의 본문에서 우리는 당시 노아가정의 실수와 또 그 가정의 신앙상태를 알 수 있다. 먼저 노아의 경우를 보면, 그는 어느 날 포도주에 취하여 그 장막에서 나체로 누워있었다고 하였다(창 9:21). 이러한 노아의 행동은 믿음으로 살아 온 그에게 있어서 치명적인 실수였다(약 2:17, 겔 18:24). 그것은 어느 모로 보나 신앙의 정도를 벗어난 부끄러운 행동이었다(계 3:18, 계 16:15).

특히 노아는 타락한 아담을 대신하여 구약시대의 섭리적 중심인물로 부름 받았으니, 그가 보인 추태는 결코 돌이킬 수 없는 큰 실수가 아닐 수 없었다. 더구나 노아는 후일 그의 자손들과 더불어 시날평지에서 불법적인 바베탑을 쌓을 정도로 그 신앙이 변질되었다(창 11:1~9). 그리하여 노아를 중심으로 하여 이루시려던 하나님의 섭리는 또다시 어그러지게 되었던 것이다.

그러면 노아는 어찌하여 그러한 부끄러운 실수를 범하게 되었는가? 그것은 당시 노아의 신앙생활이 매우 경건치 못하였기 때문일 것이다. 만일 그가 항상 경건한 신앙생활을 하였다면, 어찌 그러한 비 신앙적인 행동을 할 수 있었겠는가?

혹자는 노아의 믿음을 절대시하여 그의 실수를 변호할는지는 모르지만, 성서에 그의 부끄러운 실수가 분명히 나타나 있는 이상 그러한 변호는 성립할 수 없다(겔 3:22, 겔 33:12~13). 물론 노아가 실수하기 전까지 걸어온 믿음의 노정은 매우 훌륭한 것이었다. 그러나 그는 불행히도 이러한 믿음의 자리를 끝까지 지키지 못하고 신앙자로서는 감히 상상조차 할 수 없는 추태를 보였으니, 어찌 그의 믿음을 무조건 절대시할 수 있겠는가?

일찍이 사도 바울은 성도들의 술취함을 엄중히 경고하였다. 그는 술취함을 방탕이라고 하였고(엡 5:18), 또 술취하는 자들과 사귀지 말라고 하였으며(고전 5:11), 또 술취하는 자들은 하나님의 나라를 유업으로 받지 못한다고도 하였다(고전 6:10, 갈 5:21).

이 밖에도 성서에는 술취함을 경고한 말씀이 많이 있거니와(눅 21:34, 롬 13:13, 벧전 4:3), 이러한 성서의 가르침을 보더라도 노아의 술취함과 나체행위는 어느 모로 보나 신앙인의 큰 과오가 아닐 수 없다.

다음으로 함의 경우를 보면, 함은 그의 아버지가 포도주에 의하여 옷을 벗은 체로 누워 있음을 보고도 그를 덮지 않고, 오히려 밖으로 나가 두 형제에게 알렸다고 하였다(창 9:22). 이 내용으로 보아, 함은 그 아버지와 평소에도 사이가 매우 좋지 않았음을 알 수 있다. 그러나 함의 그러한 행동은 역시 큰 실수가 아닐 수 없다(마 15:4, 신 27:16). 그가 보기에 아버지의 행동이 아무리 불쾌하다 하더라도 그는 아무도 모르게 아버지의 허물을 덮어 드림으로써 자녀의 도리를 다 했어야 옳았다. 그런데 함은 그러한 자녀의 도리를 고의적으로 기피함으로써, 결국은 노아에게 저주를 받게 되었던 것이다(창 9:25).

한편 셈과 야벳의 경우를 보면, 그들은 함을 대신하여 옷을 어깨에 걸치고 뒷걸음으로 들어가 아버지의 벗을 몸을 덮어 드렸다고 하였다(창 9:23). 이러한 그들의 행동은 매우 합당한 자녀의 도리였다. 그들이 행여나 아버지의 벗은 모습을 보게 될까봐 뒷걸음으로 들어가 조심스레 덮어 드린 것을 보면 그들은 평소부터 아버지에 대한 효심이 두터웠음을 알 수 있다.

이처럼 셈과 야벳은 그 효심이 두터웠기에, 아버지의 부끄러운 실수마저 탓함이 없이 예의 바르게 덮을 수 있었다(벧전 4:8). 그리하여 그들은 노아에게 큰 축복을 받게 되었던 것이다(창 9:26~27).

그런데 일부 성적 타락론자들은 노아가정의 실수를 노아에게 돌리지 않고, 다만 그의 나체를 보고 부끄러워한 함에게만 들린다. 그 이유는 노아의 나체행위가 바로 하나님의 뜻에 따라 한 행동이기 때문이라고 한다.

이와 같이 성적 타락론자들은 노아의 실수를 실수로 보지 않고 다만 함이 부끄러워한 사실만을 죄로 여긴다. 따라서 그들은 노아의 나체를 수치로 여기지 않는다. 그러나 성서에서는 항상 그 나체를 수치로 여기고 금한다.

그 예로 〈계시록〉에 보면, 「흰 옷을 사서 입어 벌거벗은 수치를 보이지 않게 하라」(계 3:18)고 하였고, 또 「누구든지 깨어 자기 옷을 지켜 벌거벗고 다니지 아니하며, 자기의 부끄러움을 보이지 아니하는 자가 복이 있다」(계 16:15)고 하였다.

한편 그들은 함이 부끄러워한 것마저 타락성의 발로로 보고 있다. 그러나 그것은 어디까지나 타락성이 아닌 창조 본성으로 보아야 한다. 인간이 부끄러운 것을 보고도 부끄러워할 줄 모른다면, 금수와 다를 바가 무엇이 있겠는가?

요컨대, 우리 성도들은 노아가정의 실수를 되풀이 하지 않도록 항상 경건한 신상생활을 해야 할 것이다.

3. 아브라함가정을 중심으로 한 구원섭리

아담으로부터 출발한 구약시대는 하나님이 아브라함을 부르심으로써, 가정적인 섭리시대에서 민족적인 섭리시대로 바뀌게 되었다. 하나님이 아브라함을 부르심은 그를 구약시대의 새로운 중심인물로 세우시기 위함이었다(창 18:18~19).

이와 같이 하나님은 아브라함을 구약시대의 섭리적 중심인물로 세우셨으므로, 이 시대의 사람들은 그를 신앙의 중보자로 세우고 하나님 앞으로 나아가도록 되었다. 아브라함이 믿음의 조상과 복의 근원이 되는 이유는 바로 여기에 있다(창 12:2~3, 창 17:5, 갈 3:7~9).

(1) 아브라함가정이 조성해야 할 메시아기대

이미 논한 바와 같이, 아담가정과 노아가정이 조성해야 할 〈메시아기대〉는 그 가정들이 모두 불신과 불순종의 길을 감으로써 성사되지 못하였다. 그리하여 하나님은 아담가정과 노아가정의 대신으로 아브라함가정을 부르시고, 그 가정으로 하여금 또다시 메시아기대를 조성하도록 섭리하셨으니, 이제 그 섭리과정을 간단히 살펴보기로 하자.

◎ 믿음의 기대

① **중심인물** : 아브라함가정에서 〈믿음의 기대〉를 세워야 할 중심인물은 바로 〈아브라함〉이었다(창 18:17~19). 따라서 아브라함은 아담가정과 노아가정이 조성하지 못한 메시아기대를 마지막으로 계승 완성해야 할 매우 중대한 입장에서 서게 되었다.

② **탕감조건** : 아브라함가정에서 그가 〈믿음의 기대〉를 세우기 위한 탕

감조건은 바로 〈이삭헌제〉였다(창 22:2). 그런데 아브라함은 하나님에 대한 절대적인 믿음과 순종으로 주께서 명하신 이삭헌제에 성공함으로써(창 22:9~18, 히 11:17), 그는 마침내 하나님의 뜻대로 믿음의 기대를 세우게 되었다.

그런데 일부 교회에서는 아브라함의 이삭헌제를 어디까지나 그가 비둘기를 쪼개지 않은 헌제실수의 결과로 보고 있다(창 15:10). 그러나 이것은 매우 그릇된 견해가 아닐 수 없다. 아브라함이 비둘기를 쪼개지 않은 것은 실수도 아니려니와 -쪼개면 오히려 실수가 된다.- 또 그의 이삭헌제도 역시 헌제실수로 인하여 초래된 것이 아니기 때문이다. 이 사실은 창세기에 잘 나타나있으니, 이제 그 내용을 잠시 살펴보기로 하자.

일찍이 하나님은 아브라함을 부르신 후, 그에게 다음과 같은 〈3대언약〉을 세우셨다. 첫째는 그로 하여금 큰 민족을 이루게 하신다는 것과, 둘째는 그로 인하여 모든 민족이 복을 받게 하신다는 것과, 셋째는 그에게 가나안 땅을 기업으로 주신다는 것이었다(창 12:1~7, 창 15:5). 이러한 언약들은 하나님이 장차 아브라함의 후손 가운데서 선민을 부르실 것을 미리 보여주신 것이다(창 17:2~8).

그후 하나님은 또 아브라함에게 나타나시어, 그에게 5가지 제물 - 소·양·염소·산비둘기·집비둘기-을 준비하라고 분부하셨다(창 15:6~9). 이는 그와 더불어 3대 언약에 대한 계약을 정식으로 맺으시기 위함이었다. 이에 아브라함은 그 제물들을 준비하여 그 중간을 쪼갠 후 그것들을 마주 대하여 놓았다. 그러나 비둘기만은 쪼개지 않았다. 그 까닭은 당시 율법이 비둘기만은 아주 쪼개지 않도록 되어 있었고(레 1:14~17, 레 5:7~8), 또 비둘기는 두 마리였으므로 그것을 굳이 쪼개지 않더라도 마주 대하여 놓을 수 있었기 때문이다.

이와 같이 아브라함이 제물들을 쪼개어 마주 대하여 놓은 이유는 당시에 일반적으로 통용되던 계약방식이 그러했기 때문이다. 즉 당시 사람들은 계약을 맺을 때 쪼갠 재물을 마주 대하여 놓고 계약의 당사자가 그 사이를 통과

함으로써 계약의 표로 삼았다(렘 34:18~19). 여기서 제물을 쪼개는 것은 만약 계약을 위반할 경우, 그와 같이 쪼개도 좋다는 뜻이라고 한다.

아브라함의 제물준비가 다 되었을 때, 하나님은 그 쪼개놓은 재물 사이를 지나가심으로써 아브라함과의 계약을 완전히 성립시키셨다(창 15:17~18). 이러한 계약의 성립은 오직 하나님에 대한 아브라함의 절대적인 믿음과 순종이 있었기 때문에 가능하였다(창 26:5). 이로써 아담을 중심으로 한 구약시대는 끝나고, 아브라함을 중심으로 한 구약시대가 새로이 출발하게 되었다.

그런데 하나님은 아브라함과 계약을 맺으시기 전 그에게 이르시되, 「너는 분명히 알라, 네 자손이 이방(애급)에서 객이 되어 그들을 섬기겠고, 그들은 4백년 동안 네 자손을 괴롭게 하리니, 그 섬기는 나라를 내가 심판할 것이며, 그 후에 네 자손이 큰 제물을 이끌고 나오리라…… 네 자손은 4대만에 이 땅으로 돌아오리니, 이는 아모리 족속의 죄악이 아직 차지 아니함이니라」(창 15:12~16)고 말씀하셨다.

그러면 이 말씀대로 하나님이 후일 아브라함의 후손들을 애급으로 보내시고, 그곳에서 이스라엘 선민을 부르신 이유는 무엇인가? 그것은 대체로 다음과 같은 하나님의 섭리적인 뜻이 있었기 때문이다.

첫째는 이스라엘 민족을 많은 고난과 시련 속에서 연단케 하심으로써, 그들을 강대한 민족으로 키우시기 위함이었다(창 46:3~4, 롬 5:3~4).

둘째는 당시 강대국이던 애급을 이스라엘 민족 앞에 무릎을 꿇게 하심으로써, 그들을 바로 하나님이 친히 보호하시는 선민임을 모든 이방인들에게 알리시기 위함이다(출 9:13~15).

셋째는 우상숭배만을 일삼던 애급의 모진 박해와 속박에서 이스라엘 민족을 구원하심으로써, 그들이 대대로 우상숭배에 빠지지 않고 오직 하나님만을 믿고 따르게 하시기 위함이었다(출 10:1~2).

넷째는 당시 가나안의 원주민이던 아모리족의 죄악이 찰 때까지 이스라엘 민족을 이방에서 키우심으로써, 그들이 약속의 가나안 땅을 합법적으로 차지할 수 있도록 하시기 위함이었다(창 15:16).

이와 같이 하나님이 이스라엘 민족을 사탄국가인 애굽에서 키우시고 부르심은 결코 그들을 괴롭히시기 위함이 아니었다(창 45:4~8). 그것은 장차 그들이 사탄세력과 부단한 투쟁에서 항상 승리할 수 있는 강대한 민족으로 키우시기 위함이었다(창 46:3~4). 예나 지금이나 한 민족이 스스로 생존할 수 있는 최선의 길은 오직 강대한 민족으로 성장하는 길 뿐이기 때문이다.

그런데 일부 교회에서는 이스라엘 민족의 애굽수난을 다음과 같이 풀이하고 있다. 즉 그들은 아브라함이 비둘기를 쪼개지 않은 헌제실수로 인하여, 이스라엘 민족의 애굽수난이 초래되었다는 것이다.

그러나 이러한 그들의 성서해석은 매우 그릇된 것이 아닐 수 없다. 아브라함이 비둘기를 쪼개지 않은 이유는 당시 율법에 비둘기만은 아주 쪼개지 않도록 되어 있었기 때문이다(레 1:14~17, 레 5:8). 따라서 아브라함의 제물준비가 잘못된 것이 아님은 두말할 나위도 없다. 이는 그가 준비한 제물을 놓고 하나님이 계약을 맺으셨다는 한가지 사실만을 보더라도 잘 알 수 있다(창 15:17~18). 만일 그가 제물 준비에 실수했다면, 하나님은 그와 더불어 계약을 맺으실 리도 없거니와, 또 그에게 축복을 하실 리도 없지 않겠는가?

하나님도 이르시된 「이는 아브라함이 내 말을 순종하고 내 명령과 내 계명과 내 율례와 내 법도를 지켰음이니라」(창 26:5)고 말씀하셨으니, 어찌 그를 헌제에 실수한 자로 볼 수 있겠는가?

청세기에 보면, 아브라함의 제물헌제는 이삭과 이스마엘이 모두 나기 전에 있었고, 이삭헌제는 그로부터 몇 십 년—적어도 30년—이 지난 후에 있었다(창 16:15~16). 이로 보아 아브라함의 이삭헌제는 결코 그의 헌제실수로 인해 초래된 것이 아니였음을 분명히 알 수 있다. 만일 그가 제물헌제에 실수했다면, 하나님은 반드시 그 당시에 다른 탕감조건을 세우도록 명하셨을 것이기 때문이다.

하나님은 아브라함과의 계약을 맺으신 후(창 15:17~18), 또 그에게 〈할례〉를 명하셨다. 이 할례는 율법시대에 하나님이 아브라함과 그의 후손들을 선민으로 부르시기 위해 세우신 언약과 성별의 표였다(창 17:4~14, 신 7:6).

그러나 복음시대에 이르러서는 믿음으로 마음의 할례만을 행할 뿐, 육신의 할례는 행하지 않는다(롬 2:28~29).

혹자는 이 할례를 인간이 사탄으로부터 이어받은 사망의 피를 제거하기 위해 세운 표라고 주장하지만, 이는 할례의 참 뜻을 모르는 매우 그릇된 견해가 아닐 수 없다. 왜냐하면 인간이 만일 성적으로 타락하여 사탄의 피를 이어받았다면, 아무리 할례를 받는다 해도 그 피는 결코 제거할 수 없기 때문이다. - 제5장 〈타락론〉 참조.

위에서 논한 바와 같이, 아브라함은 구약시대의 중심인물로서 제물헌제에 실수한 일이 전혀 없으며(창 26:5), 오히려 그는 제물을 뜻 맞게 드림으로써 하나님과의 계약을 맺는 데 성공하였다(창 15:16~18). 따라서 이스라엘 민족의 애급수난은 결코 아브라함의 헌제실수로 인하여 초래된 비운의 결과가 아니라, 그것은 어디까지나 그들을 사탄의 세력보다 더욱 강대한 민족으로 키우시기 위한 연단의 과정이었음을 알아야 한다.

성서에도 이르기를 환난은 인내를, 인내는 연단을, 연단은 소망을 이룬다고 하였거니와(롬 5:4), 이러한 연단의 과정이 없었던들 이스라엘 민족은 그토록 강인한 민족으로 성장하기 어려웠을 것이다.

③ **탕감기간 :** 아브라함가정이 〈믿음의 기대〉를 세우는 데 필요했던 탕감기간은 400년이었다. 이 기간은 노아홍수로부터 아브라함까지의 섭리기간을 말한다. 그리고 400(4×10×10)년을 구성하는 4수와 10수들은 각각 4위기대수와, 10단계 귀일수와, 노아로부터 아브라함까지의 10대수를 가리킨다.

◎ **순종의 기대**

① **중심인물 :** 아브라함가정에서 〈순종의 기대〉를 세워야 할 중심인물은 바로 〈이삭〉이었다. 당시 아브라함에게는 두 아들(이삭과 이스마엘)이 있었는데(창 25:7~9), 그 중 이삭은 차자로서 아벨의 입장에 서 있었기 때문에, 하나님은 그를 순종의 중심인물로 세우셨던 것이다.

② **탕감조건** : 아브라함가정에서 이삭이 〈순종의 기대〉를 세우기 위한 탕감조건은 바로 〈아브라함에 대한 믿음과 순종〉이었다. 그런데 이삭은 자신을 번제물로 바치려는 마지막 순간까지, 어떠한 반항이나 원망도 없이 아브라함에게 무조건 순종함으로써(창 22:6~10), 그는 마침내 하나님의 뜻대로 순종의 기대를 세우게 되었다. 그리하여 하나님은 죽음의 순간에서 이삭을 살리시고, 그대신 수양을 번제물로 바치게 하셨던 것이다(창 22:12~13).

(2) 아브라함가정이 조성한 메시아기대

인간이 조성해야 할 〈메시아기대〉는 아브라함이 하나님에 대한 절대적인 믿음과 순종으로 〈이삭헌제〉에 성공함으로써 마침내 이루어지게 되었다(창 22장). 그러나 당시 아브라함에게는 이미 아담시대와 노아시대에서 메시아기대를 조성하는 데 실패했던 2000년 섭리기간을 다시금 회복하기 위한 〈믿음의 탕감기간〉이 남아 있었기 때문에, 모든 성도들이 고대하던 메시아는 아브라함으로부터 2000년이 지난 후에야 비로소 오시게 되었다.

이와 같이 아브라함이 메시아기대를 조성함으로써 고대하던 주님은 오실 수 있게 되었지만, 모든 성도들이 오시는 주님을 합당히 맞이하려면, 그 주님이 오시기 전에 다음과 같은 섭리적 기반을 또다시 조성해야만 한다.

첫째는 이 지상에 하나님의 나라를 건설하기 위한 선민(중심민족)을 형성하는 것이요(창 12:1~2, 출 19:5~6), 둘째는 우상숭배에 오염되지 않는 선민신앙(유일신앙)을 확립하는 것이요(출 20:3~6, 계 22:14~15, 엡 5:5), 셋째는 이방인의 침략에 강력히 맞서 싸울 수 있는 선민국가(중심국가)를 건설하는 것이다(창 18:17~18, 마 6:33). 주님은 바로 이러한 섭리적 기반 위에 오셔야만, 이 지상에 영원한 〈메시아왕국〉을 성공적으로 건설할 수 있는 것이다(사 9:6~7, 눅 1:30~33).

그러므로 하나님은 아브라함의 후손들이 애급에서 선민을 형성하고 가나안에서 선민신앙을 확립한 후 강력한 선민국가를 건설하도록 부단히 섭리해 오셨다. 그러나 과거 이스라엘민족은 약속의 땅 가나안에 정착한 후에도 계속 불신과 불순종의 길을 감으로써, 그들은 오시는 주님을 합당히 맞이할 수 있는 섭리적 기반을 조성하지 못하였다. 그리하여 주님은 오셨어도 그 주님은 이 지상에 메시아왕국을 건설하지 못한 채 다만 십자가의 길만을 가시게 되었고, 그가 이루시려던 메사왕국은 주님의 재림시대에 가서야 비로소 이루어지게 되었던 것이다.

4. 야곱을 중심한 가정적 가나안복귀노정

이미 논한 바와 같이, 아담가정과 노아가정은 〈메시아기대〉를 조성하는 데 실패했지만, 아브라함가정은 하나님이 명하신 이삭헌제에 성공함으로써 (창 22:9~18) 그 가정은 마침내 하나님의 뜻대로 메시아기대를 조성하게 되었다.

그러면 아브라함가정이 조성한 메시아기대 위에서, 장차 하나님의 〈선민〉을 형성하기 위한 섭리적 기반을 닦기 위해, 먼저 가정적 가나안 복귀노정을 걸어간 자는 누구인가? 그는 바로 아브라함과 이삭의 믿음을 계승한 〈야곱〉이었다.

일찍이 야곱은 부친 이삭에게서 귀한 축복을 받았으나, 그 축복을 시기한 형 에서가 미워하여 죽이려고 하므로, 그는 하란에 있는 외삼촌 라반의 집으로 피신해 갔다(창 27:41~45). 이 때부터 야곱의 21년 가나안복귀노정은 시작되었다(창 31:40~41).

이 노정에서 야곱은 하늘가정을 찾아 세운 후, 사탄 편의 에서를 지혜롭게 굴복시키고 가나안에 무사히 귀환하여 하나님의 축복을 받음으로써(창 35:9~12), 그는 마침내 가정적 가나안복귀노정을 완성하였다. 그리하여 구약시대의 선민형성을 위한 애급장착은 야곱대에 가서야 비로소 이루어지게 되었다(창 46:26~27).

하나님이 야곱을 사탄세계인 하란으로 보내셨다가 에덴을 상징하는 가나안으로 다시 돌아오도록 섭리하신 것은, 인간이 사탄에게 빼앗긴 에덴을 다시금 회복하기 위한 〈에덴 복귀의 탕감조건〉을 세우시기 위함이었다. 그런데 야곱이 걸어간 가나안 복귀노정은, 라반의 계속적인 속임수로 말미암아 다음과 같이 3차로 연장되었다.

① 야곱의 제1차 가정적 가나안복귀노정은, 그가 라헬과 결혼하기 위한 7년 봉사기간을 마친 후 출발할 예정이었다(창 29:18). 그러나 이러한 제1차 가나안복귀노정은, 라반의 속임수로 말미암아 성사되지 못하였다(창 29:25).

② 야곱의 제2차 가정적 가나안복귀노정은, 그가 라반이 요구한 7년 재봉사 기간을 마친 후 출발할 예정이었다(창 29:27), 그러나 이러한 제2차 가나안복귀노정은, 라반이 야곱을 놓아주지 않으므로 말미암아 성사되지 못하였다(창 30:27~28).

③ 야곱의 제3차 가정적 가나안복귀노정은 그가 6년간 재물을 모은 후 하란을 탈출하여 가나안에 무사히 귀환함으로써 마침내 성사되었다(창 35:9~12). 그리하여 야곱의 12아들은 후일 이스라엘 12지파의 조상이 되었다(창 49:28).

한편 야곱이 걸어간 가정적 가나안 복귀노정은 바로 하나님이 보여 주신 사탄 굴복의 본보기 노정이었다(암 3:7). 그러기 때문에, 모세는 이 노정을 본보기로 하여 민족적 가나안 복귀노정을 걸었다. 그리고 예수님은 야곱노정을 걸어 온 모세노정을 본보기로 하여 세계적 가나안 복귀노정을 걸으셨다(행 3:22, 요 5:19)

그러면 이제 야곱노정과 모세노정 및 예수님노정에 나타난 섭리적 사례들을 간단히 살펴보기로 하자.

① 야곱은 모친(리브가)의 협조로 에서의 마수에서 벗어나고(창 27:41~44), 모세도 모친(요게벳)의 협조로 바로왕의 흉계에서 벗어났으며(출 2:2~8), 예수님도 모친(마리아)의 협조로 헤롯왕의 흉계에서 벗어나셨다(마 2:13~15).

② 야곱은 하란에서 가나안으로 복귀하는 섭리노정을 걸었고(창 31:17~18), 모세도 애급에서 가나안으로 복귀하는 섭리노정을 걸었으며(출

3:6~8), 예수님도 애급에서 가나안(팔레스타인)으로 복귀하는 섭리노정을 걸으셨다(마 2:19~21).

③ 야곱은 지팡이를 가지고 요단강을 건넜고(창 32:10), 모세도 지팡이로 홍해를 치고 자기 백성을 구했으며(출 14:15~16), 예수님도 하나님의 말씀을 상징하는 칠장으로 고해인 이 세상을 치고 온 인류를 구원하시기 위해 오셨다(요 3:16, 계 2:26~27).

④ 야곱은 떡과 팥죽을 에서에게 주고 장자의 명분을 얻었고(창 25:31~34), 모세는 하나님이 주시는 만나와 메추라기를 이스라엘자손에게 먹게 하였으며(출 16:12~15), 예수님은 자신의 몸과 피를 상징하는 떡과 포도주를 제자들에게 주셨다(마 26:26~28).

⑤ 야곱은 얍복강에서 천사와 씨름하는 시험을 받았고(창 32:24~28), 모세는 광야에서 그를 죽이려는 하나님의 시험을 받았으며(출 4:24~26), 예수님은 광야에서 40일을 금식하신 후 마귀에게 시험을 받으셨다(마 4:1~11).

⑥ 야곱은 하란에서 가져온 라반의 우상(드라빔)을 상수리나무 아래 묻었고(창 35:4), 모세도 아론이 만든 우상(금송아지)을 불살라 버렸으며(출 32:20), 예수님도 이 세상의 우상(사탄)을 멸하시기 위해 오셨다(요 12:31, 고후 4:4, 요일 3:8).

⑦ 야곱은 하란에서 가나안으로 돌아올 때 사탄분립의 3일기간이 있었고(창 31:22), 모세도 애급에서 가나안으로 돌아올 때 사탄분립의 3일기간이 있었으며(출 5:3), 예수님도 영적인 가나안 복귀노정을 걸으실 때 무덤 속의 3일기간이 있었다(눅 18:33).

⑧ 야곱은 두 여자(레아와 라헬)를 아내로 삼았고(창 29:20~28), 모세도 두 여자(십보리와 구스여인)를 아내로 삼았으며(출 2:21, 민 12:1), 예수님도 두 여자(막달라 마리아와 베다니 마리아)를 영적인 신부로 세우시고 섭리하셨다(눅 8:2, 요 11:2, 막 14:3~9).

⑨ 야곱은 12아들과 70가족을 데리고 애급으로 갔었고(창 35:22, 창 46:27), 모세는 12지파와 70장로를 세워 백성들을 다스렸으며(출 24:1~4), 예

수님도 12제자와 70문도를 세워 복음을 전파하셨다(마 10:1, 눅 10:1).

⑩ 야곱은 사탄세계인 하란에서 자기가족을 해방시켰고(창 31:17~20), 모세는 애굽에서 이스라엘 민족을 해방시켰으며(출 12:40~41), 예수님은 로마에서 기독교 성도들을 해방시키셨다. 당시 로마의 기독교는 서기 313년 콘스탄틴황제에 의해 공인되었고, 그후 392년 데오도시우스 1세에 의해 마침내 로마제국의 국교가 되었다.

위에서 논한 바와 같이 야곱이 걸어간 가정적 가나안 복귀노정은 바로 사탄굴복의 본보기 노정이었다. 그러므로 모세와 예수님은 모두 그 노정을 본보기로 하여 새로운 섭리노정을 걸으셨다. 그런데 야곱의 가정적 가나안복귀노정이 3차로 연장되었듯이, 모세의 민족적 가나안 복귀노정도 이스라엘 민족의 불신으로 말미암아 3차로 연장되었고, 또 예수님의 세계적 가나안 복귀노정도 역시 유대민족의 불신으로 말미암아 3차로 연장되고 말았다.

5. 모세를 중심한 민족적 가나안 복귀노정

하나님의 구원섭리는 아브라함을 부르심으로써, 가정중심의 섭리에서 민족중심의 섭리로 바뀌었다. 이러한 민족중심의 섭리는 모세를 중심으로 한 이스라엘 민족의 출애굽으로 인하여 급속히 진행되었다. 그러면 이제 하나님이 이스라엘 민족에 대한 출애굽섭리(가나안 복귀섭리)를 어떻게 전개해 오셨는가를 간단히 살펴보기로 하자. ―이에 관해서는 〈출애굽기〉와 〈민수기〉에 자세히 기록되어 있으므로, 여기서는 그 요점만을 간추려 소개하기로 한다.

(1) 야곱의 애굽정착

일찍이 하나님은 아브라함에게 이르시되, 「내가 너로 큰 민족을 이루고 네게 복을 주어 네 이름을 창대케 하리니 너는 복의 근원이 될지라 너를 축복하는 자에게는 내가 복을 내리고 너를 저주하는 자에게는 내가 저주하리니, 땅의 모든 족속이 너로 인하여 복을 얻을 것이니라」(창 12:2~3)고 약속하셨다. 이 약속을 이루기 위해 후일 야곱가정은 그의 아들 요셉이 애급에서 총리대신이 되었을 때, 모두 그곳으로 이주해 갔다(창 46:7). 그들이 애급에서 정착한 곳은 나일강 하류의 비옥한 땅 〈고센〉이었다(창 47:27).

이와 같이 야곱가정은 장차 이루실 민족형성의 기반을 닦기 위해 애급으로 이주하였고, 그후 그들은 하나님의 특별하신 보호와 은사 속에서 급속히 성장(번성)하여, 마침내 강대한 민족을 이루게 되었다(출 1:7). 이 때부터 이스라엘 민족의 애급수난은 비로소 시작되었다.

애급의 총리대신이던 요셉이 생존할 때에는, 그가 애급을 구한 공적에 의해 이스라엘 민족은 애급에서 아무런 시달림도 없이 오히려 우대를 받으며 지낼 수 있었다(창 47:5~6). 그런데 그후 요셉을 알지 못하는 새 왕이 즉위하자, 그는 갈수록 강대해지는 이스라엘 민족에게 큰 불안과 위협을 느낀 나머지 그들을 부당하게 학대하기 시작하였다(출 1:8~11).

그러나 애급왕 바로가 아무리 그들을 괴롭혀도 이스라엘 민족은 더욱 번성하였다. 이에 따라 바로의 횡포도 갈수록 심해졌다. 그는 무자비하고 야만적인 강제노동으로 이스라엘 민족을 더욱 괴롭혔을 뿐 아니라(출 1:12~14), 심지어는 그드의 번식을 막기 위해 남자 아기는 죽이고, 여자 아기는 살리라는 무서운 명령까지 내렸다(출 1:15~22).

(2) 모세의 소명

하나님은 마침내 모세를 영도자로 세우시어, 이스라엘 민족을 구원하시기 위한 출애급섭리를 시작하셨다. 하나님은 호렙산에서 모세를 부르시고 그에게 애급으로 가서 이스라엘 자손들을 바로의 손에서 구출하여, 그들을 약속의 땅 가나안으로 인도하라고 말씀하셨다(출 3:7~12).

이 말씀에 따라, 모세는 바로에게 가서 이스라엘 민족의 해방을 강력히 요구하였다. 그러나 완고한 바로는 모세의 정당한 요구를 끝까지 거절하였다(출 5:1~4). 그리하여 모세는 드디어 저 유명한 10재앙으로 바로를 치고, 이스라엘 민족과 더불어 애급을 출발하였다(출 7장~11장, 출 12:37~41).

모세의 영도하에 애급을 떠난 이스라엘 민족은 하나님의 크신 능력으로 바로의 군대를 모두 격퇴하고 홍해를 무사히 건넌 후, 가나안 땅을 향해 행군을 계속하였다. 그러나 이스라엘 민족은 갈수록 불신의 행동을 거듭함으로써 그들은 약속의 땅 가나안에 들어가 정착하기까지 40년 간을 광야에서 방황하며 유목생활을 하였다(민 14:26~35).

이 기간에 있었던 하나님의 가장 큰 섭리는, 첫째로 모세에게 십계명을 주신 것과(출 20:2~7, 신 5:6~22), 둘째는 모세에게 성막건축을 명하신 일이었다(출 25:8, 출 40:2).

모세는 애급을 떠난지 45일만에 시내산에 도착하였고(출 19:1), 그후 그는 시내산에서 40일간 금식한 후에 하나님으로부터 십계명을 기록한 두 석판을 받았다(출 24:12~18, 신 9:9~10).

십계명은 인간이 지켜야 할 율법의 핵심을 밝힌 것으로서, 모든 성도들의 영원한 생활규범이 된다(출 20장, 신 5장). 제1계명에서 제4계명까지는 하나님과 인간과의 신앙관계를 규정한 것이요, 제5계명에서 제10계명까지는 인간 상호간의 윤리관계를 규정한 것이다.

한편 하나님은 시내산에서 모세에게 성막건축을 명하셨으니(출 25:8~9), 그 이유는 무엇인가? 그것은 첫째로 이스라엘 민족이 그 성막을 구심점으로 하여 민족단결을 더욱 공고히 하도록 하시기 위함이요, 둘째는 장차 이스라엘 민족이 가나안에 정착한 후 그들이 강력한 선민신앙(유일신앙)을 확립하도록 하시기 위함이었다.

성막은 성소와 지성소의 두 부분으로 되어 있는데, 지성소에는 언약궤가 안치되었고 그 속에는 십계명을 기록한 두 석판과 만나와 아론의 지팡이가 들어 있었다(출 31:18, 히 9:4).

(3) 모세의 실수

애급을 떠난 이스라엘 민족은 40년 간의 오랜 유랑생활을 마치고, 드디어 소망의 땅 가나안으로 들어갔다. 그러나 영도자 모세만은 가데스에서 하나님의 명령을 어기고 반석을 침으로 인하여, 약속의 땅을 눈 앞에 바라보면서도 끝내 들어가지 못하였다(민 27:18~20). 이에 하나님은 모세의 후계자로 여호수아를 세우셨다(민 27:18~20).

여호수와의 영도하에 가나안으로 들어간 이스라엘 민족은 우상숭배만을 일삼던 원주민들을 몰아내고, 그 땅을 12지파에게 분배하였다. 그리하여 이스라엘 민족의 가나안 정착은 마침내 실현되었다.

그러면 모세가 가나안에 들어가지 못하게 된 원인은 무엇인가? 혹자는 그 원인을 다음과 같이 풀이한다. 그것은 바로 그가 가데스에서 반석을 두 번 쳤기 때문이라고 한다(민 20:7~12). 그러나 이러한 그들의 성서해석은 매우 그릇된 것임을 알아야 한다. 하나님은 애당초 가데스에서 모세에게 반석을 치라고 명하신 일이 전혀 없었기 때문이다.

민수기 20장 8절에 보면, 하나님은 모세에게 이르시되 「지팡이를 가지고 네 형 아론과 함께 회중을 모으고 그들의 목전에서 너희는 반석에게 명하여 물을 내라 하라. 네가 그 반석으로 물을 내게 하여 회중과 그들의 짐승에게 마시울지니라」 고 말씀하셨다.

이처럼 하나님은 모세에게 「반석을 쳐서 물을 내라」 고 말씀하시지 않고, 「반석에게 명하여 물을 내라」 고 말씀하셨다. 그런데 모세는 말씀을 어기고, 자기 마음대로 반석을 쳐서 물을 내었기 때문에 범죄하게 된 것이다(민 20:10~11, 민 27:14). 그리하여 모세는 불행히도 비스가산 꼭대기에서 약속의 땅을 바라보면서도 들어가지 못하고 그대로 죽어갔던 것이다(신 34:1~4).

이와 같이 모세의 잘못은 그가 하나님의 말씀을 그대로 믿지 않고 자기 마음대로 행함에 있었다(시 106:32~33). 그러기에 하나님은 모세에게 이르시되, 「너희가 나를 믿지 아니하고 이스라엘 자손의 목전에 나의 거룩함을 나타내지 아니한 고로, 너희는 이 총회를 내가 그들에게 준 땅으로 인도하여 들이지 못하리라」 (민 20:12)고 말씀하셨던 것이다.

(4) 모세의 민족적 가나안 복귀노정

모세는 바로 이스라엘민족을 사탄세계인 애급에서 해방하여 그들을 약속의 땅 가나안으로 인도하기 위해 부름받은 사명자였다. 그런데 야곱의 가정적 가나안 복귀노정이 3차로 연장되었듯이, 모세의 민족적 가나안 복귀노정도 이스라엘 민족의 계속적인 불신과 불순종으로 말미암아, 다음과 같이 3차로 연장되었다.

① 모세의 제1차 민족적 가나안복귀노정은 그가 바로왕의 궁중에 있을 때(40세)에 출발할 예정이었다. 그러나 이스라엘 민족이 모세를 계속 불신하고, 또 그가 애급인을 죽인 사실까지 그들에게 폭로함으로써, 모세의 제1차 가나안 복귀노정은 처음부터 실패로 끝나고 말았다(출 2:11~15).

모세가 바로 궁중에 있을 때, 하나님이 그로 하여금 애급인을 치게 하신 것은 당시 이스라엘 민족이 모세의 애국적인 행동을 보고 그를 전적으로 믿고 따르게 하심으로써, 그들을 사탄세계인 애급에서 속히 해방하시기 위함이다(행 7:23~29, 히 11:24~26). 그럼에도 불구하고 이스라엘 민족은 도리어 모세의 살인사건을 폭로하였고, 그 결과 그들이 고대하던 민족해방은 40년이나 연장되었다(출 7:7)

② 모세의 제2차 민족적 가나안 복귀노정은, 그가 10재앙으로 바로를 치고 애급을 떠남으로써 출발되었다(출 7장~12장). 그러나 이스라엘 민족의 계속적인 불신과 불순종으로 말미암아, 모세의 제2차 가나안 복귀노정도 역시 실패로 끝나고 말았다(출 17:2~4, 민 11:4~6, 민 14:26~35).

③ 모세의 제3차 민족적 가나안 복귀노정은, 그의 대신사명자인 여호수아를 중심으로 출발하여, 그가 이스라엘 민족을 이끌고 가나안에 들어감으로써 마침내 성사되었다(수 1:1~6, 수 11:23). 모세는 하나님의 뜻에 따라 그의 사명을 모두 여호수아에게 인계하고 죽음으로써(민 27:15~23, 신 34:4~9), 그는 제3차 가나안 복귀노정을 영적으로 걷게 되었고 그의 대신사명자인 여호수아는 그 노정을 실체적으로 걷게 되었다.

이스라엘의 영도자 모세! 그는 하나님의 백성을 애급의 온갖 착취와 억압으로부터 해방시킨 위대한 선지자였지만, 그는 자기 백성의 불신과 불순종으로 말미암아, 그토록 갈망하던 약속의 땅을 사후 영적으로만 가야했던 비운의 선지자였던 것이다(신 3:23~27).

제3절 신약시대의 구원섭리

신약시대는 예수님으로부터 그가 재림하실 때까지의 2천년 섭리기간을 말한다. 신약시대의 섭리적 중심인물은 바로 예수님이시다. 그리고 이 시대는 복음중심의 섭리시대로서, 인간을 양자의 자리까지 구원하는 시대이다(롬 8:15, 롬 8:23). 그러면 이러한 신약시대에 하나님은 어떻게 섭리해 오셨는가를 간단히 알아보기로 하자.

1. 세례요한을 중심으로 한 예비섭리

선지자의 예언을 신앙의 푯대로 삼아오던 이스라엘 민족의 가장 큰 소망은 바로 〈메시아〉의 강림에 있었다. 그러나 그들은 이미 승천한 엘리야의 재림을 먼저 고대하였다(왕하 2:11). 그 까닭은 메시아의 강림에 앞서 엘리야를 먼저 보내리라고 예언한 것이 바로 선지자 말라기를 통한 하나님의 약속이었기 때문이다(말 4:5). 그런데 그들이 고대하던 엘리야는 예수님의 말씀대로 이미 지상의 세례요한으로 재림하였다(마 11:13~14, 마 17:10~13).
여기서 엘리야의 재림이란 육체적 재림이 아닌 대리적 재림을 말한다. 예수님이 세례요한을 가리켜 엘리야의 재림자로 말씀하신 것은, 그가 엘리야의 대신사명자로 왔기 때문이었다. 이 사실은 세례요한이 엘리야의 재림자로 이미 지상에 와 있음에도 불구하고, 엘리야는 여전히 영계에 머물러 있었음을 보더라도 잘 알 수 있다(눅 9:28~31).
일부 기독교 성도들은 엘리야의 재림을 육체적 재림으로 믿고 있지만, 이러한 윤회환생은 원리적으로 불가능한 일임을 알아야 한다. 애당초 육신을 벗은 인간(영인)은 아름다운 영계에 가서 영원히 생존하도록 창조되었으므로, 그 영인은 다시 육신을 쓰고 지상에 올 수도 없거니와, 또 굳이 올 필요도 없는 것이다. -제4장 〈창조론〉 참조.

그러면 하나님은 어찌하여 세례요한을 엘리야의 대신사명자로 세우셨는가? 그것은 메시아의 앞길을 예비하시기 위함이었다(요 1:6~7). 그러기에 예수님은 제자들에게 「과연 엘리야가 먼저 와서 모든 일을 회복하리라」(마 17:11)고 말씀하셨고, 또 세례요한 자신도 「나는 선지자 이사야의 말과 같이 주의 길을 곧게 하라고 광야에서 외치는 자의 소리로라」(요 1:23)고 증거했던 것이다(마 3:1~3, 막 1:2~4, 눅 1:13~17).

이와 같이 세례요한은 주님의 앞길을 닦기 위한 길예비자로 부름받았기 때문에, 하나님은 특별히 그를 위대한 인물로 키우셨다. 그리하여 당시 유대인들은 한결같이 세례요한을 선지자로 믿었고, 혹은 그리스도로 오인하기도 하였다(눅 3:15).

그러나 세례요한은 끝내 하나님의 뜻을 저버리고 예수님을 불신함으로써 (마 11:2~6), 주님의 앞길을 평탄히 예비하지 못하였다(눅 7:18~20). 그 결과 주님은 불행히도 십자가의 길을 가시게 되었다. 그토록 위대했던 세례요한이 만일 예수님을 끝까지 증거하며 그를 전적으로 믿고 따랐다면, 주님은 결코 유대인들에게 이단자로 몰리어 십자가의 길을 가시지 않았을 것이다.

성서를 보면, 세례요한은 많은 제자들을 거느리고 다니며, 유대인들에게 세례를 베풀었다(요 3:23~25, 마 9:14). 이로 보아, 당시 세례요한은 이미 새로운 자기 교단을 만들어 이끌고 있었음을 알 수 있다. 이 사실은 그가 요단강에서 대규모의 세례집회를 계속한 것만 보더라도 분명히 알 수 있다(막 1:4~5). -초기 예수님의 제자들은 그 대부분이 세례요한의 제자였다(요 1:35~42).

이와 같이 세례요한이 한 교단을 이끌고 있었다는 사실은 예수님에게 있어서는 매우 다행한 일이었다. 그 까닭은 세례요한이 예수님에게로 돌아올 경우, 주님의 복음사업은 그 교단을 중심으로 더욱 활발히 추진될 수 있었기 때문이다. 그러나 세례요한은 예수님의 모든 기대를 저버린 채 끝까지 자기 교단만을 지키다가 결국은 비참한 생애를 마치고 말았다.

이미 언급한 바와 같이, 세례요한은 오직 주님의 앞길을 예비하기 위해 부름받은 인물이었다. 따라서 그가 요단강에서 예수님에게 세례를 베푼 후에는 (마 3:13~16), 자기 교단과 제자들을 모두 예수님에게 인계하고, 자기는 그의 수제자가 되어 그를 전적으로 모시고 따르면서 주님의 복음을 대신 앞장서 전파해야 할 일이었다.

그러나 세례요한은 도리어 자기의 섭리적 사명을 망각한 채, 마치 예수님과 경쟁이라도 하듯이 따로 제자들을 거느리고 다니면서 세례를 베풀었다 (요 3:22~23, 약 2:26, 딤 1:16). 그러기 때문에, 다시 유대인들은 예수님보다도 세례요한을 더욱 위대한 인물로 여기게 되었던 것이다.

그러면 당시 세례요한이 예수님의 제자가 되어 일할 수 없었던 주요 원인은 무엇이었던가? 그것은 바로 그가 한 교단을 이끄는 교주의 자리에 있었기 때문이다. 당시 유대인들이 세례요한을 존경하는 마음은 그를 메시아로 오인할 정도였다(눅 3:15). 일반 유대인들이 이러할진대, 그를 직접 스승으로 모시고 따르는 제자들이야 어떠했겠는가?

이와 같이 당시 세례요한은 제자들을 비롯하여, 온 유대인들의 한결같은 추앙을 받고 있었기 때문에, 그는 갈수록 예수님을 과소평가하기 시작하였다. 세례요한은 예수님과 자기를 비교해 볼 때에, 예수님이 메시아라면 자기도 능히 메시아가 될 수 있다고 은근히 자부했을는지도 모른다. 그는 이미 한 교단을 이끄는 교주로서 많은 제자들을 거느리고 있었기 때문이다.

그 뿐만 아니라, 세례요한의 제자들도 자기의 스승이 예수님의 제자가 되는 것은 원치 않았을 것이다. 이러한 상황에서 세례요한이 스스로 자기를 낮추어 예수님의 제자가 된다는 것은 매우 어려운 일이었다. 그리하여 세례요한은 결국 불신의 길로 나아가게 되었고, 그 결과 그는 도리어 예수님에게 십자가의 길만을 예비해 놓은 채 비참한 최후를 마쳤던 것이다.

위에서 논한 세례요한의 불신에 관해서는 이미 〈구원론〉에서 자세히 다루었으므로, 여기서는 이 정도에서 마치거니와, 오늘의 모든 성도들은 세례요한의 불신이 바로 예수님에게 무서운 비극을 초래케 하였다는 이 사실을 밝히 깨달아야 할 것이다. 그리고 오늘 이 시대에도 예수님 당시와 같이 하나님의 새로운 섭리기반을 예비하기 위한 세례요한적인 사명자들이 있을진대, 그들은 지난날 세례요한이 걸었던 불신과 불순종의 길을 또다시 되풀이하여 걷지 않도록 해야 할 것이다.

2. 예수님을 중심으로 한 구원섭리

하나님의 구원섭리는 구약과 신약과 성약의 3시대를 통해서 이루어진다. 그런데 하나님은 이러한 3시대 중 신약시대의 섭리적 중심인물(메시아)로 예수님을 세우셨다(요 3:16, 눅 9:35). 따라서 이 시대의 모든 사람들은 반드시 예수님을 믿고 따라야만 구원받을 수 있으며(요 14:6), 결코 그를 믿지 않고는 아무도 구원받을 수 없다. -제6장 〈구원론〉참조.

이와 같이 신약시대의 인간구원은 오직 예수님에 대환 절대적인 믿음과 순종을 통해서만 이루어진다. 그 뿐만 아니라 예수님은 구약(율법)의 완성자로 오셨기 때문에(마 5:17, 눅 16:16, 롬 10:4), 이미 구약시대를 거쳐간 모든 사람(영인)들도 역시 주님을 믿고 순종해야만 구원의 완성을 볼 수 있다. 예수님이 인류의 영원한 구주가 되시는 이유는 바로 여기에 있다(행 4:12, 히 13:8).

그러면 인류의 구주로 오신 예수님의 생애는 어떠했는가? 성서를 통해 본 주님의 생애는 참으로 말할 수 없는 고난과 눈물의 생애였다. 「여우도 굴이 있고 공중의 새도 깃들곳이 있으되 오직 인자는 머리 둘 곳이 없다」(마 8:20)고 하신 예수님의 말씀을 보더라도, 우리는 그 분이 얼마나 고독하게 오셨다가 고독하게 가신 분인지를 잘 알 수 있다.

이처럼 예수님은 외롭고 초라한 모습으로 우리 가운데 오셔서, 영원한 생명의 말씀만을 남기시고 홀연히 십자가를 지고 가셨으니, 이것이 바로 그 분의 생애요, 모습이었다.

그러나 그는 하나님이 가장 사랑하시는 독생자요, 메시아였다. 그러심에
도 불구하고, 주님은 미천한 여인의 몸을 빌어 우리 가운데 초라하게 나셨고,
우리를 대신하여 고난의 십자가를 달게 지셨다. 또한 만왕의 왕으로 오셨건
만 아무도 그를 알아주는 자가 없어 타향의 마굿간을 보금자리삼아 쓸쓸히
나셔야 했고(눅 2:7), 또 해롯왕이 그를 죽이려고 하므로 어릴때부터 애급으
로 피난을 가셔야 했다(마 2:13).

한편 예수님은 공적인 섭리노정을 출발하실 때까지의 30년 여 년을 가난
한 목수의 가정에서 자라셨으며, 또 무명의 청년으로 돌연히 나타나 메시아
로서 새로운 복음을 선포할 때, 그를 맞이해야 할 이스라엘 선민으로부터 오
히려 이단과 괴수로 몰려 말할 수 없는 조소와 박해도 받으셨다. 이처럼 예
수님은 시종일관 고난의 길을 걸으시다가 끝내는 십자가의 길을 가셨으니,
그 이유는 무엇인가? 그것은 바로 유대인들의 무지와 불신 때문이었다(눅
23:18~23, 호 4:6).

하나님이 메시아를 이 땅에 보내심은 그를 믿는 자마다 멸망치 않고 영생
을 얻게 하시기 위함이었다(요 3:16). 따라서 이러한 하나님의 뜻대로 당시
유대인들이 모두 예수님을 메시아로 믿고 따랐다면, 주님은 굳이 십자가의
길을 가시지 않고도 그가 오신 목적을 이루실 수 있었다. 이처럼 예수님이
십자가의 길을 가시지 않고 그 뜻을 이루시는 것이 바로 하나님의 제1차적인
섭리였다(사 9자, 사 11장, 눅 1:31~33).

그러나 당시 유대인들의 불신은 매우 심각한 것이었다. 그들은 도리어 예
수님을 이단자로 몰아 핍박하였고, 심지어는 그를 십자가에 못박을 흉계까지
꾸미기에 이르렀다. 이러한 그들의 돌이킬 수 없는 불신으로 인하여 예수님
은 마침내 십자가의 길을 가시게 되었으니, 이것이 바로 하나님의 제2차적인
섭리였다(사 53장, 마 16:21, 묵 9:30~31).

이와 같이 십자가를 중심으로 한 하나님의 제2차적인 섭리는 전적으로 유
대인들의 불신과 무지에 의해 초래된 결과였다. 이 사실은 그들에게 믿음을
애타게 호소하신 예수님의 언행만을 보더라도 분명히 알 수 있다(마 23:37,

마 26:38~39, 막 14:21, 요 6:29).

그러기에 사도 바울은 「이 지혜는 이 세대의 관원들이 하나도 알지 못하였으니, 만일 알았더라면 영광의 주를 십자가에 못박지 아니하였으리라」(고전 2:8)고 개탄했던 것이다.

그런데 대부분의 성도들은 예수님의 십자가 고난을 이미 창세 전부터 예정된 섭리의 결과로 믿고 있다. 그러나 예수님의 십자가 고난은 결코 예정된 섭리의 결과가 아니라, 그것은 어디까지나 유대인들의 불신과 무지에 의해 부득이 초래된 제2차적인 섭리의 결과였다. -제6장〈구원론〉참조.

만일 십자가의 길만이 인간 구원의 유일한 길이라면, 하나님은 오히려 예수님을 십자가에 잘 못박을 수 있는 이방인에게서 나게 하실 일이지, 어찌하여 2천년 간이나 애써 길러오신 이스라엘 선민 가운데서 나게 하신단 말인가?

한편 성적 타락론자들은 예수님이 십자가에 돌아가심으로써 영적인 구원만 이루셨을 뿐, 육적인 구원은 실패하셨다고 말한다. 그러나 이러한 그들의 주장은 매우 그릇된 것이 아닐 수 없다. 예수님은 비록 십자가게 돌아가셨지만, 그가 메시아의 사명의 스스로 포기하신 일은 전혀 없으시기 때문이다.

이미 〈타락론〉에서 상논한 바와 같이, 인간은 결코 성적으로 타락하지 않았다. 따라서 인간의 육적인 타락을 거론함은 지극히 부당하다. 그들이 말하는 육적인 타락이란 천사와의 성적인 혈연관계를 뜻한다. 그렇다면 그들이 말하는 육적인 타락이란 천사와의 성적인 혈연관계로써 이루어져야 한다. 그러나 이것은 애당초 원리적으로 불가능한 일이 아닌가? 따라서 예수님이 십자가에 돌아가심으로써 육적인 구원에 실패하셨다는 그들의 주장은 어디까지나 비성서적이고 반그리스도적인 것이 아닐 수 없다. - 제5장 〈타락론〉 참조.

3. 예수님을 중심한 세계적 가나안 복귀노정

하나님의 구원섭리는 바로 잃어버린 에덴을 회복하기 위한 〈에덴복귀섭리〉 또는 〈가나안복귀섭리〉라고 말할 수 있다. -여기서 가나안은 에덴을 상징한다. 그러면 인류의 구주로 오신 예수님은, 그러한 가나안 복귀노정(에덴 복귀노정)을 어떻게 걸으셨는가?

모세를 중심한 민족적 가나안 복귀노정이 3차로 연장되었듯이, 예수님을 중심한 세계적 가나안 복귀노정도 유대인들의 계속적인 불신과 불순종으로 말미암아, 다음과 같이 3차로 연장되었다.

① 예수님의 제1차 세계적 가나안 복귀노정은, 하나님이 길예비자로 세우신 세례요한을 앞세우고 출발할 예정이었다(말 4:5, 마 17:10~13). 그러나 세례요한이 예수님을 끝까지 불신하고, 또 그가 갑자기 헤롯에게 살해됨으로써, 주님의 제1차 에덴복귀노정은 모두 수포로 돌아가고 말았다(눅 7:18~20, 마 14:3~12).

② 예수님의 제2차 세계적 가나안 복귀노정은 길예비자인 세례요한이 옥에 갇힌 후부터 비로소 출발되었다(마 4:12~17). 그러나 당시 유대인들이 예수님을 끝까지 불신하고, 또 그를 십자가에 살해함으로써, 주님의 제2차 에덴복귀노정도 역시 수포로 돌아가고 말았다(눅 23:18~23).

③ 예수님의 제3차 세계적 가나안 복귀노정은, 주님의 재림시대에 그의 대신 사명자인 〈승리자〉를 중심으로 출발하여, 그가 이 지상에 하나님의 나라를 건설함으로써 끝나게 된다. 예수님은 초림시대에 이루시지 못한 자신의 사명(지상천국건설의 사명)을 계시록에 예언된 스리자에게 모두 인계하시고, 그를 통해 하나님의 뜻을 이루시도록 되어 있기 때문에(계 2:26~27, 계 12:5), 예수님은 모세처럼 제3차 에덴복귀노정을 영적으로 걸으시고, 그의 대신사명자인 승리자는 여호수아처럼 그 노정을 실체적으로 걷게 된다. -제13장 제5절 〈새시대의 사명자〉참조.

이와 같이 예수님의 제3차 세계적 가나안복귀노정은 어디까지나 주님의 대신사명자인 〈승리자〉를 통해서 계승·완성된다. 그런데 오늘 이 시대는 바로 이러한 제3차 에덴복귀노정이 속히 출발해야 할 새로운 섭리 시대임을 우리 성도들은 지혜롭게 깨달아야 할 것이다.

제4절 성약시대의 구원섭리

성약시대는 그리스도의 재림으로부터 이 지상에 하나님의 나라(천국)가 모두 이루어질 때까지의 1천년 섭리기간을 말한다. 이 시대는 일명 〈천년왕국시대〉라고도 하거니와, 이 시대는 계시록에 예언된 〈새 복음〉을 중심한 새로운 섭리 시대로서 (계 10:11, 계 14:6). 인간을 친자의 자리까지 구원하는 시대이다(마 3:17, 요 5:18, 계 21:7).

혹자는 천년왕국시대란 말이 매우 생소하게 들릴지도 모르지만, 계시록에 보면 장차 그리스도를 중심으로 한 천년왕국시대가 도래할 것이 분명히 기록되어 있다(계 20:4~6). 그런데 오늘 이 시대는 바로 이러한 천년왕국시대가 출발해야 할 새로운 시점에 와 있음을 우리 성도들은 지혜롭게 깨달아야 할 것이다.

1. 두 증인을 중심으로 한 예비섭리

* 주 여호와께서는 자기의 비밀을 그 종 선지자들에게 보이지 아니하시고는 결코 행하심이 없으시리라(암 3:7).
* 내가 나의 두 증인(선지자)에게 권세를 주리니, 저희가 굵은 베옷을 입고 일천 이백 육십 일을 예언하리라. 이는 이 땅의 주 앞에 섰는 두 감람나무와 두 촛대니(계 11:3~4).

과거 유대인들은 선지자 말라기의 예언을 따라, 한결같이 승천한 엘리야의 재림을 고대하였다. 그런데 예수님은 그들이 고대하던 엘리야가 바로 세례요한이라고 말씀하심으로써, 그는 바로 엘리야의 대신사명자임을 밝혀 주셨다. 이 사실을 성서는 다음과 같이 기록하고 있다.

*보라. 여호와의 크고 두려운 날이 이르기 전에 내가 선지 엘리야를 너희에게 보내리니, 그가 아비의 마음을 자녀에게로 돌이키게 하고, 자녀들의

마음을 그들의 아비에게로 돌이키게 하리라(말 4:5~6).
*예수께서 대답하여 가라사대, 과연 엘리야가 먼저 와서 모든 일을 회복하리라. 내가 너희에게 말하노니, 엘리야가 이미 왔으되, 사람들이 알지 못하고 임의로 대우 하였도다. 이와 같이 인자도 그들에게 고난을 받으리라 하시니, 그제야 제자들이 예수의 말씀하신 것이 세례요한인 줄을 깨달으니라(마 17:11~13).

그러면 하나님이 세례요한을 엘리야의 대신사명자로 부르신 이유는 무엇인가? 그것은 바로 그로 하여금 예수님을 메시아로 증거케 하심으로써(요 1:6~7), 주님의 앞길을 평탄히 예비하시기 위함이었다(막 1:2~4, 요 1:23).

이와 같이 초림시대의 세례요한은 바로 메시아에 대한 증거의 사명자로 부름받았기 때문에, 당시 유대인들이 예수님 아뜰으로 나아가려면, 그들은 먼저 엘리야의 대신사명자인 세례요한 앞으로 나아가 그의 증거를 받아야 할 일이었다.

그런데 세례요한은 불행히도 그가 해야 할 증거의 사명을 제대로 수행치 못함으로써. 그는 도리어 유대인들이 가야 할 믿음의 길을 모두 막아 버리고 말았다. w-wp6장 제3절 〈세례요한의 불신〉참조. 그 결과 예수님은 부득이 스스로 자기를 증거하고 나서야 하는 매우 난천한 입장에서 새로운 섭리노정을 출발하시게 되었다.

예수님은 30세가 되시기까지 공적인 전도활동을 하시지 않았다(눅 3:23). 주님의 공적인 전도활동은 반드시 엘리야의 증거가 따르는 입장에서 출발되어야 하기 때문이었다.

당시 유대인들은 한결같이 메시아를 인정하기에 앞서, 먼저 엘리야의 증거를 요구하고 나섰다. 이에 예수님은 공적인 섭리노정을 출발하시기 전에 먼저 엘리야의 대신사명자로 부름받은 세례요한이 자기를 유대인들에게 밝히 증거해 주기를 애타게 고대하시게 되었다.

그러나 세례요한은 이러한 주님의 심정과 사정을 전혀 헤아리지 못한 채 끝내 불신의 길로 나아가고 말았다. 그가 옥중에서 제자들을 예수님에게 보내어, 「오실 그이가 당신입니까? 우리가 다른 이를 기다려야 하겠습니까」 (눅 7:18~20)하고 묻던 말은 그가 이미 전부터 예수님을 메시아로 믿지 못했음을 스스로 드러낸 말이 아닐 수 없다.

위에서 논한 바와 같이, 초림시대의 세례요한은 바로 엘리야의 대신사명자로서(마 17:10~13), 그는 메시아의 앞길을 예비하기 위해 부름받은 증거의 사명자였다(요 1:6~7). 그런데 이러한 증거의 사명자는 초림시대 뿐만 아리나, 재림시대에도 있어야 한다. 왜냐하면 초림시대의 공식적인 섭리노정은 재림시대에도 그대로 재현되기 때문이다. 따라서 초림시대의 유대인들이 걸어가야 했던 공식적인 섭리노정은 모두 재림시대의 성도들이 다시 걸어가야 할 본보기 노정이 된다.

계시록 11장에 보면, 주께서 세우신 〈두 증인〉이 나오는데 (계 11:3~6), 그들이 바로 재림시대의 세례요한으로 부름받은 증거의 사명자들이다. 그리고 계시록 2장과 3장 및 12장에 보면, 주님의 대신사명자로서 장차 철장(진리)으로 만국을 다스릴 〈승리자〉가 나오는데(계 2:26~28, 계 12:5), 재림시대의 두 증인은 바로 그 승리자를 증거하기 위해 부름받은 길예비자임을 우리 성도들은 밝히 깨달아야 한다.

그러면 재림시대의 길 예비자로 부름받은 두 증인은 과연 누구인가?

두 증인은 엘리야의 경우처럼 북방출신이어야 한다. 그리고 두 증인은 새 시대의 길 예비자이기 때문에, 그들은 반드시 기성교회가 아닌 신흥종교에서 나와야 한다(초림시대의 길예비자인 세례요한도 역시 신흥종파의 지도자였다).

그러므로 필자는 섭리적인 관점에서 한국의 대표적인 신흥종교로 등장한 통일교의 〈문선명〉과 전도관의 〈박태선〉을 재림시대의 두 증인으로 본다. 이처럼 두 사람(문선명과 박태선)은 재림시대의 두 증인으로 부름받았기 때문에 그들은 같은 시기에 같은 지역에서 태어났으며, 또 같은 시기에 한국 신흥종교의 두 지도자로 등장하게 되었던 것이다.

교주 문선명이 처음부터 교회가 아닌 〈협회〉의 간판을 들고 나선 것은, 그가 바로 재림시대의 길 예비자로 왔기 때문이다. (계 11:3~4). 그럼에도 불구하고 그들은 본래의 자기 사명을 망각한 채, 교주 박태선은 자칭 하나님으로 행세하다가 죽고 또 교주 문선명도 자칭 재림주로 행세하다가 비명에 가고 말았으니, 이 얼마나 안타까운 일인가?

통일교는 현재 세계 각국에 선교사를 파송하면서 문선명 교주를 재림주로 선전하고 있지만 그는 결코 하나님이 세우신 참 메시아가 아님을 전세계의 통일교인들은 속히 깨달아야 할 것이다(문교주는 자신을 실체 하나님으로 부르기도 했다).

(1) 통일교의 발자취

교주 문선명은 1920년 1월 6일(음력) 평안북도 정주군 덕언명 상사리에서 태어났다. 그는 고향에서 소학교를 마치고 1938년 서울로 올라와 〈경성상공실무학교〉를 다닌후, 1941년 3월 일본으로 건너가 〈와세다대학 전기공학과〉를 다녔다고 한다. 그는 일본에서 귀국한 후 1945년 4월 28일 최선길 여인과 결혼, 이듬해 4월 장남 문성진을 낳았다.

해방 직후 문선명은 서울에서 경기도 파주에 있던 〈이스라엘 수도원〉에 다니다가, 1946년 6월 그는 갑자기 평양으로 갔다. 문선명은 평양에서 김종화 여인을 만나 그 집에서 처음으로 개척교회를 시작했다. 그후 1948년 2월 그는 사회질서문란죄로 5년의 형을 선고받고 〈흥남형무소〉에서 복역하다가 1950년 10월 유엔군의 도움으로 석방되었다.

1954년 5월 1일 문선명은 서울에서 박정화, 이창환, 유효원, 유효민, 김상철 등과 함께 「세계기독교통일신령협회」 (통일교)를 창립했다. 그리고 1958년 8월에는 일본, 1959년 1월에는 미국에 각각 선교사를 파송했다. 1963년에는 재단법인을 설립했고, 1966년 5월에는 교리서인 〈원리강론〉을 발행했다. 1970년 8월에는 통일교의 초대 협회장이며 원리강론의 저자인 유효원이 사망했다.

1957년 1월 8일 문선명은 본처인 최선길과 이혼 후, 1960년 3월 1일 한학자 여인과 재혼했다. 그 후 문선명이 주관하는 통일교의 합동결혼식은 1961

년 36쌍을 시작으로 지금까지 계속되고 있는데, 그 수는 갈수록 늘어나고 있다. 그러나 1997년 12월 문선명의 장남 문효진이 가정불화로 부인 홍난숙씨와 이혼함으로써 전 세계의 통일교인들에게 큰 충격과 실망을 안겨주었다(문효진은 이혼 후 2008년 3월 갑자기 사망했다).

지난 1997년 4월 통일교는 갑자기 그 명칭을 〈가정연합〉으로 바꾸었다. 그리고2006년 6월 6일 문선명은 그가 만근 궁전에서 자신을 〈평화의 왕〉으로 세우기 위한 대관식을 성대하게 거행했다. 그러나 2012년 9월 3일 교주 문선명이 급병으로 갑자기 사망함으로써, 이제는 통일교도 그 사명이 모두 끝났음을 실상으로 보여주었다〈통일교는 지금 극심한 내분으로 분열의 위기를 맞고 있다).

(2) 전도관의 발자취

교주 박태선은 1917년 11월 22일 평안북도 덕천군 덕남면 읍남리에서 태어났다. 그는 고향에서 소학교를 마친 후 일본으로 건너가 공업학교를 다녔다고 한다. 해방 직후 박태선은 문선명과 함께 경기도 파주에 있던 〈이스라엘 수도원〉에 다니면서 김백문(원장)의 가르침을 받았다.

1955년 7월 1일 교주 박태선은 서울에서 추종자들과 함께 「한국예수교부흥협회」를 조직했다. 그는 그해 12월 원효로 전도관을 개설한 것을 시작으로 그 이듬해까지 20개의 전도관을 설립했다.

1957년 경기도 부천시 소사읍에 제1신앙촌을 건설하고 273세대가 입주했으며, 1959년에는 「한국예수교전도관부흥협회」로 그 명칭을 변경했다. 1962년 경기도 양주군 와부면 덕소리에 제2신앙촌을 건설하기 시작했으나 모두 실패하고 말았다.

전도관은 한 때 100만에 가까운 신도들을 모으기도 했다. 그러나 1980년 전도관은 갑자기 기독교를 버리고 배도의 길을 갔다. 그 해부터 교주 박태선은 전도관을 〈천부교〉로 바꾸고, 기독교를 정명으로 부정하고 나선 것이다. 그는 자칭 하나님이 되어 성서를 부인함은 물론, 예수님을 죄인으로 매도하는 등 온갖 비성서적이고 반 기독교적인 언동들을 제멋대로 자행함으로써, 그는 한국교회에서 사도 바울의 예언을 그대로 적중시킨 최초의 〈배도자〉가 되었다(살후 2:3~4). 그 후 1990년 2월 교주 박태선은 아무런 회개도 없이 그대로 병사함으로써, 그는 영원히 돌이킬 수 없는 배도자의 길을 가고 말았다.

2. 〈승리자〉를 중심으로 한 구원섭리

*나의 종 너 이스라엘아, 나의 택한 야곱아, 나의 벗 아브라함의 자손아, 내가 땅 끝에서부터 너를 붙들며, 땅 모퉁이에서부터 너를 부르고 네게 이르기를, 너는 나의 종이라 내가 너를 택하고 싫어 버리지 아니하였다 하였노라(사 41:8~9).
*내가 종방에서 독수리(사명자)를 부르며, 먼 나라에서 나의 모략을 이룰 사람을 부를 것이라. 내가 말하였은즉 정녕 이룰것이요, 경영하였은즉 정녕 행하리라(사 46:11).

신약시대는 예수님을 중심으로 한 구원섭리시대였다. 그런데 예수님은 이미 2천년 전에 영적으로 부활하여 승천하셨기 때문에 주님은 지금까지 영적으로만 섭리해 오셨다. -제9장 〈부활론〉참조. 그러나 성약시대는 바로하나님의 나라〈천국〉를 이 지상에 실체적으로 이루어야 할 시대이기 때문에, 그 주님은 반드시 자신의 대신사명자를 세워 섭리하시게 된다. 이 사실은 다음과 같은 계시록의 예언만을 보더라도 분명히 알 수 있다.

*이기는 자와 끝까지 내 일을 지키는 그에게 만국을 다스리는 권세를 주리니, 그가 철장을 가지고 저희를 다스려 질그릇 깨뜨리는 것과 같이 하리라, 나도 내 아버지께 받은 것이 그러하니라, 내가 또 그에게 새벽별을 주리라(계 2:26~28).
*이기는 자는 내 하나님 성전에 기둥이 되게 하리니... 내가 하나님의 이름

과 하나님의 성 곧 하늘에서 내려오는 새 예루살렘의 이름과 나의 새 이
름을 그이 위에 기록하리라(계 3:12).
*이기는 그에게 내가 내 보좌에 함께 앉게 하여 주기를, 내가 이기고 아버
지 보좌에 함께 앉은 것과 같이 하리라(계 3:21).
*여자가 아들을 낳으니, 이는 장차 철장으로만국을 다스릴 남자라, 그 아
이를 하나님 앞과 그 보좌 앞으로 올려가더라(계 12:5).

위의 말씀에서 알 수 있듯이, 계시록에 예언된 주님의 대신사명자는 바로
〈승리자〉이다. 그러므로 주님은 장차 그에게 철장(진리)으로 만국을 다스리
는 권세를 주신다고 약속하셨다(계 2:26~28). 만일 승리자가 주님의 대신사
명자가 아니라면, 주님은 어찌하여 그 자신의 섭리적 사명을 그에게 부여하
신단 말인가?

일찍이 하나님은 선지자 엘리야를 먼저 보내 주신다고 약속하셨으나 (말
4:5), 실제는 그의 대신사명자(재림자)로서 세례요한이 왔으며(마 17:10~13),
또 하나님은 장차 모세와 같은 선지자 하나를 세우신다고 언약하셨으나(신
18:18, 행 3:22~23), 실제는 그의 대신사명자로서 예수님이 오셨다(마 1:21).
이와 마찬가지로 예수님은 자기의 재림을 약속하셨지만, 실제는 그의 대신사
명자로 승리자가 오도록 되어 있음을 알아야 한다. -제13장 〈재림론〉 참조.

한편 예수님은 장차 재림시대에는 〈진리의 영〉이라고 부르는 다른〈보혜
사〉를 보내주신다고 약속하셨다(요 14:16, 요 15:26). 그러면 주께서 약속하
신 재림시대의 다른 보혜사 (대언자)는 누구인가? 그는 바로 주님의 대신사
명자 (재림자)로 오시는 〈승리자〉를 가리킨다(계 2:26~27, 계 12:5, 계
6:1~2). 이 사실은 사도 요한이 예수님을 〈보혜사〉로 증거한 말씀에서도 분
명히 알 수 있다(요일 2:1).

그러므로 예수님은 이르시되 「내가 너희에게 실상을 말하노니, 내가 떠나
가는 것이 너희에게 유익이라, 내가 떠나가지 아니하면 〈보혜사〉가 너희에
게로 오시지 아니할 것이요, 가면 내가 그를 너희에게로 보내리라」 (요 16:7)

고 말씀하셨던 것이다. -제13장 제5절 〈새 시대의 사명자〉 참조.

이와 같이 하나님은 역사의 매 시기마다 대신사명자들을 세워 섭리해 오셨으니, 그 이유는 무엇인가? 그것은 바로 인간은 누구나 그 육신을 벗으면서 이 지상에서 다시 육신을 쓰고 환생할 수 없기 때문이다. -제4장 〈창조론〉 참조.

혹자는 불교의 윤회환생설을 주장하기도 하지만, 이것은 어디까지나 그릇된 교리임을 알아야 한다. 만일 인간의 환생이 가능하다면, 하나님은 어찌하여 대신사명자들을 세워 섭리하신단 말인가?

그러면 주께서 댝속하신ㅇ 〈승리자〉는 언제 어디로부터 출현할 것인가? 계시록 7장에 보면, 한 천사가 살아계신 하나님의 인을 가지고 해돋는 곳(동방)으로부터 올라와 택하신 하나님의 종들에게 인을 쳤는데, 그 인맞은 자의 수가 14만 4천이라고 하였다(계 7:2~4).

이 말씀으로 보아, 주님은 장차 해돋는 동방나라에서 한 천사(사명자)를 부르시어, 그로 하여금 하나님의 인을 치게 하신다는 것을 분명히 알 수 있다(사 46:11), 이 사실은 〈재림론〉에서도 자세히 밝힌 바 있거니와, 계시록에 예언된 〈승리자〉는 바로 주님의 대신사명자로서, 그는 장차 하나님의 나라를 이 지상에 실상으로 이루실 새 시대의 사명자(메시아)임을 우리 성도들은 지혜롭게 깨달아야 할 것이다.

제5절 각 시대의 섭리적 연대형성

인류역사는 바로 하나님의 구원섭리역사이다. 그런데 하나님의 구원섭리는 언제나 일정한 수리적 섭리기간을 거치면서 전개되기 때문에 각 시대는 반드시 그 시대에 해당하는 섭리적 연대가 형성된다. 그러면 이러한 섭리적 연대형성은 어떻게 이루어지는가를 자세히 알아보기로 하자.

1. 동시성의 시대란 무엇인가

인류역사를 자세히 살펴보면 비록 그 정도와 범위의 차이는 있지만, 지난 시대의 역사적 과정이 다음 시대에 그대로 비슷하게 반복되어 전개되고 있음을 많이 발견할 수 있다. 이러한 역사적 현상을 보고 사가들은 인류역사가 나선형의 과정을 걷고 있다고 말하고 있지만, 그 섭리적 근본원인에 대해서는 전혀 모르고 있다. 이처럼 어느 시대가 지난 시대의 역사적 과정을 그대로 반복하여 전개될 때에 그 시대를 〈동시성의 시대〉라고 부른다.

그러면 이러한 〈동시성의 시대〉는 어찌하여 오게 되었는가? 그 까닭은바로 이 지상에 〈메시아기대〉를 조성하기 위해 부름받았던 믿음의 중심인물들이 부여된 책임분담을 다하지 못했기 때문이었다. 다시 말해 하나님은 지난 시대에 이루지 못한 메시아기대를 다시금 조성하시기 위해 새로운 믿음의 중심인물들을 세우시고, 앞 시대와 동일한 형의 섭리를 계속 반복해 오셨기 때문에, 이른바 동시성의 시대는 초래되었던 것이다 -본장 제1절 〈메시아강림의 법칙〉 참조.

이와 같이 동시성의 시대는 바로 이 지상에 〈메시아기대〉를 조성하기 위한 섭리가 다음 시대로 계속 연장됨으로써 오게 되었다. 그런데 메시아기대는 반드시 〈믿음의 기대〉와 〈순종의 기대〉를 통해서 조성되기 때문에, 그 메시아기대를 조성하기 위한 동시성의 시대는 바로 그 믿음의 기대와 순종의 기대를 세우는 데 필요한 탕감조건과 탕감기간에 의해 그 섭리적 동시성과 연대가 형성되는 것이다.

이미 논한 바 있거니와 하나님의 구원섭리는 반드시 구약과 신약과 성약의 3시대를 통해서 전개된다. 그런데 민중신학은 이러한 3시대를 그 성격상 4단계로 구분하여 제1차 구약시대는 〈상징적 동시성의 시대〉라 하고, 제2차 구약시대는 〈전형적 동시성의 시대〉라고 하며, 신약시대는 〈형상적 동시성의 시대〉라고 한다. 그리고 성약시대는 〈실상적 동시성의 시대〉라고 부른다.

2. 종적인 탕감조건과 횡적인 탕감복귀

하나님의 뜻을 리루기 위해 부름받은 믿음의 중심인물들은, 각기 그들이 세워야 할 믿음의 기대와 그 기대를 세우기 위한 탕감조건들이 있다. 그런데 어느 시대의 중심인물이 그가 세워야 할 탕감조건을 세우지 못하게 되면, 그 때마다 그것은 다음 시대에 부름받은 중심인물이 세워야 할 탕감조건으로 계속 넘겨지게 된다. 그리하여 다음 시대의 중심인물은 언제나 전보다 더욱 가중된 탕감조건을 세우게 된다. 예컨대 아브라함의 이삭헌제와 예수님의 십자가 고난은 바로 이러한 가중된 탕감조건으로 인해 초래되었던 것이다.

이처럼 앞 시대의 중심인물이 부여된 탕감조건을 세우지 못함으로써 그것이 다음 시대의 중심인물에게 넘겨져 역사적으로 가중된 탕감조건을 〈종적인 탕감조건〉이라 하고, 이러한 종적인 탕감조건을 어느 특정한 사명자를 중심으로 일시에 탕감복귀하는 것을 〈횡적인 탕감복귀〉라고 한다.

일찍이 아브라함은 하나님의 말씀에 따라 그 독자 이삭을 제물로 바친 일이 있었다(창 22:1~3). 이러한 이삭헌제는 바로 아담가정과 노아가정이 세우지 못한 종적인 탕감조검들과, 또 아브라함 가정이 세워야 할 믿음의 조건들을 일시에 횡적으로 탕감복귀하기위한 것이었다.

한편 인류의 구주로 오신 예수님은 공식적인 섭리노적을 출발하신 후, 먼저 12사도와 70문도를 찾아 세우시고 새로운 복음시대를 개척하셨다(눅 6:13, 눅 10:1). 이러한 주님의 섭리노정은 바로 구약시대에 12자녀와 70가족을 세워 섭리하셨던 야곱노정과 또 12지파와 70장로를 세워 섭리하셨던 모세노정 들의 종적인 탕감조건들을, 신약시대에 예수님을 중심하고 일시에 횡적으로 탕감복귀하기 위한 것이었다.

3. 믿음의 기대를 세우기 위한 탕감기간

인간이 메시아가 오실 수 있는 섭리적 기반 즉 〈메시아기대〉를 조성하려면, 반드시 〈믿음의 기대〉와 〈순종의 기대〉를 세워야 한다. -본장 제1절 6 〈메시아강림의 법칙〉 참조. 그러면 인간은 그 믿음의 기대를 세우기 위해 어떠한 탕감기간을 세워야 하는가? 인간은 바로 자신이 타락함으로써 사탄이 침범하게 된 하나님의 창조기간과 안식기간 및 인간의 성장기간을 다시금 회복하기 위한 탕감기간을 세워야 하는데, 이것을 좀더 자세히 설명하면 다음과 같다.

① 창세기에 보면, 하나님의 창조기간은 6일로 되어 있다. 그리고 하나님은 여섯째 날에 모든 만물의 주체인 인간을 창조하셨다고 하였다(창 1장). 기독교에서 6수를 창조수 또는 사람의 수라고 하는 이유는 바로 여기에 있다. 그런데 인간은 불행히도 타락함으로써 사탄의 종이 되었고, 그 결과 하나님의 6일 창조기간은 모두 사탄의 침범을 받게 되었다.

그러므로 인간이 〈믿음의 기대〉를 세우려면, 반드시 하나님의 6일 창조기간을 다시금 회복하기 위한 믿음의 탕감기간을 세워야 한다. 따라서 하나님의 구원섭리노정은 먼저 6수를 중심한 섭리로부터 출발하게 된다. 예컨대 아담으로부터 에녹에 이르는 600년, 노아로부터 홍수심판에 이르는 600년 등은 모두가 6수를 중심으로 한 믿음의 탕감기간이었다.

② 창세기에 보면, 하나님은 6일간의 창조를 끝내시고 제7일에 안식하셨다고 하였다(창 2:2~3). 그러나 이러한 하나님의 안식은 인간의 타락으로 말미암아 모두 깨어지고 말았다(창 6:6~7). 그 결과 하나님의 1일 안식기간도 역시 사탄의 침범을 당하게 되었다.

그러므로 인간이 〈믿음의 기대〉를 세우려면, 반드시 하나님의 1일 안식기간을 다시금 회복하기 위한 믿음의 탕감기간을 세워햐 한다(출 20:8~11). 그런데 1일은 4기간(1년은 4계절)으로 구분되기 때문에, 하나님은 1일 안식기간을 4수 중심의 탕감기간으로 세워 섭리하셨다. 예컨대 에녹으로부터 노아에 이르는 400년, 이스라엘민족의 애급 체류기간 400년, 가나안 정착으로부터 사울왕에 이르는 400년 등은 모두가 4수를 중심으로 한 믿음의 탕감기간이었다.

③ 창조원리에 의하면, 인간은 믿음으로 소성기·중성기·완성기의 3단계 성장기간을 모두 거쳐야만 비로소 완성하도록 창조되었다. -제4장 〈창조론〉 참조. 그런데 인간은 4위기대를 이루고 존재하므로, 이러한 인간이 3단계 성장기간을 모두 거치면, 그는 하나님의 창조목적을 완성한 12수 완성자가 된다. 때문에 성장기간은 바로 12수 완성기간이라고도 말할 수 있다. 그러나 인간은 불행히도 타락함으로써 12수 완성자가 되지 못하였고, 그 결과 12수 완성기간은 모두 사탄의 침범을 받게 되었다.

그러므로 〈믿음의 기대〉를 세우기 위한 중심인물은, 반드시 사탄이 침범한 12수 완성기간을 다시금 회복하기 위한 믿음의 탕감기간을 세워야 한다. 성서에 12수를 중심한 섭리기간이 많이 나오는 이유는 바로 여기에 있다. 예컨대 하나님의 홍수 유예기간 120년을 비롯하여 아브라함이 소명된 후 야곱이 에서로부터 장자의 명분을 빼앗을 때까지의 120년, 모세를 중심한 가나안 복귀섭리기간 120년, 구약시대의 통일왕국시대 120년, 모세를 중심한 가나안 복기섭리기간 120년, 구약시대의 통일왕국시대 120년, 신약시대의 기독교왕국시대 120년 등은 모두 12수 완성기간을 회복하기 위한 믿음의 탕감기간이었다.

④ 창조원리에 의하면, 모든 피조물은 반드시 4위기대를 이루고 존재하도록 창조되었다. 인간도 마찬가지다. 이처럼 4위기대를 이루고 존재하는 인간이 성장기간을 모두 거치면, 그는 하나님의 창조목적을 완성한 4수 완성자가 된다. 때문에 성장기간은 바로 4수 완성기간이라고도 말할 수 있다. 그런데 인간은 불행히도 타락함으로써 그러한 4수 완성자가 되지 못하였고, 그 결과 4수 완성기간도 역시 사탄의 침범을 당하게 되었다.

그러므로 〈믿음의 기대〉를 세우기 위한 중심인물은 반드시 사탄이 침범한 4수 완성기간을 다시금 회복하기 위한 믿음의 탕감기간을 세워야 한다. 때문에 성서에는 4수를 중심한 섭리기간이 많이 나온다. 예컨대 하나님의 홍수심판 40일을 비롯하여 야곱이 에서로부터 장자의 명분을 빼앗은 후 그가 하란으로 들어갈 때까지의 40년, 모세의 금식기간 40일, 가나안 정탐기간 40

일, 예수님의 금식기간 40일, 구약시대의 남북왕국시대 400년, 신약시대의 동서왕국시대 400년 등은 모두 4수 완성기간을 회복하기 위한 믿음의 탕감 기간이었다.

⑤ 창조원리에 의하면, 모두 피조물은 반드시 정분합의 3단계 과정을 거쳐 4위기대를 조성해야만 비로소 존재할 수 있다. 이러한 견지에서 모든 피조물은 바로 7수의 합성체로 볼 수 있다. 인간도 마찬가지다. 이처럼 7수의 합성체인 인간이 3단계의 성장기간을 모두 거치면, 그는 하나님의 창조목적을 완성한 21수 완성자가 된다. 때문에 성장기간은 바로 21수 완성기간이라고도 말할 수 있다. 그런데 인간은 불행히도 타락함으로써 그러한 21수 완성자가 되지 못하였고, 그 결과 21수 완성기간도 역시 사탄의 침범을 받게 되었다.

그러므로 〈믿음의 기대〉를 세우기 위한 중심인물은 반드시 사탄이 침범한 21수 완성기간을 다시금 회복하기 위한 믿음의 탕감기간을 세워야 한다. 성서에 21수를 중심한 섭리기간이 많이 나오는 이유는 바로 여기에 있다. 예컨대 노아가 비둘기를 3차에 걸쳐 내보내던 21일기간을 비롯하여, 야곱이 하란으로 갔다가 다시 가나안으로 돌아올 때까지의 21년, 구약시대의 유대민족 포로 및 귀환시대 210년, 신약시대의 교황포로 및 귀환시대 210년 등은, 모두 21수 완성기간을 회복하기 위한 믿음의 탕감기간이었다.

⑥ 창조원리에 의하면, 피조물의 3단계 성장기간은 매 기간마다 3단계로 구분되기 때문에, 전체 성장기간은 9단계가 된다. 모든 피조물은 바로 이러한 9단계를 지나 10단계의 자리까지 나아가야만, 비로소 완성된 피조물이 된다. 따라서 4위기대로 존재하는 인간이 10단계의 자리까지 나아가면, 그는 하나님의 창조목적을 완성한 40수 완성자가 된다. 때문에 성장기간은 바로 40수 완성기간이라고도 말할 수 있다. 그런데 인간은 불행히도 타락함으로써 그러한 40수 완성자가 되지 못하였고, 그 결과 40수 완성기간도 역시 사탄의 침범을 당하게 되었다.

그러므로 〈믿음의 기대〉를 세우기 위한 중심인물은 반드시 사탄이 침범한 40수 완성기간을 다시금 회복하기 위한 믿음의 탕감기간을 세워야 한다. 때문에 성서에는 40수를 중심한 섭리기간이 많이 나온다. 예컨대 노아의 방주가 아라랏산에 머문 후 그가 비둘기를 내보낼 때까지의 40일기간을 비롯하여, 야곱이 하란에서 돌아온 후 그가 요셉을 찾아 애급으로 돌아갈 때까지의 40년, 모세의 바로 궁중생활 40년, 미디안 광야생활 40년, 이스라엘 민족의 광야생활 40년, 구약시대의 메시아강림 준비시대 400년, 신약시대의 메시아재림 준비시대 400년 등은, 모두 40수 완성기간을 회복하기 위한 믿음의 탕감기간이었다.

제6절 구약시대의 시대구분

구약시대는 아담으로부터 예수님까지의 4천년 섭리기간을 말한다. 그리고 이 시대는 율법중심의 섭리시대로서, 인간을 구원의 초기단계인 〈종의 자리〉까지 구원하는 시대이다(히 3:5). 그런데 이러한 구약시대는 그 성격상 다음과 같이 아담을 중심으로 한 〈제1차 구약시대〉와 아브라함을 중심으로 한 〈제2차 구약시대〉로 구분된다. -이에 관해서는 제1권〈민중사상〉에서 자세히 다루었으므로, 여기서는 그 줄거리만을 간단히 설명하기로 한다.

1. 제1차 구약시대의 시대구분

제1차 구약시대는 아담으로부터 아브라함까지의 2천년 섭리기간을 말한다. 그리고 이 시대는 종족적인 섭리시대로서, 장차 올 민족적인 섭리시대의 기반을 닦기 위한 시대이다. 그런데 이 시대는 하나님의 구원섭리에 따라 그 섭리과정을 다음과 같이 나눌 수 있다.

① 아담시대(600년)

이 시대는 아담으로부터 에녹에 이르는 섭리기간을 말한다. 따라서 이

시대의 섭리적 연대는 약 600년이 된다. 그런데 이 기간(600년)은 바로 인간이 타락함으로써 사탄이 침범한 하나님의 6일 창조기간을 다시 회복하기 위한 믿음의 탕감기간이었다.

② 에녹시대(400년)

이 시대는 에녹으로부터 노아에 이르는 섭리기간을 말한다. 따라서 이 시대의 서리적 연대는 약 400년이 된다. 그런데 이 기간(400년)은 바로 인간이 타락함으로써 사탄이 침범한 하나님의 안식기간을 다시 회복하기 위한 믿음의 탕감기간이었다.

③ 노아시대(600년)

이 시대는 노아로부터 하나님의 홍수심판에 이르는 섭리기간을 말한다. 따라서 이 시대의 섭리적 연대는 약 600년이 된다. 그런데 이 기간(600년)은 바로 앞 시대에서 회복하지 못한 하나님의 6일 창조기간을 다시 회복하기 위한 믿음의 탕감기간이었다.

④ 바벨시대(400년)

이 시대는 노아의 홍수로부터 아브라함에 이르는 섭리기간을 말한다. 따라서 이 시대의 섭리적 연대는 약 400년이 된다. 그런데 이 기간(400년)은 바로 앞 시대에서 회복하지 못한 하나님의 안식기간을 다시 회복하기 위한 믿음의 탕감기간이었다.

2. 제2차 구약시대의 시대구분

제2차 구약시대는 아브라함으로부터 예수님까지의 2천년 섭리기간을 말한다. 그리고 이 시대는 민족적인 섭리시대로서, 장차 올 세계적인 섭리시대의 기반을 닦기 위한 시대이다. 그런데 이 시대는 하나님의 구원섭리에 따라 그 섭리과정을 다음과 같이 구분할 수 있다.

① 애급박해시대(400년)

이 시대는 아브라함의 믿음을 계승한 야곱가정이 애급으로 이주한 후로
부터 이스라엘 민족이 그곳을 떠날 때까지의 섭리기간을 말한다. 따라서 이
시대의 섭리적 연대는 약 400년이 된다. 그리고 아브라함으로부터 모세의 출
애급에 이르는 섭리적 연대는 약 600년이 된다. 그런데 이 기간(600년)은 바
로 제1차 구약시대에서 회복하지 못한 하나님의 6일 창조기간을 다시금 회
복하기 위한 믿음의 탕감기간이었다.

② 사사치리시대(400년)

이 시대는 이스라엘 민족이 애급에서 가나안으로 이주한 후로부터 사울
이 왕위에 오를 때까지의 섭리기간을 말한다. 따라서 이 시대의 섭리적 연대
는 약 400년이 된다. 그런데 이 기간(400년)은 바로 제1차 구약시대에서 회
복하지 못한 하나님의 안식기간을 다시금 회복하기 위한 믿음의 탕감기간이
었다.

③ 통일왕국시대(120년)

이 시대는 하나님이 사울왕과 다윗왕과 솔로몬왕을 세워 이스라엘 민족
을 인도하시던 섭리기간을 말한다. 이들 세 왕들은 그 재위기간이 각각 40년
이었으므로, 이 시대의 섭리적 연대는 120년이 된다. 그런데 이 기간(120년)
은 바로 인간이 타락함으로써 사탄이 침범한 12수 완성기간을 회복하기 위
한 믿음의 탕감기간이었다.

④ 남북왕국시대(400년)

이 시대는 통일왕국이 남북왕국으로 분열된 후로부터 유대왕국이 바벨론
에게 패망할 때까지의 섭리기간을 말한다. 따라서 이 시대의 섭리적 연대는
약 400년이 된다. 그런데 이 기간(400년)은 바로 사탄이 침범한 4수 완성기
간을 회복하기 위한 믿음의 탕감기간이었다.

⑤ 유대민족포로 및 귀환시대(210년)

이 시대는 유대인들이 바벨론에게 포로된 후로부터 선지자 말라기가 메시아의 강림을 예고할 때까지의 섭리기간을 말한다. 유대인들의 포로기간은 70년이요, 그 후 선지자 말라기가 메시아의 강림을 예고할 때까지는 약 140년이므로, 이 시대의 섭리적 연대는 모두 210년이 된다. 그런데 이 기간(210년)은 바로 사탄이 침범한 21수 완성기간을 회복하기 위한 믿음의 탕감기간이었다.

⑥ 메시아강림 준비시대(400년)

이 시대는 선지자 말라기가 메시아의 강림을 예고한 후로부터 엘리야의 대신사명자인 세례요한이 올 때까지의 섭리기간을 말한다. 따라서 이 시대의 섭리적 연대는 약 400년이 된다. 그런데 이 기간(400년)은 바로 사탄이 침범한 40수 완성기간을 회복하기 위한 믿음의 탕감기간이었다.

제7절 신약시대의 시대구분

신약시대는 예수님으로부터 그가 재림하실 때까지의 2천년 섭리기간을 말한다. 그리고 이 시대는 복음중심의 섭리시대로서, 인간을 구원의 중간단계인 〈양자의 자리〉까지 구원하는 시대이다(롬 8:15, 롬 8:23). 그런데 이러한 신약시대는 하나님의 구원섭리에 따라 그 섭리과정을 다음과 같이 구분할 수 있다.-제1권 〈민중사상〉참조.

① 로마박해시대(400년)

이 시대는 예수님이 유대인들에게 새로운 복음을 선포하시던 때로부터, 데오도시우스 1세가 기독교를 로마제국의 국교로 공인할 때까지의 섭리기간을 말한다. 따라서 이 시대의 섭리적 연대는 약 400년이 된다. 그런데 이 기간(400년)은 바로 구약시대의 애급박해시대 400년을 동시성으로 탕감복귀하기 위한 믿음의 탕감기간이었다.

② 교구장 치리시대(400년)

이 시대는 데오도시우스 1세가 기독교를 국교로 공인한 후로부터, 찰스대제가 서로마제국의 황제로 즉위할 때까지의 섭리기간을 말한다. 따라서 이 시대의 섭리적 연대는 약 400년이 된다. 그런데 이 기간(400년)은 바로 구약시대의 사사치리시대 400년을 동시성으로 탕감복귀하기 위한 믿음의 탕감기간이었다.

③ 기독교왕국시대(120년)

이 시대는 찰스대제가 서로마제국의 호아제로 즉위한 후로부터, 헨리1세가 독일황제로 즉위할 때까지의 섭리기간을 말한다. 따라서 이 시대의 섭리적 연대는 약 120년이 된다. 그런데 이 기간(120년)은 바로 구약시대의 통일왕국시대 120년을 동시성으로 탕감복귀하기 위한 믿음의 탕감기간이었다.

④ 동서왕국시대(400년)

이 시대는 헨리1세가 독일황제로 즉위한 후로부터, 로마 교황청이 프랑스의 아비뇽으로 옮겨갈 때까지의 섭리기간을 말한다. 따라서 이 시대의 섭리적 연대는 약 400년이 된다. 그런데 이 기간(400년)은 바로 구약시대의 남북왕국시대 400년을 동시성으로 탕감복귀하기 위한 믿음의 탕감기간이었다.

⑤ 교황포로 및 귀환시대(210년)

이 시대는 로마 교황청이 프랑스의 아비뇽에 유폐된 후로부터, 루터가 종교개혁을 일으킬 때까지의 섭리기간을 말한다. 로마 교황청의 유폐기간은 70년이요, 그 후 루터가 종교개혁을 일으킬 때까지는 140년이므로, 이 시대의 섭리적 연대는 모두 210년이 된다. 그런데 이 기간(210년)은 바로 구약시대의 유대민족포로 및 귀환시대 210년을 동시성으로 탕감복귀하기 위한 믿음의 탕감기간이었다.

⑥ 메시아재림 준비시대(400년)

이 시대는 루터가 종교개혁을 일으킨 후로부터, 〈계시록〉에 예언된 두 증인(선지자)이 출현할 때까지의 섭리기간을 말한다(계 11:3~4). 따라서 이 시대의 섭리적 연대는 약 400년이 된다. 그런데 이 기간(400년)은 바로 구약시대의 메시아강림 준비시대 400년을 동시성으로 탕감복귀하기 위한 믿음의 탕감기간이었다.

제8절 성약준비시대의 시대구분

성약시대는 주님의 재림으로부터 이 지상에 하나님의 나라(천국)가 모두 이루어질 때까지의 1천년 섭리기간을 말한다. -이 시대는 일명〈천년왕국시대〉라고도 부른다. 그리고 이 시대는 계시록에 예언된 〈새복음〉을 중심으로 한 새로운 섭리시대로서, 인간을 구원의 마지막 단계인 〈친자의 자리〉까지 구원하는 시대이다(마 3:17, 요 5:18, 계 21:7).

이미 〈재림론〉에서 자세히 논한 바와 같이, 초림시대의 유대민족은 오신 메시아를 이단자로 몰아 십자가에 살해함으로써, 그들은 불행히도 그 고귀한 선민의 자리를 영원히 잃고 말았다(마 21:43, 롬 11:11, 살전 2:15~16). 그러면 주님의 재림시대를 맞이한 오늘 이 시대에 있어서 초림시대의 유대민족을 대신한 새로운 선민은 과연 어느 민족일 것인가?

민중신학은 초림시대의 유대민족을 대신한 새로운 선민으로 부름받은 민족을 어디까지나 〈한국민족〉으로 본다. 왜냐하면 주님의 재림시대에 부름받을 새로운 선민은 반드시 과거 이스라엘 민족이 걸어갔던 전형적인 섭리노정을 모두 그대로 되풀이해서 걸어가야 한는데, 이러한 전형적인 섭리노정을 그대로 재현해서 걸어 온 민족은 이 지구상에 오직 한국민족밖에 없기 때문이다.

그럼에도 불구하고 아직도 많은 성도들은 초림시대의 유대민족이 재림시대에도 역시 선민으로 부름받을 것으로 믿고 있다. 그러나 이러한 그들의 믿음은 하나님의 구원섭리에 전적으로 어긋나는 매우 그릇된 것이 아닐 수 없다.

생각해 보라, 과거 유대인들은 오신 메시아를 이단자로 몰아 십자가에 살해했을 뿐만 아니라, 그들은 아직도 회개하지 않고 구시대의 율법신앙만을 고집하고 있는데, 하나님이 굳이 그들을 새 시대의 선민으로 다시 부르실 필요가 어디 있겠는가?

그러므로 민중사상은 한국민족이 바로 주님의 재림시대에 부름받은 새로운 선민임을 강력히 주장한다. 그런데 우리 한국민족은 과거 일본 제국이 강제로 〈을사보호조약〉을 체결했던 1905년부터 2000년까지 새로운 성약시대를 예비하기 위한 공식적인 섭리노정을 걸어왔다. 이 기간을 〈성약준비시대〉라고 부르거니와, 이 시대는 하나님의 구원섭리에 따라 그 섭리과정을 다음과 같이 구분할 수 잇다.

① 일본 박해시대(40년)

이 시대는 1905년 이른 바 을사보호조약이 강제로 체결된 후로부터, 1945년 우리 민족이 일본제국으로부터 해방될 때까지의 섭리기간을 말한다. 그런데 이 시대는 과거 이스라엘 민족이 걸어갔던 〈애급박해시대〉 400년을 동시성으로 축소·재현하는 시대였다.

② 미군정시대(4년)

이 시대는 1945년 조국이 일제치하에서 해방된 후로부터, 1948년 대한민국 정부가 수립될 때까지의 섭리기간을 말한다〈당시 미군정의 책임자는 하지였다〉. 그런데 이 시대는 구약의 〈사시치리시대〉 400년을 동시성으로 축소·재현하는 시대였다.

③ 건국시대(12년)

이 시대는 1948년 대한민국정부가 수립된 후로부터 1960년 자유당을 중심으로 한 제1공화국이 끝날 때까지의 섭리기간을 말한다. 그런데 이 시대는 구약의 〈통일왕국시대〉 120년을 동시성으로 축소·재현하는 시대였다.

④ 내각통치시대(400일)

이 시대는 1960년 제1공화국이 끝난 후로부터 1961년 민주당을 중심으로 한 제2공화국이 끝난 때까지의 섭리기간을 말한다(당시 정부는 내각책임제를 실시했다). 그런데 이 시대는 구약의 〈남북왕국시대〉 400년을 동시성으로 축소·재현하는 시대였다.

⑤ 군부통치시대(210일)

이 시대는 1961년 5월 16일 박정희 장군이 주도한 군사혁명이 일어난 후로부터 동년 12월 까지의 섭리기간을 말한다(당시 정부는 전국에 계엄령을 선포했다). 그런데 이 시대는 구약의 〈유대민족 포로 및 귀환시대〉 210년을 동시성으로 축소·재현하는 시대였다(민 14:34).

⑥ 재림준비시대(40년)

이 시대는 정부가 〈단기연호〉를 폐지하고 기독교연호인 〈서기연호〉를 처음 사용한 1962년 1월부터 새 천년의 전야인 2000년 12월까지의 섭리기간을 말한다. 그런데 이 시대는 구약의 〈메시아강림 준비시대〉 400년을 동시성으로 축소·재현하는 시대였다.

※ 여기서 다루지 못한 〈한국의 70년 정치섭리노정〉에 관해서는 제1권 〈민중사상〉에서 자세히 다루었으므로, 꼭 참고하시기 바랍니다.

후 기

* 너희는 먼저 하나님의 나라와 그의 의를 구하라(마 6:33).
* 기독교의 존재 이유는 바로 고통받는 민중과 사회를 해방하고 이 땅에 하나님의 나라와 민중의 나라를 건설하는 데 있다.

영원한 지상천국의 건설! 그것은 바로 하나님과 주님의 뜻이며, 또한 인류의 간절한 소망이다. 이러한 지상천국의 건설 없이는 인류는 언제까지나 죄악의 역사 속에서 몸부림칠 수 밖에 없다. 따라서 지상천국의 건설은 바로 모든 종교의 기본목표가 되어야 한다. 특히 기독교는 모든 종교의 중심종교로서 지상천국건설에 앞장서야 한다.

그런데 오늘날 기독교의 실상은 어떠한가? 참으로 안타까운 실정이다. 한 하나님과 한 주님과 한 성경을 믿으면서도 그들은 사분오열되어 서로 싸우고 있다. 그리고 그 신앙도 갈수록 하나님의 뜻과는 거리가 먼 기복신앙으로 변질되고 있다. 이러한 기독교의 병폐가 시정되지 않고는 결코 하나님의 뜻도, 인류의 소망도 모두 이룰 수 없다. 이에 필자는 오늘의 기독교가 종래의 기복신앙과 분열의 늪에서 어서 속히 벗어나, 〈하나의 교회〉로 다시금 통일되기를 주님의 이름으로 간절히 기원하는 바이다.

일찍이 예수님은 제자들에게 「너희는 먼저 하나님의 나라와 그의 의를 구하라」 (마 6:33)고 말씀하셨다. 이 말씀대로 기독교가 먼저 추구해야 할 섭리적 목표는 바로 이 땅에 하나님의 나라를 건설하는 데 있다(마 6:10, 계 11:15). 따라서 오늘의 기독교는 반드시 이 땅에 하나님의 나라를 건설해야 하며, 결코 그 사명을 포기해서는 안될 것이다.

필자는 이 땅에 하나님의 나라와 민중의 나라를 건설하기 위해 먼저 〈민중사상과 민중신학의 세계화〉를 추진키로 하였다. 그것은 바로 기독교가 추구하는 민중해방과 세계해방, 그리고 하나님의 나라와 민중의 나라를 더욱 앞당기는 지름길이 될 것이기 때문이다.

한편 민중사상과 민중신학의 세계화는 우리 민중이 그토록 고대하는 세계 평화와 세계민주화에도 크게 기여할 것이다. 민중을 나라의 주인과 역사의 주체로 보는 민중사상과 민중신학은 바로 고통받는 민중과 사회를 해방하고 이 땅에 하나님의 나라와 민중의 나라를 건설하기 위한 사상과 신학이기 때문이다.

그뿐 아니라 민중사상과 민중신학의 세계화는 모든 종교를 새로운 민중의 종교로 거듭나게 할 것이며, 또 그것은 역사의 주체인 우리 민중의 마지막 승리를 더욱 앞당기게 할 것이다. 우리 민중의 사상적 무기와 신학적 무기인 민중사상과 민중신학은 바로 새 시대가 요구하는 가장 진보적이고 개혁적인 사상과 신학이기 때문이다.

이미 〈섭리론〉에서 논한 바와 같이, 하나님의 구원섭리는 구약과 신약과 성약의 3시대를 통해서 전개된다. 그런데 우리는 지금 하나님의 섭리에 따라 그 마지막 단계인 새로운 성약시대를 맞이하게 되었다. 그렇다면 우리는 마땅히 새 시대가 요구하는 새 사상과 새 신학으로 다시 무장하고 가야할 것이다.

그러므로 필자는 오늘의 모든 성도들이 서구신학의 굴레에서 벗어나 새로운 민중사상과 민중신학으로 다시 무장하고, 이제는 그 사상과 그 신학을 땅 끝까지 전파하기 위한 〈민중사상과 민중신학의 세계화〉에 모두가 동참해 주시기를 간절히 호소하는 바이다.

새로운 민중신학의 출현!!

새 시대의 종교혁명은 〈민중신학〉으로!!

　　새 시대의 혁명신학으로 등장한 〈민중신학〉은 바로 민중을 사랑하는 신학이며, 또 고통받는 민중과 사회를 해방하고 이 땅에 하나님의 나라와 민중의 나라를 건설하기 위한 신학입니다. 이러한 민중신학을 좀더 자세히 설명하면 다음과 같습니다.

* **민중신학**은 바로 하나님을 〈민중의 하나님〉으로 보는 신학입니다.
* **민중신학**은 바로 예수님을 〈민중의 메시아〉로 보는 신학입니다.
* **민중신학**은 바로 하나님을 〈창조의 주체〉로 보는 신학입니다.
* **민중신학**은 바로 메시아를 〈구원의 주체〉로 보는 신학입니다.
* **민중신학**은 바로 민중을 〈나라의 주인〉으로 보는 신학입니다.
* **민중신학**은 바로 민중을 〈역사의 주체〉로 보는 신학입니다.
* **민중신학**은 바로 민중을 〈변혁의 주체〉로 보는 신학입니다.
* **민중신학**은 바로 민중을 〈해방의 주체〉로 보는 신학입니다.
* **민중신학**은 바로 민중을 〈통일의 주체〉로 보는 신학입니다.
* **민중신학**은 바로 모든 민중을 〈한가족〉으로 보는 신학입니다.
* **민중신학**은 바로 고통받는 민중과 사회를 해방하기 위한 신학입니다.
* **민중신학**은 바로 이 땅에 하나님의 나라를 건설하기 위한 신학입니다.
* **민중신학**은 바로 이 땅에 민중의 나라를 건설하기 위한 신학입니다.
* **민중신학**은 바로 새로운 〈민중사회〉를 건설하기 위한 신학입니다.
* **민중신학**은 바로 새로운 〈통일사회〉를 건설하기 위한 신학입니다.
* **민중신학**은 바로 새로운 〈평등사회〉를 건설하기 위한 신학입니다.
* **민중신학**은 바로 새로운 〈도덕사회〉를 건설하기 위한 신학입니다.
* **민중신학**은 바로 새로운 〈가족사회〉를 건설하기 위한 신학입니다.
* **민중신학**은 바로 세계평화와 세계민주화를 실현하기 위한 신학입니다.
* **민중신학**은 바로 세계선교와 세계공동체를 실현하기 위한 신학입니다.
* **민중신학**은 바로 새 시대의 종교혁명을 선도하기 위한 신학입니다.

새로운 민중교회의 출현!!

새로운 종교혁명은 시작됐다!!

　　지금은 바로 루터와 칼빈의 종교개혁을 넘어 새로운 종교혁명이 필요한 때입니다. 그 이유는 이러한 종교혁명을 통해서만 서구신학이 지배하는 기독교를 근본적으로 바꿀 수 있기 때문입니다. 그런데 루터의 종교개혁 500주년을 맞이해 〈민중교회〉가 등장함으로써, 그 새로운 종교혁명은 시작됐습니다. 한국에서 출발한 민중교회는 바로 새 시대가 요구하는 민중사상과 민중신학을 새 지도이념으로 하는 가장 진보적이고, 개혁적인 교회입니다. 이러한 민중교회를 좀 더 자세히 소개하면 다음과 같습니다.

　　* **민중교회**는 바로 민중을 사랑하고 지지하는 민중의 교회입니다.
　　* **민중교회**는 바로 하나님을 〈민중의 하나님〉으로 보는 교회입니다.
　　* **민중교회**는 바로 예수님을 〈민중의 메시아〉로 보는 교회입니다.
　　* **민중교회**는 바로 기독교를 〈민중의 종교〉로 보는 교회입니다.
　　* **민중교회**는 바로 민중을 나라의 주인과 역사의 주체로 보는 교회입니다.
　　* **민중교회**는 바로 세계의 모든 민중을 한 가족으로 보는 교회입니다.
　　* **민중교회**는 바로 민중해방과 세계해방을 지향하는 교회입니다.
　　* **민중교회**는 바로 세계평화와 세계통일을 지향하는 교회입니다.
　　* **민중교회**는 바로 이 땅에 하나님의 나라를 건설하긔 위한 교회입니다.
　　* **민중교회**는 바로 이 땅에 민중의 나라를 건설하기위한 교회입니다.
　　* **민중교회**는 바로 자본주의와 공산주의를 반대하는 교회입니다.
　　* **민중교회**는 바로 민중사상과 민중신학을 주장하는 교회입니다.
　　* **민중교회**는 바로 새 시대의 〈기독교〉를 선도하는 교회입니다.
　　* **민중교회**는 바로 새 시대의 〈종교혁명〉을 주도하는 교회입니다.

　　새 시대가 요구하는 종교혁명!! 그것은 바로 세계의 모든 종교를 근본적으로 바꾸어 하나로 통일하기 위한 혁명입니다. 그러므로 그 새로운 종교혁명은 장차 세계 전역에서 횃불처럼 타오를 것입니다. 민중교회는 이러한 종교혁명을 위해, 그리고 세계선교를 위해 새 시대의 사명자들을 찾고 있사오니, 모두가 적극적으로 동참해 주시기 바랍니다.

가자 새로운 민중의 교회로!!
연락처 : 02-888-7735

■ 저자 약력

● 경기도 김포에서 출생

● 장로교 신학교 졸업

● 민중교회 목사

● 현재 민중교회 활동

민중의 바이블

발행일	2017년 12월 25일
지은이	장 길 성
펴낸이	김 순 덕
펴낸곳	민중문화사
엮은이	김 지 연
주 소	서울특별시 관악구 양녕로 6
전 화	02 - 888 - 7735
이메일	gillssan@daum.net
등록번호	제2011-8호

* 가격은 표지에 있습니다 / 잘못된 책은 교환해 드립니다